家庭政策

FAMILY POLICY

Family Policy

Family Policy

吕青 赵向红 著

社会科学文献出版社
SOCIAL SCIENCES ACADEMIC PRESS (CHINA)

序　言

家庭是人类社会中最早形成的社会制度，一直为家庭成员提供社会、经济、情感支持，同时它也是社会化的重要工具，帮助社会把一般知识、社会价值和行为方式代代相传。作为社会福利的一种手段，家庭还构成了基于血缘和互助关系的援助网络。然而，家庭并不能脱离它所处的社会，经济、政治、社会、文化的变迁都会影响到家庭的结构和功能，家庭成员角色的扮演也会给家庭造成一定的压力，增加家庭的风险。如何分析经济社会结构变迁给家庭带来的压力，从社会政策角度给家庭以支持，使家庭发挥其应有的福利功能，是我们面临的重要课题。

西方发达国家早期社会政策的主要目标是解决资本主义制度或市场经济下的社会公平问题，即市场失灵的问题。社会政策以补救和应急为主，家庭往往被当作"私人"领域，政府不过多干预。只有当家庭出现功能缺陷时，政府才会提供帮助，如对贫困家庭、单亲家庭的救助，对家庭破裂或家庭暴力的受害者提供的帮助等。但是，20 世纪 90 年代以来，以詹姆斯·梅志里为代表的学者提出"发展型社会政策"，并积极倡导新时期社会政策理论与实践的变革。同传统的社会政策相比，发展型社会政策将家庭作为重要的干预对象，干预的重点由过去的补救和应急转向预防和早期干预，把家庭作为重要的社会资产加以保护，从战略发展的角度给予家庭积极的支持。这种转向基于以下认识：家庭在满足儿童成长需要及预防社会问题方面发挥着无可替代的作用，预防社会问题的大量出现应该从创建良好的家庭环境开始，从帮助父母发挥角色作用和实现亲职功能开始，帮助儿童不能将其与帮助家庭相割裂。任何家庭都是有需要的家庭，家庭政策的对象不只是有问题的家庭，而是所有家庭；家庭政策不只是提供应急或修补性帮助，更应该重视预防和支持性帮助。

社会转型期，中国的社会政策赋予家庭以重要的社会保护责任。社会成员，除城市的"三无对象"、农村的"五保户"和孤残儿童等，凡是有家庭的，包括儿童、老人及其他特殊人群，首先必须依靠家庭来满足其相应的保障和发展需要，而家庭以外为家庭及其有特殊需要的成员提供的帮助很少，政府和社会只有在家庭出现危机或遇到通过自身努力无法克服的困难时才给予干预。这样家庭所获得的支持不仅很少，而且是事后修补性的，这种现状与家庭发展的现状及家庭的需要不相符合。现代化、社会转型、流动性增强的社会，家庭面临的危机是普遍的。所有家庭都可能因为成员社会地位的变动出现家庭关系的重构，所有家庭成员都有可能因为某个成员在教育、就业、疾病等方面遭遇风险而受到影响，家庭压力也因此增大，所有家庭成员都有可能因家庭及社会变迁的加快而出现不适应及无力经营其家庭的状况。当社会保障制度构筑的安全网足以覆盖到所有社会成员时，社会保护在某些方面可以承担家庭的功能，弥补家庭功能的不足，缓解社会问题。但现实情况是，目前我国社会保障制度覆盖的人群还没有这么广，它的对象主要是失去家庭的少数社会成员（为其提供社会救助），以及有家庭的部分社会成员，如职业人群、城市户籍人口等，即便是一些特殊人群，如儿童、老人等主要还是依赖家庭提供保护。当社会保护责任更多地落在家庭，而社会又不为家庭提供相应的支持时，其结果只能是家庭问题越来越多。

家庭不仅是预防和解决社会问题的重要组织，而且是人力资本培育的重要基地。劳动者的素质不仅包括知识、技能，还包括人际交流能力、合作精神、团队精神、领导能力和创新精神等。如果说知识与技能的获得更多依赖学校，那么后几种能力的培养则离不开家庭。

人们的需要是通过多种渠道或多种系统来满足的，这些渠道或系统包括政府、市场、家庭、社区和公民社会组织等。社会政策要想发挥持久有效的作用，就必须支持和促进这些不同系统共同发挥作用，而不是仅仅依靠某一部门甚至某一系统来承担对社会成员提供福利的责任。家庭不仅与社会系统的其他部分共同为社会成员提供福利，而且还是其他社会系统最终发挥作用的地方。

我们应该作出新选择：重视家庭，形成全社会支持家庭、投资儿童的社会环境和制度体系，发挥政府、市场组织、社区及公民社会组织的功能，支持家庭、帮助家庭更好地履行其责任。

目 录

第一章
家庭及家庭变迁

第一节　家庭的含义与特征

一　家庭的含义

家庭是人类社会最普遍的基础性社会组织，也是每个人不可或缺的重要日常生活领域。家庭又是一个系统，其中包含了在家庭内活动的人——家庭成员，以及由这些家庭成员的存在而产生的家庭结构、家庭功能和家庭关系（其中包含家庭角色规范）。那么究竟应该如何给家庭下定义呢？

要研究家庭政策首先要了解其对象所指。关于家庭的含义，有不同的说法，下面主要从人口普查、法律和社会学的角度介绍家庭的含义。

1. 人口普查学定义

人口普查学关于家庭的定义是各国政府搜集关于家庭行为与家庭形式的社会人口信息的重要基础，对于各国决策具有重要影响。现在欧洲范围普遍采用的是联合国欧洲经济委员会提出的家庭概念，即"家庭是指狭义的核心家庭，即由两个以上生活在一个私人家户中的人所构成的组织。在这个组织中，个体或是丈夫和妻子，或是同居伴侣，或是父母与孩子"。[1]这个概念相对较宽泛，基于此概念的统计有助于决策者在制定政策方针时充分考虑人口规模与人口结构的影响，从而为其成功施政奠定基础。然而，

---

[1]　吕亚军、刘欣：《家庭政策概念的辨析》，《河西学院学报》2009 年第 6 期。

从人口普查角度定义家庭，因受到国家政策目标与决策方式的制约而具有较大的地理差异性，从而使人口普查学的家庭概念既具有明确的规定性又存在一定的模糊性。

2. 法律对家庭的定义

美国人口统计局关于家庭的定义是"两个或更多由于生育、婚姻或收养而相联系并居住在一起的人们组成的群体"。人口统计局认为，一个家庭可以是在一起生活的、有或没有孩子的已婚夫妇，或者是一个成年人同至少一个有关系的孩子一起生活，或者还有某些不大普遍的情况，如两姊妹合住在一套公寓里。但不管怎样，那些在一起同居的、未婚的、同性恋者等都不被认为是家庭，这与人口普查学强调共同居住不同。

欧洲各国对家庭有各种各样的官方定义。所有国家都认为家庭是由有或没有孩子的已婚夫妇，以及带着有关系的孩子的单身成年人组成。有些国家，如挪威认为没有孩子的单身者就是家庭。波兰以住户（共同的住所）而不是以家庭作为计算的（如果不是作为政策的）基础。①

3. 社会学的定义

社会学关于家庭的定义经历了一个逐渐完善的历程。1921 年，涂尔干（Durkheim）将家庭界定为："由一对已婚夫妇及其孩子共同构成的组织。"1987 年，霍夫曼·诺沃特尼（Hoffmann-Nowotny）将涂尔干的家庭概念扩大为："子女与成年人所构成的组织。"② 霍夫曼的家庭概念已涵盖了人口普查学家庭概念的大部分内容，但仍将没有孩子的已婚夫妇排斥在外。美国著名社会学家古德（Goode）的观点与霍夫曼大体相同。一方面，古德认为："用平常的话来说，人们最能接受的概念是：由父亲、母亲和一个或几个孩子组成的社会单位才是一个真正的家庭。"③ 另一方面，他又指出："不能认为，只有地地道道的核心家庭才算'家庭'，而其他形态则是'异常形态'。"古德认为家庭包含下列五种情况中的大多数：①至少有两个不同性别的成年人住在一起。②他们之间存在某种分工。③他们进行许多经济和社会交换。④他们共享许多事物，如吃饭、性生活、居住，既包括社

---

① 〔美〕B. J. 纳尔逊：《西方家庭生活的变化——评有关西方家庭政策的七部著作》，子华译，《国外社会科学》1986 年第 6 期。

② H. J. Hoffmann-Nowotny, "The Future of the Family", Plenaries of the European Population Conference, IUSSP/Central Statistical Office of Finland, Helsinki, 1987, p. 115.

③ 〔美〕W. 古德：《家庭》，魏章玲译，社会科学文献出版社，1986，第 12 页。

会活动，也包括经济活动。⑤成年人与其子女之间有着亲子关系，父母对孩子拥有某种权威，但同时也对孩子负有保护、合作与抚育的义务，父母与子女相依为命；孩子之间存在兄弟姐妹关系，共同分担义务，相互保护和帮助。古德的观点说明，随着时代进步与学术发展，社会学家对家庭概念的态度渐趋开放与包容，从而将更多的生活形态纳入家庭概念中。但与人口普查学不同的是，社会学始终强调孩子在家庭构成中的重要作用，认为家庭必须至少由一个孩子及其父母一方构成。

T. 帕森斯认为，现代核心家庭是工业化和在家庭之外进行生产活动的运动所产生的几乎不可避免的后果。此外，性别上的分工——男人从事市场劳动、妇女从事家务劳动——从功能上来说都受到资本主义的性质和妇女生物学方面的限定。后来的学者在对功能主义进行总的批判中也对这些著作进行了批判，认为功能和形式之间的因果联系并不一定像马林诺夫斯基或帕森斯所认为的那么直接。不管帕森斯等功能主义者在概念上具有多么大的局限性，在官方关于家庭的定义中，共同的住宅、血缘或婚姻的联系以及抚养孩子等功能方面的要求仍然明显占有主导地位。①

我国社会学家孙本文认为："通常所谓家庭，是指夫妇子女等亲属所结合之团体而言。故家庭成立的条件有三：第一，亲属的结合；第二，包括两代或两代以上的亲属；第三，有比较永久的共同生活。"②

台湾学者谢秀芬认为："家庭的成立乃是基于婚姻、血缘和收养三种关系所构成，在相同的屋檐下共同生活，彼此相互作用；是意识、情感交流与互助的一个整合体。"③

《社会学简明词典》释"家庭"为"以一定的婚姻关系、血缘关系或收养关系组合起来的社会生活基本单位，在通常情况下，婚姻构成最初的家庭关系，这就是夫妻之间、父母和子女之间的关系"④。

由以上关于家庭的定义可以看出，人口普查关注"私人家户"，即共同居住；法律关注"生育、婚姻或收养"而共同居住；社会学关注婚姻、血

---

① 〔美〕B. J. 纳尔逊：《西方家庭生活的变化——评有关西方家庭政策的七部著作》，子华译，《国外社会科学》1986 年第 6 期。

② 孙本文：《社会学原理》，商务印书馆，1935，第 441 页。

③ 谢秀芬：《家庭与家庭服务——家庭整体为中心的福利服务研究》，五南图书出版公司，1998，第 1 页。

④ 上海社会科学院社会学研究所：《社会学简明词典》，甘肃人民出版社，1984，第 392 ~ 393 页。

缘、收养关系、社会角色、社会交往及由此形成的社会系统等社会属性。家庭的含义，不仅因学者们的学科背景不同解释有差异，而且因个体选择生活方式自由度的增强与家庭形态的多样化而很难下一个科学而明确的定义。实际上，家庭的界定也是与其所处的文化环境密切相关的，这其中包含人们如何思考家庭以及他们的日常生活。在此，需要明确的是，家庭依然是以婚姻、血缘关系为主要纽带的人类社会生活的基本单位。同时需要把握的是：第一，家庭也可以是以领养关系为基础的共同生活体；第二，共同生活、具有密切的经济交往和情感交流是家庭成员之间的必要关系；第三，"家"与"户"是两个有区别的概念，户是以共同居住为标志，"家"则是以婚姻、血缘关系为标志；第四，有婚姻关系但无血缘延续的自愿不育夫妇和有血缘关系但无婚姻形式的未婚父母及其子女组成的共同生活群体也应列入家庭的范畴；第五，某些个别和例外事例并不影响对家庭的普遍和一般含义的表述。

虽然人们对家庭的理解不尽相同，但我们还是可以从中归纳一些家庭所具有的普遍意义的特征，对这些特征的了解有助于加深我们对家庭含义的理解。

二　家庭的特征

1. 家庭是在自然关系基础上形成的社会关系

家庭的基础源于两性的结合，这种结合是一种自然关系，是男女两性生理的结合，由此形成连接家庭成员的纽带关系，即婚姻和血缘关系，这些关系对家庭的存在和维系起着加固的作用。血缘关系是一种自然血统关系，具有生物和遗传的基础与意义：亲子关系、兄弟姐妹是一种自然的亲情关系。然而，两性关系为一定的社会制度所确认，才能形成婚姻关系，自然的亲属、血缘关系由于被赋予了一定的社会权利和义务的规定，因而具有社会性，成为一种社会关系。由此看来，无论是婚姻关系，还是血缘关系，都是自然的结合，也是社会的结合。[1] 正如苏联学者谢苗诺夫所说的："婚姻关系包含性交关系，但绝不归结为性交关系，婚姻是两性关系的一定社会组织，它必须以结婚双方负有一定的社会所承认的权利和义务关系为前提。"[2] 自人类摆脱血亲杂交的两性关系以来，风俗、伦理和法律便

---

[1]　邓伟志、徐新：《家庭社会学导论》，上海大学出版社，2006，第38页。
[2]　谢苗诺夫：《婚姻和家庭的起源》，中国社会科学出版社，1983，第181页。

成为维护两性关系的规范化、制度化的主要手段。同时，人们对婚姻的需求也不仅仅是满足生理的需要，还包括感情、经济等多种动机，夹杂了复杂的社会因素。血缘关系也是如此。通过领养关系形成的养父母、养子女，虽然没有血缘关系，但由于彼此存在权利和义务关系，因而被社会赋予一种亲属的地位和关系。

总之，家庭是建立在血缘和姻缘关系基础上的社会关系，它既有自然属性，也有社会属性，是自然关系与社会关系的统一。

2. 家庭有其产生和发展的过程，是一个历史范畴

家庭是人类社会发展到一定历史阶段的产物。人类社会经历了蒙昧时代、野蛮时代、文明时代，与此对应，家庭也经历了群婚制、偶婚制和一夫一妻制。在蒙昧时代的初级阶段，人类的两性结合不存在什么社会规范的约束；在蒙昧时代的中级阶段，两性关系出现了简单的、不严格的禁例。人类进入野蛮时代后，亲属之间禁止结婚的范围越来越大，婚姻禁例日益错综复杂，群婚也就越来越不可能，一种新的婚姻家庭形式——偶婚制便逐渐产生。由偶婚制转化为一夫一妻制是人类文明时代开始的标志。

在不同的时代、不同的文化中，家庭各方面的规定性也是不同的。在英语中，"家庭"（family）一词包含以下意思：①指同居或不同居的父母子女；②指一个人或一对夫妇的所有子女；③指由父母子女、伯父母以及堂兄弟姐妹等构成的近亲团体；④指同一祖先的全体子孙；⑤指雇有佣人的户。德语、法语中相当于家庭的词，在用法上也是如此。可见家庭概念的内涵比较宽泛，而且"家庭"与"家族"不分。① 在中国文化中，与"家庭"概念意思相近的有"家""家族""室""户"等。一般来说，"家"比较侧重于家庭成员的组成，指具有实际功能的确切的生活单位。"家族"通常是指同宗而非同居共财的血亲群体，常常涉及范围较大的继嗣群、系谱关系。"室"则侧重于居住地和居住场所。"户"指居住在同一单元房屋的人们，更多的是户口登记上的意义。

不仅不同文化中家庭的含义有区别，就是在相同文化的不同时期家庭的职能、性质、形式和结构也随着生产方式的变化而变化。所以，家庭是个历史性的范畴，有其产生和发展的过程，不同的历史时期，不同的国家和民族，对家庭的认识也不尽相同。

① 丁文：《家庭学》，山东人民出版社，1997，第58页。

3. 家庭是初级社会群体

家庭是建立在婚姻和血缘关系基础上的、以夫妻子女为基本成员的共同生活集体，它满足了人类生活的多种需要，具有初级社会群体的特征。

（1）家庭以自然形成为条件，虽然家庭的形式要经过婚姻形式中的法律程序，但与正式的社会组织不同，它以自然的血缘关系和世代关系为维系纽带，生育子女、繁衍后代、增加新的社会成员都是在自然状况下发生的。

（2）成员关系带有感情色彩。家庭成员在家庭中往往扮演多种角色，他们对家庭投入自己全部的情感。家庭成员在共同生活中相互帮助，在感情上相互慰藉和支持。与正式的社会组织不同，家庭中的成员关系是一种亲密无间、心心相印的情感性关系，其成员的活动交换，并不是严格按照等价交换的原则进行的。

（3）家庭的群体规范并不是明文规定的。虽然家庭也有一定的群体规范，家庭成员在互动和家庭生活中要遵循，但并不是很严格，也不是明文规定的，更多依赖个人的自觉性。

（4）家庭有足够的韧性和稳定性。虽然现代家庭在许多方面面临着困难，其稳定性受到越来越多的挑战，但由于家庭成员血缘上的联系，形成较深的关系，家庭仍有着巨大的适应性和顽强的生命力，其基础是相对稳固的。

4. 家庭是一种社会制度①

家庭的构成和存在并非任意的、随心所欲的，而是具有一定的规范和准则。家庭是一种社会制度，这种制度具有一定的普遍性，存在于一切民族、国家和社会中，对人们均无一例外地发生着制约作用。家庭制度是最古老、最原始的制度之一，当人类脱离血亲杂交的蒙昧时代时，血婚制家庭便出现了。作为制度，家庭又是相对稳定的规范体系，一经确定就会在相当长的时期内制约人们的行为。当然，随着时代和社会的变迁。家庭制度有形态的演变和进化，也有内容的修改和更新，但原有的一些家庭制度仍然发挥着作用。作为制度，家庭又是一个系统，其中包括婚姻制度、生育制度、继承制度等，每一种制度都对家庭具有一定的功能，它们相互配合，构成家庭关系和行为的准则和规范。正是有了制度性的规定，家庭才能正常有序地运行。

---

① 邓伟志、徐新：《家庭社会学导论》，上海大学出版社，2006，第41页。

第二节　家庭的发展与变迁

　　家庭概念的多样性在一定程度上反映出家庭的变迁。家庭是人类社会发展到一定历史阶段的产物，如前所述，它可以说是人类社会中具有普遍性的一种社会制度和文化现象。在历史的变迁中，家庭的形态、功能、关系等方面都发生了变化，其变迁与社会经济发展水平以及社会经济制度相关联。在不同的时代、不同的文化中，家庭各方面的规定性是不同的。与其他社会制度和文化形式一样，家庭的种种形态和规定性也经历了产生、变迁乃至消亡的过程。

一　家庭结构的变化

　　家庭结构是家庭的构成状况，它是由全体家庭成员相互作用和相互联系所组成的稳定的整体性关系模式和维系机制。在一夫一妻制的前提下，家庭关系主要是婚姻关系（夫妻关系）与血缘关系（亲子关系），其他各种家庭关系都可视为由此派生出来的。因此，在父系家庭制度和一夫一妻的婚姻制度下，家庭结构的质的变化往往就体现在夫妻对数的增加上——不管这种变化是发生在同一代中还是不同代中。

（一）家庭结构类型

　　家庭结构的要素有两个：一是家庭人口；二是家庭代际。它们二者的组合形成不同的家庭成员之间相互联系的方式，因而形成不同的家庭结构模式。对于家庭结构，我们可以从不同的角度划分：如果按照规模，家庭可分为大家庭、小家庭和单身家庭三种类型；如果按照成员配偶的人数和对数家庭可以分为多夫多妻制家庭、一夫多妻制家庭、一妻多夫制家庭和一夫一妻制家庭；如果按照家庭传袭规则，家庭可分为母系家庭、父系家庭、平系家庭和双系家庭等；如果按照参与和决定家庭事务的权力，家庭可分为父权家庭、母权家庭、平权家庭、舅权家庭；如果按照家庭成员的居住地，家庭可以分为从妻居家庭、从夫居家庭、单居制家庭。

　　按照家庭代际层次和亲属关系，家庭类型可分为核心家庭、直系家庭、复合家庭、单人家庭、残缺家庭和其他家庭。

　　1. 核心家庭

　　核心家庭是指夫妇及其未婚子女组成的家庭，可以分为夫妇核心家庭、一般核心家庭、缺损核心家庭、扩大核心家庭、过渡核心家庭五种。

（1）夫妇核心家庭，是由夫妻二人组成的家庭，若从与户主关系角度表述，是指户主与其配偶组成的家庭，如图1-1所示。

图1-1　夫妇核心家庭构成

说明：▲代表已婚男性　●代表已婚女性　＝已婚关系

（2）一般核心家庭，又称标准核心家庭，指一对夫妇与其未成年子女组成的家庭，或称户主与配偶及其未婚子女组成的家庭，如图1-2所示。

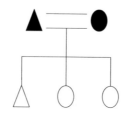

图1-2　标准核心家庭构成

说明：△代表未婚男性　○代表未婚女性

（3）缺损核心家庭，又称单亲核心家庭、单亲家庭，指夫妇一方和子女组成的家庭，如图1-3所示。

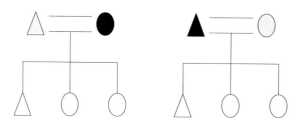

图1-3　缺损核心家庭构成

说明：△户内缺失男性　○户内缺失女性

（4）扩大核心家庭，指夫妇及其子女之外加上未婚兄弟姐妹组成的家庭，或称户主与配偶、子女及未婚兄弟姐妹组成的家庭，如图1-4所示。

（5）过渡核心家庭，指父母与结婚不久的儿子（儿媳没在户内）或女

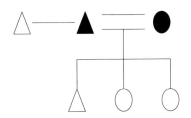

图 1-4　扩大核心家庭构成

儿（女婿没在户内）组成的家庭，"过渡"意味着这种家庭是"临时性"的核心家庭。刚结婚的媳妇（或女婿）仍在娘家（或婆家）生活，这就造成配偶一方仍以"单身"形式与自己的父母生活在一起，如图 1-5 所示。

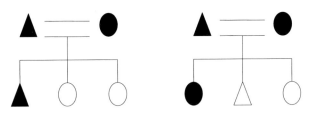

图 1-5　过渡核心家庭构成

在核心家庭中，以夫妇为活动中心，人口少，夫妻平等，有很大自由。这种家庭形式在中国的出现并不晚，但大规模涌现并成为主要家庭形态是 20 世纪中期以后。核心家庭适宜于劳动力流动，符合现代社会发展的需要。据预测，核心家庭的比重还将继续增大。

2. 直系家庭（或称主干家庭）

直系家庭是指父母同一个已婚儿子及儿媳、孙子女组成的家庭。它可细分为以下几种形式。

（1）二代直系家庭，指夫妇同一个已婚儿子及儿媳组成的家庭，如图 1-6 所示。

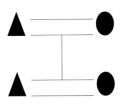

图 1-6　二代直系家庭构成

（2）三代直系家庭，指夫妇同一个已婚子女及其孙子组成的家庭，如图1-7所示。

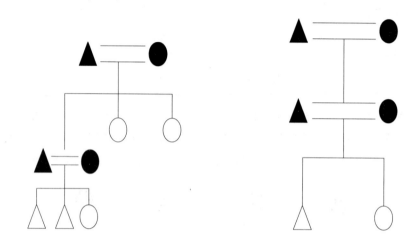

图1-7 三代直系家庭构成

（3）四代直系家庭，指户主夫妇与父母、儿子儿媳及孙子女组成的家庭，也包括户主夫妇同祖父母、父母和子女组成的家庭，而户主夫妇与父母、祖父母、曾祖父母或者户主与儿子儿媳、孙子孙媳、曾孙子女组成的家庭也在此列，如图1-8所示。

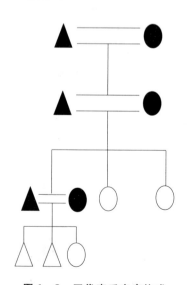

图1-8 四代直系家庭构成

（4）隔代直系家庭。从形式上看，三代直系家庭缺中间一代可称为隔代家庭，如图1-9所示。在实际生活中，还有四代隔代家庭，它的表现形式多样。

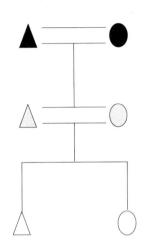

图1-9 隔代直系家庭构成

说明：△户内缺失男性 ○户内缺失女性

3. 复合家庭（或称联合家庭）

复合家庭，是指父母和两个以上已婚儿子及儿媳、孙子女组成的家庭。它可以分为三代复合家庭和二代复合家庭两类。

（1）三代复合家庭，指父母同两个及以上已婚儿子及儿媳、孙子女组成的家庭，如图1-10所示。

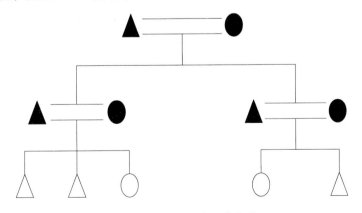

图1-10 三代复合家庭构成

（2）二代复合家庭，包括父母和两个已婚儿子及儿媳组成的家庭及两个已婚兄弟和其子侄组成的家庭，如图 1 - 11 所示。

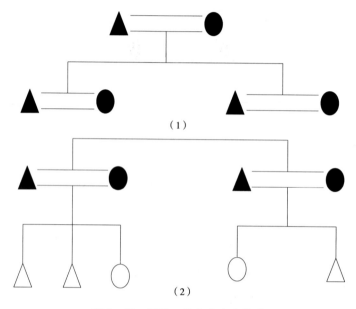

图 1 - 11 两种二代复合家庭构成

4. 单人家庭

单人家庭是指只有户主一人独立生活的家庭。

5. 残缺家庭

（1）没有父母只有两个兄弟姐妹组成的家庭。

（2）兄弟姐妹之外再加上其他有血缘、无血缘关系成员组成的家庭，如图 1 - 12 所示。

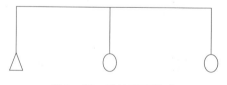

图 1 - 12 残缺家庭构成

6. 其他家庭

其他家庭是指户主与其他关系不明确成员组成的家庭，他们中可能有密切的关系，如叔侄关系等，但因无从判定，故将其列入其他家庭类型。

综合以上不同家庭类型，本书将核心家庭、直系家庭和复合家庭归类为一级类型或基本家庭，在一级类型之下细分的家庭类型作为二级类型或非基本家庭，形成家庭结构的基本概况（如表 1 - 1 所示）。

表 1 - 1 两个层级的家庭结构类型

一级类型	二级类型
核心家庭	夫妇核心
	标准核心
	缺损核心
	扩大核心
	过渡核心
直系家庭	三代直系
	二代直系
	四代直系
	隔代家庭
复合家庭	三代复合
	二代复合
	四代复合
单 人 户	单 人 户
残缺家庭	残缺家庭
其 他	其 他

由于一定的家庭结构总是为执行一定的家庭功能而存在，而某种家庭功能的存在又总是为了满足社会的某种需要，因此，在这一意义上说，家庭结构从一个侧面反映了家庭本质。

因此，家庭结构是一种形式，随其所包含的不同内容而体现不同的家庭制度。比如，在父系父权的家庭制度下有核心家庭，而在夫妻平权的家庭制度下我们同样可以看到核心家庭的存在。由这一特点所决定，父系父权或夫妻平权的家庭制度都有与其相对应的、最能体现该制度特征的一种家庭结构。当然，这并不意味着由这既定的家庭制度所决定，在某种家庭结构类型中只有某种家庭结构可以存在，或某种家庭结构会占极大优势。比如，在中国传统的父系父权的家庭制度下，"大家庭"并不是唯一的或者居压倒优势的家庭结构。

与家庭结构相关联的是家庭规模。家庭规模是指家庭的人口容量，它是家庭组成数量上的表现，而家庭结构是家庭组成质量上的表现。家庭结构和家庭规模从质和量两个方面反映了家庭组成的状况，因此，它们之间存在密切的关系。这种关系表现在以下两个方面。

其一，家庭规模受家庭结构的制约。一定的家庭结构在一定程度上决定了其家庭规模，并且每种家庭结构都有它最低的人口容量：一个一般核心家庭至少应有三口人——夫妻加一个未婚子/女；而夫妻家庭的最低人口容量和最大人口容量完全一样，只能是两口人；一个联合家庭则至少需要四口人——两对夫妻。

其二，家庭规模对家庭结构也有影响。这种影响表现在：①家庭规模小就意味着家庭结构简单。②家庭结构一经确定，家庭规模越大，则意味着日后原有家庭结构出现变化的可能性越大。因为家庭规模大，就标志着家庭内人际关系复杂，而复杂的人际关系必然导致原有家庭结构的不稳定。比如，一个三代同堂的联合家庭，至少有 7~8 口人，分家变成一个主干家庭和一个核心家庭的可能性就比较大。

（二）家庭结构的变迁

家庭结构受社会生产方式的制约，一个国家、一个民族或一个地区的经济条件和传统观念对家庭结构的影响甚大。具体来说以下一些因素对家庭结构的影响较大：①社会经济发展水平；②社会文化，包括观念和规范；③家庭内的人际关系；④家庭生命周期；⑤总和生育率，即育龄妇女一生平均生育子女的数量。

W. J. 古德在他的著作《世界革命与家庭模式》中提出了一个著名的论断：社会正从传统制度向现代制度转变；家庭正从扩大的血亲家庭模式向夫妇式家庭模式变迁。[①] 他强调传统的扩大家庭对工业化起了阻碍作用，而夫妇式家庭模式是十分适应工业化发展的。

Berger 等在其著作《无家意识》中进一步指出，现代化有助于个人摆

---

① 历史学的发现修正了这一社会学的假设。历史学家 Demos、Greven 和剑桥学者群指出，即使在前工业社会，核心家庭也是占主导的家庭模式。历史学家的发现使社会学家认识到，把现代家庭视为家庭从扩大亲属结构中脱离、从扩大家庭向核心家庭的模式转换，这种观点是错误的。只有从家庭功能的变迁以及家庭同其他社会制度联系的变化才能准确地理解家庭从传统到现代的变迁。

脱扩大家庭、亲属、部落的控制，为个人提供了前所未有的选择机会。他们认为在现代社会中，私人领域的家庭制度与工作、社区等社会公共制度是相脱离的。

美国结构功能主义奠基者帕森斯曾断言，孤立的核心家庭是美国亲属制度最独特的形式。与芝加哥学派强调工业化对家庭产生消极影响不同的是，帕森斯认为孤立的核心家庭不受传统扩大家庭强制性的亲属关系的妨碍，它能满足工业社会固有的职业流动和地域流动的需要，并能更充分地利用就业机会。核心家庭和工业制度非常适合，而且能满足家庭的两种主要的社会需要，即儿童社会化和为家庭成员提供情感依托。因而，由双亲和未成年子女组成的核心家庭是适应现代社会的、标准的美国家庭模式。

多样性家庭的增多也是现代化的伴生物，其中最明显的是单身家庭的增多。在美国，选择根本不结婚的人数正不断增加。1980 年单身家庭的数量比双人家庭多 1090 万；1992 年单身家庭的数量比双人家庭多 2400 万个；单身家庭现在占全部家庭的 1/4。数量增长最多的是单身妇女，她们占单身家庭的 58%。法国的数据也表明单身家庭数量的递增。巴黎大区单身家庭占了近 1/3，外省的单身家庭也在 1/4 左右，这是一个非常可观的数字。据德国《政治、文化、经济和科学》杂志 1999 年第 6 期报道，德国单身家庭有 1300 万户，而有 5 个或 5 个以上家庭成员的家庭只有 170 万个。据英国媒介公布的数字显示，1981 年由一个人组成的单身家庭只占全国家庭比例的 10%；而到了 20 世纪末，这个比例已经攀升到 30%；到 2010 年，英国的单身家庭比例高达 40%。[①]

从历史上看，中国农村经济一直是自给自足的经济，家庭是组织生产的经济单位。与这种小生产的生产方式相适应的是父系父权制家庭制度，它以妻子及儿女服从男性家长、家产传子不传女、父辈有义务为子孙谋取财产也有权要求子孙养老送终为特征。在这种制度下，家庭显然是以男性家长为中心组织起来的。家庭的这种组合方式决定了主干家庭是基本模式——它最能体现这种家庭制度的本质特征。除非子辈结婚时其父母已经亡故或由于人口流动造成父辈和子辈分居两地，核心家庭一般是主干家庭的派生物——它是总和生育率超过替代水平（妇女平均一生总生育数超过 2 个，生育男孩子数超过 2 个）的情况下，由小生产的生产方式或家长为

---

① 齐麟：《单身家庭的现状和成因》，《西北人口》2003 年第 1 期。

避免因多重家庭关系引起矛盾等因素所决定而产生的一种家庭组成方式。尽管分家后子辈存在独立倾向，但只要父辈未丧失当家人的地位，这样的核心家庭在很大程度上仍以其父辈所在的主干家庭为核心。

一般认为，我国传统的家庭类型是数代同居。但也有一些学者认为，从西汉以来，我国每户人数不超过 7 人，以父母、夫妻及未成年子女组成的家庭占多数，数代同堂的家庭并不普遍。

无论学者的观点如何，但我们认为家庭结构的核心化和家庭类型的多样化是工业化以来家庭结构变迁的总趋势，我国也不例外。

从 1982、1990 和 2000 年三次人口普查的数据分析，中国的家庭结构已形成了核心家庭为主、直系家庭为辅、单人户为补充的格局。三次人口普查，核心家庭比例均超过 66%，直系家庭超过 22%，核心家庭和直系家庭之和在三次人口普查中的比例为 90.77%、92.35% 和 91.10%，成为占绝对多数的家庭类型。单人户家庭比例在三次普查中所占比例为 7% 左右，复合家庭所占比例很少，已经不是具有代表性的家庭形态。在家庭结构中变化较大的是：① 夫妇核心家庭增幅较大，2000 年较 1982 年增加了150.66%，而一般核心家庭减少了 5.01%，缺损核心家庭减少 39.89%，扩大核心家庭减少 50.00%，城市夫妇核心家庭增幅大于农村。②直系家庭内部有较大变化，三代直系家庭增加了 8.39%；四代直系家庭增加了 37.93%；二代直系家庭有所减少，降低了 32.39%；三代隔代直系家庭和四代隔代直系家庭分别提高了 241.51% 和 106.90%。农村直系家庭的上升幅度大于城市[①]。

我国的家庭结构与西方比较有较大差异。如与美国相比，虽然我国核心家庭比例与美国基本一致，但内部的差异较大。美国的夫妇核心家庭和单亲家庭比例都高于中国，美国的直系家庭数量已经降到微不足道的程度，但单人家庭比例大大高出中国。以美国 2000 年的人口普查数据为例，其一人户的比例为 25.8%[②]，而我国仅为 7% 左右。

我国家庭结构的小型化趋势，是在"少生"和"独生"现象相对普遍的环境下产生的，它表明家庭可利用的成员关系资源在减少，家庭社会保障的功能在减弱。

---

① 王跃生：《中国当代家庭结构变动分析——立足于社会变革时代的农村》，中国社会科学出版社，2009，第 122 页。

② U. S. Census Bureau，"Household and Families：2000"，Issued September 2001. 见 http：//www. census. gov.

其他国家家庭结构的变迁除了与工业化、现代化有关以外，还与后现代主义思潮有关。西方社会从现代到后现代情境的变迁，强调否定性、反正统性、多元性、不确定性等特征的后现代主义思潮的盛行，对家庭的影响巨大。到了20世纪末，美国家庭在构成模式方面发生了巨大的变迁。没有哪一种家庭模式能占到人口的大多数，典型的现代家庭模式占美国家庭总数的比重已不到15%，双收入家庭、单亲家庭、独身户等家庭模式总体上远远超过20世纪50年代占主导地位的体现白人中产阶级价值的核心家庭模式。在现实中，功能主义建构的现代家庭理想模式的统治地位显然已被颠覆。20世纪90年代以来，学者们从婚姻与经济、离婚率、单亲家庭、非婚同居和酷儿家庭等方面探讨家庭多样性与家庭变迁的最新经验研究成果，进一步显示了后现代情境下美国家庭的重大变迁。①

二　家庭关系的变迁

一般将家庭关系定义为家庭成员之间的关系，如夫妻关系、父母与子女关系、兄弟姐妹关系、婆媳关系、妯娌关系等。② 不过还可以有以下两个方面的补充：①它是指现在一个家庭中共同生活的家庭成员之间的关系，这就不包括原来生活在同一个家庭中，现已分出去的那些人，如已婚迁出子女和分了家的兄弟。②在一夫一妻制下，主要的家庭关系为婚姻（夫妻）关系与血缘（亲子）关系，其余的家庭关系都可以看作由这两种关系衍生而来的。③

（一）家庭关系及影响因素

家庭的本质是家庭关系。家庭关系以婚姻血缘关系为根据，这种联系方式决定了家庭成员间有不同于其他社会关系的合作与互动。以婚姻和血缘关系为纽带的家庭关系是沿着婚姻和血缘两个链条展开的，我们可以沿着婚姻和血缘关系，找到一个人在家庭结构和关系中的确切位置。婚姻关系的核心是夫妻关系，血缘关系的核心是亲子关系，夫妻关系和亲子关系构成了家庭结构中的基本三角。费孝通先生说："在这个婚姻的契约中同时缔结了两种相连的社会关系——夫妇和亲子。这两种关系不能分别独立。夫妇关系以亲子关系为前提，亲子关系也以夫妇关系为必要条件，这是三

---

① 陈璇：《走向后现代的美国家庭：理论分歧与经验研究》，《社会》2008年第4期。
② 沈崇麟、杨善华、李东山：《世纪之交的城乡家庭》，中国社会科学出版社，1999，第23页。
③ 杨善华编著《家庭社会学》，高等教育出版社，2010，第7页。

角形的三边，不能短缺的。"①

家庭关系与家庭结构密不可分。一定的家庭结构意味着一定的家庭关系组合。夫妻家庭与核心家庭意味着最简单的家庭关系组合，前者对应婚姻关系；后者对应婚姻关系和亲子关系，多子女的情况下还加上兄弟姐妹关系。

家庭关系的另一方面是家庭角色模式，也就是制约家庭角色相互交往的社会行为规范体系，它总是与一定的家庭制度相适应的。

家庭关系还有一个方面是家庭网。它是现实的家内人际关系的自然延伸。在家庭网范围之内的，都曾经是同一家庭的成员。家庭网中的关系包括父母与已婚并分家另过的子女的关系，也包括夫妻双方与各自的亲属之间的关系。家庭网在中国的特殊意义就是这种亲属网络构成了一种社会资源，在家庭成员需要帮助时，它是首先依靠的对象。

1. 家庭关系的特点

家庭关系与其他社会关系相比，具有以下特点。

（1）家庭关系和其他社会关系发生的根据不同。家庭关系以婚姻关系、血缘关系为根据，表现为有婚姻、血缘关系的人居住、生活在一起；而其他社会关系则以地缘、业缘关系为根据。

（2）家庭关系表现了组成家庭成员之间的特殊相互行为，这些相互行为既包括物质方面，也包括精神方面。一般来说，家庭成员之间特殊的相互行为中，繁衍后代、性爱交际、亲子情感是其他社会关系中所没有的。

（3）家庭关系以代际关系为层次，所谓代际关系包括家庭中同代人或几代人之间的传递和交往。因此，家庭关系表现出了一种其他社会关系不易有的连续性和承前启后性。代际关系将家庭关系划分为界限分明的不同层次。

（4）家庭关系是久远、普遍的一种社会关系。马克思、恩格斯在《德意志意识形态》中有过这样的论述："一开始就纳入历史发展过程中的第三种关系就是：每日都在重新生产自己生活的人们开始生产另外一些人，即增殖。这就是夫妻之间的关系，父母与子女之间的关系，也就是家庭。"②这个家庭起初是唯一的社会关系。

---

① 费孝通：《生育制度》，天津人民出版社，1981，第66页。

② 马克思、恩格斯：《德意志意识形态》，《马克思恩格斯全集》（第三卷），人民出版社，1960，第32~33页。

（5）在一定的意义上说，家庭关系最为亲密，关系主体的相互影响也最为深刻。家庭成员之间不仅有感情上的关系，还有血缘和姻缘关系、经济上的相互合作关系等，这是其他社会关系无法比拟的。

2. 家庭关系的影响因素

家庭关系既非孤立也非永恒，它受社会诸因素的影响，也受家庭内部诸因素的影响，这些影响既可能是积极的也可能是消极的。

（1）家庭关系内部的影响因素。家庭人口数、家庭代际层次、夫妻对数、家庭成员间特征差异程度、家庭成员间的区位距离和家庭认同意识等是影响家庭关系的内部因素。

家庭人口数、家庭代际层次数、夫妻对数与家庭关系的复杂程度成正比：家庭规模越大、家庭关系数量越多，家庭关系越复杂；家庭代际层次越多，家庭关系越复杂；家庭中夫妻对数越多、中心越多，家庭关系越复杂。家庭成员间的特征差异越大，处理差异的难度越大，家庭关系越复杂。家庭成员间的区位距离越大，交往和沟通的频率越低、次数越少，相互关系就越疏远。家庭成员认同感越低，家庭关系越松散，家庭的实体也难以存在。

（2）家庭关系外部的影响因素。社会生产方式、社会规范、宗教等是影响家庭关系的外部因素。

家庭关系与社会生产方式相适应。在小农经济条件下，家庭是生活和生产单位，需要承担和履行组织生产、统筹分配的职责，"家长制"式的家庭关系自然形成，家长具有无限权威及对家庭事务的裁决权，其他家庭成员处于从属和被动地位。

社会规范中的法律、伦理道德、风俗习惯对家庭都有不同的影响。法律制度是一种硬约束力，它所规定的父母、子女的责任义务必须体现在家庭互动之中，家庭不能违背。伦理道德、风俗习惯也对家庭关系的维系起示范和警示作用，其影响有时甚至超过其他因素。大家庭在中国传统习俗中备受推崇，离婚在传统封建社会受到伦理道德、习俗及社会舆论的制约。

宗教对家庭关系也有巨大的影响和约束。宗教教义对婚姻的阐释和对离婚的规定、限制，都对信徒的夫妻关系产生约束力和规制作用。

（二）家庭关系变迁

在家庭发展史上，曾经存在过母权制。母权制始于原始氏族公社产生之时，其存续的时间大致为旧石器时代中、晚期。在母权家庭阶段，家庭的统治者是女人而不是男人，财产由女人占有，经济由女人控制，各项事务由女人决定，亲属传承依母系传递和计算。

随着金属工具的出现和原始农业、原始畜牧业的发展，男子开始从事农业、畜牧业、制陶业，他们的劳动收获逐渐超过妇女，从而成为生活资料的主要提供者，而妇女则被排斥于主要的生产部门之外，从事附属性的劳动和家务。男子创造财富的能力增强、地位提高，自然就产生了统筹家庭的要求，世系由母系转为父系，子女继承父亲的血统、财产和权力。同时，伴随着生产劳动中性别角色的高度分化，妇女受到严格的人身隔离，她们的活动被限制在家庭之中，从而依赖男子。

工业革命后两性关系发生了历史性的变化，妇女投身于家庭之外的社会领域，参加工作，参与交往，重新获得为家庭作经济贡献的机会，自身价值相应得到提高。此外，在工业社会中，孩子不再像农业社会或采集、狩猎社会中那样具有很高的经济价值，男女两性关系在社会、家庭领域中走向平等，家庭的情感功能得到发展，家庭道德越来越注重父母对子女的义务，严厉的父权受到限制。

在我国传统的家庭关系中，"父子关系"为主轴，其他关系都是以此主轴为中心。家庭的权力集中在男人为祖为父等人的手中，女子在家中没有真正独立的人格，即"未嫁从父、即嫁从夫、夫死从子"。子女没有婚姻自主权，全由父母之命及媒妁之言加以安排。父母教导子女对双亲绝对服从，而女子一生最高的标准便是嫁人，为夫家传宗接代，"无子则去"被视为当然之事。

经济社会形态的变化以及文化变迁，使得长幼、男女关系皆发生着改变。例如，美国社会学家古德在《世界革命和家庭模式》一书中曾提出，家庭制度的变迁和工业化的发展是一个平行的过程，在一个国家的现代化过程中，必然伴随的变化使不同类型的扩大家庭向着以夫妻关系为主轴的夫妇式家庭制度转化。夫妇式家庭制度的观念和经济进步、工业化的观念是相互依存和适应的。夫妇式家庭以夫妻关系为轴心、婚姻和爱情为基础，强调每个家庭成员的独立和平等以及个人的自主选择，注重个人的幸福和两性之间的平等。

对于我国家庭关系的变化，研究者们比较共同的看法是，随着家庭日趋小型化和核心化，家庭成员个人享有更多的独立，彼此更为平等。家庭关系的主轴已从纵向的强调亲子、血缘关系转向横向的夫妻和姻缘关系，传统的父系父权制在中国已失去存在的基础,^① 轻老重幼的亲子关系格局已成为当今城乡家庭关系的部分现状。家庭关系的变化,一方面使夫妻关系开始变得重要,夫妻间需要更多的情感满足;另一方面,轻老重幼的亲子关系格局又使得亲子教育与养老问题相伴而生。

有学者认为,如果从实行一夫一妻制开始,则中国家庭关系沿革的主要脉络大致可以分为以下几点。

(1) 家庭关系实质的沿革,由主从型向平权型发展。

(2) 家庭关系种类的沿革,由繁复到简单。

(3) 家庭角色模式的沿革,由权利和义务不平等向平等转化。

三　家庭功能的变迁

家庭功能是指家庭在社会生活和个人生活中所起的作用,即家庭对于人类的功用和效能。功能主义的观点认为,任何制度都针对着某种需要,家庭作为一种社会制度,同样具有某种社会功能,并在个人的生活中发挥着某种不可或缺的作用,否则家庭就失去了存在的理由。家庭的功能是多方面的,影响家庭职能的因素也有很多,决定家庭功能最主要的两大因素是社会需求和家庭本身的特性。由于这两个因素一直在交互作用中历史地变化着,因此家庭功能也随之变迁。在社会变迁之下的家庭发展的不同阶段,家庭功能本身有不同的内容。家庭功能不是固定不变的,不能脱离社会和家庭形态本身而单独存在。

E. W. Burgess 和 H. T. Locke 将家庭功能分为固有的功能 (intrinsic function) 和历史的功能 (historical function),前者是指爱情、生殖、养育的功能;后者是指经济、保护、教育、娱乐和宗教的功能。^② 虽然随着家庭结构的变迁,家庭功能也相应发生了较大变化,但历史功能的变迁大于固有功能的变迁。下面主要讨论历史功能的变迁。

1. 经济的功能

在封建社会中,家庭是一个生产的单位,食物、衣料、住房、日用品等差不多全由自己生产、分配与消费,家庭可以说是一个自给自足的经济组织,当时家庭各种功能的实现都要受制于该经济功能。但是随着工业化、

---

① 唐灿:《中国城乡社会家庭结构与功能的变迁》,《浙江学刊》2005 年第 2 期。

② E. W. Burgess and R. J. Locke, *The Family* (New York: American Book Co., 1963), pp. 462 – 470.

城市化和机械化的到来，家庭的经济功能逐渐外移，家庭成员靠在家庭之外的工作获取经济收入。随着家用电器的使用及部分家务劳动的社会化，外出工作也成为妇女获得收入的普遍方式。

与家庭生产功能相关联的是消费功能。在社会的消费总量中，除个体性的消费之外，家庭整体的消费占据重要位置。近年来，随着经济的发展，我国家庭功能的一个重要变化是，众多家庭在其生产功能日趋衰弱的同时，其消费功能却越来越突出，其消费模式也逐渐告别以日常消费为主的模式，朝着大件耐用品消费模式发展，住房、汽车、家用电器等成为家庭消费的主体。家庭消费功能的正常发挥，与一个家庭的生活质量紧密相关，并在很大程度上决定着我国扩大内需经济政策的成功与否。

2. 保障的功能

家庭提供保障与福利的功能是自然形成的。在传统社会中，保障功能主要依赖家庭，家庭的生存与发展壮大过程，也是家庭福利保障功能的实现过程，正是家庭的这种特殊结构及其福利保障功能，使得家庭在社会结构中居于基础的地位，成为人类生活方式的核心载体。

家庭的保障功能主要体现在照顾老人、养育子女、情感慰藉等方面。这种支持是家庭成员之间基于血缘与情感而产生的资源转移，主要包括物质支持与情感支持。物质支持是金钱与实物等方面的帮助，而情感支持则是情感与心理慰藉等帮助。家庭不仅具有与血缘和姻缘关系的亲属结成的自然交往圈，而且还具有因地缘、业缘或情缘关系的邻里、同事、朋友等连成的社会网络，这些都形成对个人支持的家庭社会网。

随着工业化和城市化的发展，社会分工日趋发达和细化，加之人口流动的加剧以及核心家庭成为主流的家庭模式，家庭的保障功能逐渐开始弱化，一部分福利职能被分离出来。而养老金、儿童福利计划和家庭补贴等制度的建立，使国家分担了劳动者对家属的部分扶养责任。另外，社会服务类的非营利组织和社区也承担了许多原来由家庭负责的照顾职能。

但是，社会保障并不能完全替代家庭保障，家庭保障与社会保障制度之间是互补的关系，任何国家建立的正式社会福利制度都无法取代家庭的福利功能与责任，政府和社会只是在不同程度上、用不同方式分担了原来家庭的一些责任。我国目前的实际状况是，当一个人生活困难或遭遇不幸时，一般总是先寻求家庭及亲朋的帮助，然后求助于社区或社会，最后才求助于政府。

3. 教育的功能

传统家庭的教化和教育功能是强大的,它提供了社会世代交替和文化传承的最佳机制。孩子在家庭中不但可以习得基本的社会规范,而且可以从长辈那里学到基本的谋生技能和生产生活经验。家庭既是社会生产和人口生产的单位,也是最为重要的文化载体。

但是,在现代社会,教育功能和文化传载功能正逐渐从家庭向社会转移。社会中的专门教育机构和电视、网络、书刊、报纸等媒体以及朋辈群体、社区人文环境等对儿童和青少年的影响正在逐渐增强,这些影响在某种程度上甚至取代了家庭的教育作用。但不管怎么说,家庭教育提供了儿童社会化的基本方面,对孩子的未来起着基础性的影响。

4. 娱乐的功能

传统社会家庭外的娱乐场所较少,家庭是娱乐的基本场所。家庭所提供的娱乐、温馨与爱不仅能满足成人的需要,帮助家庭成员调节身心、恢复体力,增强彼此间的亲密感,还能为儿童的人格发展奠定基础。

现代社会的娱乐需求内容发生了很大的变化,家庭外各式各样的商业化娱乐设施也很发达,娱乐在家庭之外满足的机率增大,但是家庭娱乐设备的齐备,如电视的普及与网络的广泛使用也使娱乐功能更易在家庭得到满足,最近以家为单位的外出旅行休闲活动也逐年增多。

第三节　家庭的意义

一　家庭的一般意义

自家庭产生以来,它始终是人类社会最基本的单位,人一生的大部分时间生活在家庭中,大多数人是在家庭生活中认识人生的意义,体验亲情与家庭的爱,获得自我认同,学习知识、技能、行为规范,以便将来组成自己的家庭。家庭成员在同一屋檐下共同生活,彼此相互作用,是情感交流与互助的一个整合体。家庭一方面是连接个人生活与社会生活的环节,另一方面也是行为规范与社会理想的基本依赖之所寄。对于个人来讲,家庭在物质和精神方面的支持、保障和激励,不论对于儿童还是成人都是不可或缺的。对于社会来讲,家庭是基本的社会单位,家庭负担着人口的生产和再生产、儿童的社会化、提供基本社会保障和安全感等重要功能，是稳定社会的重要力量；同时，家庭的存在使得社会组织、社会管理和社会控制的成本和难度大大降低，是高效的社会组织化单位；另外，家庭还是文化传承的重要途径和社会进步的动力。

日本家庭社会学家户田认为，家庭这个团体的特质在于包含家庭成员的相互的感情融合及人格的合一化。[①] 另一个家庭社会学者森冈则强调家庭是基于感情的融合所维系的团体，家庭内的人际关系是基于全体成员生活中的相互合作与亲近的关爱，不计较彼此而以感情的融洽为主，这是家庭所期望达到的目标。森冈称家庭为追求福利的团体。他将家庭定义为以夫妇关系为基础，把亲子、兄弟等少数的近亲者当做主要成员，形成的初级福利追求团体。所谓福利追求，是指家庭对于个人所扮演的诸多功能，如子女的社会化，为家庭成员提供物质、精神两方面的支持，性需求的满足等，都具有实现福利综合功能的意义。把家庭当做初级或第一级的福利追求团体，是因为它以亲属圈为范围，虽然国家、社会也有各自主要的福利追求，但其并非初级福利追求的担当者。国家与社会是致力于准备使家庭容易实现福利的条件，对于功能衰落的家庭伸出援助之手，或者对于身体残障者、各个家族的过度负担者提供辅助。这就是把家庭当做初级或第一级的福利追求团体的原因。[②]

二　现代家庭的独特作用

现代核心家庭的作用有两个，对内为家庭成员提供心灵慰藉；对外帮助社会成员适应社会文化、传递社会文化，保障家庭免于社会的压力。人与其他动物不同，需要长期依赖和学习才能逐渐独立，在家庭的亲密互动中，人的基本能力得到训练，为适应社会做好了准备。亲密、相互影响和照顾，培养了家庭成员每个个体的基本生存能力，促进其心理层面的成长和成熟。可见家庭对人是极其重要的，这是家庭所独具的功能，是无法被取代的。

（一）子女的社会化

1. 社会化的意义

社会化是一种经由不自觉的模仿过程，吸收父母的行为模式，再加上

---

① 户田贞三:《家族构成》，弘文堂書房/密歇根大学，1937，第 60 页。
② 谢秀芬:《家庭与家庭服务——家庭整体为中心的福利服务研究》，五南图书出版公司，1998，第 2 页。

其他家庭成员的影响，学习社会中的规范、信仰、态度和社会价值等，使个人成为一个完整的人，达成社会教育的、认同的、适应的和整合的目的；使个体能在整个体系中发展和谐的关系，得到社会的认可；并在社会角色认同的作用下，获得社会经济地位。人类之所以成为人（指社会人）并非天生而是经由家庭、社会团体互动的结果。孩子出生后，最先由家庭开始，透过家庭而与社会、文化接触。家庭借着代代传递而维持文化的持续性。

一个人的行为是他的家庭和外在社会文化环境影响的结果。一个人的态度、情绪、价值观和日常生活目标受社会环境所影响，因而表现为不同的行为。虽然除家庭外，儿童的行为还受社区、教会、学校的影响，但家庭仍是决定儿童行为的最重要因素，并影响其成年以后的行为。

2. 社会化的过程

文化的传递和个人适应文化的过程经历了一定的阶段。第一个阶段是弗洛伊德所说的口腔期。在这个阶段，婴幼儿并非被包含在整个家庭系统中，而只是在母子的次级系统（subsystem）内，形成基本认同（primary identification）。对于这个阶段的婴幼儿社会化过程是否存在有着不同的观点。有一种观点认为，吮吸母乳的技术并非完全源自本能，吮吸也有社会化的迹象，此时也是母子共生期。接下来要经历的是母亲与婴幼儿的分离，即个人的社会化时期，也即个人自我形成的第一反抗期的阶段。这就是社会化的第二个阶段，或是社会化的开始，被称为肛门期。这时，孩子行动的自律性（autonomy）渐渐受到要求。随着家庭内地位和角色的取得，自我开始形成。随着自我的形成，通过母子间的认同过程，社会化过程的路径就被打开了。这一时期到底从何时开始并不确定，但大部分儿童自律性是随着其身体的成长而达成的。按照 J. Piaget 的说法，儿童对外界的反应方式随着其器官功能分化的阶段不同而不同，所以必须以器官功能分化的情形为前提划分。在这个过程中，母亲为了节省育儿所花费的劳力开始对小孩儿进行自律性训练，如此就开始了"教养"，即以家庭独特的文化标准给予训练。儿童自身为了满足自己生活的要求，遵照母亲的指示，努力完成自律行动，进入了与母亲分离以达到个人化的过程。这样的分离，在母子间就产生了自我和他我之间的爱，认同对象也就产生了。①

要使社会化有效实施，感情的给予和反应是重要条件。母亲给予子女

① Daniel Stern, *The First Relationship* (Cambridge Mass: Harvard University Press, 1977), p. 87.

的感情是无私、温暖的，这是母亲的天性。感情的给予和反应与社会化实施的效率有很大的关系，可以说是实施社会化的必要条件，或是建立社会化的基础。唯有此，儿童才能发展出健全的人格。而孤儿院的儿童虽然有人照顾，在物质和认知方面都很完备，但大多数在人格或性情方面有缺陷或偏差，究其原因主要是缺乏真正的温暖感情，而使他们的社会化不健全。这些案例从反面也说明，父母亲给予子女适当的感情，或对其做适当的情感反应，才能使社会化有效进行。当然要使社会化的过程顺畅，还需要有稳定坚固的家庭结构。因为家庭结构越稳定坚固，越能为其中的成员安排一种或多种家庭角色，并要求其积极地持守其身份，扮演一定的角色，完成其本分。例如，在我国传统的家庭中，每个人的身份和地位都很确定分明，依其身份应该扮演的角色也很清楚，这就有利于家庭成员完成角色赋予的任务，完成社会化的任务，而家庭的稳定性也因此增强。

家庭中父母感情良好、情绪稳定，有利于孩子的社会化。如果父母亲的角色扮演成功，家庭的功能实现得好，子女对父母的认同倾向就大，子女的社会化过程就能正常进行。所以父母关系平稳与否，决定孩子发展过程的好坏。

3. 社会化的场所

社会化既然是人为了成为社会人的生活过程，那么在人生的每一个阶段就都有新的规范要去学习，并对旧的加以整合。学习内容来自社会的规则，学习的过程是从家庭、学校、同辈团体、工作场所、社区，再到整个社会。按照 James Coleman 的研究，青少年到了高中一年级时，其主要社会化的场所就从家庭转向外在环境，同辈团体成为他们主要的参考模式，学习的过程与早期儿童时期相似。

社会化是使个体在心理层面获得人格发展，在社会层面成为社会行动者。由于电视、网络等的影响，青少年的社会化呈现出不同的过程。过去，青少年先有对自己父母的认同，再有对一般父母的比较，从个别到一般。现在，子女在早期就接触到广泛的一般社会文化，他们的认同不再是从个别到一般，而是从一般到个别的观察和判断。因此，对父母的认同现象就不那么深刻，而是很早就开始去比较一般父母的形象，把自己父母的特殊化作为批判的对象。现代青少年生活意识的形成并非从对父母的认同指向社会的价值体系，从个别转向一般的变化过程，而是相反从一般转向个别。一般成长的过程是从其本身个别的情况转向一般社会理想情况，是从现实到理想，依自我否定是从小我到大我的憧憬。如果在学习一般性时对理想的实现感到疲劳，就回到个别性，如对故乡的乡愁、对母亲的思念即是退化到幼年期的现象。

从文化的连续性方面考察，家庭、学校及同辈团体间的价值体系的连续性是子女社会化过程中应具备的条件。随着婴幼儿的成长，生活圈逐渐扩大。从同辈的游戏团体、幼儿园或学校的团体生活开始，子女将家庭内所学习到的生活方式，在社会生活的场所中去尝试其实用性。若在团体生活中有效，这些价值体系或态度、生活方式就形成其人格中确定的东西，成为其社会生活的行动准则。相反，如果子女在家庭内所学习到的生活方式在社会生活中不能有效使用，他们对社会生活就有抗拒感，产生心理压抑，或表现为情绪障碍或拒绝反应。

青少年犯罪一般认为是因其在家庭内受到挫折，需求不能得到满足而反抗父母，但事实上他们是依赖家庭或同辈团体的，只是对学校生活有抗拒感。能安于家庭或同辈团体这种非正式的社会场所，而对学校这种正式场所不能适应，这是社会化不完全的结果。所以在家庭内子女社会化的过程必须以家庭与学校和同辈团体在基本上有共通的价值体系或生活方式的连续性作为前提，只有这样，社会化才能顺利进行。

（二）情感的支持

现代人对家庭的期盼是因为它能满足家庭成员的情感需求。对许多人来说，家使人有个完全属于自己的地方。尤其是在现代政治、经济社会快速变迁的环境下，家以外的地方感情疏离加重，就更加需要有个伴侣能够分享过去、现在及未来。过去的婚姻，是凭父母之命、媒妁之言结成夫妇，然后再培养感情；现在社会是先有感情才形成婚姻，可见感情的功能在当今的家庭日益重要，不像传统的家庭为了繁殖下一代、为了维持经济的功能，不会轻易考虑离婚，一个没有感情的婚姻或家庭在当今社会是痛苦的。许多家庭问题研究者也认为现代夫妇以感情为基础，家庭的功能以满足家人情感为主。

亲子间的情感交流和相互依赖在现代社会日益重要。主要是因为，现在许多子女都要离家出去求学或工作，在外学习或工作之余想家或归心似箭的情绪与日俱增。当一个人遇到不如意的事，首先想到的是回家寻求那份温馨与支持。家成为一个人在外受到挫折、遭到失败时最好的振奋剂，失去了家使人有无所依靠之感。尤其是在快速变迁的社会，人与人之间的疏离感加重、人际关系越来越冷漠、竞争生存的压力越来越大，家庭自然就成为感情支持的堡垒。在受到挫折或心情恶劣时，家庭更成为个人的避风港。家庭所具有的情感功能在今日比以前更加更不可缺了。这也就是为何帕森斯认为家庭具有永不改变的功能——夫妇的和睦以及以此为基础的子女社会化功能。那么，夫妇情感的融洽、两人性格的适合是如何达成的呢？下面通过心理层面和社会层面两个方面来考察。

1. *心理层面——人格需求的完成*

婚姻在某种程度上可以满足人格需求，而这些需求是在婚姻之外无法满足的。婚姻是二人互相试着去适应、接纳对方的一种互动关系，表现在言行回应等方面。若能在人格需求上符合对方的期待，则婚姻关系便能持久，且能彼此享受被了解与被关爱的温暖，这是一种完整的融合。如果双方都能满足对方的人格需求，那么在多变的人、事、物中，就能永保感情的恒久与笃定。根据一些学者的研究①，男女在婚姻关系中所要满足的人格需求各有 15 点，男女需求的差异主要表现在排列顺序上。

表 1-1　男女在婚姻关系中人格需求的差异

男		女	
顺序	人格需求	顺序	人格需求
1	被爱	1	被爱
2	被信任	2	被信任
3	赞赏我想完成的	3	帮助我做决定
4	引起我的成就动机	4	让我表达感情
5	尊重我的理想	5	尊重别人
6	了解我的感受	6	了解我的感受
7	让我表达感情	7	尊重我的理想
8	被重视（觉得我很重要）	8	困难时有人扶持
9	欣赏原本的我	9	赞赏我想完成的
10	给我自信	10	给我自信
11	欣赏我的能力	11	引起我的成就动机
12	解除我的寂寞	12	欣赏原本的我
13	尊重别人	13	欣赏我的能力
14	困难时有人扶持	14	解除我的寂寞
15	帮助我做决定	15	被重视（觉得我很重要）

① Judson T. Landis, and Mary G. Landis, *Building A Successful Marriage*, Taiwan Edition, 沧海出版社，1981，第 8 页。

2. 社会层面——角色的互补性

婚姻还能满足角色互补的需求。社会中的个体总是处于一定的社会位置上，或者说具有一定的社会地位。社会有着自己的各种规范，但社会规范对处于不同社会地位的人有着不同的要求，我们称此为社会期望；与此相应，当个体依照社会对他的期望去履行其义务、行使其权利时，我们又称他是在扮演一定的角色，其社会行为乃是一种角色行为。夫妻双方都有角色期待，丈夫对妻子的角色期待表现为他希望妻子应该如何行动，及妻子应该以怎样的方式对待他；同样妻子对丈夫也有角色期待，以此展开期待关系。以丈夫为例，丈夫被期待的行为就是他的角色义务，而他对妻子的期待则是角色权利。

对于夫妻之间的角色期待，社会学家 T. Parsons 和 F. Bales 以在美国占主导地位的核心家庭为例进行研究，得出理论上的假说：核心家庭中夫、父系列担任指导者的角色，而妻、母系列担任统和的、表现性的指导者的角色；男子可视为前者的辅助者，而女子则为后者的辅助者。为夫、为父的男人为了所有成员的生存担任工具性角色，为妻、为母的妇女则要以其温柔谋求成员的意志统一、精神安定以及子女人格的形成。家庭内的角色结构是生计维持的角色（从事职业）和家事育儿角色的统一。

现代家庭中的夫妇所属的社会文化背景以及由此社会文化背景所形成的价值观与角色期待有密切的关系，夫妻的角色期待因文化不同而表现出差异性，当然也会随着时代的变迁有所改变。传统家庭夫妻角色期待和现代社会有区别，美国和日本的夫妻角色期待也不同。

如果夫妻双方都能彼此适合对方在家务、育儿、经济、娱乐、交际、性等方面的期待，则夫妻就能长期保持和谐；相反，如果夫妻双方对彼此的角色期待存在差异，就会威胁到家庭生活的和睦，并可能妨碍家庭的维持和发展。总之，角色期待对夫妻关系而言是非常重要的，家庭生活中只要相互的角色期待能适合，则不管家庭的领导权是在夫方还是在妻方，两人的关系将永远是和谐的。

第二章
家庭政策的含义与特征

第一节　家庭政策的起源与影响因素

一　家庭政策的起源

家庭政策是福利国家以解决社会问题和改善公民福利为主旨的举措。伴随着福利国家的发展壮大，家庭政策也得以发展逐渐走向成熟。

第二次世界大战后，西方发达国家迎来了福利国家发展的黄金时期，不仅出现稳定的政治局面，而且经济增长速度、外贸出口额、黄金储备量以及国内生产总值等经济指标都呈稳定上升的趋势，从而为国家社会职能的重新界定与发挥提供了有利的条件。1942 年，英国的《贝弗利奇报告》诠释了社会安全的普遍性原则："只有设立儿童津贴体系，建立广泛的健康服务并维持尽可能高的就业水平，社会安全计划才能充分发挥作用。"[①] 1948 年，联合国的《世界人权宣言》承认了国家对其公民承担责任与义务，并且阐明了公民有获得生活安全与国家支持的权利。1962 年，国际劳工组织通过的《社会政策公约》也阐明了社会安全普遍性的原则，工人及其家属都是社会计划的受益者。这样，在第二次世界大战后的经济重建与繁荣中，福利的获得不再与个人的就业状况和生存状况有关，而是与个人的政治身份有关。福利与生活安全不再被视为只有最需要的人才能获得的

[①]　R. Siburn, " Beveridge and the War - Time Consensus ", *Social Policy and Administration* (1991) 25：80 - 86.

权利，而日益被视为一种公民的权利。

第二次世界大战之前（以下简称"二战前"），大多数西方发达国家仅向家庭提供范围有限的政府支持。第二次世界大战之后（以下简称"二战后"），西方发达国家以其稳定的经济增长、切实的社会保障、充足的就业机会赢得了民众的信任与支持，也大大强化了自身作为福利提供者的角色，实行普遍主义的家庭政策并向家庭提供新的现金津贴与服务。这就意味着家庭政策将从一种仅提供有限支持与救济的政策转变为更广泛且更有支持性的政策。家庭政策表现出福利提供普遍性与覆盖广泛性的特征。

具体来讲，西方发达国家的家庭政策在以下三方面都得到了发展。

第一，创建专门的家庭政策机构。家庭关系在战争中得到强化，"二战后"继续得到发达国家政府的重视。它们希望通过对家庭的保护和支持来弥补人们的战争创伤，并给予公民新的安全感与繁荣感。英国在1948年通过《儿童法》创立了儿童部；卢森堡与德国在20世纪50年代初创立家庭部；瑞典在1954年创建家庭委员会。这些专司家庭政策的政府部门的设立，不仅表明了这些国家对家庭的重视程度，而且显示了它们力图对家庭承担更大的责任。

第二，扩展家庭补助金计划。"二战前"，某些发达国家实施的家庭补助金计划以家计审查为原则，通常只针对子女众多的大家庭并与养家糊口者的就业状况相联系。这样，只有一个孩子的家庭以及农业工人或自我就业者的家庭都无法获得家庭补助金。"二战后"，各国开始实行覆盖所有居民、所有种类工人的普遍计划。从20世纪50年代开始，绝大多数发达国家逐渐将有孩子的家庭全部纳入家庭政策的保障范围。此外，原本只针对产业工人的家庭补助金范围也有所扩大，如荷兰在1979年将原本只针对雇员的家庭补助金计划扩大为包括所有门类的工人；意大利也在1980年实行了类似的改革。到1971年，所有工业化国家都实行了家庭补助金计划。

第三，提升产假计划。"二战"时经济向和平经济的过渡是以大批妇女失业为代价的。为了给成年男子提供充分的就业岗位，不少发达国家在"二战后"初期都对产假计划进行了改革：延长产假；以强制性的产假计划取代以前的自愿性计划；采用与工资有关的现金津贴，取代以前统一标准的津贴或一次付清的津贴。通过这几方面的改革，产假计划从一个自愿性的有限计划转变为向家庭提供政府支持的综合政策体系中的重要组成部分。

二　家庭政策的影响因素

家庭政策的产生与发展及家庭政策概念的定义受家庭政策目标及制定政策环境因素的影响。

（一）家庭政策目标的多样性

家庭政策的目标通常分为收入再分配、鼓励生育与性别平等。家庭政策在目标上的差异受具体文化规范的制约，也就是说，它受到政治意识形态、决策方式及对家庭需求理解的限制。文化规范指导人们自觉从事"正确"而"恰当"的行为，它常以隐而不显的方式根植于人们的生活习惯与行为实践中，促使各国决策者选择不同的途径来解决离婚、避孕、妇女就业与妇女地位等问题。而文化规范的制约力量又外化于不同的决策环境中。当然，家庭政策目标并不是一成不变的，它随历史演进而不断变化，也因空间改变而有所差异，但总体来看，有以下三个目标。

1. 对资源需求进行累进式的再分配

这是实现社会发展的一种方式，因此许多国家都希望通过家庭政策实现收入再分配：将收入从没有孩子的个人或夫妇家庭再分配到有孩子的个人与家庭，或从高收入的个人与家庭垂直再分配到低收入的个人与家庭。具体而言，对资源进行水平再分配的家庭政策包括以下两种：一是向有家庭的工人发放家庭补助金与儿童津贴以补偿其付出的额外开支；二是对有大家庭的高收入劳动者实行慷慨的减税。与此相反，如果国家在发放家庭补助金与儿童津贴时不考虑家庭因素却考虑家庭收入，那么家庭补助金与儿童津贴就会发挥垂直再分配的功能。[1]

2. 调节家庭规模与家庭结构

这是家庭政策的潜在目的。政府往往在本国生育率出现明显下降趋势时，出于对生育率下降的担忧而向家庭支付某种形式的津贴。虽然大多数国家的政府都不愿意直接声明其家庭政策具有鼓励生育的目的，然而，这种潜在目标的存在已得到学者的广泛认同："家庭政策的演化有着较大的相似之处……无论妇女是否有工作或是否处于经济欠缺或受社会援助的状况

① L. Luckhaus, "Individualisation of Social Security Benefits", in C. McCrudden (ed.) *Equality Treatment between Women and Men in Social Security* (London: Butterworths, 1994).

下，家庭政策总寻求让妇女可以按其意愿来决定拥有孩子的数目。"①

3. 促进性别平等

随着女性主义与自由主义的发展，这一目标逐渐被纳入家庭政策的目标框架。因此，这一目标的实现程度因各国福利体制及平等思想的发展水平不同而呈现较大的差异。社团主义国家将社会保护视为工人及其家庭成员通过与就业有关的保险缴费而获得的权利；自由资本主义国家将社会保护视为以市场调节机制为主并辅以国家扶助机制的一种补救性措施；社会民主主义国家则将社会保护视为一种具有普遍、公正与民主等典型特征的公民资格。这种对社会保护实质理解上的差异，促使不同社会保护体制的国家在运用家庭政策促进性别平等方面采取了强弱程度不同的支持态度。与前两者相比，社会民主主义国家更积极地致力于通过性别平等的家庭政策实现公民平等与公民团结。

(二) 家庭政策环境的差异性

决策环境是理解家庭政策目标构建与执行方式的重要因素。决策环境包括负责家庭事务的政府部门的设立、该部门在政府机构内部的地位以及家庭政策的筹资方式与组织方式等。国家之间的家庭政策环境存在明显差异。比如，在设置了专司家庭事务部门的国家之间，该部门的行政管理权力与人员配置情况可能明显不同。在筹资方式大体相同的国家之间，家庭政策资金的组织方式又可能分为中央集中管理方式、地方或地区分散管理方式，或者两种方式兼而有之。

在设立家庭事务部方面，除少数国家有专门的机构设置外，多数国家将家庭事务纳入社会事务中而由社会事务部、社会安全部、社会福利部、就业部、税务部以及劳动部等种类繁多的政府部门分别管理或联合管理。具体管理部门的排列组合及政策优先对象的确定，取决于国家对家庭事务的理解。

在家庭政策的资金来源方面，以社会保险原则为基础的国家需要雇员缴纳与就业有关的费用，国家将这些缴费视为家庭政策的主要或唯一的资金来源，并将家庭津贴作为工资的一部分再返还给工人；以普通公民权原则为基础的国家将谋取公民的福利视为社会的责任，强调全民性的社会福

---

① J. Commaille and Francois de Singly eds. *The European Family*, *The Family Question in the European Community* (Dordecht: Kluwer Academic Publishers, 1997).

利分配与高水准的福利提供，其普救主义原则和非商品化的社会权利的扩展确保了家庭政策的资金来源，但却因此而中断了家庭政策与就业之间的直接联系；以市场原则为基础的国家运用经济调查和家计审查式的社会救助，并实行少量普救式的转移支付和作用有限的社会保险计划，其家庭政策的有限资金来源结合了前两种方式的途径。在这些不同福利体制的国家中，家庭政策资金的组织方式取决于国家政治体制的不同架构。

三　家庭政策的新认识

家庭政策是一个年轻并且缓慢发展的领域。家庭逐步上升为一个研究领域和社会政策的分支，进而人们对家庭本身及家庭政策有了新认识。

1. 家庭是培养高素质劳动力的摇篮

家庭政策的制定和实施改变了决策者的观念，他们不再把家庭仅仅当做一个消费单位，而是更多地把家庭视作培养人力资本的关键一环。如果决策者把家庭看做经济发展的一个有力发动机，他们就会看到家庭对社会经济发展的贡献（算是对家庭政策投入的一个回报），因为家庭培育了近乎所有的高素质劳动力。斯科克波尔（1997）通过研究过去 100 年美国家庭政策的起源、演变后发现，决策者考虑给家庭更多的投入是因为家庭的生育功能维持了整个社会的新陈代谢、延绵不绝，而且必要时还能到军队服役参加战斗。到了今天，家庭被看做培养劳动力的场所，这是经济发展所必需的。

西方研究者认为，近 10 年恰逢全球经济转型，国家和地区的竞争力主要取决于劳动力素质，特别是劳动力的教育水平、专业技能和社会交往能力，这是以往所不曾遇到的。根据赫克曼（2006）等经济学家的看法，在新兴知识经济和信息经济的时代，同时具备智商和情商的劳动力备受欢迎，而这两大能力很大程度上在他们的社会化早期被培育，即家庭教育和学前教育时期。随着孩子跟随父母时间的不断延长，差不多有 30 ~ 35 年在经济上都是联系在一起的，孩子更多时间从父母那里学习全套本领，包括专业技能、社会交际能力以及个人心智的成熟等，这些都是高端工作所要求的。一些研究者的研究结果表明，孩子入学时，早期的照顾质量和家庭环境对孩子学习水平的影响系数为 0.35。通过对早期家庭照顾的观察，研究者还可以预测哪些孩子将会顺利入学并达到普通教育水平。一些研究者在孩子三岁半时就能准确预测孩子高中是否辍学，如果这之前孩子抚养过程中父母是缺席的，那么，孩子很可能步入辍学的行列。

2. 家庭是培养和造就一代合格公民的场所

研究者认为，人生的路虽然很长，但是早期的生活体验尤为重要，因为它可以塑造之后人生的态度和行为方式。婴儿时期的各种探索劲头往往是父母提供的安全感所激发的，学龄前的各种好奇心往往是因为他们有充分的情感支持，不同年龄取得各种成就也往往因为受到重要他人的称赞。早期照顾者的细心、及时和负责任这些品格往往会内化到作为受照顾者的孩童身上，这些品格通常通过一些细节展示出来，比如家庭布置情况、针对孩童的具体保护措施、照顾者喋喋不休地讲童话故事等。那些在学校表现良好、和同学相处甚欢的三年级孩子，往往在家中受到细心的照顾，而且照顾者大多性情温和。那些表现糟糕、和同学比较生疏的孩子，其家庭照顾者可能本来就比较严肃、死板，在以后的成长道路上，这些孩子可能会表现得更加脆弱。

研究者还认为，孩子以后的社会互动模式也与家庭照顾体验有关。他们根据自己与家庭照顾者的各种互动经验来判定一个人是否可信、将会采取何种行动，从而形成自己的各种预期，采取相应的应对方式，这种互动关系模式将会不断得到强化。当然，这并不是否定后期人生经验的能动作用，即后期人生经验也会改变人早期形成的各种思想观念和行为方式，但是早期的照顾经验仍不失为一个预测之后人生阶段表现的可靠指标。

3. 家庭政策是为达成社会目标对公共资源所做的一次高效投入

美国经济学家曾做过一个估算，父母在孩子12岁之前所投入的各种不计薪酬的时间，如果排除孩子睡觉的时间，只包括至少一个家长参与孩子成长所花费的时间，并且还假设家庭中有多个孩子可以被一起照顾，得出的研究结果是：根据2000年美国儿童照顾者的市场薪酬水平（7.43美元/小时），在一个中产阶级的双亲家庭，每年花费在一个孩子身上的时间如果折算成金钱的话，大概是14338美元。在低收入的单亲家庭，这个水平大概在11077美元。如果不仅仅测算时间，而且把父母的金钱投入也计算在内的话，将分别上升到23253美元和17125美元。

对于孩子的抚养照顾费，政府的投入是非常有限的，所以，家庭的功能无论如何不能被政府完全替代。"家庭是最有力、最高尚、最经济的一种组织形式，它培养了我们这个时代所需要的一切优良品质。"但是，这么说并不是忽视政府的作用。实际上在政府营造的各种支持性环境下（比如学校希望父母更多地参与到孩子的教育中来，雇主意识到员工实际上也是家庭成员之一，其他社会组织开展项目时充分认识家庭的作用，承认家庭成员作为照顾者、父母、亲密伴侣和工人的多重角色等），家庭可以发挥更大的作用。为了支持和完善家庭发挥的作用，政府是大有可为的。

4. 家庭政策是促进青少年成长的有效投入

美国预防科学的研究者将家庭纳入自己的分析视野，研究证明，政府对父母照顾子女方面的投入使得孩子获益匪浅。对贫困家庭而言，这些政策改善了孩子的学习状况和社会表现。家庭政策并不仅仅帮助脆弱家庭摆脱贫困，而且还改善了孩子在学校的一系列表现，包括各种考试、老师评价、家长评价。对于学龄前儿童来讲，行为方式还得到了改进，情感交流技能也增强了。这些改善一方面源自这些家庭的生活富足；另一方面源自他们更积极参加了政府的儿童照顾系统。对青年而言，研究者也发现关注家庭的项目比关注青年的项目更好地防止了青少年药物滥用。在经济上，关注家庭项目比关注青年项目更为合算。

研究者已充分察觉到青少年犯罪的家庭因素的重要性。上述研究也启示我们，从家庭视角出发，给予青少年社会化过程充分的投入是极为有效的。

5. 家庭政策反映了决策者和公众的家庭理念

虽然人们对离婚、婚前同居、同性恋等较以前持更加宽容的态度，但是在多数人的心中，理想的家庭应该是异性恋的、生有孩子的双亲家庭，大多数人也以传统家庭形式标准衡量自己的家庭生活状况，多数人赞成对婚姻和家庭忠诚、对孩子重视的理念。所以，尽管现实中的家庭形式往往不能符合人们的理想，但传统家庭形式在许多国家仍然是主流趋势。

第二节　家庭政策的含义

一般认为，家庭政策是政府通过政策作用于家庭的各项支持，其目的是使家庭的经济功能、情感功能、抗风险功能等得到增强。经济合作与发展组织（OECD）曾对家庭政策下过这样的定义："家庭政策是引导或促进就业的社会政策。家庭政策通过为父母提供既适合其收入来源又适宜于儿童发展的儿童照看机构以及支持父母在工作和照看孩子之间做出自己的选择，以推动就业中男女两性之间的平等，并使家庭生活与职业生活的冲突得到一定程度的调和。"① K. 博根施奈德和 T. J. 科比特将家庭政策定义为:"在公共部门或私人部门通过法律、规章制度或其他正式条文规定的计划或行动方案。家庭政策不仅被看做是一种目的,同时它还是评价其他政策的标尺或达成其他政策的手段。"②

由于认识角度不同,对家庭政策的界定方法也不相同。

一　内容涵盖范围

从覆盖范围界定,有广义的家庭政策概念和狭义的家庭政策概念之分。为了避免家庭政策概念界定上的分歧与争论,一些学者提出了涵盖范围较为宽泛的广义家庭政策概念。它包括所有直接或间接对家庭产生影响的政策与项目,是决策者为了确保家庭作为社会制度的效力而针对家庭并为了家庭所采取的全部政策措施。有的学者甚至将家庭政策视为中央政府在进行政策选择时所应采取的一种视角或标准。他们认为,它"不是一种简单的意愿或一套特定的结果,而是政策的集合体"③。奥尔德斯(Aldous)对家庭政策的广义概念进行了总结。她认为,家庭政策与人口政策、经济政策、健康政策、福利政策及社会援助政策等有着极为密切的联系,这导致家庭政策概念的界定并非易事。然而,由于家庭与人类生活息息相关,直接或间接地影响所有政策的制定,因此,作为与人类有关的政策,即家庭政策就是每种政策的一个方面④。

从宽泛的视角对家庭政策进行界定,极大地拓展了家庭政策研究的领域,但这也是广义界定方式的劣势所在。因为对于研究者来说,家庭政策的广义概念不但缺乏很强的实际操作性,而且还可能造成推广与应用上的困难。比如,全国家庭政策欧洲观察所认为,直接以家庭为政策客体并对家庭产生影响的所有政策都属于家庭政策⑤。这样,同一种政策的种类归属

---

① 和建花、蒋永萍:《从支持妇女平衡家庭工作视角看中国托幼政策及现状》,《学前教育研究》2008年第8期。

② K. 博根施奈德、T. J. 科比特:《家庭政策:成为一个研究领域和政策分支》,上海社会科学院家庭研究中心编《中国家庭研究》(第六卷),上海社会科学院出版社,第236页。

③ 〔英〕诺埃尔·蒂姆、丽塔·蒂姆斯:《社会福利词典》,岳西宽译,科学技术文献出版社,1989,第31页。

④ J. Aldous, W. A. Dumon, and K. Johnson, *The Politics and Programs of Family Policy: United States and European Perspectives* (Leuven: Leuven University Press, 1980), pp. 24-71.

⑤ W. Dumon, *National Family Policies in EC-Countries* (Brussels: Commission of the European Communities, 1991).

就会存在疑问，如保护职业妇女的政策，如果其目标是支持作为母亲的妇女，那么该政策就属于家庭政策；反之，如果其目标是支持作为个体公民与工人的妇女，那么就不属于家庭政策。很明显，这种界定方式带有较大的随意性与主观性，因而具有自身难以克服的缺陷。

正是因为广义家庭政策概念在实际运用时存在发生混乱的潜在可能，因此很多学者还是倾向于狭义的家庭政策概念。他们将家庭政策视为针对家庭福利并对家庭资源或家庭行为产生影响的政策。理查德森（Richardson）将家庭政策视为明确以家庭福利为政策目标并对其产生直接影响的政策与项目[1]。这样，经济手段就成为家庭政策的主要政策工具。由于理查德森的定义过于强调经济工具与经济目标而忽略了家庭政策的其他政策工具，因此，韩蒂斯（Hantrais）将家庭政策界定为"以家庭单位为目标并对家庭资源及家庭成员行为施加影响的政策"[2]。她认为，为了实现提高生育率、削减贫困率和进行收入再分配等目标，家庭政策需要依赖各种手段，如普遍津贴、目标津贴、补助服务与各种特殊规则等。

与广义家庭政策概念相比，狭义家庭政策概念的明确性使其在很大程度上避免了广义家庭政策概念在应用时因人而异、因地而异，甚至因事而异的巨大变化性与不确定性，因此具有较强的操作性与较大的客观性。

二　政策目的

一些学者认为，从内容涵盖范围视角界定家庭政策存在局限性，而从政策目的视角来界定家庭政策则可以发挥更简便易行的优势，这就产生了明确家庭政策概念与含蓄家庭政策概念（或曰显性家庭政策和隐性家庭政策）的区分。前者是指明确以家庭为政策对象或客体而制订专门计划和实施特定服务的政策，如收养服务、看护、计划生育、针对受虐妇女的计划、儿童保护服务、产妇与儿童健康服务、家庭生活教育与日托服务[3]。实施明确家庭政策的国家都会设立专司规划与实施家庭政策的部门。后者是指并

---

[1]　G. Kiely, and V. Richardson, *Family Policy: European Perspectives* (Dublin: Family Studies Centre, 1991).

[2]　L. Hantrais and Marie-Thérèse Letablier, *Families and Family Policies in Europe* (London and New York: Longman, 1996).

[3]　S. Zimmerman, *Understanding Family Policy: Theoretical Approaches* (California and England: Sage Publications, Inc., 1988).

非特别地或主要地为家庭而制定的但对家庭有间接影响的政府行动，如为智障儿童提供的特殊教育项目、为智力迟钝及有精神疾病的家庭成员提供的上门服务、为购买新房的人提供的税收贷款等。实行含蓄家庭政策的政府一般不会设立专司家庭事务的部门，也不会公开承认本国实行了家庭政策，而是将其家庭政策纳入社会福利政策、税收政策与就业政策等政策体系中。

　　内容视角与目的视角这两种概念界定标准具有一定的联系。一般而言，狭义家庭政策概念都具有明确的政策客体与政策工具，因此可以等同于明确家庭政策概念。而广义家庭政策概念的内容范畴则涵盖了明确与含蓄家庭政策的全部内容。与内容视角界定方式相比，目的视角界定方式能更好地概括所观察对象的主要特征，这就为在抽象理论研究的基础上进行实证性研究提供了一个非常有用的分析工具。因此家庭政策的目的视角界定方式产生以后，很快被学者们应用于某个特定环境，如某个地区、国家或区域内部的学术考察中，由此形成了基于实证考察的整体而系统的家庭政策概念。目的视角界定法因引进了具体的参照对象而为家庭政策概念的应用与发展提供了便利。在此基础上，又产生了一些基于实证考察的概念界定方式。以政策思想来源作为划分标准的方法就是其中一种在欧洲范围内应用比较广泛的概念界定方式。

三　政策思想来源

　　在家庭政策研究比较先进的欧洲，其研究的最终目的是使理论探索服务于现实问题的解决。因此，越来越多的学者直接通过对欧洲国家具体情况的分析来提炼家庭政策概念。在此背景下，政策思想来源界定法应运而生。这种界定方式为界定其他国家或地区的家庭政策概念提供了一种新的视角。政策思想来源的界定方式借用了安德森（Andersen）对社会政策的经典区分而将家庭政策划分为自由主义模式、保守主义模式与社会民主主义模式。

　　第一，传统自由主义立场——边缘化的家庭政策，有选择地向家庭提供支持。自由主义思想认为，只有当"满足个人需要最恰当的途径，即私人市场与家庭"失效后，国家才可以实行针对家庭的社会计划[①]。自由主

---

① R. Titmuss, *Social Policy. An Introduction* (London: Allen and Unwin, 1974).

义者相信家庭能自动适应后工业社会的变化。如果国家试图以强制缴费及征税的方式来确保贫困家庭的生活水平，那么家庭支配自身收入的自由就会受到极大的限制。因此，应该尽可能限制国家在社会政策领域中拓展功能，降低国家干预家庭的程度。如果必须给贫困家庭发放社会津贴，那么也应该建立在家计审查的基础上有选择地发放。这样才能避免违背自由市场的运作规律，以保证家庭具有支配自身经济收入的自由。

第二，大陆保守主义立场——辅助性的家庭政策，只支持有特殊需要的家庭。南欧国家传统上将社会团结原则视为所有社会政策的基础，即认为通过强化自然社会契约可以有效地解决社会问题。由于受到天主教社会思想的巨大影响，这些国家承认工业化与城市化的负面影响。他们认为，家庭内部的分裂以及家庭作为基本社会单位的传统功能的衰落是个人无法避免的，因而应该由国家补偿受害者。其家庭政策的目标是帮助家庭恢复其在工业社会中的地位，即稳定家庭的内部结构，以便满足家庭成员在心理与生理上的需要。然而在诸如儿童抚养及儿童早期社会化等领域，家庭的责任是不可替代的。在这些领域中，国家应该采取切实措施支持并强化家庭功能的发挥，而不应该削弱其效力范围与作用方式。

第三，社会民主主义立场——迈向更加平等的家庭政策，为家庭提供最大程度的支持。基于公正社会的理念，北欧国家认为由于产品的分配主要通过家庭完成，因此通过干预家庭内部的分配可以消除不同社会集团之间的不平等。这种家庭政策认为，家庭政策应该致力于促使父权制家庭转变为合作伙伴型家庭。它甚至将该目标视为现代福利国家的奠基石，认为家庭政策的主旨是促进公正和建立基于个人价值的评价系统，使社区或社会达到满意状况。它认为，为了满足在职父母兼顾工作与家庭的需求，需要为所有家庭提供高水平的支持以鼓励父母分担儿童照料和家务。

政策思想来源具有相对的稳定性与连续性，因此，以此为标准来划分的家庭政策概念具有较强的适用性。然而，由于其概念界定方式来源于对特定政策类型的分析，因此在概念的抽象性与概括性方面还有所欠缺。

总的看来，以政策覆盖范围、政策目的与政策思想来源等为标准的不同家庭政策概念，相互之间并非截然对立或相互孤立。它们彼此相互补充、相互影响，共同构成了一个完整的家庭政策概念体系。

综合以上分析，可以将家庭政策界定为：它是一种获得合法性与权威性并由多种主体共同参与的，针对家庭资源与家庭行为实施引导、干预与管理的政策手段与集体行为方式。该定义比较接近于狭义家庭政策概念与明确家庭政策概念。然而与前者不同的是，该定义具有更广泛的政策主体；与后者不同的是，这个定义也包括对家庭资源进行间接调控的含蓄家庭政策的某些内容。

第三节　家庭政策的特征

家庭政策在政策机制、政策对象及政策进程等方面都呈现出的某些相似之处构成了家庭政策的基本特征。

一　网络管理的机制

家庭政策是一个通过多主体的互动而形成的有序管理机制。在网络机制中，政策主体的多样性、平等性与互动性在不同国家的表现程度与表现方式不尽相同。一般而言，越是实行含蓄家庭政策的国家越强调网络管理的机制；反之，越是实行明确家庭政策的国家越强调自上而下的传统政策模式。但无论哪种类型的家庭政策都具有其他公共政策所不具有的敏感性与微妙性，因此或多或少都会在家庭政策上采用网络管理的机制。尤其在实行含蓄家庭政策的国家中，家庭政策是一个比较敏感的话题，各国政府都竭力避免使用家庭政策的称谓。于是，运用政府的政治权威，对家庭资源与家庭行为实行单一向度管理的传统政策方式很难在这些国家通行。为了在实现政策目标的同时避免引发民众的抵制态度，需要在传统政策治理的基础上引进网络管理的机制。在实行明确家庭政策的国家中，强调磋商、透明度和负责任原则的网络方式，也因其可在一定程度上削弱传统权力运行方式的负面影响而逐渐受到青睐。和过去相比，网络状的管理机制因为没有排他性，需要方方面面的参与而更加民主。因为具有这样的优势，所以"国家与社会都需要学习并适应一种与以往等级模式相反的运作规范"，以实现现代社会追求公平与民主的愿望[①]。

二　针对私人领域的问题取向

家庭政策关注私人领域的问题，如个人的失业、疾病、伤残、移民、

---

① 田德文：《欧盟社会政策与欧洲一体化》，社会科学文献出版社，2005，第157页。

生育等引发的家庭分裂、破坏与不稳定等问题。这些问题的主要根源是后现代社会的结构变化。这种外在表现的私人性与内部根源的公共性，致使家庭政策的发展进程尤其受到历史条件的制约。不同福利体制的国家在不同时代对家庭政策所持的立场与态度会有所区别。但是，各国就通过实施家庭政策满足公民最低生活需要达成了基本一致的看法，即需要由国家出面对这部分遭受困难的公民给予援助。家庭政策的私人性问题指向还使其发展速度大受影响。在构建与完善家庭政策的进程中，政府不仅要考虑民众对政治力量大规模干预私人领域事务可能产生的反感情绪，而且要考虑给予家庭发挥自身能动性的行动空间，这就极大地阻碍了家庭政策的发展速度。与此同时，为了尽可能调动并强化民众的参与积极性，家庭政策一般未采取积极明确的宣传动员方式，而是更多地融入特殊社会问题与特殊社会群体的政策中成为社会政策的一部分。

三　动态的发展

由于"所有施加社会控制与管理的体制都面临着开放的压力"，因此，家庭政策的内涵、目标与行动重点等会随着经济结构的转型、政治体制的变迁以及现代生活的复杂与多样化而发生相应的变化。在家庭政策的酝酿阶段，家庭政策与社会救济的内容基本上等同，都是集中于解决遗留在机制外的问题：为了保证每个人都达到最低生活水平，通过社会救济制度对某些特殊家庭及其家庭成员提供帮助。这种补缺性的政策方式在欧洲持续了很长时间，其政策主体是教会、社区与个人，政策对象是先天残疾者、弱智者、中年丧偶者、单亲父母、多子女家庭等[①]。随着资本主义社会的确立与发展以及人民生活水平的提高，家庭政策开始出现由补缺性向制度性转变的趋势：家庭政策的目标不仅是弥补传统机制的不足，而且是基于制度性的安排，为人民提供所需要的资源、机会，为实现整个社会福利状态而做出集体努力。自20世纪90年代以来，外部环境的变化以及内部体制的局限，促使家庭政策又从普及性转向选择性、从系统性转向实用性。

总之，家庭政策的网络管理机制、独特的问题指向及其动态的发展特征说明，它不是一种规则或活动，而是一个过程；政策过程的基础不是控

---

① 刘玉安：《北欧福利国家剖析》，山东大学出版社，1995，第110页。

制，而是协调；政策既涉及公共部门，也包括私人部门；政策更多地不是一种正式的制度，而是持续的互动①。

第四节　家庭政策与社会政策

一　家庭政策与社会政策

社会政策作为一种在特定价值观指导下人类系统地运用科学智慧干预社会问题的实践由来已久，而作为一门学科和专业的出现，则是 19 世纪下半叶的事情。社会政策，简言之，是指用社会行动来改善公民生活素质的一切制度化设置，它既是一门学科，又是一种社会管理的实务。② 按照 T. H. 马歇尔（T. H. Marshall）的说法，社会政策是指政府所采取的一系列透过提供服务或资金直接影响公民福利的行动，其核心成分包括社会保险、公共援助、卫生福利和住房政策。另一位英国社会政策学者希尔（M. Hill）则认为，社会政策简言之就是国家对公民所承担的一种责任，体现在社会福利上是政府作为行动者如何使市场失灵得到有效矫正，如何用集体行动对社会问题和公众福利进行干预。英国社会政策的鼻祖蒂特姆斯（R. Titmuss）将社会政策总结为四点：第一，社会政策通常和社会行动、社会服务、社会保障、社会福利和福利国家等相关术语联系在一起；第二，社会政策是社会对社会需求和问题做出的一种回应；第三，社会政策是用科学的方法和技术对社会生活进行的一种管理；第四，社会政策是一种政府行为。根据这些特征，蒂特姆斯将社会政策界定为："社会政策（既）可以被视为变迁中的一种积极工具，它是整个政治过程中不可预见和不能估量的一部分……（同时）社会政策（本身又）是一种关注经济和非经济目标的有益和分配性的社会变迁。"米什拉则认为，社会政策、社会福利和福利三个术语完全可以互换使用，因为这三者的中心意义是一致的，都是指人类需要得到满足的一种特定的社会安排或结构模式。

在现实世界里，社会政策体现为一种人类治理社会问题的实践活动。第一，它本质上是政府的社会行政，是政府应对与管理社会问题、消除和

---

① 〔法〕玛丽－克劳德·斯莫茨：《治理在国际关系中的正确运用》，《国际社会科学》（中文版）1999 年第 2 期。

② 熊跃根：《社会政策：理论与分析方法》，中国人民大学出版社，2009，第 5 页。

预防社会风险的策略与具体手段的总体反映。第二，它是政治理念或意识形态的反映。社会政策的核心议题是社会福利的形式、内容及其发展问题，不同的政治理念（如自由主义、民主社会主义、社团主义等）对福利有不同的理解与表述，不同的意识形态对社会发展及前途持不同的立场。在这些意识形态的指引下，社会中的不同阶层参与了不同的社会组织和活动，其目的是为了保护公民合法的福利权益。第三，它是政党的政治实践及政党与政府关系运作的具体表现。第四，它是有关社会正义、自由和民主的政治实践。社会政策通过社会福利的分配和再分配来实现平等、公平和社会正义、自由和民主等诸多原则。第五，社会政策是现代国家公民个人生活政治与国家政治关系的反映。

英国学者 Spicker 认为，社会政策的核心内容是社会福利和社会服务。社会政策研究的领域主要有：①医疗照料、社会保障、教育、就业照顾和住房等；②人们的福祉受到危害的状况，如身体残障、失业、精神残障、智力残障和老年等；③社会问题，如犯罪、吸毒和家庭破裂等；④和社会弱势相关的议题，如种族、性别和贫困；⑤针对这些状况所采取的集体社会响应的范围。基于此，他把社会政策的研究领域总结为三个方面。首先是政策本身，包括政策的起源、目标、实施过程和结果，以及政策所处的社会、经济或政治背景，这些背景对理解社会政策和实务相当重要。其次是"社会"议题，特别是那些被认为可能带来社会危害或损害市民福祉的社会问题。因为社会政策是对人们感受到的社会问题的集体干预，因此不确定社会问题，社会政策就会无的放矢。最后是社会福利，这是社会政策的主要内容，即确定哪些人有社会问题或社会需求，并向他们提供服务。一般来说，社会政策关注的社会问题或社会需求包括贫困、住房、精神疾病以及残障等。[①] 其实，社会政策关注的领域几乎都涉及家庭，所以，从某种意义上讲，社会政策就是家庭政策。

但是，如果从直接针对家庭的政策视角来分析，那么社会政策不全都是针对家庭的，有些社会政策对家庭产生的影响是间接的。Kamerman 和 Kahnti 提出了隐性家庭政策和显性家庭政策的概念。[②] 隐性家庭政策包括所有对家庭产生影响的政策，这种影响并非是这些政策的主要目标，而是次

①　P. Spicker, *Social Policy*: *Themes and Approaches* (London, Prentice Hall, 1995), p. 5.

②　S. B. Kamerman, and A. J. Kahn, *Family Policy*: *Government and Families in Fourteen Countries* (New York: Columbia University Press, 1978), p. 3.

生目标，如移民政策、贸易和关税协定、产业区位政策等。而显性家庭政策包括那些以家庭为政策对象而且事先指明具体目标的政策，如日间照料、儿童福利、家庭辅导、计划生育、收入保障、住房政策等。不过，Millar 认为这种划分方法有误导之嫌，因为所谓隐性有"隐蔽、隐藏"之意，即政策议程被故意隐藏，因此，她建议用"间接家庭政策"和"直接家庭政策"来取代上述概念。她提出直接家庭政策包括三个方面：①规范家庭行为的法规，如有关婚姻、性行为、流产、父母权利和义务以及儿童保护的法律；②保障家庭收入的政策，如税收津贴、家庭和儿童津贴、父母假及津贴、儿童抚养等；③为家庭提供服务的政策，如儿童照料、住房补贴、社会服务和社区照料等。① 上述这些政策对家庭机能和福祉的影响是显而易见的，它们不是社会政策的全部，而是其中的一部分，即家庭政策。所以从这个意义上讲，家庭政策属于社会政策。

二　家庭福利与社会福利

社会政策作为一个社会变迁的过程，社会福利项目与服务的推行是必不可少的内容。而要完成这些政策任务，建立行动计划、确定项目目标与组织体系、从福利行政的角度自上而下落实社会政策的目标与策略显得尤为重要。社会政策的核心是社会福利，其目的是保障公民基本的生活水准，并通过收入转移的津贴项目、社会服务等来不断改善公民的生活素质。

社会福利是由国家、市场和社会组织等提供的满足人类基本需要、减少因个人偶然风险导致的贫困以及促进人们进一步改善生活品质的一切物质、津贴和服务。传统上，人们认识和理解社会福利，倾向于把它看做外部系统所给予的一种实在物，它是外在的和被给予的。尽管今天人们对社会福利的积极功能已经很少怀疑，但是对如何全面和深刻界定与测量福利这一核心概念仍然持不同意见。自 20 世纪 80 年代以来，世界各国和国际组织（尤其是联合国、世界银行等）加速了对发展主题以及如何可持续发展的政策途径的探讨。学者以及研究者也在不同领域就发展的内涵以及同发展相关的学术问题进行交流与对话，其中"福利""自由""能力""权利"等一直都是人们关注的重要主题。西方现代工业文明的发展历史以及

---

① J. Millar, "Social Policy and Family Policy", in P. Alcock, A. Erskine and M. May eds., *The Student's Companion to Social Policy* (Malden, MA: Blackwell pud., 2003), pp. 154 – 159.

影响，使人们形成了对发展内涵与测量发展指标的一般看法，其中经济增长率、国内生产总值、人均收入水平等通常为考察发展水平的核心指标。然而，来自低收入国家和地区的经验告诉人们，仅仅从收入与经济指标来认识这些国家和地区的经济—社会发展是过于狭窄和不全面的。同时，仅仅从推动经济增长的方向（尤其是量的增长）来思考如何增进发展中国家和地区人民摆脱贫困并改善生活水平是很不够的。此时，人们需要考虑经济层面以外的要素与制度，并从理论的层面和多学科的角度来理解发展与福祉（或福利）的意义。近年来，在国际上（尤其是欧洲国家），"生活质量"（the quality of life）成为学者、政府部门与非政府组织等频繁讨论并付诸实践的一个核心概念。"生活质量"概念的提出，让人们开始反思：发展是否带来人们生活质量的提升？应该以什么标准来衡量生活质量？换句话说，如果各国财富（或福利）的增加并未促进公民生活质量的普遍提高，那么这种发展就会面临道德上的困境。

生活质量概念与指标测量问题的提出，促使政策决策者和研究者思考在国家财富不断增长状态下的贫困问题与社会政策的方式。不仅需要反思过去发展模式存在的缺陷，还要重新评价与确立新的发展模式所依赖的核心概念与指标体系。生活质量提升，意味着更包容的福利概念。更包容的福利概念应该涵盖能力、自由、机会以及经济、社会等多方面的要素，通过更为包容的社会政策减轻贫困，增加穷人获得教育、医疗和社会参与的机会，以确保发展所需的能力与自由的实质条件。

社会福利的供给是由家庭、社区、民间非营利组织和政府组成的资源网络。其中，家庭是原初的福利提供者，社区和民间非营利组织是社会力量的福利提供者，政府是主导性的提供者，[1] 各个福利供给主体整合成一张社会福利供给大网，共同对全社会成员提供福利。

1. 家庭福利

家庭是福利的原初提供者，家庭提供福利的机制是自然形成的。从一定意义上讲，家庭与家庭福利保障是同一个事物的两个方面，二者相辅相成、不可或缺。凡是家庭就具备福利保障的功能，只有提供福利保障功能的家庭才能称其为家庭，才能得以生存和发展。家庭的生存与发展壮大的过程，也是家庭福利保障功能实现的过程。正是家庭的这种特殊结构及其

---

① 范斌：《福利社会学》，社会科学文献出版社，2006，第 158 页。

福利保障功能，使得家庭在社会结构中居于基础和基石的地位，成为人类生活方式的核心载体。

与国家提供的福利相比，家庭福利保障的优点在于：第一，成本低。家庭福利保障功能主要通过赡养关系实现。家庭赡养的实质是在人的生命周期中权利和义务的实现。家庭成员在未成年期有受抚养的权利，在劳动年龄期有赡养老人及抚养子女的义务，进入老年后一般又有接受子女赡养的权利。这个过程是靠家庭成员之间长期共同生活形成的情感维系的，具有自觉自愿性，大都不需要外力干预。与其他福利提供相比，家庭福利不需要行政管理成本，故具有成本低而效率高的特点。第二，更能满足受助人或受益人的需求。家庭提供福利的意义不仅在于满足衣食住行、日常生活照顾等生理需求，而且因成员之间的互动，可以满足相互之间交往、情感体验以及教育等方面的需求。

2. 社区福利

社区是福利供给的主体之一，社区服务主要是指在社区内开展的、面向社区居民的、各类非营利性质的社会服务。社区福利概念与社会服务概念接近。

在西方，社区福利供给主要通过社区照顾来实现。所谓社区照顾，就是政府机构和专业社会服务机构通过动员和开发与社区福利有关的资源，协助那些需要照顾的居民，让他们能和正常人一样居家生活，参与社区活动，获得社区服务。社区服务的对象主要是那些有特殊困难而需要长期照顾的居民，如失去生活自理能力的老人、慢性病患者、精神病患者、残障者，另外还包括临时需要照顾的居民，如单亲家庭儿童、"钥匙儿童"、孤寡老人等。社区福利资源一般有正式资源和非正式资源之分。正式资源指由政府、非营利专业服务机构及志愿服务组织所提供的照顾服务；非正式资源指亲戚、朋友、邻里、义工或社会工作的案主所结成的互助组织等提供的照顾服务。社区照顾由于通过建立和发展社会网络来达成，所以服务的效果相当显著。

在我国，社区福利大致包括社区自己开展的福利服务、福利机构在社区开展的院舍服务和政府委托社区具体实施的福利三方面的内容。[①] 社区服务的目的在于，帮助老年人、残疾人、孤残儿童、优抚对象、失业人员以

---

① 　江立华：《论我国城市社区福利的建设及运行机制》，《江汉论坛》2003 年第 6 期。

及边缘群体等解决其生活困难和就学、就业问题，同时改善全体社区居民的生活环境和生活质量。

3. 非营利组织

非营利组织是社会福利的重要提供者。非营利组织是对应营利组织概念而言的，其鲜明特征主要有以下几个。

（1）非政府性（或民间性），即组织形态是以民间的形式出现的，它既不是政府机构及其附属机构，也不代表政府或国家的立场。

（2）非营利性，即不以获取利润为组织的目的和宗旨，不进行分红和利润分配，而是以提高公益或社会公共服务为主要目标。

（3）组织性（或自治性），即有正式的组织机构和管理机构，有成文的规章制度及固定的工作人员。

（4）志愿性，即参加组织的成员都是自愿而非强制性的。在这个意义上，非营利组织有时也被称为志愿组织。

（5）合法性，即该组织是经过合法登记或注册并接受政府监管、公众监督的公众组织，且其运作资金来源合法，如来自政府购买服务与委托服务的专项资金、民间个人或企业的慈善捐赠。

非营利组织作为政府与民众之间的中介角色，不仅具有深悉民众需求、开发福利资源和提供多样化服务的功能，而且在化解社会矛盾、整合社会利益、维护社会稳定、促进社会和谐等方面，具有重要的社会建构功能。

4. 政府

政府是当代社会福利供给中最重要的主体。当今世界，任何一个国家的社会福利都不能忽视政府的作用。政府角色与责任的合理界定，是社会福利可持续发展的基本前提。在市场经济条件下，每个人面临的风险千差万别，抵御风险的能力也不尽相同。在社会福利体系中，由于每个人实际上享受到的权利和所尽的义务不一定完全对应，因此会出现抵御风险强的部分人群"逃出制度"的倾向，而这部分人群是社会中最富有的人群。如果任由他们逃出制度、回避责任，那么整个社会就无法整合，现有的秩序必然崩溃。也就是说，社会本身也有失灵的问题。所以，即使只是为了维持统治阶级的整体利益，政府也有必要通过国家的强制力量建立社会福利制度，加强各种税费的征收，以增强政府的福利供给能力，将个人的风险交由全社会承担。

社会福利供给网络中，政府、社区、家庭和非营利组织各自承担了不同的角色和功能，它们整合成一张社会福利供给大网，共同对全社会成员提供福利。家庭的福利供给传统在当今社会仍然起着基础作用，是制度化社会福利所不能替代的。然而，由于家庭结构的不同以及家庭扶养能力的不同，一些家庭会在扶养功能上出现失灵，从而要求社会化的福利供给加以弥补。在家庭失灵的地方，最有效的支持往往来自社区。通过社区福利服务，人们仍然在家居住，就近利用设在社区的服务资源，以弥补家庭功能的不足。这种形式既贴近人们本来的生活，又能在社区内集中资源，以提高服务的规模效率。与社区密切相关的是非营利组织，它与社区共同构成了福利供给的社会主体。但是，社区和非营利组织提供的福利也会有失灵的情况。与政府提供的福利相比，社会提供的福利缺乏确定性，缺乏强制性的转移支付，很难保证既定规模。而且民间社会自发形成的福利服务，还可能因为缺乏应有的秩序，难以合理布局，相互之间缺乏协调，难以构成一个完整的系统。这就需要政府整合与协调各个福利供给者的关系。在这种关系中，各个社会福利供给者相互之间的功能是互补的，但政府始终占据主导地位。这是因为政府福利供给具有强制性，通过国家权力进行资源再分配，一旦形成制度，福利资源就可以得到保障，政府目标所确定的受益人待遇也可以得到保障。在这一意义上，政府提供的福利也是福利保障的主体部分。

由于家庭在维持人的社会性存在以及福利供给中具有重要作用，因此每一生命阶段的福利供给都将紧紧围绕家庭加以实现。[①]

作为生命历程的初始阶段，儿童期福利水平的高低将直接影响人一生的发展，在个人发展历程中处于绝对的基础和关键地位。按照福利的源发机制不同，家庭福利中的儿童福利可以分为"家庭支持性福利"与"政府支持性福利"。"家庭支持性福利"所提供的儿童福利有：第一，家庭教育。教育是国民立足社会的基础，家庭教育是与学校教育、社会教育并存的一种教育形式，在儿童的世界观、人生观及价值观的养成方面具有重要影响。设计良好、科学合理的家庭教育将有助于儿童知识水平、习惯技能的提高。第二，家庭关爱。福利既是一种客观供给的存在，也是一种主观感受的反映。家庭成员之间和睦氛围的营造、健康亲子关系的持续发展，都将有利于儿童的福利感受、有助其福利水平的提高。第三，家庭津贴补

---

① 李静、周沛：《"人口与家庭福利"研究》，《社会科学研究》2011 年第 6 期。

贴。政府对家庭实施各种形式的津贴和补贴，包括儿童津贴、儿童生活补贴和儿童营养补贴等；针对特殊儿童群体实行的特殊津贴，还包括为解决有儿童家庭住房问题而给予的住房津贴等。"政府支持性福利"主要是指政府通过人口政策、福利政策等公共政策工具的介入而带来的儿童福利。第一，政府通过制定人口政策，指导国民生育行为，通过城乡妇幼保健院、儿童医院以及儿童医疗保健中心等儿童医疗设施的修建，以及身心照顾和预防保健服务的提供，促进儿童健康发育成长，从源头上提升人口素质，推动家庭福利的实现。第二，政府通过建设文化宫、儿童剧院、儿童图书室等专门针对儿童身心发展需要的场馆，以及社区儿童体育设施、健身器材的完善与免费使用等福利政策措施，实现儿童福利供给。

因为妇女一般承担着照顾孩童及老人的家庭重任，因此，妇女福利的实施状况直接影响着儿童与老人的福利状况。妇女福利主要包括三个方面：第一，生育福利。实行生育福利的社会性目的是保护女性的生育功能，维持人类的自身繁衍，保护女性劳动力资源，为社会经济持续发展提供人力支撑。内容包括实施强制性生育保险，为怀孕、分娩期妇女提供物质帮助和资金补助；为职业妇女在分娩或流产期间提供法定的带薪假期；提供免费婚检、孕检以及出生缺陷干预等生育医疗保健服务；为孕育期妇女提供生育津贴等。第二，健康福利。妇女健康状况对婴幼儿健康、未来人口素质以及全民健康都具有重要影响，因此必须对妇女的健康福利给予足够重视。包括针对妇女生理特点而提供的特别健康保健及为母亲提供的更优惠的减费或免费健康服务，如定期免费体检；针对孕妇和哺育期妇女提供的营养教育及其他健康和社会服务，如关于生殖健康、避孕节育、优生优育的讲座、宣传服务；针对贫困孕妇及哺育期妇女提供食品和营养品免费供给等。第三，就业保障。妇女平等自由地参加工作，充分享受工作福利，进而实现经济上的独立，将有助于妇女福利的增进。同时，妇女获得劳动报酬，使其具有更强的经济实力来照顾儿童、老人等家庭成员，也有利于家庭整体福利水平的提升。主要包括享有和男性平等的就业及择业的权利和机会，享有在工作单位和男职工同工同酬的权利；保障女职工获得平等的就业培训和晋升机会；实施女职工劳动保险和劳动保护等。

人口老龄化问题在很多国家都很严重。老年人福利状况不仅直接影响家庭的经济情况及整体生活水平，还将对一国经济社会的持续发展产生重大影响。所以，家庭福利体系必然包括老年人福利这一至关重要的部分。

老年人福利主要包括两部分：第一，以家庭为单位实行的物质资助。充分考虑老年人所在家庭的经济状况与扶养负担，严格区分不同类型的现金资助方式，实现老年人福利的层次化、类型化、系统化。对于低收入及困难家庭的老年人，由政府提供养老津贴补贴，实现养老保障；对于高收入家庭的老年人，主要通过市场化手段，发展养老产业，养老服务费用由家庭支付；对于介乎上述二者之间的老人，则以养老福利的方式加以解决，由政府和家庭共同承担相关费用，以保障福利资金"财尽其用"，避免福利依赖。除了现金资助外，还包括提供食品券，对生活困苦家庭的老人进行生活补贴，或向其提供免费老年人营养品；实行特别医疗费支付制度，对贫困老人、无支付能力的老人或残疾老人等特殊人群给予医疗费用减免等。第二，以居家养老为基础、社区服务为依托、机构养老为补充的老年人福利服务。这是老年人福利的主要部分，包括生活服务、医疗服务、康复护理、居家服务、精神慰藉等。修建老人公寓、高龄者住宅和中长期滞留中心、特别护理养老院等养老设施，修建社区体育设施、社区老年活动中心等文体设施，完善老年人就近诊疗设施建设等。大力增强家庭的养老功能，推动以保障高龄、独居、空巢、失能和低收入老年人为重点，提供生活照料、家政服务、康复护理、医疗保健等服务的居家养老体系建设。

第三章
现代西方家庭政策的演变

第一节 家庭政策演变的阶段特征

一 从市场干预到对家庭干预

在传统意义上，家庭政策与社会政策一样，旨在解决发展过程中出现的社会民生问题，因而被看成是为经济发展"收拾残局"的工具，即经济政策的附属品，其主要目标是解决资本主义制度或市场经济下的社会公平问题，即市场失灵问题。古典自由主义深受保护私人财产权、自由放任和功利主义思潮的影响，将市场视为最有效率而且公正的资源配置手段，认为通过"市场"自发的作用，社会福利可以获得最大化；强调依靠家庭和市场来提供个人所需的福利，只有当家庭和市场功能失调而难以满足个人需要时，国家（政府）才会承担提供社会福利的责任，国家采用家计审查的方式为福利提供依据。

20 世纪初，资本主义从自由竞争阶段进入垄断阶段，社会问题剧增。特别是 1929～1933 年的经济危机进一步激化了社会矛盾，资本主义的发展陷入危机。为了"驯服资本主义"，[1] 西方国家普遍进行了社会政策调整，扩大社会福利。例如，由政府出面提供与个人及家庭收入相应的最低收入保障，帮助个人和家庭抵御社会风险（如疾病、老龄和失业）可能带来的

---

[1] 〔英〕哈特利·迪安：《社会政策学十讲》，岳经纶等译，格致出版社，第 22 页。

危机，以及保证所有国民个人（无论其社会地位高低）享受尽可能好的、没有确定上限的社会服务等。福利国家由此诞生。20世纪五六十年代，西方资本主义社会普遍建成福利国家，"国家干预主义"成为西方政府实施社会政策的主导思想。

20世纪70年代石油危机所引发的全球经济危机，使得"高增长、高福利、高税收"的福利国家的固有弊端日益暴露，福利国家难以为继；新自由主义走上前台，反对国家干预主义，提出一系列以个人主义为基础的自由主义主张。新自由主义的领军人物哈耶克曾尖锐地批评道，国家干预主义应被立即废止，因为它对经济自由同时也对政治自由构成了一种致命威胁。新自由主义反对国家干预，主张私有化，反对公有制。与此同时，新保守主义也站出来指责国家干预主义，认为福利国家助长了人的贪婪和自私，造成福利资源的浪费，不平等正是国家和社会发展的动力，一味强调平等只会损害人的自由，国家推行绝对的平等必然助长人们的惰性。20世纪80年代，英国撒切尔政府及美国里根政府等右翼势力主政后，基于新自由主义及新保守主义的社会政策得到大力实施，在西方国家掀起一股福利私营化和市场化的浪潮。

但是福利私营化和市场化并不能带领西方资本主义社会走出福利危机。一方面，由于福利国家发展是一个"不可逆转性命题"和"成熟性命题"①，即使西方右翼政府纷纷缩减福利开支，推行福利私有化，也不能真正把福利开支减下来，政府财政负担仍然沉重不堪；另一方面，过度依赖市场化的社会政策取向矫枉过正，带来贫富差距进一步拉大、社会矛盾加剧的意外后果。因此在全球一体化不断加速和世界风险社会逐步形成的时代背景下，人们开始从新自由主义的神话里走出来，在对"福利国家"进行批判性反思的基础上，逐渐形成了一个"新福利共识"，即福利的提供既不能完全依赖政府，也不能单纯依靠市场，而是要使社会各个成分（政府、企业、家庭、社区等）都能够在福利体系中充分发挥作用，这就是"福利多元主义"。在"福利多元主义"主张下，家庭作为福利提供者之一重新受到重视，这不仅是对福利国家的批判反思，也是对"空巢家庭""单亲家庭"以及"未婚母亲"等现象大量出现带来的一系列社会问题的关注，

---

① 〔新加坡〕米沙·拉梅什：《社会政策的近期发展》，杨团、葛道顺主编《社会政策评论》（第一辑），社会科学文献出版社，2007，第91页。

不仅是市场有问题，而且家庭也有问题。由于造成家庭问题的原因是复杂的，而家庭又是基本的福利单位，在满足儿童成长需要及预防社会问题方面发挥着无法替代的作用，所以应该关注家庭，将家庭作为社会政策的干预对象。

二　从强调公民的权利到权利与责任共存

福利国家的核心理念是公民权利理论。福利国家中公民享受福利是一种法定权利，而不是国家的恩赐。以公民权利为核心的福利国家，确立了福利普遍性和保障全面性原则。它以国家为直接责任主体，以国家为全体国民提供全面保障为基本内容，以充分就业、收入均等化和消灭贫困为目标，政府与公民之间的责任关系取代了建立福利国家之前的雇主与雇员、领主与农奴及社团伙伴之间、家庭亲属之间的责任关系。①

从 20 世纪 80 年代初社会福利改革开始以来，福利国家权利与责任脱钩，只重权利、不重责任的弊端遭到批判，人们认为正是这样才导致公民不愿意工作、家庭观念淡薄，形成自私和贪婪的社会恶性。福利改革以来，大多数福利国家社会政策中最明显的变化是对公民权利和责任的调整。改革前，社会政策主要考虑的是如何使社会成员在失去劳动收入或遇到其他风险时仍然能够过上不失尊严的生活，而改革后考虑更多的是如何使受助者能够重新参与到经济活动中来，通过工作或市场来满足自己的需要。虽然政府有义不容辞的责任帮助有困难者，但个人和家庭也需尽到责任。

由于家庭问题往往是个人及社会环境因素交互作用的结果，所以家庭政策也由单纯强调家庭责任转为重视帮助他们行使责任。例如，英国政府在 1998 年以"支援家庭"（Supporting Families）为题目发布的家庭政策咨询书中的核心内容就是要建立一套"家庭友善"（Family-friendly）政策，建议在五个方面对家庭进行支持：①保证所有父母都具有接受指导和帮助的渠道，改善家庭服务的内容和方法，加强社区对家庭生活的支持作用；②改善家庭经济状况，减少儿童贫困，要在税收和各种福利制度中体现对抚育子女成本的承认；③帮助家庭实现工作与家庭生活的平衡，使父母有较多的时间与子女在一起；④巩固婚姻生活，减少家庭破裂的风险；⑤解决更严重

---

① 郑功成：《社会保障学：理念、制度、实践与思辨》，商务印书馆，2000。

的家庭生活问题，包括家庭暴力和学生怀孕现象等。[①]

三　从缺陷干预到资产投资

虽然西方发达国家在政府帮助家庭承担养老育幼的责任方面有着悠久的历史，但是，家庭一直被认为属于"私人领域"，政府不应该或不便干预。因此，大多数家庭政策就以补救和应急为主，只有当家庭出现功能方面的缺陷时才会给予帮助，如对贫困家庭、破裂家庭或暴力家庭的受害者提供的帮助或"救助"等。这种干预是典型的"缺陷干预"，它是在家庭和市场功能都失灵时国家承担的责任，提供的社会福利是部分的和有限的，是对部分公民提供的临时帮助，是社会问题出现之后的事后补救。

随着各种与家庭相关的问题范围不断扩大和复杂化，以及这些问题对经济和社会发展带来的影响日趋明显，人们认识到，家庭的私人—公共性质界限是一个相对的问题。首先，家庭问题会向社会"外溢"。一个放弃家庭责任的社会成员所带来的危害不只局限于其家庭本身，社区以及整个社会都会为此承担巨大的经济和社会成本。其次，家庭通过人们的消费行为进而对经济发展产生影响。一个负有并努力履行其家庭责任的社会成员，特别是承担养育子女责任的人，更会倾向于节制或推迟自己的即期消费或享受，而将资产用于为子女的未来做计划和投资。[②] 最后，家庭会激励人们承担更多的社会责任，会使人们更加关注社区、环境以及社会的未来等。由此看来，家庭确实具有某些公共产品的属性。[③]

这种认识进一步发展，就形成了以"资产投资"（asset building）为出发点的家庭政策。所谓"资产投资"即强调帮助家庭形成或巩固其固有能力或"优势"，将家庭看做社会的资产加以支持。在实践中，这一政策更多的是从家庭、市场、社区及政府的战略合作关系的角度来理解家庭的作用，其核心思想是，稳定和功能完整的家庭不仅是家庭成员，也是社区、市场乃至整个社会的资源。新的家庭政策是建立在对家庭功能的这一认识之上的对家庭进行支持的政策。

---

① Home Office, U. K. Government, www. home office. gov. uk.
② Joseph Schumpeter, *Capitalism, Socialism and Democracy* (New York: Harper and Rom, 1950).
③ 按照"第三条道路"的政治思想，实现"家庭民主化"是在公共领域中实现真正民主的前提。见 A. Giddens, *The Third Way*, 1998。

第二节　发展型家庭政策提出的理论依据

一　发展型家庭政策的提出

作为社会政策组成部分的家庭政策受到社会政策发展的影响，传统社会政策强调福利的消极一面，即福利是消费的一种，是与社会投资相悖的。因此，它主张对社会问题的结果进行干预，并通过再分配和特定社会福利服务等渠道满足弱势群体的基本需要，促进平等与社会公正。自20世纪90年代以来，以詹姆斯·梅志理为代表的学者提出"发展型社会政策"，并积极倡导新时期社会政策的理论与实践的变革。同传统的社会政策理论与模式相比，发展型社会政策在内涵与实践上都发生了显著的变化，它与当今全球化时代背景下社会发展的潮流十分契合。发展型社会政策是一种与发展理念及目标密切结合在一起的社会政策模式，其基本理念是注重公民尤其是弱势群体的人力资本的积累，强调福利接受者与弱势群体的劳动参与，注重经济社会的协调发展，认为社会政策是一种社会投资，是推进一个国家或地区可持续发展和增强竞争力的重要手段。同传统的社会政策相比，发展型社会政策侧重的不仅仅是贫困人群的基本需要和生计，而是试图通过广泛的政策措施与社会福利服务来帮助弱势群体永久摆脱在生活、就业和参与等方面的制度性障碍，同时通过普遍的社会福利服务帮助所有人群提高生活质量。

当代西方发达国家社会政策正在经历的改革过程，呈现出对家庭对经济和社会发展的作用重新重视的趋势，很多社会政策转向对家庭的支持或投资，这种趋势下形成的家庭政策称之为"发展型家庭政策"。

传统家庭政策注重缓解社会问题的"症状"，围绕消除儿童贫困的目的而展开，通过帮助家庭而帮助儿童，具有事后救助的局限。

发展型家庭政策认为所有家庭都需要帮助，并且从预防的角度为非贫困家庭提供帮助。这是因为，产生贫困、失业、青少年犯罪以及家庭暴力等各种社会问题的根源在于家庭不能发挥正常职能，发展型家庭政策就是要预防家庭功能受到影响，而不是在家庭失去正常功能后再给予替代性或补偿性帮助。

发展型家庭政策的理念基石是：①面对全球化的挑战，只有以人为本，保障和支持人的发展需要，一个国家的经济和社会发展才会具有强劲的动力和可持续性。②家庭对人们的生存质量和发展机遇都具有决定意义，政府用于增强家庭功能、保障儿童发展需要的投入实际上是对社会未来的投入。①

二　人力资本理论及其影响

传统意义的人力资本主要是指劳动者个人所拥有的、能够为企业或雇主所使用的知识和技能。随着知识经济时代的到来，市场和企业对人力资本的需求发生了变化，人们向人力资本注入了新的内容，一些人的社会能力和精神品质也被纳入其中。人力资本除了知识和技能等反映劳动者认知能力的方面外，还包括是否具有良好的人际交流能力、合作能力、团队精神、领导能力以及创新技术等。此外，诸如价值和伦理观念以及精神和情感等影响劳动者工作动机和行为的因素，也被理解为人力资本的内容。也就是说，在新的经济形势下，人力资本表现为劳动者的全面发展，不仅包括知识和技能，也包括能够使劳动者用来满足其精神、社会以及物质生活需要的其他能力和特性。

经济全球化背景下劳动力的素质日益受重视，它成为一个国家经济和社会发展的核心因素。对于政府来说，社会成员适应劳动力市场变化的能力不仅关系到经济发展，也是解决就业、贫困以及贫富差距问题的关键。归根到底，社会成员是否能够被纳入社会的主流生活，首先取决于他们能否进入劳动力市场。而对于市场组织来说，企业的经济竞争能力，包括技术和管理方面的创新，最终决定于其拥有的人力资本以及所处环境的劳动力素质。

人力资本的新内涵以及劳动力素质重要性的凸显，使得家庭的地位重新受到关注。家庭是人初级社会化的场所，它在人的社会化过程中起着无法替代的作用。人力资本的形成与儿童期的家庭生活环境密切相关，家庭环境不仅影响儿童及青少年的学业表现，还影响他们的身心健康和行为环境。鉴于此，政府通过社会政策将社会资源用于改善家庭环境，满足儿童的成长需要，就是为社会成员提供形成和发展人力资本的良好环境，事实

---

① Department of Families and *Community Services*, *Commonwealth of Australia*, *Stronger Families and Communities Strategy*, 1999（www. facs. gov. au）. Home Office, UK Government, *Supporting Families: A Consultation Document*, 1998（www. homeoffice. gov. uk）.

上也是对市场组织的积极支持和投资。如果说人的知识技能主要来自教育机构的话，那么人的社会能力、价值观念、精神品质就同家庭有着千丝万缕的联系。所以，保证人们拥有幸福和功能完整的家庭，帮助在家庭中承担工作和家庭责任的成员实现家庭责任与事业的平衡，对社会成员更有效地适应劳动力市场的变化会有巨大的帮助，也有利于提高国家竞争力。

三　公民社会理论及其影响

在公民社会发育较早的西方国家，子女更多地被视为新一代的公民。随着全球经济和政治形势的变化，特别是在经济全球化形势下，公民社会发展的重要性为人们所强调。首先，人们认识到，公民社会对于整个社会的健康和成功意义重大。20世纪90年代中后期，英国工党在社会政策领域提出的"第三条道路"中的一个基本价值观念是，任何成功的社会，必须建立在一个强大、积极和活跃的公民社会的基础之上，这是社会民主得以落实的基础；如果公民社会软弱无力，权力、利益和社会财富就会毫无顾忌地流向少数既得利益者的手中，社会不公平状况不仅得不到解决，反而会更加严重，也就不可能有社会公平和社会民主。其次，人们还认识到，公民社会还关系到可持续发展。在经济全球化的形势下，经济的发展和人民生活质量的提高不再只表现为GDP的增长，而表现为经济与社会的协调发展，即可持续发展。而实施可持续发展战略是一个综合性工程，取决于多种因素的共同作用，这些因素包括经济发展动力和竞争能力、环境的保护和改善、高效的政治治理以及广泛、有效的公民参与社会等。可以看出，可持续发展战略的实施，要求社会具有这样的一种机制。在这种机制中，政府与各种经济和社会组织以及个人之间存在良好的协同作用或合作关系。这里，公民个人的角色能否发挥正常作用，是政府和各种社会组织发挥作用的前提或焦点所在。

政府通过家庭政策来分担抚育子女的责任，在一定程度上就是将家庭视为公民社会化或政治社会化的场所。在这个场所中，家庭塑造个体的心理特征，它决定着我们的政治态度，传递一套规范和价值（包括政治内容）以及信念和态度（如政党忠诚感和对政府的信任或不信任）。一个公民个人角色的发挥在很大程度上取决于他的工作、学习、家庭责任以及休闲娱乐等活动是否能够得到平衡。儿童期、家庭和工作是人们生活中的三大基石，人们是否能够在这些阶段和方面有效地发挥作用，不仅直接影响个人的幸福或生活质量，对社会整体的发展也有重要的影响。由此看来，家庭作为对公民不同生命阶段以及同一阶段不同角色的发挥有着重要影响的社会单位是非常重要的，而家庭政策又与此息息相关。

第三节　发展型家庭政策的实践依据

一　预防社会问题

大量经验材料证明，一个稳定、和谐、功能正常的家庭，是儿童幸福和社会稳定的根本，而良好的家庭环境，特别是父母的角色，有助于儿童的身心健康、学业表现以及未来的发展，并会减少儿童出现各种不良行为的几率，如逃学、吸毒或犯罪等。大量研究也表明，很多社会问题根植于儿童时期。人的生命阶段大致可以分为儿童期、成年期和老年期。这些不同阶段不仅有不同的需要和问题，而且上一阶段的生活质量对下一阶段有着非常重要的影响和决定作用。[1] 例如，在贫困家庭中长大的儿童，其受教育机会、学业表现，甚至营养状况等都会受到负面的影响，致使他们进入成年后更易于出现就业困难、失业或者健康问题，从而使他们在工作阶段经常处于贫困或低收入状态。不仅如此，他们还会因缺乏足够的经济能力来及早安排退休养老的事情而导致老年时期生活困难。这样贫困成为他们一生都难以摆脱的问题。

过去人们往往将儿童与家庭相割裂，只致力于对失去家庭依托或受到伤害的儿童的"救助"工作。后来，随着社会科学研究的发展，特别是心理学、社会学和医学等领域的进展，有关认识发生了变化：人在家庭中经历的早期社会化对其一生都有重要影响，特别是人生命最初的三年对其今后的发展和成功机遇具有决定性的影响。基于这种认识，人们逐渐懂得，对儿童最好的救助办法就是对其父母的帮助，儿童问题及社会问题的预防应该从支持家庭开始。

在现代社会，儿童问题总是与成年人的问题及家庭问题联系在一起。例如，离婚和分居不但对成年人在很多方面会产生负面的影响，如寿命缩短、更易于出现生理和精神健康问题以及出现自杀行为等，而且离婚率和

---

① A. Bonilla Garcia and J. V. Garuat, "*Social Protection: A Life Cycle Continuum Investment for Social Justice, Poverty Reduction and Development*", Social Protection Sector, ILO, Geneva 2003.

单亲家庭的增加意味着更多的儿童只能与一个亲生父亲或母亲在一起生活，因此对儿童和青少年的影响范围更为广泛。大多数研究都指出，父母离婚或单亲家庭的孩子比父母一方死亡或父母婚姻完整的孩子更易于出现心理失调和社会适应不良的问题，具体包括：①学业方面的问题，如逃学、学习成绩下降及学习障碍等；②产生情感和人际关系问题，如与家人的关系、情感发展问题和朋辈关系等；③更易于产生攻击性和反社会行为等，这些问题与青少年犯罪、酗酒、吸毒、自残以及消化功能紊乱等行为问题有着密切的联系。① 又如，家庭暴力和虐待儿童同样会带来严重而长久的社会后果。如果母亲是家庭暴力的受害者，其孩子受虐待的几率是那些母亲不是家庭暴力受害者孩子的两倍。② 研究还表明，儿童问题具有代际传播性，今天的儿童即是明天的父母，儿童时期出现的身心健康问题不仅会影响他们进入成年时期后的工作、学习、情感及人际关系能力，更会影响下一代儿童的身心健康。一个在今天受到虐待的儿童，更会虐待明天的儿童。③

二　实现福利功能

　　家庭作为社会生活的基本细胞是福利的原初提供者。与国家福利相比，家庭福利的优点是：①成本低且具有基础性。作为一个极为重要的福利供给主体，在任何时代和社会，家庭都是最基本的福利供给者，家庭福利保障是整个社会福利制度的基础。家庭福利功能主要通过赡养关系实现。如果能够充分发挥家庭的传统功能，不断挖掘家庭的新功能，发挥家庭政策的导向和支持作用，减轻家庭承受的压力，对弱势家庭及其成员实施特殊关怀，就能体现成本低而效率高的福利特点。②更能满足受助人或受益人的需求。家庭在维持人的社会性存在以及福利供给中具有重要作用，每一生命阶段的福利供给都紧紧围绕家庭加以实现。家庭福利的供给对象，既包括儿童、老年人等弱势生命阶段，也包括中年人等非弱势生命阶段，实现对人的生命历程的全覆盖。作为生命历程的初始阶段，儿童期福利水平

---

① Audit Commission, *Children in Mind: Child and Adolescent Mental Health Services*, September, 1999.

② Administration for Children and Families, *US Department of Health and Human Services*, Domestic Violence（www. acf. Dhhs. Gov）.

③ Administration for Children and Families, *US Department of Health and Human Services*, Domestic Violence（www. acf. Dhhs. Gov）.

的高低将直接影响人一生的发展，在个人发展历程中处于绝对的基础和关键地位。妇女一般承担着照顾孩童及老人的家庭重任，因此，妇女福利的实现状况直接影响着儿童与老人的福利状况。老年人的福利状况不仅直接影响家庭的经济负担及整体生活水平，还将对一国经济社会的持续发展产生重大影响。所以，家庭福利的意义不仅在于满足成员衣食住行、日常生活照顾等生理需要，而且因成员之间的互动，可以满足相互之间交往、情感体验以及教育等方面的要求。

虽然家庭的福利角色相当重要，但随着工业化和市场经济的发展，其福利功能有弱化的趋势，不过它仍然是福利供给体系中不可缺少的部分。社会福利的提供单靠某一社会系统，如政府、市场、家庭、社区和公民社会组织中的任一系统是不行的，需要依赖社会不同系统协同发挥作用提供多元的福利供给。家庭政策也与社会政策的其他部分共同构成社会政策整体，形成一个促进社会不同社会系统共同发挥作用的制度框架。其中，家庭作为对社会成员的工作和生活都有直接影响的社会单位，既是社会不同系统的政策最终产生作用的地方，也是经济政策和社会政策的集合点，因而也是社会政策促进社会整体功能有效发挥的焦点。以增强家庭功能为目标的家庭政策所体现的是政府对经济和社会发展的投资。也就是说，家庭既是社会政策的起点，也是其终点。政府对家庭提供帮助，增强家庭功能，投资人力资本，一方面是对市场、社区及公民社会组织的投资；另一方面也是社会政策以人为本的体现，这是社会政策的最终目标。

第四节　发展型家庭政策的干预策略

一　保护儿童与支持家庭

保护儿童权益及满足其发展需要被大多数发达国家认为是政府和社会的责任。政府通过制定各种法律，提供收入保障和社会服务等保护儿童权益、支持家庭。相关的家庭政策包括现金帮助（减免税及儿童或家庭津贴）、工作福利（休假制度、教育补贴）、家庭服务和法律（婚姻和收养）等，这些家庭政策的目的是使儿童能够在家庭中得到恰当的照顾。在一些国家如法国、挪威和瑞典等，政府制定明确的、综合性的家庭政策，将社会资源投资于儿童和有儿童的家庭，特别是年轻家庭，从而保证他们在将来不会因为缺乏教育或其他专业技能而遭遇贫穷。然而，随着现代社会离婚和再婚现象的增多，以及家庭模式的多元化趋势，建立在传统家庭模式之上的儿童保护措施的局限性也显露出来。为解决这一问题，在英国，新工党的家庭政策特别强调父母对其子女的照顾责任不应因夫妻离婚或再婚而改变①。

离婚或再婚都有可能使其子女因为父母的环境变化而面临很多不确定的因素，所以，保护儿童最有效、最有操作性的办法仍然是支持家庭，帮助家庭改善关系，保证家庭的稳定性，避免婚姻破裂。鉴于此，新的家庭政策更注重为整个家庭服务，其对象不仅包括儿童，也包括父母及其他家庭照顾者。总体来看，对家庭的帮助包括：①经济支持。在英国，双职工家庭的父母每周工作时间超过 16 小时即可享受税收优惠政策（working families tax credit）；贫困家庭和享受福利的单亲家庭享受经济帮助和就业培训。②提供服务。很多发达国家都建有由政府补贴、以增强家庭功能和保证儿童发展需要为目标的家庭服务中心。这些中心为双职工家庭、单亲家庭、低收入家庭以及有幼儿的家庭提供不同类型的服务，包括老人日间照顾服务、婚姻辅导、心理咨询、家长技能培训、家政服务、儿童游戏活动小组和儿童放学后照顾等。这些服务是针对所有家庭的，而不是仅限于有特殊需要的家庭。这些机构的服务并不是要取代父母的责任，而是帮助和增强父母满足儿童需要的能力，提高父母解决和应对家庭压力的能力，使其更好地扮演父母的角色，从而为儿童营造一个稳定、和谐和恰当的家庭环境。

二　帮助成员实现工作与家庭责任的平衡

美国前劳工部部长 Herman 指出："21 世纪制度决策者与研究者所面临的三个中心问题是全球化对策、提高劳动者技能和工作—家庭平衡。"工作—家庭平衡是指个体对工作和家庭满意、工作和家庭职能良好、角色冲突最小化的心理状态。

工作—家庭平衡主要包括：时间平衡，即在工作和生活上投入的时间量相同；心理平衡，是指在工作和生活角色中投入的心理包含程度相同；满意平衡，是指关于生活和工作的满意度相同。工作—家庭冲突界定为个体在工作和家庭之间进行时间分配、空间划分、行为模式塑造、角色预期

---

① Home Office, UK Government（www.homeoffice.gov.uk）.

和情绪溢出与补偿时产生的不同角色间的相互竞争性关系，分为工作干扰家庭的工作—家庭冲突和家庭干扰工作的家庭—工作冲突。

在工业文明之前，工作与家庭生活是紧密结合在一起的。随着市场经济和工业化的发展，家庭之外的工作逐步代替了家庭作坊，工作和家庭环境出现了多样性。在工业革命以后，工作和家庭被客观和暂时地分离，工作和家庭活动在不同地点、不同时间进行。由此，大部分工厂和家庭也有了自己独特的文化和发展前景。随着经济的全球化，越来越多的国家的劳动者面临如何平衡工作和家庭的挑战。工作—家庭平衡的理论、实践以及政策研究在很多国家和地区开展起来，工作—家庭平衡在世界范围内被越来越多地讨论，有关致力于实现工作与家庭责任平衡的家庭政策相继出台。发展型家庭政策强调家庭与工作之间的相关性，认为工作不是独立于家庭之外的公共领域，家庭也不是与工作无关的私人领域。对于大多数人来说，工作是最重要的收入保障，它对家庭功能和家庭责任的实现非常重要。所以，家庭政策就要缓解许多家庭中父母面临的既需要工作又需要时间来照顾其家庭成员的矛盾。

例如，在美国，政府实施了"家庭福利照顾制度"，从国家层面制定平衡工作与家庭的相关法律规范。其中影响最大的是家庭福利计划。美国国会于1993年通过了《家庭与医疗休假法》，规范企业的家庭照顾责任。该法的适用范围成了2008年美国总统竞选的议题，民主党候选人希拉里·克林顿等都极力鼓吹扩大该法律的适用范围。美国还有通过的联邦有关"家庭假期"（Family Care Leave）的法律规定，任何员工可以因产假、照顾产假、照顾家庭成员生病等原因，向雇主请长达3个月的假期，而雇主仍必须保留员工的职位。美国政府还积极推行灵活工作制，即企业对员工实行不固定的灵活工作时间，这样可以使企业增加用工的灵活性，同时扩大就业面。灵活工作制的种类主要有：计时工作制、随叫随到制、压缩工作周制、弹性工作制、机动工作制、远程工作制等。

在英国，政府鼓励雇主作出有利于职工行使家庭责任的工作安排，如家庭休假制度和弹性工作时间等。这样做既可以使在职者有时间参与家庭照顾工作，也可以减轻家庭照顾者的压力。如果职工家有急事，可以请假处理家务；如果有新生婴儿或新领养的子女，还可以享受3个月的无薪酬亲职假期。事实上，很多为家庭提供支持的服务如日托和家政服务等，通过家务劳动市场化使父母实现工作和家庭责任的平衡，特别是使妇女参加劳动的现实和愿望得到支持或满足。

三　预防与早期干预

发展型家庭政策建立在"任何家庭都是有需要的家庭"的认识基础上，因此，家庭政策的对象就不只是有问题的家庭，而是所有的家庭；不仅仅对有问题的家庭提供应急或修补性的帮助，而且重视提供预防和支持性的帮助。尽可能避免那些容易导致儿童失去家庭依托的社会和环境因素的出现，谓之预防，也就是要尽量避免家庭破裂、家庭矛盾、儿童虐待或忽视现象的出现，从而保证儿童能够得到恰当的家庭照顾。以增强家庭功能，减少虐待儿童、忽略儿童以及青少年犯罪现象的发生为目的，帮助父母满足儿童成长需要的早期介入，谓之早期预防。

重视预防是福利国家的一般观念，这些国家从巩固婚姻、增强家庭观念开始，其目的是避免儿童由于家庭破裂或家庭问题而失去家庭的依托。例如，在英国，新工党的家庭政策十分重视健全、稳固的婚姻关系对抚育儿童的重要性，因此专门成立了"全国家庭及亲职中心"（National Family and Parenting Institute）为所有家庭提供辅导和支持性服务，包括鼓励准备结婚的人们参加婚前辅导计划，并为他们提供有关婚姻关系中的权利和义务清单；提供有关赋予儿童的知识和技能，以及家长热线服务等。[1] 澳大利亚政府在关于加强婚姻和家庭关系的报告中也提出，提供婚前教育是保证婚姻稳定的最基本的因素，因此，所有准备结婚的人都必须接受婚前教育服务。[2] 根据1991年对参加婚前教育者的一项评估的研究显示，5%的人在接受该项服务后推迟或取消了婚礼；91%的人表示将来婚姻出现问题时会寻求专家的帮助；83%的人认为接受该项服务获得了新的技巧。[3]

早期干预措施主要是在一些过渡性的生活事件上，如结婚、第一个孩子出生、离婚和再婚等，为家庭提供主动、及时的支持。研究证明，如果能够在孩子出生前后开始为家庭提供教育和服务，并持续提供几个月或几年，可以有效地减少虐待儿童现象的发生，并能有效地帮助家庭形成积极健康的抚育孩子的行为。在美国，家庭服务工作人员会对家庭进行筛查和评估，判断某一家庭是否会出现虐待儿童的可能性。如果筛查结果显示某

---

①　Home Office, UK Government（www. homeoffice. gov. uk）.

②　Standing Committee on Legal and Consitiutional Affairs, Commonwealth of Australia.

③　R. Harris et al., *Love, Sex and Water-skiing*（Adelaide：University of South Australia, 1992）.

一家庭有虐待儿童的倾向，则采用专门用来评估家庭压力的问卷对该家庭进行评估；如果评估结果显示该家庭的倾向性较强，则会要求该家庭参加一个自愿性的家访计划，专门针对该家庭的需要提供服务。[①] 英国的"确保开端"（Sure Start）计划将教育、医疗及其他社会服务部门整合一体，凡是有新生儿童的家庭，工作人员会在孩子出生后的三个月内定期进行家访，对每个孩子及其家庭的需求进行评估，然后向父母提出相关的建议。[②]

---

① Bureau of Family Protection and Preservation, Healthy Families Indiana（www. state. In. us/fssa）.

② Home Office, UK Government（www. homeoffice. gov. uk）.

第四章
欧亚各国的家庭政策

第一节 欧洲国家的家庭政策

一 瑞典的公共政策与家庭

在瑞典，家庭受到公共政策的影响，如劳动力市场政策、税收政策甚至一些和家庭有关的托幼机制及子女教育政策。父母育儿休假、儿童津贴费规定等都对家庭有影响。总体来看，这些政策在鼓励妇女就业、支持妇女把工作和教养孩子完美地结合起来发挥了较大的作用。

从促进就业方面分析，瑞典从 20 世纪 60 年代起，一直鼓励妇女参加工作，通过招募妇女充实劳动力。1971 年进行的收入所得税改革进一步促进了妇女经济上的独立，使她们大批地涌入劳动力市场。这些改革的核心思想是遵循这样一个原则，即每个成年人都应该自己养活自己，每个独立的个体都应该自己纳税。这种税收政策以及早期的福利国家所提供的家庭服务创造了大量的新就业机会，使得瑞典妇女的就业率高于美国妇女的就业率。福利国家服务项目的扩大化也带来了一种全新工作——"护理工作"的产生与发展。护理工作是指那些照顾儿童、老人、残疾人等的工作。现在瑞典这种工作的报酬绝大部分都是由政府的公共部门支付。护士、助理护士、护理员、幼儿护理员、学龄前教师、家庭服务员等职业是妇女就业的一个重要领域。1986 年，89.8% 的年龄在 25～54 岁的瑞典妇女都在职业市场上就业，其中 85.6% 的妇女有 7 岁以下的孩子。

从托幼制度来分析，瑞典妇女之所以能够把工作和教养孩子完美地结合起来是因为政府为日托服务提供了税收支持。1986年，31%的2岁以下孩子和57%的3~6岁孩子都在托儿所里。公共托儿所包括日托中心和注册的家庭服务中心。这些中心一般是当地社区组织的，享受社区和政府的补贴，父母只需支付10%的费用。日托在大城市要比在小城市或农村更普遍。因此，一个普通家庭是否有机会享受到这种福利取决于他们的居住地。单亲家庭的孩子在托儿机构短缺的地方享有优先入托权。这种优先权体现了瑞典托儿政策的目的，即为了帮助有子女的父母就业，如果不能为广大家长提供足够的托儿所就不能保证妇女的充分就业。由此可见，日托也是一个重要的政治问题。

从休假制度来分析，父母休假保险制度是瑞典政府鼓励妇女就业最具特色的举措。父母休假可供女性和男性共享，关于休假的时间可由夫妻双方根据自己的意愿和需要分配。这项休假制度是受法律保护的，而且工作和工资待遇都不受任何影响。新生儿和刚刚领养孩子的父母可享受360美元的带薪假期，工资按正常收入的90%支付，最低不少于每个月2300美元。

总的说来，上述这些公共服务机构、就业保障和补贴都成为激励妇女就业和保证家庭生活的动力，同时也在瑞典形成了各国瞩目的一种崭新家庭模式。这就是，在瑞典家庭中，夫妻双方工作，大量的家务劳动从家庭转向医院、养老院、儿童护理中心、学前教育中心、托儿所等机构。妻子一般从事非全日制工作，而丈夫则从事全日制工作。1986年，瑞典25~54岁的妇女劳动力中，10.9%的人从事短期兼职工作，每周工作19个小时。37.9%的妇女从事长期的兼职工作，每周工作20~34个小时。67%以上的有7岁以下孩子的妇女在做非全日制工作。[①]

二 法国的家庭政策

(一) 法国家庭政策产生的背景

人口出生率、死亡率的变化（制约人口增长的两大要素）是法国家庭政策产生的主要社会背景。法国从18世纪中期以后就出现了出生率下降的趋势，从1866年的26.1‰下降到1939年的14.9‰。18世纪初，法国拥有2000万居民，在欧洲独占鳌头（除俄国外），但是1871年退居第三，约为

① 蓝瑛波：《瑞典的家庭政策和妇女就业》，《学海》1999年第3期。

3600 万，到了 1911 年则跌至第五位，不到 4000 万，40 年间只增长了 350 万人，人口增长率为 9.7%；与此同时，欧洲其他国家如俄国、德国、美国、奥匈帝国人口分别增加了 6260 万人、2380 万人、1370 万人和 1360 万人，人口增长率则顺次为 78.2%、57.8%、38.3% 和 42.8%，不到半个世纪各自增加的人口数量、人口增长率大大超过法国。[①]

法国人口出生率下降的重要原因之一是从 17 世纪起，城市精英分子就开始自愿节制生育，农村则从大革命时起接受避孕措施。嗣后由于动乱、战争，人口流动频繁，这种方法一传十、十传百，终为绝大多数人所接受。法国史学家阿·朗德里指出，之所以产生这种情况，是因为大革命政治观念的传播、民众宗教情绪的削弱、公共教育的普及，促使百姓心态发生变化，自愿少生少育，结果是整个民族的人口利益受到了影响。[②] 究其原因，自愿选择少生少育，主要是市民向往理想的生活，如同法国史学家杜蒙所说："所有的人都有一种想从低的上升到高的社会地位的愿望"，即使受到阻碍，仍举其主力不断攀登。这恰恰与灯油依靠灯芯上升相似，"这样的现象就叫做社会毛细管现象"，它和"出生率的动向成反比"。换言之，个人追求舒适的生活如同毛细管上升，越想出人头地就越想少要甚至不要孩子。近代法国人出于社会经济上的考虑，自愿采用避孕措施，少生少育进而不生不育，就是这个道理。[③] 就农村而言，王章辉先生认为："法国是一个农民经济占统治地位的国家，大革命后土地继承制度是析分制，即在继承人之间平分，为了防止土地分得过细，农民不愿多生孩子，农村实行生育控制比城市普遍就是证据。……土地析分制度是法国平均结婚年龄大、结婚率低、生育控制早、出生率低和人口自然增长率低的重要原因。"[④]

（二）法国的家庭政策

法国家庭政策的主要目的有三个：促进后代的繁衍；保证家庭与家庭之间在某种程度上的平等；保证建立在婚姻制度之上的家庭模式的稳定。在 20 世纪 60 年代之前，家庭政策主要关注生育率下降及人口减少的问题；从 20 世纪 60 年代开始，对家庭成员之间的平等，特别是男性和女性之间

---

① 王家宝：《难解的人口难题——论法国的家庭政策》，《社会学研究》1996 年第 5 期。
② 热拉尔·努瓦里埃尔：《法国人口、移民和国民身份 19～20 世纪》，Gérard NORIEL, Population, immigrationet identité nationale en France XIXe–XXesiècle, 1992, p. 56。
③ 王家宝：《近代法国人口量变轨迹》，《世界历史》1994 年第 5 期。
④ 王章辉、孙娴主编《工业社会的勃兴》，人民出版社，1995，第 218 页。

的平等的倡导和普及，对儿童权益的重视，新的配偶缔结方式的出现等，成为家庭角色和作用发生变化的主要影响因素，家庭政策的关注点也发生变化，家庭政策成为"引导或促进就业的社会政策。家庭政策通过为父母提供既适合其收入来源又适宜于儿童发展的儿童照看机构以及支持父母在工作和看管孩子之间做出自己的选择，以推动就业中男女两性间的平等，并使家庭生活和职业生活的冲突得到一定程度的调和"。[①]

1. 《家庭法典》及相关政策

在法国，首先是一些家庭联合组织（社团）和企业主开始关注一些贫困家庭出现的问题，后来才有政府出台政策干预家庭。法国的家庭政策始于 1939 年通过的《家庭法典》。该法典规定所有的工薪阶层、雇主、居住在法国的个体户、农业工人都可享受家庭津贴，规定新婚夫妇在婚后 2 年内生头胎者可多得 2 个月的工资，生 2 胎以上者亦有补贴，凡满 2000 人的村镇，"家庭主妇"可享受津贴。同时加强了反堕胎的力度，数月后建立最高人口咨询委员会，负责解释有关措施。"这是法国第一次实施的人口政策，连贯而相当完整"，"虽然姗姗来迟，但毕竟令出生率在战时维持在相对高的水平上"。[②]

1941 年维希政权承袭《家庭法典》，增设家庭附加工资，敦促国民为"工作、家庭、祖国"而奋斗，不管出发点如何，仅就鼓励生育来说就有积极意义。

1944～1946 年法国临时政府期间，戴高乐呼吁伉俪们要在未来的 10 年内生 1200 万可爱的娃娃，被媒介誉为"这是慈父的愿望、国家的希望"。其后虽然未能全部实现，但大大促进了生育率的增长。临时政府据此"制定通过了一些有利于工人和广大人民群众的社会政策和劳工政策，如家庭津贴、社会保险、奖励生育"[③] 等。1945 年，公共卫生与人口部发起组织保护母亲、儿童机构；敦促医院为女子进行婚前检查，向孕妇提供产前咨询。1946 年 8 月 20 日，又建立家庭补贴制度，规定凡生病在职人员、残废者、失业者或生有 2 胎的女子均可享受家庭补贴，资金由雇主提供。

1946～1958 年第四共和国期间，政府增添住房津贴，提高家庭补贴，增加 10 龄童补助，扩大单一工资补助金，对象为所有的独立劳动者，凡妻

---

① 王家宝：《难解的人口难题——论法国的家庭政策》，《社会学研究》1996 年第 6 期。
② 王家宝：《19～20 世纪法兰西人口》，中国青年出版社，2005，第 72 页。
③ 沈炼之主编、楼均信副主编《法国通史简编》，人民出版社，1990，第 569 页。

子在家者均可受益。由于采取了以上种种措施,第二次世界大战后,截止到 20 世纪 50 年代末,法国年均出生率几乎近 20‰,自然增长率约为 7‰,分别比战时增长了约 5 和 10 个千分点;每户孩子拥有量有所提高:"1943 年为 2.35 人,1950 年为 2.45 人,1954 年为 2.33 人,1960 年为 2.42 人"[1];出生婴儿总数到"1955 年为 900 万人,1958 年为 1100 万人,法兰西因子孙满堂而喜笑颜开。1946 年,法国本土人口为 4000 万人稍多点,整整在原地踏步了半个世纪之久,而 1958 年增加到 4450 万人,以人口巡航的速度令自己置于欧洲人口最活跃的行列之中。……无人否认 1939 年开创的人口政策起了作用"[2]。

1958 年迄今的第五共和国时期,法国出台了不少新的家庭政策:1970 年的孤儿补贴、1974 年的上学补贴、1975 年的专项教育补贴和 1977 年的单亲补贴。其中,1972 年改革了单一工资津贴的发放办法,最主要的一点是最富有的夫妇不再受益,贫困或者多胎家庭成为得益者。说到多胎家庭,有必要提及 3 胎家庭补贴。这一政策形成于 1978 年,到 1980 年规定的更为明确:增加对生 3 胎以上者的补贴,其增幅高于不足 3 胎的家庭,如 1978 年 6 月 1 日到 1979 年 7 月 1 日,3 胎补贴率从 37% 增加到 41%,而 2 胎补贴只增加 1 个百分点。[3] 20 世纪 80 年代初,密特朗上台后对多子女家庭情有独钟,规定 3 胎家庭每月补助约 1500 法郎,4 胎则增加到约 2500 法郎。简而言之,补贴数额与胎数成正比,孩子生得越多,补贴就拿得越多。而且多胎家庭的车马费甚至小宝贝的护理费(请保姆照看)亦可予以补助。1985 年,政府又推出两项措施,一是幼儿补贴,二是产妇带薪休假,就是女职工生 3 胎以上的,不论半休或全休,工资照拿直到孩子满 3 岁。由于《家庭法典》的出台,法国的出生率在第二次世界大战期间得以维持在相对高的水平上,但是在 20 世纪 60 年代以后,法国的人口出生率又开始下降,从 60 年代的约 18‰下降到 80 年代的约 14‰,20 年间回落约 4 个千分点,同期人口自然增长率亦随之下滑约 3 个千分点。究其原因,一是随着经济的发展,妇女自我意识日趋提高,越来越多的人走出家门参加工作,不再

---

① 让 - 皮埃尔·里乌:《第四共和国的法国》卷二(Jean 2 Pierre RIOUX, 1a France ale la quatrième République t Ⅱ),巴黎,1980,第 216 页。

② 让 - 皮埃尔·里乌:《第四共和国的法国》卷二(Jean 2 Pierre RIOUX, 1a France ale la quatrième République t Ⅱ),巴黎,1980,第 213 页。

③ 乔治·塔皮诺:《两代人中的法国》,第 239 页注 2。

因为单一的津贴而生孩子；二是从 20 世纪 60 年代起，社会政策转向关心老年人的保险等，结果是家庭津贴在整个社会预算中的比例减少，影响了公民生儿育女的积极性。有鉴于此，法国政府从 20 世纪 70 年代末起把家庭政策的重点放在奖励生三胎上，但结果不甚理想，有人戏称为"种瓜得豆"：正宗的法国人对名目繁多的津贴并不领情，少有人参加"超生游击队"；而外国血统的法国人却借此关起门来生孩子。① 总体而言，家庭政策虽然取得了一定的效果，但法国人自身的生育潜力并未得到充分的发挥。

2. 家庭政策在调和工作与家庭生活冲突问题中的作用

法国政府对家庭中公私领域的定位，以及对国家与家庭关系的解释是："家庭在表面看来属于一个私领域的范畴。当它涉及夫妇间婚姻关系的确立、结婚后要不要孩子等个人的选择时，的确是私人的事情。然而，家庭同时也是一个公共领域的概念，因为家庭状况的演变将对社会产生多重的影响。这也正是国家为什么要关注和干预家庭事务的原因所在。"②

法国的儿童照看政策对解决工作与家庭生活冲突起到重要作用。法国所采取的儿童照看政策经历了不断调整和变化的过程。在 20 世纪 60 年代，很多法国妇女从事全职工作。当时的法国是欧洲少见的妇女就业较好的国家之一，这在很大程度上应该归功于法国当时有一个较好的接收婴幼儿的体制：3 岁以上的幼儿可以上幼儿园，而从 2 岁开始，有"集体托儿所""儿童花园"等机构容纳婴幼儿。然而，这样的好势头没有能够维持很久。伴随着 20 世纪 80 年代的经济危机、失业以及个人自行解决问题思潮的抬头，对于执政当局而言价钱太高的集体照看服务（除幼儿园外）的飞跃发展受到阻碍，个体照看的方式却得到了发展。

从当前法国的状况来看，有三个趋势增加了对 3 岁以下婴幼儿照看方式进一步发展的需要：出生率的增加；妇女就业率的增加；父母对家庭外照看方式的偏好和需求。由于法国接收 3~6 岁幼儿的教育机构——幼儿园是免费的（虽然不是义务教育），因此，法国实际上需要解决的儿童照看问题基本上只涉及 0~3 岁的婴幼儿。近几年来，法国政府已经意识到公共照看 0~3 岁幼儿问题的重要性，也把握了 0~3 岁幼儿的基本照看情况以及目前公共照看机构的数量无法满足父母实际需求的状况，采取了一些重要

① 王家宝：《难解的人口难题——论法国的家庭政策》，《社会学研究》1996 年第 5 期。
② 和建花：《法国家庭政策及其对支持妇女平衡工作家庭的作用》，《妇女研究论丛》2008 年第 11 期。

措施，如建立公共照看幼儿机构发展专项基金，扩大托儿所的收容能力，采取实际措施鼓励企业，特别是贸易和运输业的企业建立托儿所等。与其他许多国家相比，法国政府为调和妇女工作与家庭生活的矛盾做了不少努力，也取得了一些成果。然而，要真正满足法国妇女和家庭的实际需要，还需要不断完善家庭政策体系，使其更加全面、细致和统一。

三　德国的家庭政策

德国是世界上最早提出"社会政策"理念，并通过立法建立世界最早的工人养老金、健康和医疗保险制度的国家。近 130 年来[1]，社会政策作为一种在国家公共责任基础上，"通过政府提供服务和收入，对公民的福利直接影响的政府政策"[2]，早在俾斯麦统一德意志以后就在德国的社会生活中被确定下来，而家庭政策在社会政策中始终占有举足轻重的地位。第二次世界大战后，分裂后的联邦德国与民主德国的家庭政策朝不同的方向发展，分别出台了一系列重建及稳定家庭的政策，多次修订家庭保护法，添加所需的新内容，使其不断充实完善，以适应家庭、社会环境及人口结构的新变化。德国统一使东、西德的家庭政策被纳入了合并的方向，政府又及时调整家庭政策，充分体现了社会政策的福利传统和保障功能，使家庭政策与国家利益相结合，实现家庭与国家的双向服务与支持。

（一）魏玛时代的家庭政策

第一次世界大战加速了德国国内危机，引发了 1918 年的德国资产阶级革命，建立了资产阶级共和国。面对战后的 150 万伤兵和 250 万遗属，大联合政府面临的第一个社会政策问题就是如何保障这些战争受害者的供养。1919 年 8 月 11 日颁布的《魏玛宪法》从法律上勾画出他们为之奋斗的"社会福利国家"的特点，第 161 条规定："为了保持健康和劳动能力，为了保护母亲，为了应付由于老年和生活中的软弱地位以及情况变化造成的经济上的后果，帝国将在投保人的决定性参与影响下，创造一个全面广泛的福利保险制度。"1920 年 3 月的《帝国供给法》和《健康严重受损者法》将这种源于传统的处理程序正式纳入福利体系，"战争牺牲者们"获得了有

---

① 德国 1983、1984 年制定的《疾病社会保险法》和《工伤事故保险法》被认为是世界上最早的社会保障法律。

② T. H. Marshall, *Social Policy* (London: Hutchins on UniversityLibrary, 1965), p.7.

关医疗、职业恢复、教育培训以及养老金方面的法律保证和许诺。1924 年
2 月《关于救济义务的帝国条令》和 4 月《关于公共救济的前提、方式、
程度的帝国原则》的出台都考虑到家庭，并增加了给投保人子女的津贴费。
由于人口政策方面的原因，所有的生育妇女，无论是否投保人的家属，均
能获得生育后的免费助产服务、医药、分娩津贴以及先是 8 周后是 10 周
（1927 年）的产假补助。在遗属年金方面，丧失就业能力的工人寡妇能享
受亡夫年金的 6/10（过去为 3/10），孤儿享受 5/10（过去为 2/10）。若孤
儿在接受教育，这笔年金可从 18 岁延续到 21 岁（过去是 16 岁）[1]。

此外，针对第一次世界大战后家庭的居住困难，魏玛政府直接参与了
住宅和公益事业建设。1925 年到 1930 年间，德国新增住宅总数中，私人投
资者建造了 50%，公益生产合作社建造了 40%，国家建造了 10%。国家还
负责制订住宅建筑计划，并通过向房屋抵押贷款债务人征收房屋利息税，
拨出 6% 的公共事业开支，补贴私人建房者和建房合作社，以资鼓励。同
时，政府又严格控制房租上涨，一定程度上保护承租者的利益。至此，魏
玛德国的"福利国家"政策获得了空前的发展。它不仅扩充了帝国遗传下
来的对工人、职员的三大保险和遗属保险，而且还新增设了对战争牺牲者
供养、社会救济、失业保险和危机救济。但是，20 世纪 30 年代大危机的到
来，面向家庭的社会福利津贴费的削减，造成了受济者心理上安全保障感
的丧失，造成了社会矛盾的激化，也为纳粹党力量的壮大提供了时机。

（二）纳粹时期的家庭政策

1933 年希特勒上台之后，纳粹政府以种族主义理论为依据，在复兴、
稳定家庭的口号下，以夺取世界霸权为目的，推行以"保种保族"为主要
内容的家庭政策，利用家庭为国家政策服务，主张家庭应服务于社会，具
有明显的实利性目的。[2] 其具体政策和措施有以下几个方面。

1. 鼓励结婚，强化传统的家庭角色分工

纳粹的家庭政策是围绕提高德国民族的生育率和培育具有纳粹理想的
年轻一代而展开的。关于"家庭"的立法是纳粹最早的立法，为使德意志
人口增长，结婚是重要的前提条件之一。它试图通过激励和强制等多种方
式促使"优势种族"妇女生育更多的孩子。根据 1933 年颁布的《减少失业

---

① 李工真：《德国魏玛时代"社会福利"政策的扩展与危机》，《武汉大学学报（哲学社会科
　学版）》1997 年第 2 期。

② 庞贝、邢来顺：《纳粹德国家庭政策：1933～1939》，《长江论坛》2011 年第 3 期。

法》，准备结婚的妇女只要同意婚前 6 个月放弃原有的工作，就将自动获得政府的贷款资助。纳粹政府极力维护传统的男女性别角色和职能分工，强化以男性作为经济支柱的家庭模式，要求妇女返回家庭。在 1933 年后的一段时间内，政府管理部门的大量女职员被解雇，中小学的女教师被免职，医疗保健机构的女医生被取代，禁止妇女当法官和律师。这样，数以万计的妇女被赶回家专营家务、生儿育女。从历史上看，这种角色分工"在德国有古老的根源，并且受到风俗、宗教和法律的认可"①。

2. 资助多子女家庭，推行种族主义的生育政策

纳粹政府"把家庭看做是为国家提供未来士兵的再生产工厂"②，认为要使德意志民族复兴壮大，最重要的环节是使德意志妇女多生孩子，并强调生育对维护"民族生存"和防止"种族灭绝"具有十分重要的意义。围绕妇女的母亲角色和生育功能，纳粹通过宣传、法律、政策掀起一场广泛的支持家庭生育的运动，刺激年轻女子结婚、生孩子，让她们无意间就回到了"母亲和佣人"的传统角色。纳粹政府所建立的社会救济机构"民族社会主义母亲和儿童国民福利院"除从事通常的家庭救济外，还组织动员社会力量向孕妇家庭和育婴家庭提供志愿服务。③ 这些政策的出台一改魏玛共和国软弱无能的形象，刺激年轻女子结婚、生孩子。同时，纳粹政府还陆续颁布了《德意志人血统及婚姻保护法》《德意志人遗传健康保护法》《大德意志婚姻法》等法律，"禁止犹太人与德意志人或者同种血统的公民结婚""禁止犹太人与德意志及其同种血统的公民发生法外婚姻关系"。1933 年 6 月，纳粹政府颁布的第一个人口政策法甚至规定："为优化、纯洁德国种族，必须强制优生、绝育。"④ 为此，纳粹建立了 250 个特别绝育法庭，以法西斯的残暴来淘汰所谓的"无生存价值的生命"，以求德意志妇女生育的孩子符合纳粹的质量要求，成为献身于纳粹事业的可用之材。

3. 破坏传统的家庭价值观，推动家庭的纳粹化

纳粹政权表面上强调坚固的家庭生活，为妇女提供安全和保障，实际却在破坏传统的家庭价值观，削弱以家庭为中心的生活。纳粹特别强调，做母亲不仅仅是养育孩子，同时还担负着培养具有新价值、新理想的德国

---

① 〔美〕戈登·A. 克雷格：《德国人》，上海译文出版社，1998，第 199 页。

② 〔德〕费舍尔：《纳粹德国——一部新的历史》（下册），江苏人民出版社，2005，第 454 页。

③ 王肇伟：《试论纳粹德国的人口政策》，《山东师大学报（社会科学版）》1994 年第 4 期。

④ 马瑞映：《德国纳粹时期的妇女政策与妇女》，《世界历史》2003 年第 4 期。

下一代的责任，让妇女回到"母亲和佣人"的传统角色，并鼓励以同性别的组织生活为生活常态。他们将种族主义的基本国策与人口政策、生育政策等联系起来构筑家庭政策的基础。在教育制度方面，纳粹政权建立了中央集权的学校管理制度，要求家庭配合各类学校必须进行所谓的"种族教育"，强调德意志是最优秀的民族，并在各种教科书中宣扬对法西斯的崇拜和对法西斯头子的盲从。在社会生活方面，以军队、青年组织和学校来完成家庭的纳粹化，要求家庭成员融入各种社会组织中，如"希特勒青年团""国家社会主义司机团""帝国劳工战线"等。总之，纳粹政府采取了促进德国人口发展的政策，这种政策主要是以经济上的资助来推动实行的，并辅之以法律上的强制和宣传教育方面的鼓动。但是，纳粹"复兴家庭"政策并非是家庭至上和母亲优先的政策，而是利用国家改变家庭，使家庭支持国家政策，从而达到家庭服务于纳粹政权的目的。

（三）后东、西德家庭政策的分野

随着第二次世界大战后德国的分裂，家庭在两个制度完全不同的国家，以不同的方式重新开始整合，家庭政策也出现明显的分野。

1."去家庭"与"家庭化"的分野

民主德国政府实施了一系列强有力的"去家庭"（de-familising）措施，试图使家庭事务政治化。1949年的东德宪法宣布，不允许任何阻碍实现两性平等的现象存在。1950年，东德颁布了《儿童、母亲和妇女权利的保护法》，正式否定了妇女的经济依赖性，倡导男女权利平等、保护妇女合法权益、促进妇女解放。这不仅是德国历史和传统的突破，同时也使家庭地位和家庭功能发生了前所未有的变化。为了提升与西德之间在意识形态竞争领域中的力量，东德大力促使妇女投身到全职工作岗位上，民主德国的劳动法规更是要求所有企业必须制订招收、正式培训和提升女性职工的明确计划。由于受到政府实行的以鼓励和支持工作适龄妇女进入劳动力市场为主要内容的妇女政策影响，妇女作为工作者与母亲的双重角色得到肯定；通过大力提升妇女的独立性，她们从过去对男性的依赖转变为对国家的依赖。以高就业率为特征的女性就业模式，满足了国家在社会经济建设过程中对劳动力资源的需求，改善了妇女在家庭和公共生活领域里的地位。社会主义的"供给型国家"支配了家庭的基本功能，不但父母角色以及依靠丈夫养家糊口的情况发生了变化，而且家庭生活方式也发生了变化，出现由未婚先育的同居者组成的新的、平等的准家庭生活方式和建立在性别平等基础之上的婚姻家庭生活方式同步发展的现象。

与民主德国形成鲜明对比的是，联邦德国传统的家庭生活方式基本保持未变。家庭政策不同于纳粹德国时期及社会主义东德政权国家对夫妻权利及父母权利的干预，在婚姻和家庭领域加强了夫妻作为父母的权利和公民权利，在不断强化传统的妇女对丈夫的人身依附和经济依赖的同时，由政府向家庭提供必要的福利支持。这些政策可以叫做以婚姻为基础的"家庭化"（familisation），即政府通过福利政策来加强对家庭的各项支持，使家庭的经济功能、情感功能、抗风险功能等得到增强，它包括儿童津贴、母育假与父育假津贴、鼓励妇女平衡就业与家庭关系的各类政策等。联邦德国政府1949年颁布的《基本法》有"男女平等"的内容，规定"婚姻和家庭处于国家的特殊保护之下"，但在有关男女在家庭和婚姻中的地位的具体规定中，给予妇女的平等地位显然是不够的。例如，《民法典》1354条规定在婚姻中男人在选择居住地等方面具有决定权；1356条规定，妇女只有在不影响在家庭中的义务时，才能够外出工作；1360条规定，只有当男人的工资不够养家时妇女才能工作；1628条规定，男人在关系到孩子的问题上有最终决定权，等等。随着时间的推移，从1957年开始，上述规定逐渐被取消。到1980年，在民法中才真正规定了家庭事务要由夫妻双方共同决定。

2. 发展公共托儿事业与强调亲职教育的分野

东德政府认为，通过在公共设施中设立早期的、综合性的保育机构可以影响孩子的社会化，使其朝着社会主义者的行为准则方向发展。因而，机构性的保育设施膨胀，几乎涉及所有的孩子。发展公共托儿事业是根据社会主义原则教育儿童，并使妇女能投身工作岗位的重要措施。东德通过各种家庭补贴、公共设施建设、儿童保育、度假设施建设和单身母亲的特别津贴等福利项目，直接或间接地支付了儿童抚养成本的80%；国家成了儿童抚养的主要供应者，并通过向在职母亲提供带薪学习、抚养假期等国家服务，与她们一起分担了抚养的责任。从20世纪70年代起，以儿童为中心的家庭政策优先考虑的是增加人口数量，公开地强调和推动家庭的生育功能，而不论儿童的家庭形式和其父母的婚姻状况，这使非婚生育有了发展的趋势。由于东德国家在财政上还不能负担起公共托儿的巨大开销，不得不要求有子女家庭依靠自身的资源来兼顾工作和育儿义务，因此妇女在家庭中承担的责任和义务未能得到实质性的削减，在家庭与社会中的双重角色使大多数妇女感到自身对生活选择度过小，存在生活压力过大的问题。

联邦德国的家庭政策受到分配政策和传统观念的影响。分配政策倾向于应使家庭政策减轻父母抚养孩子的负担，主张应确保孩子在社会和文化方面的最低需求；而传统观念导致西德的家庭政策建立在男人赚钱养家、妇女育儿与做家务的模式上。虽然战后西德妇女也开始追求工作和家庭的协调，但是带孩子和教育孩子仍然由各个家庭、主要由妇女在家庭中承担，妇女在抚养教育孩子期间依然被认为不应从事职业工作或只能从事有限的职业工作。联邦德国因强调母亲的传统角色，故不重视公共托儿事业和学前教育，而强调亲职教育，并认为它是无法由公共托儿教育取代的。基于这个考虑，西德基本没有3岁以下幼儿的托管机构，3岁以下幼儿在公共教育机构中接受照顾和教养限定在严格界定的"紧急情形"下，并不认为这是一种为家长提供的"正常的"服务。

3~6岁的幼儿服务机构也严重不足，多数托儿所为半日制，只有少数的托儿所提供全天班；原则上只有来自单亲家庭及双亲均为大学生或正在接受职业训练的幼儿才可能将孩子送到全日制托儿所。

从20世纪70年代开始，西德社会普遍认识到，对儿童的培养和教育关系到国家的发展，政府应当把这一社会福利项目纳入整个社会保障体系之中，通过社会保障机制，平衡各个家庭在教育子女费用上的负担。1975年，西德政府颁布《联邦子女补贴费用法》，以法律形式对儿童补贴作出规定。其具体内容为：第一，每一个有义务抚养儿童的公民，不论其收入多少，都可以领取一定数量的儿童补贴。第二，每个儿童从出生之日起到年满16岁止，都可享受儿童补贴；如果儿童在年满16岁时还在上学或还在接受职业培训，可以进一步把儿童补贴延长。第三，补贴标准主要根据每一家庭孩子的多少和家庭收入的多少来决定。孩子越多，每个孩子享受的补贴越多；低收入家庭可领取的补贴高于高收入的家庭。在实施儿童补贴时，还辅助以税法及其他法律法规。例如，联邦税法规定，有孩子的家庭可以减免个人所得税，原则上孩子越多的家庭，减免幅度越大；妇女在家抚育儿童的时间，也被列入退休保险的时间之内，等等。这些政策的实施，有效地对家庭看护和教养提供了支持和援助。

3. 鼓励生育与消极人口政策的分野

东德政府采取鼓励生育的政策，如扩大机构化的公共保育设施。但许多已婚夫妇仍不愿多生育。从20世纪70年代起，以儿童为中心的家庭政策更加公开地推动以生育为取向。生育政策假定一个强大的中央政府存在于东德而非西德，这些政策优先考虑的是增加人口数量，而不论儿童的家庭形式和其父母的婚姻状况，这增加了非婚生育、离婚或分居的妇女和男人，故东德未婚同居人数和非婚生子女人数都多于西德。西德在很长时间内的人口政策倾向消极，人口出生率自1950年以来呈缓慢下降趋势。由于西德一直较为严格地执行限制甚至禁止堕胎的政策，故地下堕胎在20世纪70年代逐渐盛行，西德国会为回应社会现实在1974年通过了刑法修正案，规定在怀孕之后的12周之内进行堕胎免除其刑罚。但是1975年，国会根据宪法法院指出的模式重新制定条文，对堕胎进行严格限制，规定只有在危及孕妇生命、胎儿畸形等情形下方允许堕胎，否则将施以刑罚。为了保持人口总数的相对稳定，西德政府对每生养一个孩子累进补贴、延长产假，并且保证这些母亲在家里抚养孩子2~3年后，在原来工作的公司或机构可重新获得职位等。

（四）德国统一后的家庭政策

家庭政策与一般的社会福利政策紧密相连，因为家庭政策具有社会效应，反过来政府也需要及时调整家庭政策以适应社会的变化。随着柏林墙的倒塌，东西德于1990年10月实现了统一。在德国统一的进程中，西德的社会制度和社会福利政策被转移到东德，东德大批的退休人员成为两德统一的获利者，他们的平均收入几乎是统一之前东德退休者所得的3倍，这些趋势加重了联邦政府在社会政策开支上的负担。根据统一条约法规定，由于东西两德制度差别过大，为避免急促统一可能引起的大量失业及社会不安，因此东德地区既有的法律规范必须部分被保留。总体上看，东西德的家庭政策被纳入了合并的方向，但是自20世纪90年代以来，德国的家庭政策基本上朝着东德的思维方向发展。

家庭政策的主要目标是：促进人口出生率的提高；调整有子女家庭和无子女家庭、多子女家庭和少子女家庭的收入分配；作为福利国家的一项福利措施，对家庭中的父母和子女提供生活保障，保证儿童在受教育等方面的机会均等。影响德国家庭政策的原因是多方面的。出生率低、人口老龄化的加剧和劳动力日趋萎缩已经不再是纯私人的事情。在欧洲国家中，德国是受人口老龄化影响较大的国家。预计到2020年，与欧盟其他国家相比，德国人口中年轻人所占比例将最低。政府官员和社会政策学者担心长此以往，国家将无力为激增的老龄人口养老买单，市场购买力将会下降，从而阻碍经济增长，德国有可能变成一个经济弱国。因此，一个国家的出生率已经成为重要的经济区位因素，政府不得不通过养老金政策、医疗照顾政策、人口政策、家庭政策等社会政策的调整来进行干预。影响社会政策的另一个主要因素是德国家庭结构的转变，其具体表现为：一是婚龄期的男女初婚人数持续下降，初婚平均年龄上升，而且从全国结婚的绝对人数看，每年结婚人数也在下降。二是不以生育为动机的"非婚生活联合体"或"非婚同居"的生活方式蔚然成风。三是离婚人数持续上升，这反映了德国的婚姻与家庭存在严重的危机。四是完整家庭数量下降，单亲家庭数量不断增加，其中不乏身患重病、身有残疾者和鳏寡孤独老人，也有相当比例的单亲父母与孩子单独生活，他们特别依赖于法律上的社会福利保险以及社会援助。因此，在德国的新闻媒介上不时传播着有关婚姻与家庭出现"危机"和要求"抢救家庭"的舆论，统一后的德国政府陆续出台相应的家庭政策对家庭进行干预。

1. 将促进生育提升为国家的头等战略任务

生育是家庭的主要功能。德国联邦统计局发布的人口发展调查报告显示，德国人口正在快速减少。一方面越来越多的育龄女性选择不生育，另一方面是人口老龄化加重；孩子少既意味着专业劳动力和消费者人数的减少，又将带来养老金短缺等一系列社会问题，给养老保险体制带来极大的冲击。因此，家庭政策的意义越来越重大。自 2003 年开始，德国成立了所谓的"家庭政策联盟"，也就是德国政府和经济界齐心合力，实施一系列促进家庭人口增长的刺激计划，共同创造有利家庭的工作环境。在红—绿政府上台执政后，在家庭政策方面高度肯定了生育的价值，将生育等同于"社会投资"和"增加回报"，即认为儿童是具有第一价值的"投资"对象，也是具有"未来收益"价值的来源。德国前总理施罗德曾直率地承认："孩子是我们的未来。"这句话并不是泛泛而谈，即使从经济角度而言它也无疑是正确的。孩子不仅是德国的未来，也是德国的劳动力、消费者和明天的父母。他认为，他们的未来，也就是他们国家的经济力量、养老保障和国内所有地区的生活能力都依靠他们的后代。在即将来临的知识社会中，德国出生多少儿童将成为他们这个国家的头等战略任务。因此，家庭政策必须创造框架条件，使更多的人能够实现他们要孩子的愿望。2006 年 9 月，德国政府出台了一项鼓励双职工夫妇多生育、促进家庭人口增长的法规，规定在 2007 年 1 月 1 日当天或之后出生的孩子都可享受这一福利。新政策的目的是希望使年轻的父母免于经济压力，安心在家抚养小孩儿，也是为了鼓励德国夫妇多生育。

2. 对拥有未成年孩子的家庭提供现金补助和税收优惠

为了改善家庭的收入状况，德国主要通过直接的货币转移（直接给家庭补贴金）和间接的转移（通过税收）等措施来改善家庭的收入状况。东、西德统一初期，政府在家庭现金补贴和税收优惠上的公共开支占国民生产总值的比例已远高于经济合作和发展组织（Organization for Economic Cooperation and Development，简称 OECD，）国家的平均水平，这项改革代表了从税收减免为主导的体制向现金补助为主导的体制的转变，使得福利计划更能体现社会公平，因为低收入家庭从税收优惠政策上的得益往往较少。此后几年中，主要的政治力量都急于加强其在家庭政策上的信誉，因而家庭现金补助得以不断增加。在整个 90 年代，宪法法院多次在其裁决中认定公共拨款不足以保证有孩子家庭的最低生活水平，要求增加补助；尤其是 1996 年对家庭补贴的二元体（Familienlast enausgleich）改革代表了社会政策发展的一个重大飞跃，对儿童和无经济独立能力配偶的补助水平得到显著提高。这些用于支持家庭和给予孩子的补贴是免税的，与孩子有关的照料、教育等方面的必要开支，也同样可以部分享受免税。2001 年，德国花在家庭政策方面的资金为 1800 亿欧元，占当年国内生产总值（GDP）的 9%。这笔款项中大约有 1/3 用于与家庭有关的税收政策，2/3 的支出为转移到家庭的收入部分，这意味着德国政府支付了家庭抚养孩子成本的 46%。

3. 为儿童和家庭提供优质的看护服务

德国统一后，西德儿童看护体系的缺失引起了执政者的不安，当时执政的基督教民主联盟和自由民主党（CDU/CSU – FDP）联合政府为弥补东西德之间在儿童看护服务提供方面的差距的政策，原则上放弃了此前西德反对扩大儿童看护的公共服务体系的主张，政府不再将孩子的看护责任完全推给家庭，而是认为看护孩子是社会的共同责任，是关系到社会福利的大事。根据德国政府推动和通过的一项全国性扩大儿童看护服务体系的法案（Tag esbet reuungsausbaugesetz），从 2005 年起政府每年提供 15 亿欧元给地方政府，用以扩大针对 0 ~ 3 岁年龄组儿童的日间托儿机构，同时为 3 ~ 6 岁年龄组的孩子们提供非全日制的儿童看护服务。2007 年德国政府又决定到 2013 年，将接收未满 3 岁孩童的保育园数量增加到 3 倍，这些保育园未来可以容纳 35% 这个年龄段的孩子。而且对于入不了保育园的家庭也有家庭内的保育支援政策，他们可以拿到 150 欧元的现金补助。同时，法律将承认父母有将未满 3 岁的孩子送入保育园的权利。这些政策标志着德国家庭政策的决定性转变。目前，德国东西部 3~6 岁的孩子在保育上的差别开始缩小。

4. 实现工作与家庭责任的平衡

原西德的家庭模式是由传统的男性赚钱者和家庭主妇组成的，家庭成员的福利程度取决于男性劳动力的社会权利及家庭成员（妇女）照料儿童和老人的程度，而东德女性则有较高的就业率。德国统一后，原东德的职业妇女大批失业，而原西德妇女就业人数开始逐步增加。到 2005 年，德国女性的就业率已达到 60%，而同期德国的总体就业率约为 65%。如今，德国 2/3 的企业都实行弹性工作时间和非全职工作制度，女性的收入也已接近家庭总收入的一半。在这种情况下，为有工作的母亲扩展儿童照顾和护理的基础设施，以及促进工作与家庭责任之间的和谐等，成为德国福利国家的改革方向。

2001 年联邦政府对教育费作出了重新规定，其原则是有利于减轻家庭负担。在父母假期方面，规定父母双方都可以要求享受照顾孩子的父母假，最多可以休息 3 年。孩子的父母有权自愿决定谁享受父母假以教育、照料孩子，父母双方也可同时享受此权利。无论父母哪一方，或父母双方同时享受父母假，仍可每周做 30 小时的兼职工作，每一个拥有 15 个正式员工以上的企业，必须接纳兼职人员。在父母假期间，父母受解雇保护法的保护，即企业或公司无权解雇在父母期的雇员。（若企业在此期间破产，联邦法律有另行规定）。父母假结束后，雇员有权回到其原工作岗位或与其原岗位等值/等职的工作岗位。一个比以前级别低、待遇低或与职业品值不相符的工作岗位是不被允许的。德国政府积极推动妇女介入劳动力市场的模式取代了传统的以妇女三阶段生命周期为基础的政策，使父母拥有了选择的自由，无论是继续工作还是照顾家庭都能有一定的经济与福利服务保障。家庭政策因此获得了各社会阶层日益广泛的支持，为工作和家庭平衡政策的继续发展奠定了基础，增加了就业和家庭责任之间的兼容性。

德国在不同时期实施的不同家庭政策表明，家庭政策是社会政策的重要组成部分。虽然德国也经历过纳粹时期对家庭非人道的政策干预，但总体上看，德国政府坚持了福利取向的家庭政策，通过福利政策来加强对于家庭的各项支持，使家庭的经济功能、情感功能、抗风险功能等得到增强，使家庭利益与国家利益相结合，推动家庭服务于国家利益。第二次世界大战后德国的分裂和东、西德家庭政策的分野，很大程度上是意识形态的对立和国家制度竞争的结果；在德国统一的进程中，对家庭功能和责任的理解一直是影响社会政策发展和变化的一个最重要的因素，而政策的演变过程事实上经历了一个对政府—家庭责任界限不断重新界定的过程。从这个意义上说，社会政策即家庭政策。一方面是西德的社会制度和社会福利政策被转移到东德；另一方面是东西德的家庭政策被纳入了合并的方向，政府推出的家庭政策基本上朝着东德的思维方向发展，如促进生育，广建托儿所和聘雇保姆，提供儿童津贴、母育假与父育假津贴，鼓励妇女平衡就业与家庭关系的各类政策等，都体现了德国社会政策的福利传统和保障功能，反映了家庭政策的效率性、适用性和福利性。统一后的德国政府将应对人口出生率下降问题视为当务之急，家庭政策可以被看做是一种工具，通过对家庭政策的重视和投入，在强调家庭责任的同时更重视对家庭的支持，不仅是为了鼓励提高出生率，也是为了大力促进人力资本的培育，使生育能产生"社会投资"和"增加回报"的效应，家庭因此成为培育人力资源最重要的机制，同时国家投入的公共教育制度更是直接培育了人力资本和人力资源，这对一国长期的可持续发展起了决定性的作用。但是在家庭政策具体的操作方法上，德国国内存在着不同的声音。尽管德国的家庭福利政策已经由补充性、边缘化的政策转变为福利体制的基础性、中心性政策，任何一个家庭，无论其家庭类型如何、家庭成员是否就业，都可以从以上这些家庭福利政策中受益，出生率与经济发展成反比的发展趋势仍将在德国继续存在；德国的社会福利体系仍然面临着日益沉重的负担，"入不敷出"的问题还没有得到根本的解决。[①]

四　欧盟的家庭友好政策

欧盟的家庭友好政策是在福利国家体制之下实行的帮助身为父母的就业者协调家庭与工作矛盾的社会政策，如产假、亲职假与儿童照料服务等。它是欧盟在欧洲社会一体化建设上所取得的突出成果，体现了欧盟建设者

---

① 张敏杰：《德国家庭政策的回顾与探析》，《浙江学刊》2011 年第 3 期。

们促使一体化"贴近人民"和减少民主赤字的努力。①

（一）欧盟家庭友好政策建立的背景

首先，人口深度老龄化是家庭友好政策得到重视的背景之一。从19世纪末开始，欧洲社会的人口结构一直朝着生育率下降与平均预期寿命延长的趋势发展，到20世纪中叶以后，以超低生育率、低死亡率、低（负）自然增长率为主要特征的人口转变趋势更为明显。1960～1995年，欧盟成员国平均总生育率从2.69‰下降至1.54‰；结婚率从7.47‰下降至5.22‰，离婚率从0.73‰上升至1.91‰；男性的平均寿命从67.50岁提高到73.67岁，女性则从72.74岁提高到80.07岁。人口老龄化发展的规模与速度引发了舆论的广泛关注。这不仅因为人口危机关乎人口结构和人口数量、关乎整个民族的兴亡，而且人口危机对国家的国际地位、福利制度、经济发展都会造成重大的影响。在这种严峻的形势下，提高生育率就成为缓解人口危机的一种重要途径。为双职工家庭提供协调工作与家庭的帮助，不仅可以提高劳动者的劳动积极性与生产效率，更重要的是可以消除一部分劳动者减少生育或选择不生育的后顾之忧。

其次，欧洲统一大市场的建成凸显各国社会保护水平的差距。实现商品、服务、劳动力与资本的自由流动是欧洲统一大市场的内在要求。欧洲统一大市场的建成不仅为欧盟成员国的经济发展提供了广大的市场，而且为各国的贸易与生产带来了更加激烈的竞争。在拆除了内部藩篱之后，所有成员国都被置于同样的竞争舞台上，这就进一步拉大了欧盟成员国在社会保护水平上的差距。在自由市场经济为主导的体制下，资本逐利的天性会自动加速其区域流动态势，而成员国自身无法设置有效的屏障加以阻止；此外，劳动力也会在扩大的市场中自动选择对自身更加有利的工作场所。如果各国家庭友好政策体系继续维持原有的保护水平，那么提供较高保护水平的国家将由于"社会倾销"的负面影响而无法在对外贸易中占据优势。而对于那些社会保护水平较低的成员国而言，虽然具有劳动力成本较低的竞争优势，但就经济发展的长远前景而言，这种竞争优势可能因为高素质人才的外流而最终转变为劣势。因而，统一大市场的建设成功进一步增强了成员国协调各国家庭友好政策水平的愿望，以避免自身在市场竞争中处于劣势。与此同时，由于统一大市场的建成，出现了大量的跨国劳动力，

---

① 吕亚军：《欧盟家庭友好政策评析》，《内蒙古大学学报（哲学社会科学版）》2009年第5期。

单靠个别国家间的协商难以有效地解决这些劳动者的社会保护以及其他一些福利待遇问题，建立欧盟层面统一的协调机制将会有助于缩减各国社会保护水平的差距，并且减少劳动力跨国流动的潜在障碍。

最后，国际竞争的激烈彰显欧洲社会一体化建设的落后。欧洲一体化的建设长期以来一直遵循着经济自由化、政治稳定化的优先顺序。所以从一开始，一体化的首要目标就是取消关税限制，以便货物与人员能够自由畅通；与此同时，设计出一种国际制度结构，以便欧洲国家能够和平共处。按照这种理念，一体化从1951年的欧洲煤钢共同体、1957年的欧洲经济共同体与欧洲原子能共同体、1967年的欧洲共同体，一直发展到1992年的欧洲联盟，区域间的经济整合与政治合作日益紧密而且高度发达。在这期间，自由资本主义思想逐渐成为缔约国的主流思潮。这种思想认为，人民生活水平的提高以及福利待遇的提供应该来自于自由市场经济创造的经济增长而非公共政策的管制与分配能力。因此，罗马条约在其社会宪章中并没有赋予欧共体干预社会领域事务的明确权限。在罗马条约下，社会政策的治理模式是以成员国的能力以及公共与私人行为体之间的等级关系为基础的。在社会政策领域中，委员会只能针对"在成员国层面产生并引起国际组织关注的问题，通过开展研究、发表意见与安排磋商等方式与成员国保持密切的联系"；劳资双方的利益代表以及其他利益代表所组成的经济与社会委员会仅负有简单的咨询功能；代表成员国利益的部长理事会以全体一致投票的方式掌握着共同体社会维度的建设进程。在这种权力分配格局下，"共同体所关注的是经济变化（特别是一体化）对生活条件和工作条件等广泛问题的影响，而不是具体考虑某一个人的需要和私人社会服务事业的经营"。这样，欧洲一体化社会维度的建设就显得相对落后了。

到20世纪90年代以后，这种发展维度不均衡的状况越来越难以适应一体化深化与扩展的要求。因为只有重视改善工人的工作条件与生活条件，才能最大限度地保护最重要的生产要素——人的生产能动性与积极性，才能最大可能地推动经济建设的发展。只有切实地保证劳动力的自由流动才可以加速统一大市场的建设成功，并为经济的发展提供强劲的动力。通过强制性的规范，要求一些社会保护水平低的国家提高社会保护水平，有助于保持欧洲整体的政治地位与经济实力。构建更全面与更人性化的欧洲联盟因此受到越来越多的关注和重视。在这种背景下，欧盟家庭友好政策体系因其具有关注民生的直接针对性而被视为社会一体化建设的一项重要内容。

总的说来，在欧盟层面对成员国的家庭友好政策体系进行协调与干预既是提高生育率的一种途径，也是确保各国公平竞争并提高欧洲整体实力的一种方式。正是考虑到欧盟家庭友好政策体系可能产生的巨大效益，所以欧盟才在生育率下降、区域内外竞争进一步加剧的压力之下逐渐创建了这一体系。

（二）欧盟家庭友好政策体系的框架与原则

欧盟家庭友好政策体系包括儿童照料建议、孕产妇保护指令与亲职假指令，它的发展轨迹是循序渐进的。1992 年 3 月的儿童照料建议（Council Recommendation 92/241/EEC）除了建议成员国创建公共或私营、个人或集体的儿童照料设施，并确保这些设施的价格适中、高质量以及地区之间的差异与良好平衡外，还涉及了产假和亲职假等内容。建议提出成员国为承担照料与抚养孩子责任的在职父母提供特别假期；使工作场所的环境、结构与组织适应有孩子的工人的需要；促使男女之间分担工作责任以及由照料孩子引发的家庭责任。建议还特别指出，儿童照料方法、产假与亲职假都是有助于人们结合家庭责任与职业雄心的方法。

孕产妇保护指令与亲职假指令的通过实现了儿童照料建议中的部分构想。它们是在性别平等成为主流的形势下实现的。超低生育率的负面影响以及欧洲一体化建设的迫切需要，进一步突出了女性的地位与功能。将女性继续排斥在致力于经济发展、社会进步和政治民主的欧洲一体化进程之外，不仅影响性别平等的真正实现，而且危及一体化建设的效率。在这种情况下，欧盟的行动重点就从最初的结果平等转为强调机会平等，到 20 世纪 90 年代更进一步提出性别主流战略，即促使"正式参与决策的行为体将性别平等视角纳入一切政策的所有阶段与层次"。

孕产妇保护指令与亲职假指令是欧盟在性别主流战略提出后所取得的重要成果。1992 年 12 月的孕产妇保护指令（Council Directive 92/85/EEC）规定，将怀孕、即将生产或处于哺乳期的女工视为特殊风险人群，不应该要求她们从事夜间工作；在分娩前后，她们有权连续休至少 14 周的产假，其中至少 2 周为强制性质的产假；禁止因其怀孕、生产或哺乳而解雇她们。1996 年 6 月的亲职假指令（Council Directive 96/34/EEC）要求，成员国确保雇主能够给予刚生育完孩子的父母以最低 3 个月的无薪假期；收养孩子的父母，直至其收养孩子 8 岁也享有同等的权利。通过亲职假指令的颁布，欧盟首次将缓解在职父母的双重负担问题法制化与固定化。较之孕产妇保护指令，亲职假指令因其同时针对男女两性，且强调休假权利原则上个人化的特征，而更具有思想上的进步意义。它赋予欧盟统一各国亲职假最低水平的法定权力，是欧盟在构建家庭友好政策进程中所取得的重要突破，反映了后马约（《马斯特里赫特条约》生效后）超国家机构行动能力与职权范围扩大的现实。

通过儿童照料建议、孕产妇保护指令与亲职假指令，欧盟层面逐渐形成了家庭友好政策的框架。它是各成员国法律制度相互协调的产物，主要涉及以下两方面的问题：丈夫与妻子之间的角色分担；工作与家庭之间的时间分配。虽然这一框架还无法与具有翔实内容、全面条款、雄厚资金支持等特征的成员国政策框架相提并论，然而这毕竟是欧盟经历了数十年努力的心血之作。在框架初步建成后，欧盟通过强化自身的组织与服务功能以及进行制度建设与政策更新促进了框架体系的调整与完善。这样，家庭友好政策逐渐成为欧盟社会政策的一个重要支柱，反映了欧盟建设"社会欧洲""人民欧洲"的决心，也反映了欧盟对于"社会一体化是经济一体化不可缺少的部分"的认识渐趋明朗清晰。

第二节　亚洲国家的家庭政策

一　日本在解决工作与生活冲突上的政策与措施

工作与生活的冲突是一个世界性的问题，日本也不例外。从第二次世界大战后的经济复苏期到 20 世纪五六十年代经济高速增长期，再到七八十年代的经济稳定发展时期，日本社会基本上沿袭的是一种"男主外，女主内"，即"男子在外工作，妇女在家养育子女、承担家务"的性别分工模式。女性学校毕业后短暂工作、以结婚或生育为契机辞职回家做专职主妇、待最小一个孩子上小学前后再重返就业市场的 M 型就业模式，成为大多数日本女性选择的人生道路。因此，日本在 20 世纪 90 年代以前，职场和家庭是被性别分工模式割裂开来的两个场所，男女各司其职，工作与生活的冲突似乎尚未成为一个社会问题。20 世纪 90 年代以来，随着日本经济、社会和家庭的变化，工作与生活的冲突日益严峻并为社会各界所广泛关注。

（一）工作与生活平衡政策出台的社会背景

日本工作与生活平衡政策的出台是有其社会背景的。20 世纪六七十年代，日本妇女做专职主妇的比例非常大，日本的典型家庭是"丈夫为工薪人员、妻子为专职主妇"的家庭。然而，从 1980 年开始双职工家庭数量逐年增加，专职主妇家庭数量逐年下降。90 年代，随着日本女性就业率的提高，M 型就业模式逐渐发生变化，表现在 M 型就业曲线中最底部的 30～34 岁年龄层和 25～29 岁年龄层劳动力就业率呈上升趋势。专职主妇在最小一个孩子上学后大多选择重新就业，从事非全日制工作的家庭主妇比例很高。因此，从 1997 年开始，双职工家庭户数一跃超过了专职主妇家庭户数。2007 年，双职工夫妇家庭户数比专职主妇家庭户数多了 162 万户。这就意味着当今日本家庭正在由"丈夫挣钱养家"向男女共同兼顾工作和家庭的"夫妻双方挣钱养家型"转换。因此，双职工家庭工作与生活的冲突问题日益严峻起来。

20 世纪 90 年代以来，日本的家庭模式发生了变化，然而日本人的工作方式、生活方式并没有发生大的改变。男性工薪人员加班多、劳动时间长，特别是 30～45 岁年龄段的男子，长时间劳动常态化。与西方一些发达国家相比，日本男性参与家务劳动的时间非常少。过长的劳动时间占用了充实自我的时间以及参与家务劳动和社区活动的时间。受性别分工等传统思维方式的影响，拥有工作的已婚妇女，依然主要担负着育儿、护理老人、做家务等家庭内劳动。目前，需要全日护理的老年人数逐年上升，导致家庭成员护理负担加重，而在家庭中担负对老年人护理、照料的大多是妇女。由此，双职工家庭中已婚妇女负担沉重。

工作与生活的冲突中工作与育儿的冲突表现得更为突出。由于日本社会育儿支援体制不够完善，家庭规模缩小也使得祖父母一代在育儿方面提供的帮助减少，已婚的职业女性不得不在生子、辞职做全职主妇与不生孩子、继续工作之间进行选择。有调查表明，约 70% 的妇女以生孩子为契机离开工作岗位。因生孩子而中断职业的做法阻碍了日本妇女经济地位的提升，不愿放弃职业而选择不生孩子或少生孩子又势必会加剧日本社会的少子化现象。

另外，从 20 世纪 90 年代后半期开始，日本经济不景气呈现长期化。企业为了削减成本，不断减少新员工的录用，而大量雇用临时工、计时工、派遣工等非正规就业人员。当今日本，三个劳动者之中就有一人是非正规就业者，而日本妇女半数以上从事的都是非正规就业。非正规就业者工作极不稳定、收入低、工作时间长、缺少福利保障，生活易陷入困境，工作和生活的冲突问题表现得更为严峻。

（二）大力宣传工作与生活平衡

20 世纪 90 年代中期，日本政府提出要把 21 世纪的日本建成"男女共同参与社会"的目标，即建立一个不分性别、相互尊重人权，无论是在工作岗位、学校还是在社区和家庭中，男女共同承担责任、发挥个性和能力的"男女共同参与社会"。工作与生活平衡政策是被置于实现男女共同参与社会的框架之中来筹划并实施的。日本是这样阐述工作与生活平衡的：让每一个国民在人生的每个阶段，无论是养育子女阶段还是中老年阶段都能够自由地选择生活方式，让他们在工作、家庭和社区中既能感受到挑战和充实，又能发挥各自的责任。工作与生活平衡包含以下三方面内容：凭借工作和劳动获得经济上的自立；有时间去实现健康而丰富的生活；可供选择的多样化生活方式和工作方式。

20 世纪 90 年代以来，日本政府和民间团体为促进妇女就业、减轻妇女育儿与工作的负担，在社会各界大力宣传工作与生活兼顾。为了让人们认识到家庭、社区的重要性，1995 年厚生劳动省将每年的 10 月定为"工作与家庭思考月"，在这个月集中普及宣传有关法律政策，支持工作与家庭兼顾。

为缓解男女两性工作与生活的冲突，建设一个国民能够在经济上自立又有健康充裕生活时间的社会，内阁府设立了"工作与生活协调专门调查会"。2001 年，在男女共同参与会议下设立"关于支持工作与育儿兼顾的专门调查会"，多方听取意见、调查研究、制定政策。2007 年 7 月，以内阁官房长官为议长，相关内阁成员及经济界、劳动界、地方公共团体代表等组成的"推进工作与生活协调官民高层会议"成立；同年 8 月，该会议讨论并制定了《改变工作方式、改变日本的行动指针》；同年 12 月 18 日，通过了《工作与生活协调宪章》（以下简称《宪章》）和《推进工作与生活协调行动指针》（以下简称《指针》），显示了政府希望通过国民运动来推动和构建工作与生活协调制度的愿望。

《宪章》和《指针》提议应积极采取行之有效的措施，改善和构筑实施这一制度的环境，还具体设定了就业率、每周劳动时间超过 60 小时的雇用者比例、短时间劳动可选择职场的比例、第一个孩子出生前后妇女的继续就业率等 14 个目标值，希望通过缓解国民工作与生活的矛盾，建设一个工作方式和生活方式多样化的社会。《宪章》和《指针》的顺利实施，需要企业、劳动者、都道府县市町村之间加强联系与合作。

从 2007 年开始，内阁府将每年 11 月份的第三个星期日定为"家庭日"，将这一天的前后一周作为"家庭周"。"家庭周"期间开展"加强家庭与地区之间联系的国民运动"，大力宣传作为国民养育下一代的重要性，强调家庭成员和社区的重要性，提倡家庭成员为社区作贡献。2008 年被称为"工作与生活协调元年"。2008 年 1 月 8 日，内阁府设立了"推进工作与生活协调室"，主要开展以下工作：作为"推进工作与生活协调官民高层会议"事务局发挥作用；联系、整合相关机构和地方共同团体；对政府主办的活动进行企划；开展信息收集、整理和调查研究。调查内容包括：工作与家庭协调的认知度，工作、家庭生活、地域和个人生活的现状及期望，用于家庭生活的时间，参加社区活动的时间，用于学习、研究、兴趣、娱乐、体育和休息的时间等。综上所述，日本的工作与生活平衡政策和措施是在政府的重视和大力推动下进行的，政府的主导作用不容忽视。

（三）将育儿休假制度法制化

20 世纪 90 年代以来，持续的出生率下降令日本政府和国民忧心忡忡。2005 年，日本的总和生育率仅为 1.25。少子化现象与日本妇女就业率的上升有着密切的关系。日本政府在缓解工作与生活冲突问题上，把工作重点放在了解决妇女育儿与工作的矛盾方面，着力创造一个使妇女比较容易取得育儿休假、产假过后顺利复职的环境。1991 年，日本政府出台了《育儿休假法》，规定女职工可获得产前六周、产后八周的休假，且重返工作岗位可累计工龄，丈夫也可休产假，如职工提出休假一年养育婴儿，雇主不得加以拒绝。2001 年，修改后的该法改为《育儿护理休假法》，并于 2002 年全面实施。《育儿护理休假法》规定，不论男女，只要是养育不满一岁婴儿的全日制从业人员就可向工作单位提出休假，单位不能拒绝，也不能以此为由予以解雇。为减轻那些边养育孩子边工作的劳动者的负担，确保其养育孩子的时间，该法还将缩短勤务时间照看孩子的期限由孩子 1 岁提高到 3 岁。该法加强了对妊娠期女职工的劳动保护，促进了妇女就业与育儿的兼顾。2002 年 9 月，厚生劳动省在《少子化策 +1》中明确提出 10% 的男性和 80% 的女性取得育儿休假、25% 的人员享受育儿休假制度、12% 的人员享受孩子上小学之前缩短工作时间等目标。

从《育儿休假法》实施之后几年来的整体情况来看，日本社会对育儿的支援体制不断完善，取得育儿休假的人数也呈不断上升趋势。2008 年 8 月 8 日厚生劳动省公布的《雇用均等基本调查（2007 年度）》表明，妇女取得育儿休假的比例为 89.7%、男子为 1.56%；妇女申请育儿休假的比例比前几年有了不少增长，但男性申请育儿休假的比例依然偏低。另外，从育儿休假的覆盖率来看，一些大企业执行得较好，中小企业有待提高，这主要是由于企业主面对市场竞争压力，顾虑产假成本而不愿采取行动造成的。有些妇女怀孕后没有申请育儿休假而是选择辞职，主要是由于迫于企业的压力。妇女在中小企业中就业的人数较多，如何推进中小企业执行《育儿休假法》是今后日本政府和企业努力的方向。

（四）对妇女的再就业提供支持

工作与生活平衡政策不仅包含解决职业女性的家务负担和工作负担，同时还包括帮助有就业意愿的妇女重新找到工作，实现工作与生活的兼顾。妇女的生育对她们的职业生涯不可避免地带来影响，当完成养育子女任务的中年主妇重新返回劳动力市场时，会发现适合于她们的工作机会非常少，只能选择计时工、派遣工、临时工、小时工、合同工、在家工作、契约员工等非正规就业方式。近年来，从事非正规就业的日本妇女人数直线上升，占非正规就业者的绝大部分。有不少妇女有着很强烈的就业意愿，但又很难找到满意的工作。针对这一状况，政府在几个大城市里设立了专门提供计时工工作岗位的职业介绍所"计时工银行"。2008 年，全日本共有 56 家这样的职业介绍所。内阁府制定《支援妇女再就业计划》，在内阁府开设咨询窗口，为再就业妇女提供各类信息。2008 年 4 月还制定了《新雇用战略》，督促企业改善雇用环境，对有就业愿望的妇女提供就业信息和咨询，对因育儿等因素中断就业的妇女进行再就业的综合支援。另外，政府利用"HELLO WORK（公共职业安定所）"等机构，对育儿期的妇女提供招工用人方面的信息以及保育所和育儿支援中心等各种信息，目前"HELLO WORK"的覆盖网点和服务地段不断扩大。为了促进母子家庭中母亲的就业，各自治体都对推进母子家庭的育儿、生活、就业进行支援，针对母子家庭而成立的自立支援中心遍布都道府县的大小城市。自立支援中心开展针对母亲家庭的就业咨询和养育费等方面的咨询，为母子家庭排忧解难，还为母子家庭提供就业信息，对那些没有工作经验的母亲实施职业训练。另外，中心也经常开办一些演讲会、讲习会和座谈会，使母子家庭的母亲具有乐观、积极、自立的人生态度，并努力去开创新的生活。

（五）鼓励企业采取措施缓解员工工作与生活的冲突

日本男性对工作的热忱、以社为家、兢兢业业以及敬业、奉献精神为世界所公认，同时，也因工作时间长、缺少娱乐、忽视家庭生活而被称之为"工作狂""工蜂""经济动物"等。20 世纪 90 年代以来，日本政府、民间开始反思这一重视工作轻视家庭、重视集体轻视个人生活的传统思维。使育儿期妇女能够安心工作，使职业妇女能够按照自己的意愿生育孩子而不以结束职业生涯为代价，这不仅是政府的期望，也是企业的社会责任。企业要想建立一个使妇女兼顾工作与育儿的环境，必须彻底执行育儿休假制度，为女性从业人员再就业创造条件。同时，企业还要积极采取措施，实行有利于妇女兼顾工作与育儿的多样化雇用方式，为其提供相应的待遇和弹性劳动时间，纠正性别分工和男性优先的传统风气。厚生劳动省为鼓励那些积极采取措施使劳动者能够以自由选择方式工作的企业，每年评选和表彰那些在执行育儿休假制度上有突出成绩的"家庭友善企业"。一些企业在政府的号召下，采取了鼓励妇女事业和家庭兼顾的措施。例如，妇女怀孕可得到一定期间的生产休假，在生产休假期间虽不享受工资，但企业为其支付补贴和酬金。妊娠和产后一年期间，需要去医院检查的女职工可以得到一定天数的休假以及允许迟到、早退等。另外，可增加工作中休息时间，在工作内容上进行照顾，育儿期女职工不安排夜班。育儿休假后希望继续工作的与育儿辞职后希望复职的女职工，可提出申请，符合单位需要时要予以批准。经济产业省对那些在企业内部设置托儿设施的单位予以税收上的优惠政策。在政府的积极推动和引导下，不少企业施行了缩短劳动时间、减少加班、推广灵活工作方式（如在家工作、短时间工作、弹性工作时间）等措施。一些企业给有小孩的职工发放保育费等补助；培养能胜任多项工作的员工；对女职工重返工作岗位提供援助。一些大企业还在企业内部设置了保育所。这些举措为女职工创造了良好的工作环境。今后，企业还应奖励男性从业人员申请育儿休假，并逐步将育儿休假制度推广到从事非全日制工作的劳动者中。

（六）解决双职工家庭的育儿困难

20 世纪 90 年代以后，社区居民之间、家庭成员之间交流弱化，邻里关系疏远，周围对育儿有所帮助的人减少等，成为造成工作与生活冲突的原因之一。为了解决妇女养育孩子的辛苦，以社区为中心建立为妇女解除后顾之忧、支援妇女就业、使其兼顾工作与家庭的环境十分重要。

20 世纪 90 年代以来，在双职工家庭与核心家庭不断增多的背景下，人们对接收 3 岁以下儿童入托的保育所以及延长保育时间的需要不断增大，政府也实施了一系列具体举措，如增设接收 3 岁以下儿童入托的保育所，解决儿童入托难状况，延长保育时间，推广休息日保育、临时保育、夜间保育，鼓励设立私营保育所等。2001 年 10 月厚生劳动省公布的《社会福利设施等调查概况》清楚地表明，已有 40.3% 的保育所工作时间延长到早晨 7 点半至晚上 6 点半。为了解决劳动者白天工作保育困难的问题，日本政府施行了一种被称之为"保育妈妈"（家庭福祉员）的家庭保育制度。"保育妈妈"是具有保育士或教师资格、身边没有 6 岁以下儿童的有育儿经验的人士，还需由区政府来认定其资格。当父母或保护人出于工作等原因不能对出生 43 天至 2 岁的婴幼儿进行保育的时候，"保育妈妈"可以在自己家中进行保育。对 3 岁以内婴幼儿在家进行保育的制度被明确写入了修改后的儿童福祉法，2008 年 11 月 26 日在参议院获得通过，并于 2009 年 4 月开始实施。

"社区育儿支援中心"一般设置在保育所内，向社区内的家庭开放保育所的庭院、设施，为育儿家庭提供聚会场所，设立育儿相关的咨询，解除家长在育儿上的烦恼，进行育儿支援。1990 年作为特殊保育事业采取了"临时保育"措施，当因自己生病、生孩子等紧急和特殊情况无法亲自照顾孩子时可以利用，凡 4 个月以上婴幼儿到上小学以前的儿童都可以利用。原则上每周可以利用 2 次，利用者需要根据保育时间的长短负担一定的费用。

政府鼓励社会福利法人、企业、非营利组织（NPO）等机构灵活使用或经营那些学校空闲教室、既有的公共设施和民间设施。一些社区在志愿者的支持下，利用空闲的小学教室、校园以及社区公民馆、儿童馆，建立孩子放学后和周末安全的学习和活动场所。截至 2004 年，日本共建立了 15000 个放学后儿童游玩处这样的场所，组织孩子们开展体育和文化方面的各种课外活动，政府对此项活动给予必要的经费支持。这一措施减轻了双职工父母的后顾之忧，缓和了其工作与教育子女之间的冲突。

为缓解男女两性工作与生活的冲突，建设一个国民能够在经济上自立又有健康充裕生活时间的社会，从 1994 年开始，厚生劳动省创立了名为"兼顾工作与家庭的特别援助事业"的"家庭支援中心"。中心的会员由社区里希望在育儿上获得帮助和希望提供帮助的人员组成，有工薪人员、个体营业者和家庭主妇等，服务对象主要是有 1～10 岁孩子的家庭。中心对那些因为加班或紧急事情需要对孩子进行临时保育的家庭提供帮助，并在社区内的家庭之间开展各种互助活动。

综上所述，工作与生活的冲突问题需要全社会各行各业的大力支持，需要民间组织、企业、家庭和每个人的共同努力，政府的主导作用尤为重要。20 世纪 90 年代以来，日本在缓解工作与生活冲突上的政策和措施，在一定程度上减轻了双职工家庭男女两性工作与生活的矛盾和冲突，特别是减轻了职业妇女的负担。今后，随着日本经济和社会的不断发展，工作与生活的冲突依然还会困扰着每个家庭，这就需要政府、民间和企业对这一问题继续关注，不断地探索新的解决办法。

二　新加坡"家庭为根"的法规政策

（一）培育"家庭为根"的价值观念

新加坡坚持以儒家文化为主体的亚洲社会的文化传统，大力宣传家庭的价值，强调家庭的意义，促进家庭功能的完善。1992 年，新加坡政府在《共同价值观白皮书》中正式将"家庭为根"确定为新加坡人所应奉行的"共同价值观"。新加坡认为家庭有不可替代的功能，在教育上是人生的"第一课堂"、在精神上是人的"力量源泉"、在经济上起到"救生筏"作用、在政治上是"国家的核心"。

（二）制定"家庭为根"的法规政策

新加坡在住房政策上鼓励大家庭制度，推行"居者有其屋"制度，90% 的居民拥有自己的住房。在此基础上政府鼓励多代同堂，年轻的单身男女不得购买组屋（即政府公屋），但如果与父母同住，购买条件可以放宽，父母或子女一方不超过 2500 新元即可申请，不必计算总收入，如果三代同堂则可优先解决住房问题。子女所购住房距父母住房 1 公里之内，政府将给予 1 万新元补贴。另外，根据年轻人希望有自己独立小空间的实际情况，还专门设计了一种三间一套和一间一套相连的新组屋，让子女与老人毗邻而居，从而既方便子女照顾老人，也保证了自己有一个相对独立的空间。在家庭政策上致力于维护家庭功能。例如，小家庭辅助计划坚持维持家庭完整，如果家庭分裂，政府就会停止给他们辅助金。同时，也采取积极的政策加强家的凝聚力，新加坡的医药保健不只是提供给个人用的，而且可以让其他家庭成员分享。修订妇女宪章防止因家庭问题而产生社会问题。新加坡 1997 年修订的妇女宪章规定，任何人在申请离婚时，必须把一个育子方案连同离婚申请书一起入禀法庭，这是世界上唯一一个规定离

婚申请须备育子方案的法规。此外，1995 年还成立了家庭法庭，以更好地
处理家庭矛盾，解决相关问题。

（三）建立"家庭为根"的服务体系

新加坡全国共设立了 36 个家庭服务中心，基本上 2 ~ 3 个社区就有一
个家庭服务中心。家庭服务中心由政府规划，但不由政府直接经营，通过
购买服务的方式统一招标。政府根据各慈善团体、民间组织的服务能力、
宗教特点等，决定中标团体，并每年进行评估，5 年连续不达标的，将由
政府组织重新招标。家庭服务中心的服务场所由政府在规划建设组屋时提
供，开办经费由政府出资 90% 或 38 万新元（取其低者），其余自筹（多半
由宗教团体等社会组织支持），平时的运行费用政府出 50%、自筹 50%。
其主要任务是为有需要的、贫困的或在危急中的人提供全面系统的社区服
务，并帮助不幸和有缺陷的人群学习独立。目的是通过团队合作，提供高
素质、有创意、可信赖和细心的社区服务，以满足人们的各类需求，实现
人的生命素质的提升，达到家庭和社会的和谐。家庭服务中心与义工、政
府机构、公共和私人机构以及社区配合，共同为社区居民服务。新加坡最
大的家庭服务中心是飞跃家庭服务中心，成立于 1991 年 7 月，属于自愿福
利团体，是非营利性机构。根据社区居民需求，其下设若干个分中心，服
务内容和范围涉及人的整个生命旅程。由于政府政策上支持、场地上提供、
资金上资助以及义工的无偿参与，家庭服务中心能够提供无偿服务或低偿
服务。顺便提一句，新加坡把老年人称为"乐龄"人士，意思是年老了更
要快快乐乐，反映的是一种健康积极的人生态度和社会对老人的尊重与
爱护。

第三节　家庭政策综合分析

一　低人口出生率与人口老化的政策选择

几乎所有的欧洲国家都经历着人口出生率长期低下和由此造成的人口
老化问题。目前欧洲各国的人口出生率几乎都低于人口替代率（每对夫妇
生育 2.1 个子女），其结果是，人口自然增长率进入了增长缓慢或明显下降
的阶段。同时，老年人口持续增多，而劳动力人口减少。此外，多数欧洲
国家的净移民仍然普遍很少。这些趋势有可能对欧洲经济造成破坏性的后

果。例如，随着劳动力人口的减少，一些国家人力资本减少，从而可能造成生产率的下降；养老金和社会保障系统会变得不堪重负；随着家庭规模的缩小，照顾日益增加的老年人口的能力将下降；老年人的保健需求和保健费用急剧增加。

这些变化有可能成为欧盟实现其充分就业、经济增长和加强社会凝聚力的目标的重大障碍。对上述问题的忧虑已经引起了激烈的争论，争论的焦点在于如何制定最有效的政策以扭转或缓和这些趋势。主要有三种政策选择：①鼓励年轻人生育子女；②增加劳动力人口的移民；③改革社会政策，以减少这些趋势所带来的负面影响，其中包括提高退休年龄或鼓励更多的妇女加入劳动力队伍。[①]

不少国家由于男权社会文化传统的影响，父亲在家庭中仍被作为主要的经济来源，而母亲则更多地被赋予承担家务、育儿和照顾老人的责任。母亲由于在家庭中被赋予了"照顾者"的角色，其职业发展比男性更易受到影响，并由此导致职业市场上的性别差异。同时，另外一些发达国家，政府已经不再单纯地将幼儿照看与教育问题视为家庭内的私领域问题，而将其作为社会政策的重要组成部分，从缓和父母尤其是母亲工作与育儿之间矛盾的角度出发，通过强化公共托幼事业等措施，更加积极地承担起国家对家庭和幼儿的责任与义务。例如，法国政府就公开宣称幼儿照看问题是家庭政策的重要内容，国家在此问题上应承担十分重要的责任。[②] 自 20 世纪 80 年代以来，法国托幼政策有较大发展，对缓减妇女工作与家庭的矛盾、提高妇女就业及促进人口增长均起到了积极作用。日本政府在 2006 年以法国的政策为蓝本，制定了防止"少子化"对策，其支持妇女平衡家庭与工作的努力也正在得到国际劳工组织的关注。此外，英国、澳大利亚和美国近年来已经在不同程度和范围内增加了政府对公共托幼机构的财政投入，通过增设托幼机构等具体措施，增强了其接收幼儿的能力。以上这些国家的托幼政策反映出了一定的世界性趋势，即政府更多地承担起对幼儿照看与教育的责任。

---

① J. 格兰特、S. 霍伦斯等：《低人口出生率和人口老化——原因、后果及政策选择》，《国外社会科学》2006 年第 4 期。

② 法国公共生活网（http：//www.vie-publique.fr/）、法国政府网（http：//www.famille.gouv.fr），2007 年 1 月 12 日浏览。

二 家庭是福利扩张的领域

从前面关于欧亚各国家庭政策的介绍可以看出，制定社会政策，直接、间接影响家庭的生活，以增进家庭福利、改进生活品质是其共同之处。

从 19 世纪末开始，家庭政策成为欧洲国家政策体系的有机组成部分，是国家实施政治管辖、经济管理与社会管制的常备工具。正如明斯特大学 Sonja Blum 所说[1]，由于欧洲社会面临人口老龄化、家庭形式多样化、工作家庭协调性增加等变化，各国对家庭政策高度关注，家庭成为为数不多的福利扩张领域；尤其是在托儿护理服务的研究增多的同时，育儿合法权益纷纷被引入家庭政策，学龄前一年的照护被视为国家义务，育儿逐渐成为家庭政策的关键问题。也正如 Kathrin Linz 的研究表明，[2] 家庭政策越来越重视应对人口变化。家庭福利成为家庭政策的重要组成部分。家庭政策涉及就业、交通、食物、教育等领域，与福利政策密切相关。金融手段作为家庭政策的三大执行工具之一，旨在传递家庭福利，如资助儿童照料、育儿假、儿童/家庭津贴、家庭税收和住房津贴等。

西方国家的家庭福利公共支出规模十分可观。2005、2007 年经济合作和发展组织国家[3]面向家庭的公共支出占 GDP 的比重达到 2.33%、2.23%。2007 年，在 3 个有数据统计的 OECD 国家中，18 个国家的家庭福利占 GDP 的比重超过 2%，其中法国、丹麦、英国、冰岛、匈牙利、比利时、瑞典、奥地利、卢森堡超过 3%；加拿大、意大利、日本、美国等 17 个国家达到1% ~2%。与 2005 年相比，22 个国家家庭福利有所增长，韩国家庭福利支出增加 1.1 倍，占 GDP 的比重由 2005 年的 0.27% 提高到 0.57%；波兰、西班牙、荷兰、加拿大等国家庭福利支出增速超过20%，墨西哥、法国、德国等 15 个国家略有下降。在家庭福利中现金支出依然占主导地位。尽管欧洲有学者声称，一些国家实物家庭福利增长已经远超过现金福利，税收优惠的作用不断增长，但是，大部分国家家庭福利现金支出仍比

① Sonja Blum & Christiane Rille-Pfeiffer. *Major Trends of State Family Policies in Europe.* Working Report, April, 2010.

② *Critical Review of Research on Families and Family Policies in Europe Conference Report* [Z]. Published September, 2010.

③ 经济合作与发展组织简称经合组织（OECD），是由 34 个市场经济国家组成的政府间国际经济组织，旨在共同应对全球化带来的经济、社会和政府治理等方面的挑战，并把握全球化带来的机遇。

实物或税收多，在公共儿童保育、休假政策等方面显然更多地授予现金或税收福利特权，而不是提供混合的扶持。20 世纪 90 年代，大部分国家家庭福利现金支出占 GDP 的比重在减少。1993～1998 年，24 个国家中德国、意大利、卢森堡、西班牙、瑞士和土耳其等国的家庭福利现金支出增加；东欧国家在社会主义政权瓦解后的几年里呈现没落态势，但是之后又逐渐恢复。2000～2005 年，19 个欧盟国家的家庭现金福利公共支出中，丹麦、德国、爱尔兰、卢森堡、葡萄牙、斯洛伐克、西班牙、英国 8 个国家略有增加；奥地利、希腊、匈牙利、意大利、瑞典 5 个国家基本保持稳定；而比利时、捷克、芬兰、法国、荷兰、波兰 6 个国家明显缩减。2007 年，40 个 OECD 国家中有 25 个国家家庭福利的 50% 以上以现金形式支出；与 2005 年相比，超过 70% 的国家现金福利支出下降，只有美国、韩国、冰岛、捷克、日本、马耳他、匈牙利、西班牙、意大利等国家有所增长。

三 政治、经济和社会背景影响政策效果

由于实施政策的政治、经济和社会背景复杂多变，不同的政策干预可能产生不同的效果。例如，在瑞典，经济背景是影响人口出生率的一个重要因素，女性的收入水平与生育水平有着密切的关系。鼓励女性加入劳动力队伍的政策固然促进了瑞典经济的增长，不过尽管有帮助女性兼顾生育和就业的政策，但人口出生率最终仍然下降了。

在适当的条件下，国家政策有可能减缓人口出生率下降的速度。例如，在法国，人口出生率之低在欧洲曾经仅次于意大利。长期的出生率下降使得法国人对人口问题密切关注，并于 1939 年起草了家庭法规。此后，家庭政策成为法国政治议程中的重要内容，并带动了人口出生率的升高。又如，德国东部曾实行若干家庭政策，但效果不一。

单凭一种政策干预未必能减缓人口出生率下降的速度。从历史上看，凡是成功地减慢人口出生率下降速度的政府都采用了多种不同的干预手段，要营造一种鼓励生育的环境需要多种政策的结合。日本的经验也说明，工作与生活的冲突问题需要全社会各行各业大力支持，需要民间组织、企业、家庭和每个人的共同努力，政府的主导作用尤为重要。新加坡"家庭为根"的法规政策也给我们颇多启示。

我们处于全球化的时代，无论对全球化持何种立场，人们必须认识到，一个国家或地区的家庭政策和社会政策发展已经也必然继续受到全球化这

一历史进程的影响。全球化的过程与影响可以通过物质和服务、劳动力、资本和技术四个要素的跨国流动来实现。同时，全球化还包括跨国间信息与文化要素的流动及相互影响。全球化过程对参与其中的成员国的影响是多方面的，既有经济和技术的，也有政治和文化意识形态的。如果说以往家庭政策主要限于对一个政治主权国家（民族国家范围）的影响，那么，在全球化时代，家庭政策除了要受国内政治经济力量的影响以外，还要受全球化的影响，尤其是国际组织、国际非营利机构以及其他慈善机构的影响。毫无疑问，欧亚各国的家庭政策也会影响中国。

第五章
中国家庭变迁与家庭问题

第一节　传统的中国家庭与变迁

早在100多年以前，摩尔根就在《古代社会》中指出："家庭是一个能动的要素；它从来不是静止不变的，而是随着社会从低级阶段到高级阶段的发展，本身也从低级的形态向高级的形态进展，最后脱离一种形态而进入另一种较高的形态。"家庭是人类社会发展到一定历史阶段的产物，一定的家庭形态和社会发展的一定历史阶段是相对应的。

一　传统的中国家庭

我国的"嫁娶"婚姻关系开始于西周，形成了"六礼"的社会习俗（即纳采、问名、纳吉、纳征、请期、亲迎），说明那时已经具备较为完整的婚姻家庭制度。

按照一些学者的归纳[①]，我国传统的婚姻有几个特征：①在婚姻的价值方面，重家族延续轻夫妻感情。《礼记·昏义》有云："昏礼者，将合二姓之好，上以事宗庙，下以继后世也。"根据这个定义，婚姻是以家族为中心，其目的在于延续家族和祖先祭祀，故是两个人的结合，是两个家庭之间的结合，是关涉祖先祭祀、家族延续的重要大事。②在配偶选择方面，重父母之命轻个人自主。既然婚姻的目的是延续家族和祖先祭祀，那么婚

---

① 徐安琪、叶文振：《中国婚姻质量研究》，中国社会科学出版社，1999，第2~6页。

姻必须体现两姓家长的意志，父母意见需通过媒妁来传达，即"父母之命，媒妁之言"是婚姻的原则之一。③在夫妻互动方面，重礼仪规范轻夫妻相亲。④在婚姻维系方面重家庭义务轻个人幸福。

就家庭制度而言，社会学家孙本文在谈到中国家庭制度的特点时说：其一，父权制，全家权力集中于家长，子女须服从尊长，毫无自由；其二，父系承袭，重男轻女，男尊女卑，男女不平等；其三，嫡庶长幼有序，嫡长继承，兄弟不平等；其四，重视亲族关系，凡宗族戚党之人都被看做休戚与共的分子；其五，尊重"孝""悌"，崇拜祖先。①

也有学者把中国传统的家庭结构特点归纳为：①家庭结构上的纵向关系趋向，横向为纵向所支配和维持；②观念上崇尚孝道、崇拜祖先；③功能上以传宗接代为本；④区位上的从父居传统。② 中国的传统家庭结构中向来实行男性继嗣，以男性为家庭"香火"延续的轴线，也因此才具有"重男轻女"的性别取向。具体表现为亲子关系第一、夫妻关系第二，夫妻关系靠亲子关系支配。即使在同辈关系中，也是兄弟关系第一、姐妹关系第二，因为姐妹最终还是要嫁出去、离开这个家族的，而兄弟即使将来各自繁衍下去，也仍然属于一个家族或宗族。

传统中国家庭非常重视家庭或家族延续，故有"不孝有三，无后为大"的说法。"孝"作为一种道德观念一直是中国家庭伦理思想的核心，在传统中国家庭中具有非常重要的价值。它不仅是指子女要使自己的父母及祖父母老有所养，照顾他们的伙食起居直至送终，而且还有更高层次的含义。它涉及三个层面的意义：①延续父母和祖先的生物性生命——结婚、成家、生育子女；②延续父母和祖先的高级生命——培养教育所生子女，使他们的生活与生命具有社会文化、道义等部分；③为子女者实践父母或祖先未能实现的某些特殊愿望，或者弥补他们人生某些重大的缺憾。在以父子承袭为传统的中国家庭，重生育（特别是重生男孩）和重孝道从相反的方向证明了纵向家庭关系在中国家庭的重要地位。因此，传统中国人所谓的"孝"不单是现代社会所指的美德，而且在中国的传统伦理中被视为合乎自然的行为。

中国传统的婚姻是娶妻嫁女，与其说是从夫居，不如说是从夫家父居，

① 徐杨杰：《中国家族制度史》，人民出版社，1999，第4页。
② 潘允康、阮丹青：《中国城市家庭网》，《浙江学刊》1995年第3期。

因为儿子结婚常常还和父母住在一起，从而形成联合家庭和主干家庭模式。这种从夫居形式也从一个侧面反映了中国家庭关系的纵向特征。正因为传统婚姻实行"男娶女嫁"的制度，带有非常强烈的"重男轻女"倾向，妇女在家庭中附属于男性，因此家庭中夫妻关系不平等。有的学者认为，中国传统社会的婚姻关系是以等级制为前提的，家庭中的"夫为妻纲"是国家"君为臣纲"的基础，丈夫对妻子的统治由其天赋性别所决定并为社会的法律所保护。妻子既无养家糊口的能力，就只能安于持家育儿的本分。丈夫对妻子则有支配、管教、休弃和监督的权力。男尊女卑的封建礼教还确立了以妇女的卑屈退让来缓解夫妻冲突的原则，并以此维持家庭团结和保证、强化丈夫的主宰地位。[①]

此外，轻感情、重义务是传统中国家庭的普遍特征。"凑合夫妻""生活家庭"在中国比较普遍。夫妻往往是在履行义务（主要是生儿育女）中培养感情、增进联系，孩子是夫妻关系的支撑点。在中国的传统家庭中，亲子关系重于夫妻关系、重于兄弟姐妹关系，是家庭关系纵向取向的又一表现。

由于传统中国的家庭关系是以父权为中心，因此重视老人和先辈的权威地位和作用。祖先崇拜和祭祀祖先是家庭关系中一个非常重要的组成部分。事实上，一个扩大的家庭或家族一般是由家庭、家族和亲戚组成。在我国民间，向来有修族谱的习俗，目的是为了追根溯源的需要。而在农村地区，许多村庄往往是宗族村或者主姓村，全村的村民大多是同宗同姓同地域，他们都是一个共同的祖先繁衍下来，彼此间聚族而居，形成一个集血缘、地缘为一体的相对封闭的社区。不仅如此，这种扩大宗族社区通过其制度化的组织形式，在整合乡村社会生活中发挥着不可替代的纽带作用。

杨懋春曾指出，在中国传统社会中，社会化及认同大半是在家庭及家族中完成的。中国特有的价值观或者说是"国民性格"，大部分也是经由家庭学习形成的。因此中国家庭对家庭、子女的价值观或子女的教养态度，不只是受上一代观念的影响，同时也经由家庭的社会化影响其下一代，乃至子子孙孙。

在中国的社会历史中，家庭制度一直是整个社会的核心单元，它承担着生育、生产、消费、赡养、抚养、教育和情感交流的功能。对其成员来说，家庭是重要的支持来源，生老病死都由家庭安排，当其成员发生困难

---

① 徐安琪：《夫妻伙伴关系：中国城乡异同及其原因》，《中国人口科学》1998年第4期。

时，家庭有责任为其提供援助。只有当家庭支持失效时，人们才可能转而
寻求其他帮助。

传统自给自足的小农生产是中国传统家庭制度形成的基础。由于耕种
土地是繁重的体力劳动，男性因其体力上的优势无可争议地成为家庭的经
济支柱，男耕女织经济模式背后已经隐含着主从型关系。在传统社会，家
庭是组织生产的经济单位，与小农生产方式相适应的是父系父权的家庭制
度，它以妻子及儿女服从于男性家长、家产传子不传女、父辈有义务为子
孙谋取财产也有权要求子女养老送终等为特征。在这种制度下，家庭显然
是以男性家长为中心组织起来的，具体反映在"父为子纲、夫为妻纲"及
"三从"等封建家庭伦理中。以男性家长为中心的组织方式也决定了主干家
庭式基本的家庭模式。

二　传统家庭制度受到的冲击

（一）中国传统的封建家长制度受到批判的原因

由于在传统中国社会，家庭与整个国家的政治、经济、社会、伦理生
活有着血肉相连的关系，封建家长制是封建统治的基础，构成了封建社会
伦理、政治规则的基石，所以近代以来，在社会革命的大潮中，封建家长
制度成为启蒙思想家激烈批判的对象。

对于当时激烈批判传统的现象，陈来先生有精彩的论述，他明确称之
为"反传统"。那么，何以产生反传统的思潮呢？他指出，当时青年知识分
子激烈否定民族文化传统，是基于强烈要求复兴民族国家的危机意识，是
出自民族生存的危机感和对民族现代化的急迫关切。这一急迫要求导致青
年知识分子的反传统情绪。简单地说，他们认为传统文化要为中国的落后
挨打负全责。[①]

从辛亥革命、新文化运动到五四运动，我们都能看到狂飙突进的反传
统热潮。辛亥革命前后，民主革命的思想家激烈批判封建专制制度，热情
讴歌革命。他们在民族积贫积弱、屡受蹂躏的时候，胸怀救国救民的宏愿，
对于封建家族制度及其伦理礼教进行了激烈的批判，一时可谓登高一呼、
应者云集。当时著名的革命家、思想家章太炎有一句名言："公理之未明，
即以革命明之；旧俗之俱在，即以革命去之。"在这样的大潮中，封建家长

---

① 陈来：《传统与现代——人文主义的视界》，北京大学出版社，2006，第17～19页。

制自然被视为"旧俗"之列，应"以革命去之"；封建家族制度被视为"万恶之源"，之后，家庭也被株连，被视为革命的障碍。

以1915年陈独秀创办《新青年》为标志的新文化运动，是一次标志着中国人民新觉醒的空前的思想大解放运动。新文化运动延续辛亥革命前后民主革命思想家批判封建专制制度的脉络，并且以火一般的热情和犀利的语言继续批判传统社会和封建礼教。新文化运动的基本内容是提倡民主，反对封建专制政治和封建礼教、封建道德，要求人权、平等和个性解放，主张建立民主共和国；提倡科学，反对尊孔复古思想和偶像崇拜，反对迷信鬼神，要求用理性和科学来判断一切；提倡新文学，反对旧文学和文言文，开展文学革命和白话文运动。这一运动以《新青年》为重要阵地、以西方的民主和科学为口号宣传资产阶级的民主自由。当时，吴虞、严恩椿、鲁迅、周作人、胡适、李大钊、陈独秀、钱玄同等青年知识分子严厉批判以儒学为代表的封建伦理道德文化，传播新的婚姻家庭观念。李大钊发表文章，反对旧礼教、旧道德。他指出，"吾人为谋新生活之便利，新道德之进展""虽冒毁圣非法之名，亦所不恤"。吴虞猛烈抨击封建宗法制度，高喊"吃人的就是讲礼教的！讲礼教的就是吃人的呀！"

五四运动是彻底地反对帝国主义封建主义的爱国运动。五四运动在文化方面的斗争锋芒集中于以维护封建专制为基本内容的孔子学说，其著名的口号"打倒孔家店"表明了与传统文化决裂的鲜明态度。比之辛亥革命前后的批判，这次批判的特点是新思想传播的范围明显扩大，它从思想家的文本走向普通知识分子，为一般青年知识分子所广泛认同。我们从五四以来的文学作品中可以清楚地看到这一点。其中，巴金的"激流三部曲"对于封建大家庭压抑个性的揭露和对于新青年走出家庭的讴歌，以及易卜生话剧《娜拉》中娜拉出走的模式在知识分子中的影响，均可视为标志性事例。

从辛亥革命、新文化运动到五四运动，对封建专制制度的批判首次动摇了统治中国思想文化几千年的封建传统文化的权威地位，启发了人们的民主主义觉悟，使人们从封建思想的长期束缚下解放出来，对现代中国的思想解放有着重要的意义。

早在19世纪末的维新变法运动中，婚姻家庭问题就被维新派作为一个社会问题提了出来。随后，突出妇女在家庭革命中地位和作用的文章大量出现，1904年4月《妇女界》发表了丁初我写的《女子家庭革命说》，把

女子在家庭革命中的地位抬到无以复加的地步。陈王在《觉民》1904 年
1～5 期合订本中发表《论婚礼之弊》，在对东西方的婚礼风俗作了比较研究
之后，指出封建婚姻之弊。

1915 年 9 月，陈独秀创办的《青年杂志》（从第二卷起改名为《新青
年》）点燃了反封建的新文化运动之火焰，吴虞、严恩椿、鲁迅、周作人、
胡适、李大钊、陈独秀等一大批文化人疾笔著文，猛烈批判封建的家庭制
度和伦理纲常，揭露了封建婚姻家庭制度的腐朽本质，推动了五四运动的
发展，开创了中国家庭变迁历史的新阶段。

1919 年 11 月，毛泽东在长沙《大公报》等报刊接连发表 10 篇文章，
对包办婚姻展开了全面的批判。以五四运动为契机，城市青年知识分子开
始自觉挣脱家庭束缚，他们走出家庭，投身革命洪流，使传统家庭制度受
到巨大冲击。

1920 年，毕业于北京大学的易家钺"翻译"了爱尔华特的《家庭问
题》，将其作为商务印书馆"时代丛书"的一种出版。该书是适应五四运
动以后知识分子大都注意社会问题研究的需要而译。易家钺致力于研究家
庭制度与家庭问题，还组织了家庭研究社，编印《家庭研究》月刊。他的
书虽然有"乌托邦"思想，但在五四运动以后对青年男女关于西洋家庭与
婚姻观念还是有很深的影响，可称之为国内研究家庭问题的专门学者。
1922 年，易家钺与罗敦伟出版了合著《中国家庭问题》，书中自始至终诅
咒传统家庭制度，同时也体现了他们的"乌托邦"思想。1923 年，晏始在
《家庭制度崩坏》[①] 一文中提出要改造中国的大家庭制度。他认为就人类进
化史来看，家庭制度虽然是许多年来人类的生活形式，但随着文化的发展、
经济的进步，这种形式不能适应社会生活的一般要求，而有非崩坏不可之
势了。父权的大家庭制在中国已难以维持，应代以"欧美式以个人主义思
想为中心的小家族主义的新生活形态"。1927 年，以燕京大学社会学会名
义创办的《社会学界》，发表了许多研究婚姻家庭妇女问题的文章，"有许
地山的《现行婚制之错误及男女关系之将来》；陈利兰的《中国女子对于
婚姻的态度之研究》；黄乃汉的《中国离婚法发达史》；雷洁琼的《中国家
庭问题研究讨论》；陈怀桢的《中国婚丧风俗的分析》；费孝通的《亲近婚
俗之研究》；刘纪华的《中国贞节观念的历史演变》；姚慈蔼的《婆媳冲突

---

① 瑟庐：《家庭革新论》，《妇女杂志》9 卷 9 号，1923。

的主要原因》；葛家栋的《燕大男女对于婚姻态度的调查》；麦债曾的《北平娼妓调查》"。① 这些文章揭示中国社会所面临的各种婚姻家庭问题，憧憬新的美好的婚姻家庭制度的到来，对传播新的婚姻家庭观念产生了重大影响。

　　封建性观念在中国根深蒂固，很多学者都以贞操观念作为分析的突破口。1918 年 5 月，《新青年》杂志首先刊登周作人翻译的日本女学者与谢晶子的《贞操论》②。接着，胡适发表《贞操问题》，鲁迅也以"唐俟"为笔名发表了《我之节烈观》。他们把婚姻家庭问题、性问题与社会问题结合起来进行讨论和研究，扩大了婚姻家庭问题研究的视野，也使研究深入到中国传统文化的一些禁区。陈东原著的《中国妇女生活史》③ 比较系统地揭示了中国古代贞操观念的演变过程。在北京大学任哲学教授的张竞生也写了不少性科学书籍，大力提倡性教育，并组织性科学研究会。在 20 世纪二三十年代，涉及性问题和性教育的书籍主要有《性教育的理论》《性教育概论》《性教育与学校课程》《现代青年性教育》《性教育》《性教育法》等。

　　关于离婚自由的讨论是五四时期新旧思想冲突的焦点。当时很多学者提倡离婚自由，很多杂志大量发表有关离婚问题的文章。关于离婚问题讨论的一个焦点是：离婚是否合乎道德。有许多想离婚的人，因为旧道德不承认离婚而不敢离婚。经过对离婚问题的讨论，观念得到更新，离婚观念的改变是家族主义破灭、个性自由解放的大势所趋。

　　瑟庐的《家庭革新论》认为，家庭制度上的革新，不可不把有数代同居的大家庭制度改为欧美现行的一夫一妇的小家庭制度，使婚姻以当事人的意志为主，造成自由结合的一夫一妻制；然而，这种对一夫一妻婚姻制度的肯定，只有在中国共产党创建的革命根据地内才能够得到切实保障和实施。1931 年 12 月 1 日，中华苏维埃共和国中央执行委员会公布了《中华苏维埃婚姻条例》。1934 年根据实践经验修改了此条例，改称为《中华苏维埃共和国婚姻法》，其主要内容是"确定男女婚姻，以自由为原则，废除一切包办强迫和买卖的婚姻，禁止童养媳"，实行一夫一妻制，保护妇女和子女的合法权益。对一夫一妻婚姻家庭制度和婚姻自由的肯定，是旧家庭

---

① 杨雅彬：《中国社会学史》，山东人民出版社，1987，第 74 页。
② 《新青年》第 3 卷第 5 号。
③ 陈东原：《中国妇女生活史》，商务印书馆，1928。

制度受到冲击的明显标志。

在讨论中国家庭问题时，多数人将家庭问题归罪于传统的大家庭制度。于是，折中家庭的倡导，既是中国家庭对欧美小家庭冲击的一种积极回应，也是对于中国大家庭的一种重要改革。潘光旦有关折中家庭的观点最具有代表性，在学术界也最有影响。他在《人文选择与中华民族》一文中说，旧式的大家庭制不相宜、西洋式的小家庭制也不相宜，因为它们各趋向极端，惟有折中家庭制最好，它在社会效用方面可以补救大家庭之失，而在家族效用方面却可以保留大家庭之得；它对于小家庭，则所补救与保留恰与此相反。

在20世纪上半叶的中国婚姻家庭问题研究中，除以上观点外，也有保守派认为，"中国是家族主义的国家，西洋是个人主义的国家，国情不同，制度当然不能互易。中国所以能够立国到数千年之久，全靠着家族制度的存在。"[1]

总之，20世纪上半叶婚姻家庭问题的研究具有起步早、规模大、范围广、影响大、成果突出的特点。这次针对传统家庭制度的批判是一次思想启蒙运动，从家庭制度的角度看，其意义有二：第一，是中国家庭制度去政治化、去神化，走向世俗化的开端；第二，开启了家庭在国家视野中边缘化的过程。在中国，对于封建家长制的批判及以传统家庭制度功能弱化为特征的现代转型，是中国家庭制度的历史宿命。当然，不可避免的是，在批判封建家长制糟粕的同时，家庭制度中一些优秀传统也流失了。[2]

第二节　新制度文明中的中国家庭与变迁

一　新制度文明中的中国家庭

1949年新中国的诞生标志着我国社会和家庭进入了一个崭新的历史时期。新中国成立后，政府所颁布的第一个重要法律就是1950年的《中华人民共和国婚姻法》（以下简称《婚姻法》）。《婚姻法》提出的"反对包办买卖婚姻，男女结婚离婚自由"的原则，是对家长制和以男权为核心的传统中国婚姻家庭制度的挑战。预料到《婚姻法》实施的困难，在《婚姻

---

① 瑟庐：《家庭革新论》，《妇女杂志》9卷9号，1923。
② 孟宪苑：《家庭百年来的三次冲击及我的选择》，《清华大学学报》2008年第3期。

法》开始实施的前一天，中共中央专门下发了《关于保证执行婚姻法给全党的通知》，指出："如果共产党员有干涉男女婚姻自由行为以及因干涉婚姻自由而造成被干涉者伤害或死亡的行为，将不仅应受民事和刑事的责任而受到国家的法律制裁，并且首先将受到党的纪律制裁。"随后，在土地改革告一段落、抗美援朝取得决定性胜利的1953年2月，中央人民政府政务院针对《婚姻法》实施过程中遭遇到的阻力——很多男性甚至一些乡村基层干部直接干涉男女婚姻自由，致使被干涉者被虐待得不到法律上和事实上的应有保护，发布了《关于贯彻婚姻法的指示》，在全国各地展开声势浩大的宣传婚姻法的运动月。经过这次深入人心的移风易俗的群众运动，包办强迫、男尊女卑、漠视子女的合法利益的封建婚姻制度得到革除，男女婚姻自由、保护妇女和子女的合法利益的新婚姻制度得以建立，基本实现了中央领导人改造旧的婚姻家庭制度的目标。中国家庭发生了以下几个显著的变化。

1. 废除包办买卖婚姻，实行婚姻自由、自主，主张以爱情为基础的婚姻

《婚姻法》明确规定，实行婚姻自由，禁止包办、买卖婚姻和其他干涉婚姻自由的行为，禁止借婚姻索取财物。结婚必须男女双方自愿，不许任何一方对他方加以强迫或任何第三方加以干涉。婚姻自由既包括结婚自由，也包括离婚自由。这样不仅为男女双方基于爱情的结合提供了有效的法律保障，也使那些夫妻感情完全破裂、无法共同生活的婚姻关系能够通过合法途径得到解除，并使双方有可能重新建立美满的家庭。例如，"五城市家庭调查"[①]发现，封建"门当户对"的婚姻择偶已不时兴，以爱情为基础的婚姻正在兴旺和发展中，当然，大多数婚姻都是相互有条件的婚姻。调查资料显示，"1937年以前结婚的妇女由父母包办的婚姻占54.72%，超过半数。1950～1953年结婚的妇女由父母包办的婚姻下降为20.66%。到1977～1982年结婚的妇女由父母包办的婚姻只有8人，仅占0.94%。"[②]

2. 实行一夫一妻制

我国法律规定实行一夫一妻制，禁止重婚。按此原则，任何已有配偶的男女，在配偶死亡和离婚以前，不得再与他人结婚，否则以重婚论处。

---

① 1982年，在中国社会科学院社会学所主持下，九个科研单位和高等院校协作对我国五个城市家庭现状及发展变化开展了大规模的调查研究，该调查被学术界称之为"五城市家庭调查"，成果见潘允康主编《中国城市婚姻与家庭》，山东人民大学出版社，1987。

② 潘允康主编《中国城市婚姻与家庭》，山东人民大学出版社，1987，第117页。

这样就结束了封建的妻妾制度，在择偶上实现了男女平等和真正的一夫一妻制。社会主义制度不仅提高了妇女的社会地位，还彻底改变了她们传统的家庭地位。男女平等是社会主义婚姻家庭制度区别于一切旧婚姻家庭制度的一个重要标志。国家法律明确规定在家庭中，男女地位平等，子女对家庭财产有同等的继承权歧视、虐待妇女的现象遭到社会的谴责，弃溺女婴、残害妇女的行为受到法律的惩罚。女孩子自幼在家庭中就受到应有的重视，过去那些愚弄、束缚女子思想和行为的封建道德规范逐渐被新的思想、社会主义行为准则所取代。

3. 反对父权制，实行家庭亲子关系平等

在我国家庭中，抚幼和赡老是两个基本的方面。父母有抚养教育子女的义务和权利，子女也有对父母赡养扶助的义务，两代人之间的关系是相互的。在家庭生活中，他们的社会地位是平等的。而在传统社会，由和小农经济相适应的父系父权的家长制所决定，家庭内部的人际关系是"主从型"的关系。

4. 反对夫权制，实行家庭中夫妻关系平等

我国新《婚姻法》明确规定："夫妻在家庭中地位平等。""夫妻双方都有参加生产、工作、学习和社会活动的自由，一方不得对他方加以限制和干涉。""夫妻在婚姻关系存续期间所得的财产，为夫妻共同所有"，"夫妻对共同所有的财产，有平等的处理权。"据"五城市家庭调查"，1950～1965 年结婚的 163 人中，婚前有工作的 115 人，占 70.55%；1966～1976 年结婚的 109 人中，婚前有工作的 100 人，占 91.74%；1977～1982 年结婚的 128 人中，婚前有工作的 127 人，占 99.22%。① 这说明，女子结婚前在父母家庭中就不再完全依赖父母为生，同样，他们也不会因为结婚、生育子女而重新回到家庭中去。"五城市家庭调查"调查期间，已婚妇女 4660 人中，有职业的 3811 人，占 81.78%；无职业的 849 人，占 18.12%。妇女经济地位的平等，彻底改变了过去丈夫主外、掌握家庭的经济来源，妻子主内被禁锢在家中、充当"家庭奴隶"的夫妻关系传统模式。②

废除了包办买卖婚姻，实行婚姻自主和自由；废除了一夫多妻制，实行真正的一夫一妻制；废除了家长制，实现了亲子关系和其他家庭成员之

---

① 潘允康主编《中国城市婚姻与家庭》，山东人民大学出版社，1987，第 117 页。
② 潘允康主编《中国城市婚姻与家庭》，山东人民大学出版社，1987，119 页。

间关系的平等；废除了夫权制，实现了夫妻关系和男女关系的平等。这是新中国成立以来我国婚姻家庭所发生的几个根本性的变化。总的来说，这些变化都是进步的、合理的，符合社会和历史发展的趋势。当然，我们在看到这些积极因素的同时，还应该看到各种封建婚姻家庭的残余还存在，如在少数农村和偏远落后地区，包办买卖婚姻还存在，拐卖贩卖妇女等丑恶现象还时有发生。在家庭关系方面，在一些家庭中还存在着虐待子女、虐待妇女、虐待老人的现象。在家庭生活方面，家务劳动的繁重也是一个普遍的社会问题。

二　"文化大革命"期间政治对亲情的解构

"文化大革命"期间，社会生活过度政治化笼罩着社会的方方面面。从人的层面看，表现为生活中越来越重视人的阶级出身、家庭背景，它们成为社会分配资源的依据。从社会的层面看，过度政治化表现为社会生活的政治运动化。连番的政治运动，阶级斗争年年讲、月月讲、天天讲，使每个人都带着阶级身份的明确标签，以不同的政治等级卷入社会生活之中，或承受苦难，或对他人实施身体/语言的暴力。

择偶标准是一个社会价值观的折射。一般来说，择偶理论用"同类匹配""资源交换"和"择偶梯度"来解释人们的择偶行为。[1] 在"文化大革命"期间，"同类"的内涵中，政治地位被过分强调，在婚姻的成立和解体中，它都成为关键的因素。连番的政治运动造成了人们政治地位的升降和政治资源的变化，这构成了政治性离婚的直接原因，当时，单位组织也鼓励这样的离婚。例如，大量"右派"的婚姻解体为我们所熟知，[2] 而"文化大革命"中因派别不同、观点不同而离婚的也不在少数。

这种因婚姻政治化而产生的婚姻现象是婚姻本质的一种异化。政治标准凌驾于爱情之上，在政治标准面前，爱情没有独立的价值，而成为其附

---

① "同类匹配"即人们总是倾向于选择与自己的年龄、居住地、教育、种族、宗教、社会阶级以及价值观、角色认同等相近或类似的异性为配偶。"资源交换论"在择偶领域的解释是，人们为某一特定的异性所吸引，是由其所能提供的资源决定的。"择偶梯度"即男性倾向于选择社会地位相当或较低的女性，而女性往往更多地要求配偶的受教育程度、职业阶层和薪金收入与自己相当或高于自己，也就是婚姻配对的"男高女低"模式。见徐安琪《择偶标准：五十年变迁及其原因分析》，《社会学研究》2000 年第 3 期。

② 在著名剧作家吴祖光被划为"右派"后，组织上曾动员他的妻子新凤霞和他离婚就是个生动的例子。

庸。爱情可以因为突然降临的政治原因而割断、放弃。于是，家庭情感的
价值大大下降了。这是指家庭配偶的横向关系的异化。

从家庭成员的纵向关系来看，在极"左"横行的时代，家庭的阶级符
号如地主、资本家，政治符号如走资派、叛徒，是分配政治资源、社会资
源的基本依据。家庭出身被符号化，其对子女的影响作用被放大、固化。
当一个家庭的政治标签被无限放大后，其他功能就模糊、淡化了。许多家
庭不再是成员感情得到慰藉、人格得以稳定的处所，亲情也被扭曲。只要
家中有政治运动的对象，无论家庭解体与否，他的家庭就被污名化，其子
女就被要求同他划清界限。这就意味着割断家庭成员心灵深处的情感联系，
家庭关系完全异化。受到"斗争哲学""亲不亲、阶级分"等社会主导价
值观念的影响，人们对家庭和家庭关系的价值作了重新评价。这就导致由
于观点不同、派别不同，或者家庭的主要成员沦为"专政对象"所造成的
家庭解体或划清界限得到肯定，家庭中感情的一面被回避或者被否定，同
时社会对人性和人情的批判也使家庭变得冷酷。

极"左"时代结束后，我们还没有来得及清理家庭领域的混乱观念、
重建亲情文化，又迎来了商品经济的大潮。

三　改革开放以来经济理性对家庭文化的侵蚀

卡尔·波兰尼在他的经典著作《大转型：我们时代的政治与经济起源》
中提出了"现代社会双向运动"的著名理论。他指出，现代社会是由双向
运动支配的：市场的不断扩张和它所遭遇的反向运动。这种反向运动是保
护社会的运动，旨在将市场的扩张限制在一定的范围内。而在现代社会发
展的历程中之所以有保护社会的反向运动，是因为市场机制具有摧毁社会
组织的作用，保护社会是对于市场机制扩张的反抗。否则，如果使市场机
制成为社会的主宰，就会导致社会的毁灭。波兰尼尖锐地指出市场机制对
于社会机制的破坏作用：市场"契约自由原则的推行，这意味着非契约关
系，诸如亲属关系、邻里关系、同业关系和信仰关系等都将被消灭掉，因
为这些关系要求个体的忠诚并因而限制了他的自由。"[1]　在论述市场机制对
于社会机制的破坏作用时，波兰尼不惜用最尖锐的字眼："毁灭""摧毁"

---

[1]　卡尔·波兰尼：《大转型：我们时代的政治与经济起源》，浙江人民出版社，2007，第
140、63 页。

"消灭"。他反复强调需要抵制市场机制的扩张。波兰尼的这一理论非常深刻，就像是在对我们当代现象进行阐释。在家庭领域，我们清楚地看到，市场机制在怎样摧毁着我们数千年形成的对家庭的忠诚和家庭责任链条。

市场机制是通过经济理性入侵家庭的。从人的层面上看，其表现就是自我中心式的个人主义在家庭中的泛滥。

经济的市场化改革必然带来个人主义的发展。市场经济的特点是决策分散化。不同于计划经济时期个人的工作、生活是靠组织安排，自己几乎没有选择的空间，而今，当每个人需要为自己的工作、事务独自作出决策时，必然带来个体意识的强化、个人主义的发展。但是，如果对个人主义没有必要的限制，任其扩张，乃至在社会领域泛滥，就会造成无视道德规范、乡规民约和法律，无视责任、义务的平衡的情况，导致一系列丑陋现象的发生。这时，个人主义就成为有些学者指出的"自我中心式的个人主义""极端实用的个人主义"①。

家庭原是被责任和禁律所笼罩的组织，若自我中心式的个人主义进入家庭，会导致人们抛弃责任，家庭就受到了根本性的侵害。

"自我中心式的个人主义"进入家庭背后的机制是经济理性的越界。经济理性是适用于经济领域的逻辑，它追求效益最大化。而人类社会不同领域的逻辑是不同的，各种逻辑不能随便越位。这是因为，社会领域的分化是分工的产物，它们各司其职、各有所安，也各有其固有逻辑。如同行政逻辑不应进入经济活动一样，经济理性也不能轻易越界，进入其他领域。

作为社会组织的家庭，应当是温情与爱的宫殿。家庭的核心价值就在于关爱、互惠乃至利他，直至一定程度的个人利益的牺牲。家庭是人类美好价值和情感的发源地。我们要的是经济市场化，而不是社会市场化、家庭市场化。如果经济理性不加限制地进入社会领域，特别是进入家庭领域，在家庭中充满算计，那么，其结果就是人性的泯灭，那就"天下大乱"了。

我国的实际情况是，道德领域一直处于既有道德体系被解构的状态而缺乏有效的建设性努力。自20世纪初以来，在谋求民族解放、国家富强的努力中，传统道德、西方文明的有益成分被解构了，而我们还没有来得及建立新的、富于引导性和操作性的道德体系。于是，一方面，只追求个人

---

① 阎云翔：《私人生活的变革：一个中国村庄里的爱情、家庭与私密关系 1949~1999》，上海书店出版社，2006，第 239、259 页。

快乐，忽视对他人和对社会的责任的有缺陷的个人主义倡行；另一方面，是道德律令的沉寂：我们的社会还缺乏波兰尼所强调的自我保护的自觉。上述价值观的失衡直接反映在家庭这一人们经济、生活、情感联系最为密切的共同体之中，直接损害着家庭的根本价值。

总之，一个多世纪来，中国家庭经历了史无前例的历史性变迁，现代家庭的结构、功能和家庭关系都发生着深刻的变化，家庭作为人类最基本的社会设置正在经受着严峻的考验。中国家庭在由传统向现代的转型过程中面临着重重危机，家庭的超稳定状况被打破，正在经受着剧烈的震荡。社会快速转型期也是家庭问题频发的时期。

第三节　现代中国家庭面临的矛盾与问题

一　家庭发展中面临的矛盾与困境

现代化在不断地解构和重构现代家庭体系。在现代化的冲击下，维系家庭稳定的传统基础逐渐解体，家庭需要整合新的力量维持社会再生产。然而，家庭在社会变迁过程中处于矛盾的地位：一方面，社会变迁加剧了家庭内部的团结和人们对于家庭成果的支持和依赖；另一方面，家庭成员间的相互依赖提高了人们对家庭关系的期待，从而使家庭关系变得更脆弱，由此出现了更多的社会失范。

社会变迁使现代家庭面临着更多的矛盾与困境[①]。

1. 现代社会中家庭情感支持的要求与独立意识支配下家庭责任感缺失的矛盾

现代化对于个体产生了两个方面的影响：一方面，工业化时代利益格局变动较大，激烈的社会竞争带给个体的压力增大，社会的异化更容易伤害个体的情感，情感依赖和他人的陪伴对于健全的个体人格来说显得尤为重要。另一方面，伴随着社会对成员控制的减弱，人们的独立意识日益增强，人们喜欢多元化的生活方式，过度注重自我感受、忽视个人理性，因而造成了一些社会现象，如婚姻的伦理道德感减弱、与之相伴随的家庭责任感弱化等，致使家庭产生裂变，其稳定性遭到前所未有的挑战。家庭具

---

① 顾辉：《当前家庭面临的挑战与选择》，《学术界》2011 年第 9 期。

有社会化、情感支持和彼此陪伴、性规则及经济合作等功能，这些功能对社会保持良好状态并平稳运行非常重要，但现代家庭的易变性和脆弱性削弱了这些功能的发挥，造成一定的社会混乱和无序。

现代社会人们获得友谊和情感支持的来源仍主要是家庭，家庭的稳定性降低，不利于亲密情感的形成，不利于儿童健康成长和成年人良好心理状态的保持，这也是当前青少年犯罪率上升和心理疾病多发的原因之一。

2. 个人情感的膨胀和社会约束力减弱改变了婚姻和家庭的关系与地位

婚姻和家庭是两个密不可分的私人领域，两者既相互交融，又相互制约。婚姻建立在爱情和与性相关的活动基础上，而家庭是婚姻的社会产物，是建立在爱情和性活动基础上的责任体系。现代社会对于婚姻和家庭最严重的冲击在于将两者分离开来，婚姻脱离了家庭成为一个独立的体系，人们可以自由地缔结和取缔婚姻。随着国家基层政权逐渐淡出个人私生活领域，婚姻受到社会强制力的约束越来越少，婚前性行为、同居、婚外恋、离婚、独身、"丁克"家庭、同性恋等行为和生活方式逐渐为人们宽容和接纳。现代社会大量女性参与社会生产，妇女在经济上对男性的依赖减弱，使妇女在婚姻生活上的自主性增强，婚姻中的个体脱离了对婚姻共同体的经济依赖，而作为婚姻社会产物的家庭，越来越成为个体追求情感体验和自主意识的累赘。在婚姻家庭关系中，日益膨胀的婚姻地位排挤了家庭在社会再生产和个人社会化过程中的重要地位和作用，使家庭变得更为脆弱和不稳定。

3. 家庭规模小型化、家庭功能弱化增加了青少年社会化的困境

改革开放以来，家庭规模的小型化是中国城乡家庭结构变化最重要的特征之一。传统家庭在父系权力控制的同时，家庭也对其成员有着无限庇护的义务，而大家庭也有利于资源的优势利用，以规模减少家庭生活成本、提高家庭生活效益。当前家庭规模的小型化使更多的家庭维持父母与一个子女的两代核心家庭状态。家庭能够为其成员提供资源和承担责任的能力下降了，来自传统大家庭的社会支持减弱，小家庭必须自力更生面对生活中的问题。传统家庭的功能是全方位的，它集经济、教育、情感交流、抚养与赡养以及文化娱乐等功能于一体，现代社会的重要特点是将家庭的这些功能社会化，人们更多的是从社会上获得经济来源并将家庭所承担的教育、赡养等功能交由专门的机构去完成，这给青少年社会化带来了很大的影响。家庭是青少年社会化的理想场所，家庭在青少年社会化过程中承担

的角色缺失影响到子女正常社会化。研究表明，家庭亲密度和适应性对青少年问题行为产生着关键性的作用。在家庭中，儿童与亲人之间建立亲密的感情联系，学语言、学社会规范、学社会文化与行为准则，同时赋予个人一连串先赋社会地位：年龄、性别、价值观念、阶层、宗教信仰等，甚至个人的兴趣爱好、价值观念、生活习惯，个人的各种心理态度及行为养成、人性人格的发展、情感发泄、爱情的培植与表现、精神的安慰等。而家庭教育功能的外化和父母的工作压力减少了家庭用于亲子互动的时间，进而影响到家庭亲密关系的建立和青少年的社会适应性，为青少年正常社会化增加了困难。犯罪社会学研究表明，引发青少年犯罪的原因有很多，其中家庭教育缺陷、家庭教育功能不健全或丧失，是导致青少年走上犯罪道路的重要原因。

4. 家庭关系的逆向调整改变了老年人的地位，家庭的养老困境越来越突出

家庭的变迁改变了代际关系模式。在传统社会中，家庭代际关系的主轴是父子关系，夫妻关系从属于父子关系。这种代际关系的基础是父亲掌握着家庭经济的分配权力，而整个社会变迁的缓慢也使社会文化传承主要通过家庭进行，而家庭文化以"前喻文化"方式传播。但是，现代社会变迁改变了传统社会的权力分配方式和文化传播机制，长辈在经济收入和财产分配上不再具有绝对的优势，子女对父母的依赖性逐渐减弱，家庭观念从"家族本位"向"个人本位"转移、由"家庭至上"逐步向"社会至上"过渡。正如加里·S. 贝克尔在《家庭经济分析》中所论述的：在现代社会中，血缘关系远不如在传统社会中显得那样重要，原因是社会保险代替家庭保险，家庭成员们各自分散去寻找他们最好的机会，人们越来越依靠社会取得资源。[①] 这种转变改变了老年人在家庭中的地位。长辈失去了在家庭中的优势，家庭事务的决策权转移到子代身上，父代在家庭中的养老责任更多地依赖子代的经济能力和个人觉悟。尤其是在农村，家庭养老制度正在失去强有力的文化支持，传统的孝道文化正在为消费主义、享乐主义所取代，农村代际冲突中老人的弱势地位十分明显，农村家庭养老危机重重。随着我国人口结构的变化，整个社会中老年人口比重日益增加，老年人口扶养负担加剧。但是，快速增长的老龄化和严重滞后的社会养老保障制度形成鲜明的对比，社会养老不能满足快速老龄化的需要，家庭小型

① 〔美〕加里·S. 贝克尔：《家庭经济分析》，华夏出版社，1987，第 77 页。

化的趋势使家庭无力承担养老责任时，老年人的弱势地位更为突出。

此外，大众传播媒体宣传的价值观对婚姻家庭也产生了重要影响。婚姻目标的日益浪漫化使夫妻的共同生活目标越来越难以建立，爱情标准和生活方式的悄然变化改变了人们对婚姻和家庭的预期，家庭在青年人的心里变得不如以前那么重要，而社会的进步也使家庭承担的社会角色日益淡化，家庭在变迁的社会环境中面临着诸多的挑战。

二　家庭问题及表现

改革开放以来，我国的家庭问题不断增多，具体表现为以下几个方面。

1. 离婚率攀升，由此带来的社会问题不断增多

据中国民政部门统计，1980 年中国离婚对数为 34.1 万对、1990 年为 80 万对、2000 年为 121 万对、2003 年为 133.1 万对、2005 年为 161.3 万对。从绝对离婚对数的数据可以看出，中国离婚人数增加趋势迅速。《京华时报》2011 年 2 月 4 日报道："2 月 3 日，民政部发布公报，2009 年中国共办理结婚登记 1145.8 万对，同比增长 9.1%，民政部门办理离婚登记 171.3 万对，同比增长 10.3%，离婚登记自 2001 年以来一直持续增长。"在不断增加的离婚案件中，解除婚姻关系不再是主要矛盾，由此引发的夫妻财产分割问题和子女抚养问题影响着社会的和谐与稳定。在多数的离婚诉讼中，夫妻共同财产分割成为离婚案件的焦点，尤其家庭财产状况在当今发生了很大变化，家庭财产纠纷日益复杂。此外，离婚妇女及其抚养的子女生活贫困化是一个具有世界意义的普遍问题。离婚对子女造成的心理影响以及缺乏完整的家庭教育可能带来的青少年犯罪等问题更是受到了普遍的重视。

2. 个人感情泛化带给婚姻家庭无限伤害

现代家庭中夫妻关系面临着严重危机，婚外情日益突出。据有关部门分析，在诸多的离婚事件中，出轨/外遇是离婚的三大诱因之一，占到近六成的比例。[①] 同时，婚外性关系还出现了年轻化、网络化、女性比例增多等趋势，涉及农民工、留守妇女的婚外关系也日益引起关注。流动对传统家庭和婚姻造成了巨大的冲击。夫妻两地分居（特别是较长时间的）必然使婚姻的许多功能不能正常实现，使男女之间不能进行正常的心理沟通和情感交流，不能互相爱抚和慰藉，加之性压抑、性饥渴造成的烦恼和焦虑等，

---

① 欧阳海燕：《2010 中国人婚姻及性幸福报告》，《小康》2010 年第 11 期。

结果会使双方（特别是女性）受到精神创伤！这样会加大彼此的心理距离，造成彼此的疏离感和陌生感，从而使爱情出现危机，婚姻和家庭的稳定受到侵扰。此外，近年来家庭暴力也呈现出上升趋势，据全国妇联统计，1996年到2006年10年间，全国家庭暴力投诉案件上升了4.16%，因家庭暴力引发的严重治安案件和刑事案件在各地屡屡发生，诱发了其他社会问题。现代化对于个体产生了两个方面的影响，一方面是工业化时代利益格局变动较大，激烈的社会竞争带给个体的压力增大，社会的异化更容易伤害个体的情感，情感依赖和他人的陪伴对于健全的个体人格来说显得尤为重要。但是另一方面，伴随社会对成员控制的减弱，人们的独立意识日益增强，人们喜欢多元化的生活方式，过度注重自我感受，忽视了个人理性，因而造成个人感情泛化，与之相伴随的家庭责任感弱化，从而致使家庭产生裂变，其稳定性遭到前所未有的挑战。

3. 家庭形式多样化带来很多隐忧

离婚率不断攀升、未婚先孕现象以及自愿单身者日益增多，由此造成单亲家庭的数量增长迅速。一些学者分析，自愿保持单身有许多理由，可以简单地归纳为五大类：第一，婚外与婚前性关系不再受到广泛谴责，自愿单身的男女可以从婚姻之外解决性问题；一些男人、女人认为他们无法兼顾事业和婚姻，所以他们就选择了事业；一些人保持单身是因为他们对父母有很强的责任感；有一些人选择单身是因为不想要孩子，又找不到别的理由结婚；还有一些人不结婚是因为他们是同性恋。第二，随着人们生育观念的变化，加之工作压力和扶养孩子的成本等原因，越来越多的城市白领家庭放弃生育孩子，丁克家庭在我国的一些大、中城市不断增多。第三，同居"家庭"、同性恋家庭都有增多趋势，并由此引发一系列家庭伦理问题论争。第四，社会老龄化和家庭规模的缩小，以及独门独户的居住方式导致了"空巢家庭"大量增加。第五，农村剩余劳动力向城市转移，催生了两个新的群体——留守儿童和留守妇女，并由此为农村家庭带来了新的挑战。未来家庭形式会更加多样化，出现传统与现代、后现代家庭并存的局面。家庭多样化使家庭规模不断变小，家庭小型化减弱了家庭应对不断增加的社会风险的能力，也给社会稳定带来了一系列问题。

4. 现代家庭面临的压力不断增大

家庭压力增大是现代社会的普遍特征。经济全球化进程中的市场竞争和社会速变，使风险和失败普遍存在并成为常态，众多不确定因素、风险和变化在激发现代人潜在的欲望和带来机遇的同时，也常诱发其心理紧张、精神焦虑，并为家庭带来内外压力。单位保障的全面削减、市场竞争和社会分化的加剧，使职业不稳定、经济不安全成为转型期家庭普遍、持续的焦虑源，或贯穿于各种压力之中，或潜隐于其他非经济压力的背后，影响着家庭压力的性质和程度。根据徐安琪针对上海的抽样调查，目前上海大多数的家庭存在各种压力，对 875 户家庭的抽样调查统计显示，只有 13%的家庭未感受到有任何压力；压力源指数在前五位的依次是子女教养/负担（38%）、经济拮据/负担（37%）、家人下岗/待业/失业（36%）、工作紧张/难度高（35%）和住房困难/还贷压力（34%，多选）。研究还表明，底层家庭更多地面临压力累积和家庭危机。某一时期内，家庭经历的压力事件的数量对家庭系统的影响非常大。同一时期，家庭经历的压力源事件越多，家庭产生危机的可能性也就越大。对于那些脆弱家庭来说，依靠自身的资源很难有效应对压力，故而更容易造成压力累积。这就需要家庭外部环境的资源介入，如就业、住房政策的扶持，或专业咨询机构给予合理的家庭规划，才有可能避免脆弱家庭陷入生存危机。显然，目前我们的社会还缺少这样的支持体制。[1]

随着我国人口老龄化现象的日趋严重，养老及老人照顾将成为家庭的普遍压力。从第六次人口普查数据来看，0～14 岁人口占 16.60%，比 2000年人口普查下降 6.29 个百分点；60 岁及以上人口占 13.26%，比 2000 年人口普查上升 2.93 个百分点，其中 65 岁及以上人口 8.87%，比 2000 年人口普查上升 1.91 个百分点。这充分表明中国人口的少子老龄化速度进一步加快。我国不仅是世界上老年人口最多的国家，而且已经成为全球老龄化速度最快的国家。据预测，到 2020 年中国 60 岁以上人口将接近 20%。欧洲国家用 100 年时间、发展中国家用 60 年时间达到的老龄化程度，中国将只用 20 年。由于中国的人口老龄化发生在实行计划生育、独生子女等背景下，因此又具有特殊的复杂性。中国的老龄化又具有独子高龄化、高龄病残化、老年空巢化、空巢孤独化的特点。目前中国家庭趋于核心化和小型化，每个家庭平均仅有 3.1 人。来自民政部的数据则显示，目前中国城乡空巢家庭超过 50%，部分大中城市达到 70%。农村留守老人约 4000 万，

---

① 徐安琪、张亮：《转型期家庭压力特征和社会网络资源的运用》，《社会科学研究》2008 年第 2 期。

占农村老年人口的37%。与西方发达国家不同,中国的老龄化进程与城市化、工业化以及经济发展程度是不同步的,社会物质财富积累和精神文明程度、养老服务体系、社会水平还远远没有准备好,即"未富先老"。可以说,中国老龄化呈现出速度快、空巢化、"未富先老"等特点,未来10年我国将会越来越频繁地出现各类老龄化引发的突出社会问题,家庭的养老压力可想而知。

5. 社会变迁使与家庭相关的矛盾显性化,给和谐社会建设带来了新的挑战

现代化使家庭越来越多地被抛入工业化、城市化进程,家庭问题逐渐走出私人空间,越来越成为公共事件,受到政府和第三部门的干预。因此,家庭问题也越来越成为一个社会问题,成为摆在人们面前越来越艰难的选择。

婚姻应以爱情为基础,一旦一方爱情消失了,感情发生了变化,那么婚姻也就失去了存在的基础。然而,感情又是那么的弱不禁风。根据资料显示,中国家庭中近六成夫妻间的拌嘴、争吵都是由家务事引起的,最终可能会导致感情破裂、婚姻解体。在许多离婚案件中,当事人几乎都有一个共同的理由——感情破裂。家务事小,实则关系重大,一旦到了剪不断、理还乱的地步,问题将接踵而来。

第六章
中国家庭政策变迁

家庭政策与社会政策一样是特定历史时期的产物，同时它也随着社会背景和社会需要等要素的变化而不断变迁。

第一节 以公平为导向的家庭政策

一 计划经济时期的家庭政策

1. 男女平等的基本政策或基本原则

在新中国施政纲领初步形成的 20 世纪 50 年代，中国共产党和中央人民政府对于家庭在国家建设中的作用非常重视。新中国成立后，解放妇女、男女平等作为中国共产党的政治目标和政治理想，被明确写入了具有宪法效力的《中国人民政治协商会议共同纲领》。在这部中华人民共和国成立初期的施政纲领中规定，中华人民共和国废除束缚妇女的封建制度，妇女在政治的、经济的、文化的、社会的和家庭的生活各个方面享有男子平等的权利。实行男女婚姻自由。注意保护母亲、婴儿和儿童的健康。

1950 年颁布实施的《中华人民共和国婚姻法》是中国颁布的第一部国家大法，共 8 章 27 条。作为新民主主义婚姻制度的体现，这部法律对于推翻封建婚姻家庭制度、建立男女平等的新型家庭关系起到了重要作用。它的基本精神是："废除包办强迫、男尊女卑、漠视子女利益的封建主义婚姻家庭制度。实行男女婚姻自由、一夫一妻、男女权利平等、保护妇女和子女合法权益的新民主主义婚姻家庭制度。"明令"禁止重婚、纳妾和童养媳"。从内容上看，该法以调整婚姻关系为主，同时也涉及家庭关系的一些问题。名称虽然是婚姻法，实际上是婚姻家庭法。明确规定了夫妻之间的权利和义务，提出"夫妻为共同生活的伴侣，在家庭中地位平等""夫妻双方均有选择职业、参加工作和参加社会活动的自由"。法律上的规定为妇女家庭角色的转变扫清了障碍。此后国家政府部门和最高司法机关又发布了大量的规范性文件，使婚姻法的一些原则性规范有了具体的充实和配套性措施，从而使婚姻家庭法的格局大致形成。

1954年颁布的中华人民共和国第一部宪法规定，中华人民共和国妇女在政治的、经济的、文化的、社会的和家庭的生活各方面享有同男子平等的权利。新中国不仅在法律中明确规定妇女在各方面享有与男子平等的权利，还在实践中加大了推行男女平等的力度。1949年的禁娼运动，1950年和1953年的贯彻《婚姻法》，1953年的普选，1952、1956和1958年的三次扫盲热潮以及1958年前后的动员妇女走出家门参加社会生产，都是新中国政府为迅速改变旧中国，革除束缚、歧视和摧残妇女的旧制度和旧习俗，推进妇女解放进行的卓有成效的努力。1958年"大跃进"虽然在经济上盲目冒进，但它对促进男女平等有积极的意义，通过在城镇动员妇女大规模参加工作、在农村组织公有制高级形式的人民公社，使传统男性中心封建家庭制度的经济根基受到摧毁。1958年后，作为经济单位的家庭功能基本不复存在，城乡男女居民被组织进了不同单位，男性家长的权威对妇女生活的束缚受到了有效的遏制。

2. 促进女性就业的有关政策

促进并保证城镇妇女平等就业权的实现，是计划经济时期中国政府推进妇女解放和男女平等的重要内容。

1949年全国女职工人数只有60万人，占职工总数的比例为7.5%。在这样的基础上，实现妇女的大规模就业并不是件轻而易举的事，需要广泛的社会动员，也需要足够的岗位，还要有有效的运作。

从1958年"大跃进"时的"社会动员"至20世纪70年代初期仍然发挥作用的"劳动力计划分配"再到"文革"结束后为安置青年就业的"子女顶替"以及存续时间最长的"大学生毕业分配"，我们看到国家在不同时期为安置劳动就业所作的各种努力，其中很多措施对于推进和保障妇女就业是卓有成效的。例如，20世纪50年代末，为扩大女性就业岗位、合理安排女性劳动力,在商业、服务业普遍采取"以女替男"的措施;1960 年以后,劳动部门批复企业用人计划时,男女按照一定比例搭配"论堆分";为提供适合妇女就业的岗位,在新建工业城市邯郸投资建设钢铁厂时,还同时办一座纺织厂;1963 年针对全民制单位不愿招用女工的问题,劳动部发出通知,要求用人单位统筹安排,凡是既可以由男性也可以由妇女负担的工作,都尽量录用妇女。正是由于有效的组织和专门的举措,妇女就业数量和比例持续增加。据统计,1960 年城市的女职工由 1957 年的 328.6 万人激增到 1008.7 万人。到 20 世纪 70 年代末,城镇大多数女性劳动力都处于就业状态。

妇女不仅走入社会、参与国家建设,而且获得了平等的劳动报酬。在计划经济时期低工资、高就业的总体格局下,女性的收入无疑是城镇家庭经济收入的重要组成部分,对她们个人和家庭都有重要意义。城市妇女成为国家建设者的同时也成为家庭中稳定的工资收入者。女性收入成为家庭经济的重要来源,不仅提高了家庭的物质生活水平,还改变了家庭的性别关系结构,提高了妇女在家庭中的地位。

国家还通过与工作相关联的保险福利支持两性承担家庭职责。《中华人民共和国劳动保险条例》对女工人和女职员的产假时间、产假期间的工资待遇、生育医疗费用等都作了明确的规定。而那些收费低廉、服务周到的幼托等服务设施,为尚未实行计划生育的多子女妈妈解除后顾之忧、投身国家建设发挥了极大的作用。与此同时,保护妇女的特殊权益、给予妇女特殊照顾和区别对待,也是计划经济时期中国政府男女平等立法与政策制定的一个重要原则。1951 年制定、1953 年修正的《中华人民共和国劳动保险条例》即从女工生育待遇和享受养老待遇的不同年龄两个方面对什么是妇女特殊权益、如何保护妇女的特殊权益作了明确的注解,特别是针对男女享受养老待遇的不同年龄为各类情形下的"特殊照顾和区别对待"提供了案例和模式。从《中华人民共和国劳动保险条例》规定男女领取养老金的年龄差别到福利分房以男性为主的政策规定等,可以看到一个清晰的政策取向,即男性应更多地为社会作贡献,同时也应该更主要担负养家的职能;女性在为社会作贡献的同时,应该兼顾家务、搞好家庭建设。

3. 协调两种生产、推进家务劳动社会化的相关政策

既要积极参与社会生产劳动,又要搞好家庭建设,这对于担负双重职责的妇女来说,无疑是艰难的。因此,伴随妇女走入社会同时进行的就是

家务劳动社会化、现代化的各种尝试。新中国成立初期,国家发展服务业的初衷之一就是减轻妇女的家务负担,为了达到这一目标,政府有关部门和妇联等群众组织都做了大量的努力。由于幼托事业被党和政府提到全党事业的高度来看待,兴办各式各样的托儿所幼儿园在20世纪50年代蔚然成风。1952年工矿企业机关学校中的托儿所已达2738所,比1949年增加了22倍之多。[①] 在大中城市还建立了街道托儿站4346处,收容劳动妇女的子女。[②] 而到了1956年底,全国各种托幼机构约有26700多处,收托儿童125万余名,比1949年增加260多倍。[③] 这些托儿所幼儿园是为了满足城镇妇女就业后对婴幼儿照料的需要建立的,在地点、实践安排等方面都比较注意适应家长的需要。托儿所幼儿园的工作时间往往长于妇女的工作时间,以保障女性安心工作;托幼园收费低廉,除了单位承担的部分自己基本花不了多少钱,能够为职工家庭所承受;除大病和传染性疾病外幼儿生病由看护人员护理,母亲不必经常请假影响工作;收托孩子的大小与女职工的产假时间相衔接,孩子56天后就可以入托,同时还充分保证了母亲的哺乳时间。与此同时,机关、企事业单位食堂等服务设施的举办,也在一定程度上减轻了职业妇女的家务劳动负责。当时中国还没有实行计划生育,多数家庭至少有两个以上孩子,特别是多子女的母亲,如果没有老人帮忙,工作和家庭的冲突在某些时期常常是很难调和的。当这种冲突难以自我解决时,组织或工作单位通常会对家庭负担比较重的女职工进行适当的照顾,帮助她们度过最艰难的阶段。

二 计划经济时期家庭政策的制度根基

计划经济时期家庭政策得以推行的制度根基是社会主义国家所有制。在社会主义公有制经济中,除了劳动以外,其他非劳动要素都是公有的,除了个人消费资料,没有任何东西可以成为个人的财产。[④] 劳动者除了自己的劳动,谁都不能提供其他任何东西,只能按照劳动者提供的劳动进行分

---

① 全国妇联:《中国妇女第二次全国代表大会工作报告》,1953。http://www.women.org.cn/zhongyaowenxian/fudaihuiwenjian。

② 全国妇联:《中国妇女第二次全国代表大会工作报告》,1953。http://www.women.org.cn/zhongyaowenxian/fudaihuiwenjian。

③ 全国妇联:《中国妇女第二次全国代表大会工作报告》,1953。http://www.women.org.cn/zhongyaowenxian/fudaihuiwenjian。

④ 《马克思恩格斯选集》第3卷,人民出版社,1972,第11页。

配。而私有制则不同，它是以利润为中心的经济制度，在私有制下，那些有产者（以男性为主）在凭借手中的生产资料占有劳动者剩余价值的同时，也掌控着家庭中女人的生活和命运。其方式是将无法产生利润的生育甩给家庭，使妇女难以摆脱家庭的束缚，在事业和职场上与男人获得同等的机会。

在公有制经济下，城市绝大多数妇女摆脱了束缚她们的封建主义枷锁，冲出家庭狭小的天地，基本取得了与男性平等的社会权利，尽管这种平等需要她们付出比以往更多的劳动。新中国成立后按劳分配的制度和主人翁意识形态的传播还提高了女性劳动者的家庭地位。它为那些除了自己的劳动一无所有的贫困妇女提供了不依赖男人、为家庭增加收入的机会。

在计划经济时期，城镇妇女进入单位实现就业是国家调控体系的基本单元，在城镇妇女性别角色的双重建构及对家庭的支持方面发挥了巨大的作用。单位既是国家政策的承载者和最终落实者，又是整个政治体系的支撑者和资源的最终分配者，由此导致了国家对资源的强制提取和单位对国家的依赖。同时单位作为国家控制体系的主干，在依赖国家资源供给的同时，也履行着控制个人、实现社会整合的功能。在计划经济年代，单位具有三个功能，使得单位成为国家对妇女性别角色双重建构的最佳载体和途径。首先，单位是中国政治体系微观化的缩影。国家控制体系的宏观架构被压缩到某一单位内部，这一压缩过程就是宏观调控体系的"微观化"，即宏观调控体系所依据的原则和架构被复制到单位之中，除了规模和权限的缩小之外，其精神原则并无根本性的差异。其次，单位实际上既是经济组织又是社会组织，是国家职能与社会职能双重压缩后的制度化组织形式。单位办社会使单位包容各种公共职能，不仅为人们提供就业的机会与场所，还使其生老病死、婚丧嫁娶、衣食住行都有一个坚实的依托。最后，单位是个人安身立命的公共空间。任何一个中国人必须依靠单位赋予的身份才能获得合法性，单位不仅能提供基本的保障职能与供给职能，而且也是个人社会化及其价值实现的唯一通道，是中国人感情投放和价值实现的依托。通过单位制，妇女性别角色看似矛盾的双重建构可以和谐地实现，家庭的部分功能被替代。

通过单位实施的全民就业制度，以制度形式为城市妇女走出家庭、走向社会，实现同男子同等的就业权利提供了强有力的保障。城市妇女普遍参与社会生产劳动，同男子一样成为"国家人"，是新中国城市妇女感受到的社会制度优越性的突出表现，对于城市妇女社会地位的改变具有革命性的意义。

单位内部通过相对平均主义的分配政策，使男女同工同酬的宪法原则得到落实，妇女获得了与男子相近的工资收入和几乎完全一样的福利待遇，经济地位得到极大的提高。与此同时，有关妇女生育的单位保险制度，也使妇女无须担忧因生育而失去工作或经济利益受到损害。

企业的社会服务功能拓展，不仅为职工提供基本的福利保障，而且就近建立各种旨在方便职工、节省职工开支的服务机构，如食堂、幼儿园、商店、理发室、学校、医院等，大大减轻了职工尤其是女职工家务劳动的负担。

单位具有政治及意识形态的控制功能，使国家男女平等的原则和要求不仅在单位组织内部而且通过单位对个人生活和家庭生活的控制和关怀全面贯彻实施。妇女在婚姻和家庭生活中遇到的问题，可以通过自己的单位和配偶的工作单位调解，同时尊重妇女、生活作风端正作为单位对工作人员特别是干部约束机制的重要内容，也使侵害妇女权益的行为得到有效的遏制。

单位具有全方位的价值评价体系，使妇女的双重角色都能得到认可和褒扬。在单位制下，企业既是经济组织又是社会组织，不仅要完成国家下达的经济任务，也要落实党的各项方针路线，这就使得经济角度的效率评价和社会角度的道德评价两套系统同时并存在一个组织的评价系统中。妇联作为党的群众组织，一直倡导妇女要带好孩子、孝敬老人，鼓励和支持丈夫工作，[1] 为此全国妇联和各级妇联开展了一系列宣传和表彰活动，这些活动是通过包括企业在内的单位组织来完成的，妇联组织的评选活动与先进职工、劳动模范的评选并行不悖，共同存在、作用于单位领导和职工的价值体系中。这样，工作好与持家好的妇女成为单位中女职工学习的榜样，妇女的双重塑造在单位中得到有机实现，国家建设与家庭建设有机结合。

在计划经济体制下，虽然治国和治家实现了基本的统一，但是由于缺乏经验和指导方针上的一些偏差和错误，再加上西方出于冷战的需要对中国长期实行的经济封锁，阻碍了经济步伐的加快，使中国经济长期处于仅能维持城乡家庭最基本生活水平的状态。国家"高积累、低消费"的经济

① 全国妇联第三次全国妇女代表大会工作报告，1953。

政策，对建立中国独立完整的工业体系，打破国际敌对势力的核垄断、核封锁功不可没，但是在一定程度上影响了人民生活水平的进一步提高。政治上出现的极"左"和经济上的一度冒进也对中国的经济发展产生了一些负面影响。

　　总体而言，计划经济时期，中国家庭组织结构政治、经济、社会的平均化趋势明显，虽然家庭经济保障机制和社会保护功能相对较弱，但是单位福利和职工福利制度予以补充，基本上能够保障家庭生活的稳定性，进而维持社会稳定和近似"绝对平均化"的家庭生活状况。更为重要的是，由于城乡二元结构与二元福利制度，城乡之间几乎不存在社会流动现象，这样主流价值观念、宏观社会环境、城乡差别、经济发展状况和妇女解放运动的社会影响，从宏观到微观层面、价值观念与社会现实、政治制度与经济基础、社会结构与社会生活等诸多方面确保了家庭组织结构的稳定性、家庭关系与家庭生活的平等化、家庭功能的社会保障化。

第二节　以发展为导向的家庭政策

　　针对新中国成立以来，特别是十年"文化大革命"的经验教训，中国共产党第十一届中央委员会第三次全体会议（以下简称"十一届三中全会"）决定放弃"以阶级斗争为纲"的路线方针，代之以改革开放、开放、搞活的战略方针，即把工作重心转至经济建设上来，其目的是为了充分调动中央、地方、企业和劳动者四方面的主动性、积极性和创造性，富国强民，尽早在中国实现四个现代化。改革的几项重要措施包括：权力下放，引进外资和先进设备，引进市场因素，走计划与市场相结合的道路。毋庸置疑，改革开放以来中国取得了巨大的经济成果。自 20 世纪 80 年代后，中国的经济增长速度一直在 10% 以上，城乡人民物质生活水平有大幅度的提高。不仅如此，中国社会的政治氛围也较以前大为宽松，个人在经济生活和社会生活的自由空间也不断扩大。[①] 然而，市场的介入，也带来社会政策的转型，家庭面临着新的压力。

---

　　① 孙立平：《转型与断裂——改革以来中国社会结构的变迁》，清华大学出版社，2004，第 85 页。

一　市场经济发展模式

1. 市场机制引入及社会经济政策转变

20 世纪 80 年代初，我国成功地推行了以农村联产承包责任制为主体的农村经济改革。随后，以国有企业改革为主的城市经济体制改革也如火如荼地开展。1992 年中国共产党第十四次全国代表大会提出建立社会主义市场经济体制改革的目标，1997 年党的第十五次全国代表大会把非公有经济看成社会主义市场经济中不可分割的部分，1999 年修改后的宪法承认私营经济和国有企业享有同等的地位。所有这些改革都试图解决计划经济遗留下来的深层次问题，充分发挥市场在资源配置和经济运行中的基础性作用。与传统的计划经济相比，该阶段我国社会经济政策的主要特点有以下几个。

（1）所有制结构的多元化。随着市场化改革的逐步深入，计划经济时期单一的公有制逐渐被以公有制为主体的多种所有制形式所取代。非公有制经济的出现以及市场改革迫使国有企业按照市场规律运作。为与市场经济相配套，我国自 20 世纪 80 年代先后出台了一系列有关生产和经济运作方面的法律，如 1986 年的《企业破产法》、1988 年的《企业法》、1994 年的《公司法》、1995 年的《劳动法》等。各级政府机关和事业单位在运作方式上也融入了不少市场化的成分，在中央政府向地方政府"放权""分灶吃饭"以及事业单位等非营利组织"创收"的过程中逐步形成利益主体。[①] 这些改革标志着市场的介入和国家从经济领域的逐步退出。

（2）分配制度的效率化。在该阶段我国政府坚持以效率为先的策略，强调以按劳分配原则来提高生产积极性和提升经济生产率。所谓按劳分配是以"各尽所能，按劳取酬"为分配原则，实行多劳多得、少劳少得、不劳不得。十一届三中全会上，中央提出让一部分地区、企业和个人先富起来，然后带动其他部分富起来，走共同富裕之路。让一部分人富起来，就是让收入差距适当扩大，打破平均主义和大锅饭。这种分配制度在提高经济效率的同时，也不可避免地带来一些负面影响，如收入差距持续扩大的问题。

（3）商品和服务的市场化。在市场经济的概念框架下，许多社会政策

---

① 李培林：《社会建设与社会和谐》，见李培林、李强、马戎主编《社会学与中国社会》，社会科学出版社，2008，351 页。

的项目，如教育、社会服务、医疗、房屋、社会保险等都被看成是个人消费和有价值的商品。① 因此，为适应市场经济的要求，一方面政府开始采用用者付费的方式来提供社会服务，最明显的就是公共教育和公立医院收费；另一方面试图削减政府在社会政策中的传统作用，如出售公房、减少物价补贴和公共服务补贴等，同时政府鼓励或至少默许以营利为目的的社会服务机构，如民营教育机构、医疗机构等的出现，以此来弥补政府福利的不足。

（4）劳动力流动的自由化。随着户籍制度的逐步松动和劳动力市场的逐步完善，城乡劳动力自由流动日益活跃。

2. 单位职能的转化和福利保障的减少

在计划经济体制下，单位是国家行政组织的延伸，是联结国家和家庭的纽带。单位不仅组织经济运行、贯彻各种政治经济政策，而且还担负职工家庭的供给功能，代表国家为城市职工及他们的家庭提供就业和生活的基本保障，从职工的生老病死到婚丧嫁娶无所不包。② 在市场化的进程中，中央政府要求绝大部分企事业单位独立经营，参与市场竞争，这对单位的福利、保障功能的影响是两方面的。一方面，单位可以在新的经济体制下转轨，增强自身的竞争力，为本单位职工创造更多的福利。然而，这样的单位为数不多。那些在市场转型中能保持强势的单位大部分还要依靠国家提供像住房、医保等关键性福利。另一方面，绝大多数的国家企业单位由于种种原因在市场经济中纷纷解体，导致大量职工下岗，生活受到很大威胁。据有关方面的统计，我国城镇失业率在20世纪80年代均在3%以下，③然而这一数字从90年代中期以后不断攀升，进入21世纪初期超过了6%。④虽然80%以上的下岗职工又找到了工作，但很多是非正规就业，工资低且无任何福利。即使没有解体的国有企业随着改革的深化也逐渐变成独立的经济法人，失去了计划经济时期的特征和福利功能。为了降低成本、增加竞争力，自改革以来，国有企业不再为职工提供终身就业保障，公费医疗被大病统筹等新的医保方案所取代。而新的医保方案不仅不再部分地负担

① 梁组彬、颜可亲：《权威与仁慈：中国的社会福利》，香港中文大学出版社，1999，第36~37页。
② 李路路、李汉林：《中国的单位组织》，浙江人民出版社，2000。刘建军：《单位中国——社会调控体系重构中的个人、组织与国家》，天津人民出版社，2000，第21页。
③ 宋晓梧：《中国社会保障制度改革》，清华大学出版社，2001，第45页。
④ 蔡昉：《就业冲击、城市贫困和社会应对》，见刘国光、王洛林、李京文主编《中国经济前景分析》，社会科学文献出版社，2006，第252页。

职工家属的医疗费用，连职工本人的医疗费用中自费的比例也增加了不少。职工住房也从由单位统一分配公房过渡到自行购买商品房。计划经济时期单位开办的托儿所、职工子弟小学也在 20 世纪 90 年代逐渐消失。此外，单位原本替代家庭所承担的安抚功能（如看望生病的职工等）到了 21 世纪初也基本上销声匿迹。

随着单位制的削弱，这根曾经联结过国家和个人的纽带也被市场经济削弱甚至隔断。当然，国家在改革中并没有完全放弃对单位体制的控制。它不断通过政策调节和行政手段试图缓解企业经济效益和职工社会保障之间的矛盾，减少国企职工在单位转型中经历的阵痛。然而与改革前不同的是，新时期国家的大政方针是市场经济，因此，国家新出台的各种福利政策往往是用来应付市场化进程中出现的原有政策失灵的一种对策。它们并不表明国家要通过单位重新修复曾经与家庭相联系的这根链条。比如，1994 年颁布的《劳动法》明文规定，在企业全面实行劳动合同制并允许企业"经济裁员"，这基本上改变了职工与单位原有的依存关系，从而打破了国有企业职工多年捧在手中的"铁饭碗"。1994 年的《企业破产法》出台后，国家在安置破产企业职工的措施中相应提出对自谋职业的职工发放一次性安置费甚至买断工龄即是这个道理。[①] 当然，国家有关部门先后出台了与之配套的关于失业保险的种种规定，如国务院 1993 年颁布的《国有企业职工待业保险规定》和 1999 年 1 月出台的《失业保险条例》。但从另一个方面讲，这也是国家对国有企业向纯经济组织转变的一种认可。国家通过单位、社区推行失业保险政策，为贫困城镇居民提供失业救济和最低生活保障，这在一定程度上缓解了市场转型对利益受损群体带来的不利影响。但救济金额较少，往往不足以维持贫困家庭的基本开支。此外，在政策实施中也常常出现混乱和作弊现象，以致该领的拿不到，而不该领的却拿到了。为减缓失业对社会的压力，国务院于 1998 年 6 月发出通知，敦促各单位建立再就业中心，资金由国家、企业、社会三方筹集。这虽然解决了一部分国有企业下岗职工再就业的问题，但它只是国企转型期间的一种权宜之计，其最终目的是逐步将失业纳入市场经济的正常轨道，通过社会化的失业保险制度来解决，而不再由国家和企业全部包揽。

---

① 孙立平：《转型与断裂——改革以来中国社会结构的变迁》，清华大学出版社，2004，第 107 页。

一些单位保留的计划经济时期的福利制度也在市场经济浪潮的冲击下变得乏力，甚至扭曲、变形，最终被淹没。以医疗保险为例，改革前，中国有一套较完备的覆盖企业职工的劳保医疗制度和覆盖机关、事业单位人员的公费医疗服务。这套通过单位施行的医疗保险制度曾经为各行业的职工和家属提供了必要的、免费或廉价的医疗保障，对提高职工及家庭成员健康水平和人均寿命起到了重要的作用。当然，有不少人批评计划经济时期由国家垄断的医疗保险制度曾导致医药方面的重大浪费，然而，20世纪60年代中期国家通过政策措施在一定程度上解决了这一问题。比如，1966年4月劳动部和全国总工会颁发了《关于改进企业职工劳保医疗制度几个问题的通知》，总体上适当增加了个人的医疗负担，以此防止"泡病号""大病小治"等现象，并抑制不正当的医疗支出。一些学者和政策制定者将改革中再次出现医药的重大浪费归咎于计划经济体制下医疗保险制度的弊端。应该说，计划经济时期的医疗保险制度不适应市场经济的新环境，这是不争的事实，但换一个角度，我们也可以说市场的介入在许多方面破坏了原有制度的医疗保障作用和医疗管理中合理的成分。比如，20世纪80年代以后医疗费用的巨大浪费与医疗产业化紧密相连，部分医疗界人员向享有公费医疗的病人提供大量昂贵的医疗服务和药品，主要是受追逐物质利益的欲望驱使。这种在市场情境中滋生的强烈的物质欲，在近年来全国医药费用迅速增长的趋势中起到了举足轻重的作用。而政府在改革中未摆脱财政和企业日益增长的医疗负担而实行的"以药补医"的政策进一步刺激了医疗部门追逐经济效益的欲望，导致医药费用不断上涨。其后果是，一方面少数仍用得起公费医疗的离退休人员和一些在职人员，"一人公费，全家受益"，造成浪费；另一方面大批享受传统劳保医疗的企业职工和下岗人员因企业财务困境无法报销医疗费用。针对更广大的城镇居民所处的困境，国务院曾在1998年颁布了《关于建立城镇职工医疗保险制度的决定》，提出"统账结合"，即单位和个人共同负担的原则；建议发挥商业医疗保险的作用和建立多层次的医疗保障制度，并主张实行"建立医药分开核算、分别管理"的财务制度，防止"以药养医""以药创收"的不正之风。但是在商品经济的大环境下，无论是政府的社会保障政策还是企事业单位的操作运行，都与计划经济时期国家通过单位为家庭直接提供福利的理念大相径庭。

3. 多种所有制并存和劳动关系的变化

随着中国改革开放的不断深入，所有制的形式也趋于多元化，或者更确切地说，在各行各业中，公有和集体所有制的成分在不断缩小，非公有制的成分在不断扩大。私营经济在 1988 年通过的宪法修正案中得到正式的承认。从 20 世纪 80 年代末开始，全国的私营企业一直呈高速增长态势。据统计，1989~2003 年间，中国私营企业创造的产值从 422 亿元增加到 20083 亿元，年增长率为 47.15%。截止到 2005 年，民营经济在整个国民经济 GDP 中所占的比重已经达到 65% 左右。全国个体私营从业者（包括外商、港台企业就业者）的人数在 2004 年已经达到 10638 万元，占全国从业人员的 14.15%。[①] 即使是国有企业也逐渐演变为独立的经济法人。这种变化在 20 世纪 90 年代末国企改制，即实行国有企业产权转让以后，尤为明显。

非公有制经济的发展，无形中改变了以往体制内高层管理人员和下层职工的劳动关系。在全民所有制时代，虽然企业资源全部控制在国家手中，但每个城镇职工和管理人员对资源的拥有权正是通过资源在理论上不属于任何个人而得以间接实现的。从这个意义上讲，"国家支配实为人民主权的外在体现"。[②] 因为企业资产归全民所有，企业中管理人员和普通职工同属生产要素，他们之间只是领导者和被领导者的关系，由企业内部分工形成。尽管他们的工资待遇有差距，但他们都是社会主义产品再分配的对象。而且无论干部、技术工人还是工人，他们的工作都由国家分配，一旦到工作岗位，他们就算拿到了铁饭碗。虽然个人自由调换工作艰难，但各个单位也无权随意解雇职工。同时，由于单位是国家行政组织的一个基层环节，而职工也是在单位内部组织系统中的成员，国家对单位负有无限的责任，单位对其成员又负有无限的责任。[③] 由此形成职工和企业之间一种非契约性的隶属关系。这种隶属关系成为职工社会主义主体性地位的制度基础，也模糊了国家与家庭之间公私领域的界限。在这种条件下，城镇职工的工资

---

① 李强：《社会分层》，见李培林、李强、马戎主编《社会学与中国社会》，社会科学出版社，2008，第 150 页。

② 刘建军：《单位中国——社会调控体系重构中的个人、组织与国家》，人民出版社，2000，第 77 页。

③ 刘建军：《单位中国——社会调控体系重构中的个人、组织与国家》，人民出版社，2000，第 77 页。

类似于家族企业里的生活津贴或零用钱。

然而，随着市场经济改革的深化和多种所有制的并存，产权的私人拥有或变相私人拥有打破了以往的单位成员与单位的家庭成员似的关系，形成企业最高管理者和下层职工之间实际上的雇佣关系。这种雇佣关系又与20世纪80年代中期出现的劳动合同制遥相呼应，进一步以法律契约的形式凸显与全民所有制下职工和企业之间非契约关系的巨大差异。不仅如此，为提高企业在市场中的竞争力，国家陆续出台《公司法》（1988年）和《劳动法》（1995年），职工的终身雇佣制逐步被打破。合同制在企业逐步实行，合同制一方面大大增加了企业的活力；另一方面也为被雇佣人员提供了更多的流动机会，有助于实现雇佣方和被雇佣方的双向选择。但是由于中国发展市场经济的经验不足，合同法律的制定含有一定的偏向性并与实际执行之间出现差距，导致很多国企单位与职工签订的合同对雇佣方更加有利，个别企业甚至利用职工长期养成的对国企的信赖任意篡改合同。在非国有部门，不少企业或者不与职工签约，或者签了约而不履行，更有些企业与工人签订"霸王条款"，动辄炒职工的"鱿鱼"或以此威胁员工。

不仅如此，私有制的出现标志着雇主与雇员之间利益的分化和对立，突出表现在企业利润和雇员工资报酬之间的尖锐矛盾。职工在全民所有制时期主人翁的心态和归属感到了改革时期已基本消失殆尽。家庭生活来源要靠成年家庭成员工作获得，而企业和雇员之间已演变成所有者和被所有者的关系，吃的不再是一锅饭，员工所领的工资不再相当于家族式企业的津贴，而是他人所属的企业付给劳动者的价值，家庭福利就更不在企业考虑之中。市场正是通过劳资之间的雇佣关系进一步弱化了个人和家庭对企业的依附。

4. 从按劳分配到按多种要素分配

经济改革的一个明显的后果，就是人民物质生活水平的普遍提高和社会产品的丰富。然而与此同时，也出现了贫富差距拉大的现象，从1978~2005年终基尼系数从0.18迅速攀升到0.4696，已超出国际公认的0.3~0.4的正常区间。[①] 这说明改革中一部分人是利益受损者，他们的收入与其他利益集团相比是相对下降的。在城镇中，这些人主要由长期失业者、下岗无业职工、因种种原因靠社会救济维持生活者、进城务工无着落人员和

---

① 李培林、陈光金、李玮：《2006年中国社会和谐稳定状况调查报告》，见汝信、陆学艺、李培林主编《2007年：中国社会形势分析与预测》，社会科学文献出版社，2007，第8页。

部分早年退休人员组成。

贫富差距扩大是市场竞争法则作用的直接结果。正因为市场承认私欲的合法性并靠竞争法则来提高资源配置效率和调动劳动积极性，在引进市场因素后，就不得不在一定程度上改变按劳分配原则，让资本、技术、管理等多种要素也参与分配，从而导致贫富差距的扩大。[①]在市场经济中不占优势（如不拥有资产、权力和技术）的群体，他们的家庭生计受到影响，家庭渐渐脱离了国家的控制和庇护。

5. 公共服务的市场化、产业化改革

新中国成立初期，为了摆脱总体性资源贫弱和国际经济封锁的困境，加快实现工业化步伐，国家通过单位办社会的组织形式将政治整合与社会整合合二为一。单位不仅是组织生产建设的经济组织和国家实现社会控制的政治组织，也是填补国家和个人空间地带的多功能的社会组织。在多数单位内部，尤其是政府机关、事业单位和大型国营集体企业，单位内部部门庞大而齐全，公共项目种类繁多，从社会保障到人际交往、从家族生活到个人娱乐，无所不包、无奇不有，宛如家族，向其成员提供了人情化的交往空间和安身立命的有效保障，在一定历史时期满足了职工及其家庭各方面的基本要求。与此同时也增强了新兴政权的凝聚力，极大地调动了人们的劳动积极性，取得了经济和科技方面的许多成就。当然，单位/企业办社会在计划经济时期也日益显现出它的各种弊病，如单位内部机构臃肿、单位之间资源封闭、单位扩充社会资源能力受阻、公共服务存在局限性等。

市场化改革以来，个人及家庭从单位以外获取社会资源的渠道逐渐拓宽，原来由单位所提供的社会功能和社会服务项目也随之交给市场，如社会交往和娱乐。但是在市场转型中，服务的社会化几乎等同于服务的产业化，因而失去了公共服务的性质，最明显的就是托儿、教育、医疗和住房等社会服务的产业化。

改革开放初期，对企业办社会的负面评价和企业对经济效率的考虑，使得多数原来由企业和机关事业单位开办的托儿所、幼儿园在很短时间内纷纷关闭、停办或转卖。后来教育部门又明确提出，幼儿教育属于非义务教育，要消减政府补贴、进行收费成本化改革、鼓励多渠道多形式办园的

① 李培林：《社会建设与社会和谐》，见李培林、李强、马戎主编《社会学与中国社会》，社会科学文献出版社，2008，第345页。

改革思路。在这种思路的指导下，托幼教育市场化更甚于其他阶段教育的市场化程度。风险大、利润低的面向3岁以下儿童的托儿所基本停办，幼儿园的收费则一路攀升。与此同时，服务、支持妇女就业功能淡化，使得很多托幼机构缩短了服务时间，很多家长不得不面对孩子接送时间与工作时间冲突的窘境，雇人接送孩子上幼儿园成为幼儿园和低龄小学儿童家长的另一项额外支出。

改革开放后，随着经济建设的发展，教育事业也得到拨乱反正，以学习能力为准的公平竞争制度逐渐走向正规化。但在经济高速增长的态势下却出现了政策配套资金赶不上教育规模扩展的现象，造成许多地区靠借债来弥补教育经费的不足。公共教育支出只占全国 GDP 的 2.5%～3.2%，甚至远远落后于世界上一些中等发达国家和地区。[1] 与此同时，教育事业出现产业化趋势。不少中小学校以各种名义向学生家长高收费、乱收费，并向学生强行推销课外阅读材料以求获利。家庭的压力随之增大。

改革中医疗方面存在的最大问题是医疗费用超速度增长。据有关方面的统计，在 1990～2000 年间，全国公立综合医院门诊费用平均上涨约 12 倍，住院费上涨了 10 培，药品价格也翻了几番，而同期城乡百姓收入涨幅仅有 5～7 倍。计划经济体制时期的医疗保障制度显然无法适应改革的新局面，但医保改革却因政府调节不利和市场失灵同样步履维艰。据统计，2006 年卫生事业费和固定资产投资只占 CDP 的 1%，在卫生费用中，财政投入仅占 16% 左右，远低于国际 50% 的水平。[2] 截止到 2003 年年底，全国 65% 的人口没有任何医疗保障，其中城市居民有 45% 无任何医疗保障。[3] 缺少医疗保障及高涨的医疗费用给一些家庭带来了巨大的压力。

住房改革是市场转型的又一重大举措，也是家国分离的又一重要标志。计划经济时期，政府本着让人人有饭吃、家家有房住的民生原则，在物质资源极为匮乏的条件下，基本解决了所有城镇居民的住房问题。但随着住房改革纳入市场经济轨道，城市房价一路飞涨，给广大中低收入家庭带来了巨大的压力。

---

① 沈立人：《中国弱势群体》，民主与建设出版社，2005，第35页。
② 朱庆芳：《社会和谐指标体系综合评价和分析》，见汝信、陆学艺主编《2008 年：中国社会形势分析与预测》，社会科学文献出版社，2008，第335页。
③ 顾昕：《中国医疗体制改革的新探索》，见汝信、陆学艺主编《2007 年：中国社会形势分析与预测》，社会科学文献出版社，2006，第226页。

二　家庭政策转变

上述市场经济发展模式对个人和家庭生活都产生了直接的影响。充满活力的市场经济及就业体制，一方面为个人创造了自主择业、自我发展、获得事业成功与经济效益的机会和条件，一批企业家、经理人、专业技术人才脱颖而出，在获得自身价值的同时也获得了更高的社会认同。另一方面也有大批劳动者承受着市场化改革的负面影响，如下岗失业者。对于家庭而言，下岗失业使家庭收入减少、负担加重。在单位福利保障消失、按劳分配原则淡化和公共服务产业化推进的背景中，家庭受到的影响是普遍的。

从妇女受到的影响来看，尽管男女平等的就业仍然是就业体制的基本原则，但在旧的平衡被打破之后，新的与市场经济相适应的促进妇女就业的配套措施和社会支持政策并没有得到相关部门的高度重视。由于缺乏自觉的性别平等意识，某些相关领域的体制改革要么未能实现良好的愿望，要么反而成为影响妇女就业的障碍性因素。例如，生育保险制度的改革，其改革的初衷是在企业成为自负盈亏的独立经济实体后，通过生育费用的社会统筹，均衡企业负担，提高企业招用女工的积极性，减少女性就业的障碍。但是统筹的费用仅限于医疗和产假期间的工资，产后育儿假与女工产前、哺乳期的工时损失等对生产率的影响并未被考虑进去，致使很多企业使用女劳动力的积极性仍然不高。而那些男性比例较高的企业，也因只有付出而没有获得，缺少缴纳生育保险统筹费用的积极性，以至于生育保险统筹的缴费率在五大社会保险中是最低的，2004年全国职工生育保险的覆盖率仅为57.9%。较低的覆盖率、保险费用范围设计的缺陷、新旧两种制度的衔接不力等问题的存在，直接影响到城镇职业女性对生育保险待遇的享受，未缴生育保险的企业的女职工、下岗失业女工、未纳入生育保险范围的用人单位又不愿承担生育费用的某些事业单位女职工，基本无缘享受国家明文规定的生育待遇。一些中小学校甚至要求女教师个人负担产假期间学校聘用代课教师的费用。①

当然，还有一些配套措施直接针对保障妇女权益和促进男女平等的目标。比如，我国先后颁布的各种保护妇女权益的政策法规：1988年6月发布的《女职工劳动保护规定》、1992年10月发布的《中华人民共和国妇女

---

① 蒋永萍：《社会转型中的中国妇女地位》，中国妇女出版社，2006，第51页。

权益保障法》和 2001 年实行的新《婚姻法》等，都在一定程度上减少了市场转型中对妇女歧视、侵权的现象，以法律形式维护了妇女的权益，然而却无法从根本上解决产生歧视妇女和侵害妇女权益的根源，甚至很多企业在经济效益的驱使下，见法绕道而行，为妇女就业制造了种种困难。以国家颁布的《女职工劳动保护规定》（以下简称《规定》）为例，《规定》明确了在每天劳动时间里要给予不满周岁的婴儿的母亲两次喂奶时间，每个婴儿每次 30 分钟；哺乳时间和在本单位哺乳往返途中的时间算劳动时间；女工多的大单位逐步建立女职工卫生室、孕妇休息室、哺乳室等设施，妥善解决女职工在生理卫生、哺乳、照料婴儿方面的需要。然而随着经济转轨，许多国有企业把为女职工提供的上述福利设施撤掉，而非国有企业则基本不建立这些设施。据 2005 年的一项调查，只有 5% 的被调查企业为女员工提供哺乳室。①

此外，与市场经济相匹配的政策法规开始着眼于维护个人的权益和人与人之间的平等关系。它们对个人适应市场转型中以个人为本位的发展有积极的促进意义，但对于传统的非市场经济社会中强调的以家庭或国家为本位的文化有消极的作用。以 2001 年制定的新《婚姻法》为例。与 1950 年和 1980 年的《婚姻法》相比，2001 年的《婚姻法》更注重夫妻个人权益和平等关系，而不是婚姻的稳定。《婚姻法》第 9 条规定："登记结婚后，根据男女双方约定，女方可以成为男方家庭的成员，男性可以成为女方家庭的成员。"第 22 条规定："子女可以随父姓，可以随母姓。"《婚姻法》对夫妻财产各自拥有的可能性也有了较详细的规定，其中包括婚前财产约定和婚后财产公证（第 19 条）。离婚条件更加宽松，只要"双方愿意"，即可办理离婚手续（第 31 条），"感情不和"也成为获准离婚的正当理由（第 32 条）。这无疑大大促进了婚姻中两性关系的平等，也有助于增进夫妻感情，但由于它取消了有关调节婚姻矛盾的条款，因此对鼓励夫妻化解矛盾、保持婚姻稳定有一定的副作用。

此外，已婚妇女从古至今一直是家庭生活的主要营造者。在计划经济时代，重大的民生大计均纳入国家安排之中，城市托幼的社会化也初具规模。妇女虽然肩挑工作、家庭双重重担，但尚无明显的工作与家庭的强烈冲突。当然，妇女还要承担建设国家的重任，自主营造家庭的空间很小。

---

① 刘伯红、张永英、李亚妮：《协调工作与家庭的矛盾：中国的问题和政策》，2008，未发表。

到改革开放时期，家庭逐步从国家的宏观治理中分离出去，开始与市场接轨。市场虽然为家庭创造了私有空间和消费服务的可能性，但又同时造成市场效率要求与家庭哺养功能之间的尖锐矛盾，为家庭带来种种压力。这些压力既包括外在的又包括内部的，既有物质方面的也有人际关系和个人心理方面的。[①] 妇女是家庭生活的主要营造者，她们在市场经济过程中产生的各种矛盾冲突首当其冲。第一表现在就业难和家庭经济需要的张力。第二是家庭经济扶养和家庭照料的张力。第三是个人事业与家庭事业的张力。这三种张力促使国家重新审视她们与国家的关系，以及她们在市场经济中和家庭中的位置，并在多重影响下重新建构她们的性别角色。

　　总之，改革开放以来，中国宏观的社会环境与微观的家庭结构、功能均发生了重大结构性变化。婚姻家庭的稳定性显著下降，家庭关系、家庭生活的社会保障、社会保护功能显著弱化，"家庭问题"和"问题家庭"成为社会问题的重要组成部分，人口、婚姻、家庭政策议题突出。这些问题的显现，为家庭福利与社会福利制度改革，特别是为重新思考家庭政策框架设计与家庭服务体系建设提供了难得的历史机遇。

---

① 徐安琪、张亮、刘汶蓉、包蕾萍：《风险社会的家庭压力与社会支持》，上海社会科学院出版社，2007，第 13 页。

第七章
中国家庭政策分析

家庭政策既包括直接针对家庭的政策（或称直接家庭政策），也包括影响家庭的政策（或称间接家庭政策），本章将从较宽泛的角度分析中国的家庭政策。

第一节 婚姻家庭立法

改革开放 30 多年来，中国婚姻家庭发生了许多重大变化，且这些变化对政治、经济、法律等各个方面产生了广泛而深刻的影响。婚姻家庭立法获得重大发展，以 2001 年修订的《婚姻法》为主干，以 1986 年《民法通则》、2005 年修订的《妇女权益保障法》、2006 年修订的《未成年人保护法》等法律中有关婚姻家庭的规定为补充，形成了较为完善的法律体系，满足了婚姻家庭关系调整的需求，促进了社会进步。

一 《婚姻法》

改革开放以来，《婚姻法》进行了两次修正，一次是 1980 年 9 月 10 日，第五届全国人民代表大会第 3 次会议通过的新《婚姻法》（自 1981 年 1 月 1 日起施行）；另一次是 2001 年 4 月 28 日，第九届全国人大常委会第 21 次会议通过的《婚姻法》（修正案）（该法案于当日公布并施行）。

1.1980 年的《婚姻法》

1980 年的《婚姻法》是根据 1950 年《婚姻法》颁布后 30 年的实践经

验和新情况、新问题修订的。该法包括总则、结婚、家庭关系、离婚及附则 5 章，共 37 条。与 1950 年《婚姻法》相比，重点修改的内容有下列六个方面①。

（1）增补计划生育、保护老人合法权益两项基本原则。计划生育是一项关系到社会主义现代化建设的速度和前途、关系到子孙后代的健康和幸福的重大战略措施。为了有效地控制人口增长，使人口的再生产同国民经济的发展相适应，1980 年的《婚姻法》不仅在"总则"中把"实行计划生育"作为一项基本原则，而且在"家庭关系"一章中把实行计划生育作为夫妻双方必须履行的一项义务。这是从法律上保障实行计划生育的一项重要措施。赡养老人、保护老人的合法权益，是社会主义家庭的一项重要任务。但原《婚姻法》在"原则"一章中，只规定了保护妇女和子女的利益。1980 年的《婚姻法》根据当时有些子女只愿享受父母抚养的权利，不愿履行自己对父母应尽的赡养义务，把赡养父母看成是一种"额外负担"，甚至对父母加以虐待、遗弃的现象，在"总则"中增加了保护老人合法权益的内容，并在"家庭关系"一章中规定"子女不履行赡养义务时，无劳动能力的或生活困难的父母，有要求子女付给赡养费的权利"。同时，明文规定"禁止家庭成员间的虐待和遗弃"。从而使老人的合法权益得到法律的保障。

（2）提高法定婚龄，扩大禁婚亲范围。法定婚龄是指法律上规定的男女双方结婚的最低年龄，没有达到这个年龄的，不得结婚。根据社会因素，主要是经济发展和人口增长情况与自然因素，还有人的生理发育程度，正确地确定法定婚龄，对保障结婚自由、保护人民的利益和民族的健康，都有重要的意义。原《婚姻法》考虑到旧中国社会的性质和解放初期的情况，规定"男二十岁，女十八岁，始得结婚"。新中国成立 30 多年，我国在经济、科学、文化等方面发生了很大的变化。为了控制人口增长速度，同时充分考虑青年生理发育的状况和 8 亿农民的接受程度，1980 年的《婚姻法》规定"结婚年龄，男不得早于二十二周岁，女不得早于二十周岁"。这样，《婚姻法》规定的法定婚龄就比原《婚姻法》各提高了两岁。由于原《婚姻法》是按虚岁计算的，实际上各提高了 2 ~ 3 岁。这是适当的，是

---

① 参见法学教材编辑部《婚姻法教程》编写组编写《婚姻法教程》，法律出版社，1982，第 85 ~ 87 页。武新宇《关于〈中华人民共和国婚姻法（修改草案）〉的说明》。

对原《婚姻法》所作的一项重大修改。同时规定"晚婚晚育应予鼓励"。原《婚姻法》根据解放时的历史条件，规定"其他五代内的旁系血统间禁止结婚的问题，从习惯"，实际上，这是不禁止中表婚，即表兄弟姐妹之间结婚。而1980年的《婚姻法》则规定，禁止"三代以内的旁系血亲"间结婚，这是对我国旧的婚姻习俗的重大改革，是符合优生学和人类自然选择规律、符合伦理道德观念的。

（3）确立夫妻感情破裂原则。既坚持了婚姻自由，又给了法院一定的灵活性，比较符合我国的实际情况。裁判离婚实行夫妻感情破裂原则，凡诉讼离婚中，夫妻感情确已破裂、调解和好无效的，应调解或判决准予离婚。离婚的获准不以被告有过错为必要条件。立法强调"不能用法律来强行维护已经破裂的婚姻关系，使当事人长期痛苦"，对家庭、社会也无好处[①]。无过错离婚使"离婚已经变成快速、便捷和单方的行为""是将离婚的权利赋予最想离婚的一方"[②]。离婚原则的改变，旨在减少离婚中的敌意和损害，改善离婚环境。

（4）修改离婚程序。一方要求的离婚，可由有关部门调解或者直接起诉离婚；调解为法定程序。原《婚姻法》规定"男女一方坚决要求离婚的，经区人民政府和司法机关调解无效时，亦准予离婚"，但没有指出离与不离的界限。新婚姻法根据30年来的实践经验和群众意见，对这一规定作了重要修改："人民法院审理离婚案件，应当进行调解，如感情确已破裂调解无效，应准予离婚。"这就明确地把感情是否确已破裂作为离与不离的条件。同时，把离与不离的最后决定权赋予了人民法院。这样规定比较符合我国当时的实际情况。婚姻是以感情为基础的，当双方感情确已破裂、无法继续共同生活的时候，就失去了夫妻关系继续存在的基础，就应当准予离婚。如还有和好的可能，则不应准予离婚。这一规定，为保障离婚自由、反对轻率离婚提供了法律依据，具有重要的意义。

（5）加强调整家庭关系，鼓励夫到妻家落户。1980年的《婚姻法》规定："登记结婚后，根据男女双方约定，女方可以成为男方家庭的成员，男方也可以成为女方家庭的成员。"这具有移风易俗意义的重大改革，其核心

---

① 武新宇：《关于〈中华人民共和国婚姻法（修改草案）〉的说明》，《人民司法》1980年第10期。

② 伊丽莎白·S.斯科特：《婚姻义务与离婚的法律调整》，〔英〕安东尼·W.丹尼斯、罗伯特·罗森编《结婚与离婚的法经济学分析》，王世贤译，法律出版社，2005，第51页。

是提倡男到女家。几千年来，由于中国封建宗法制度的存在和影响，从来都是只许女到男家，歧视男到女家。1980年的《婚姻法》根据婚姻自主、男女平等的原则作出这样的规定，有利于进一步破除以男性为中心的封建宗法观念，树立男到女家的新风尚，有利于解决有女无儿的困难，尤其有利于在农村实行计划生育。

（6）针对婚姻家庭违法行为，增设制裁和强制执行。这些修改适应了中国社会改革开放的需要，婚姻家庭法得到较大发展。

2. 2001年的《婚姻法》（修正案）

1980年的《婚姻法》作为我国第二部调整婚姻家庭关系的重要法律，在其颁布实施的20多年中，在贯彻我国婚姻家庭制度、促进家庭和谐与社会稳定、保护当事人合法权益等方面发挥了重要作用。

然而，自我国实行改革开放以来，婚姻家庭生活中出现了许多新情况和新问题，作为调整婚姻家庭关系的《婚姻法》显得过于粗糙和简单，不仅存在着若干立法上的空白，而且某些规定已经明显滞后于现实生活。主要表现在：一是缺乏亲属制度的一般规定；二是原有的结婚制度不够完备，欠缺对违法缔结婚姻的处置规定；三是夫妻财产制规定过于简略，特别是关于夫妻财产约定未制度化；四是关于离婚的理由只有概括性的原则表述，执行中不易掌握，主观随意性大；五是对父母子女等家庭关系的调整不够重视，离婚父母对子女权利的行使和义务的履行存在一定空白，使得当事人的行为和司法审判无法可依；六是无涉外涉侨涉港澳台婚姻家庭关系法律适用的规定。因此，修改和完善1980年《婚姻法》就成了历史和现实的必然需要。

1980年《婚姻法》的修改，从20世纪80年代末90年代初开始，至2001年止，大体经历了酝酿阶段、委托起草阶段、立法机关起草阶段等过程。在这期间，由于法学家和社会学家等各方对于婚姻法的修改观点不一，争论非常激烈，还引发了社会各界参与的大讨论。在经过2000年10月、12月和2001年4月历时半年的三次审议之后，2001年《婚姻法》（修正案）终于在2001年4月28日第九届全国人民代表大会常务委员会第二十一次会议上获得通过并颁布实施。修正后的《婚姻法》（修正案）共6章51条，增加了1章14条，修改补充近30处。尽管它的修改带有过渡性的特点，总的体系和结构未变，但在内容上对1980年《婚姻法》作出了若干重要的补充和修正，主要针对社会反映强烈的突出问题，以增设、补充、修正等方式填补了婚姻家庭方面的立法空白，丰富和细化了原有的规定，并注重吸纳了最高人民法院的有关司法解释，增强了立法的针对性，体现出 2001 年《婚姻法》（修正案）对我国婚姻家庭立法的进一步丰富和发展。

2001 年《婚姻法》（修正案）对 1980 年《婚姻法》作了重大修正。此次修订针对社会上反映强烈的主要问题先作修改和补充，尽量吸收行之有效的有关行政法规和司法解释，注重可操作性。修法重点有以下九个方面。

（1）禁止有配偶者与他人同居，要求夫妻相互忠实。《婚姻法》（修正案）要求夫妻相互忠实，禁止有配偶者与他人同居，将违背法定要求的行为列入法定离婚事由及离婚损害赔偿事由，加大违法行为的成本，加大了对重婚等行为的遏制打击力度。一方面，《婚姻法》（修正案）在总则部分第 4 条中规定"夫妻应当互相忠实，互相尊重"，从法律上要求夫妻双方应当相互忠诚，这体现了当今社会绝大多数人的伦理道德观念和现实要求；另一方面，为了遏制社会上存在的"包二奶"等现象，又考虑到在立法上对违反一夫一妻制行为要逐一列举比较困难，《婚姻法》（修正案）在总则第 3 条中对原来 1980 年《婚姻法》的相关规定作了补充，在"禁止重婚"的基础上增加了"禁止有配偶者与他人同居"的规定。与此同时，为了加大对重婚等破坏一夫一妻制行为的打击力度，新增加的第五章"救助措施与法律责任"第 45 条规定："对重婚的，对实施家庭暴力或虐待、遗弃家庭成员构成犯罪的，依法追究刑事责任。受害人可以依照刑事诉讼法的有关规定，向人民法院自诉；公安机关应当依法侦查，人民检察院应当依法提起公诉。"另外，《婚姻法》（修正案）第 46 条规定，因重婚导致离婚的，无过错方有权请求损害赔偿。这就从立法上加重了"包二奶"者（即有过错方）的法律责任，为打击和遏制重婚等违法犯罪行为、坚持我国的社会主义婚姻家庭制度、维护我国社会主义的婚姻家庭秩序提供了有力的法律武器。

（2）禁止家庭暴力。家庭暴力是家庭成员之间实施的身体上或精神上的不法侵害行为。规定"禁止家庭暴力"，就是要强调家庭成员之间相互尊重人身权利和人格尊严的重要性。它对进一步保护公民特别是妇女、儿童和老人的人身权利，营造反家庭暴力的社会环境，维护平等、和睦、文明的婚姻家庭关系有着十分重要的意义。

《婚姻法》（修正案）借鉴近 50 年来治理家庭暴力的国际立法经验，

首次明文"禁止家庭暴力",为受害人提供多途径救助。它突破了数千年来"清官难断家务事"等传统观念,第一次引入警察制止家庭暴力,保障公民在私人生活领域的基本人权,是我国婚姻法家庭立法进步的标志性成果之一。

(3)删除麻风病人禁婚规定,增设婚姻无效制。过去婚姻法有禁止一定疾病的人结婚的规定,这些病人主要可以概括为具有严重精神方面的疾病和重大不治且有传染性方面的疾病。而对有生理缺陷不能发生性行为者,1950年《婚姻法》禁止该类人结婚,但《婚姻法》(修正案)取消这一规定。即双方或一方有生理缺陷不能发生性行为,事先明确告诉对方,对方仍自愿与其结婚的,应当尊重当事人的意愿,这也体现出当事人的意思自治的加强。增补的无效婚姻与可撤销婚姻方面的规定,内容包括婚姻无效的原因,婚姻撤销的原因、程序,请求权人和请求权行使的时间,婚姻无效和被撤销的法律后果,进一步完善了我国的婚姻制度。《婚姻法》(修正案)第10条规定:"有下列情形之一的,婚姻无效:①重婚的;②有禁止结婚的亲属关系的;③婚前患有医学上认为不应当结婚的疾病,婚后尚未治愈的;④未到法定婚龄的。"《婚姻法》(修正案)第11条还针对我国目前存在的拐卖妇女、暴力干涉婚姻自由等违法犯罪情况,规定"因胁迫而结婚的,受胁迫的一方可以向婚姻登记机关或人民法院请求撤销该婚姻"。在现实生活中,凡包办婚姻、买卖婚姻、第三人干涉的婚姻都可视为可撤销婚姻,受胁迫一方应自结婚登记之日起1年内或恢复人身自由之日起1年内向婚姻登记机关或人民法院提出撤销请求。

(4)增设个人特有财产制,完善约定财产制,关注交易安全。以婚后所得制为法定夫妻财产制,增设个人特有财产制;约定财产制有一般共同制、部分财产共同制和分别财产制三种类型,任由当事人选择适用,约定财产制应采用书面形式。

夫妻在婚姻关系存续期间所得财产的范围,即夫妻共同财产的范围,包括夫妻在婚姻关系存续期间所得的工资、奖金;生产、经营的收益;知识产权的收益;除《婚姻法》(修正案)第18条第3项另有规定以外的因继承或赠与所得的财产以及其他应当归夫妻共同所有的财产。

夫妻一方所有(即特有)的财产范围,《婚姻法》(修正案)第18条规定包括以下几个方面:①一方的婚前财产;②一方因身体受到伤害获得的医疗费、残疾人生活补助费等费用;③遗嘱或赠与合同中确定只归夫或妻一方的财产；④一方专有的生活用品；⑤其他应当归一方的财产。

约定财产的范围既包括婚姻关系存续期间所得的财产，也包括婚前财产。《婚姻法》（修正案）对约定的内容、形式及法律效力都作出了具体的规定。当夫或妻一方对外负债时，如果第三人知道该约定的，则以夫或妻一方所有的财产清偿债务。《婚姻法》（修正案）首次提出了"夫妻书面约定婚姻关系存续期间所得的财产归各自所有，一方因抚育子女、照料老人、协助另一方工作等付出较多义务的，离婚时有权向另一方提出请求补偿，另一方应当补偿"的规定。

对于因重婚导致婚姻无效的财产处理问题，着重保护合法婚姻当事人的财产权益，首次强调"不得侵害合法婚姻当事人的财产权益"。

（5）法定离婚事由具体化，七类情形可确认为夫妻感情破裂。离婚法定理由具体化，凡具有重婚、婚外与他人同居、实施家庭暴力、虐待遗弃家庭成员、分居二年等七种情形之一，调解无效的，准许离婚。一方失踪的，另一方要求离婚，亦应准许。军婚仍受特别保护，但军人一方有重大过错的除外。司法裁判离婚的标准明确，操作性强。

（6）设立探望权，从制度上减弱父母离婚对未成年子女的不利影响。针对现实存在的问题，《婚姻法》（修正案）第38条第1款规定："离婚后，不直接抚养子女的父或母，有探望子女的权利，另一方有协助的义务。"探望的方式、时间由双方协议，协议不成时，由人民法院判决。如果父或母探望子女不利于子女身心健康的，由人民法院依法中止其探望的权利。这就使父母对子女抚养教育的权利和义务能够得到落实和保障，既体现了法律的人文关怀，也填补了我国婚姻家庭立法上的一个空白。

（7）增设离婚损害赔偿、离婚时经济补偿请求权，扩大生活困难帮助范围。合理调节离婚当事人双方的利益，扶助弱势一方，是社会公平的重要体现。完善离婚救济是对市场经济环境下贯彻婚姻自由的必要修补。现行离婚救济包括离婚损害赔偿、生活困难帮助、经济补偿请求权。离婚损害赔偿的确立，旨在评判婚姻破裂的是非与责任，预防和制裁婚姻家庭过错行为，安抚无过错一方，这是我国离婚法现代化的重要标志之一。生活困难帮助部分地解除了弱势当事人一方离婚的后顾之忧；将帮助范围扩大到住房困难帮助，关注到了婚姻家庭法与社会保障法相协调，离婚自由与人权保障相呼应。离婚时经济补偿请求权是中国法律第一次直接确认家事劳动的社会价值，否定配偶利用婚姻剥削另一方的劳动。该制度旨在协调婚姻当事人个体利益与家庭共同发展的关系，反映了公平观念对家庭法的渗透。由于妇女群体的弱势地位，事实上，离婚救济的主要救济对象是妇女，上述救济制度对于更好地保护妇女及儿童的合法权益意义重大。

（8）保障老年人的受赡养权和婚姻自由权。《婚姻法》（修正案）第30条规定："子女应当尊重父母的婚姻权利，不得干涉父母再婚以及婚后的生活。子女对父母的赡养义务，不因父母的婚姻关系变化而终止。"这充分体现了对老人婚姻自由的尊重和合法权益的保护，具有很强的针对性和现实意义。

（9）设法律责任专章。《婚姻法》（修正案）第五章"救助措施与法律责任"部分是新增加的内容，对重婚、家庭暴力、离婚损害赔偿等问题都作出了规定。

第一，强化了对受害人的救助措施。由于家庭暴力和虐待行为有重合，这次在《婚姻法》（修正案）中对它们分别加以规定。《婚姻法》（修正案）第43条至第46条明确规定，家庭暴力、虐待、遗弃、重婚等违法行为的受害人，有权向有关机关和单位提出保护、自诉和损害赔偿等请求，公安机关和人民法院应当及时予以处理和解决。对于实施家庭暴力和虐待家庭成员的，公安机关应依法对施暴者给予行政处罚。对于重婚或虐待、遗弃家庭成员构成犯罪的，要依法追究其刑事责任。

第二，确立了离婚损害赔偿制度。《婚姻法》（修正案）明确规定对于因重婚、有配偶者与他人同居、实施家庭暴力、虐待或遗弃家庭成员等原因导致离婚的，无过错方有权请求损害赔偿。这在我国婚姻家庭立法上是一个历史性的突破。

第三，规定了对规避法律行为的制裁办法。例如，第47条是针对在离婚诉讼中企图用"先下手为强"的方式来侵占财产或以"假离婚"为手段来逃避债务的行为而制定的。第48条是针对司法实践中出现的拒不执行人民法院已生效的有关扶养费、抚养费、赡养费、财产分割、遗产继承、探望子女等判决或裁定的行为而制定的，人民法院对此可以依法强制执行。

3. 未来婚姻家庭立法面临的挑战

新中国成立60多年来，我国在经济、文化、法制、社会等各个领域都发生了巨大的变化，同时我国在婚姻家庭立法方面也取得了巨大的成就。新中国成立以来我国婚姻法经历了三次大的立法变化，每一次变化都在社会上引起了较大的反响。这中间我们不仅完成了婚姻法的制度架构，而且实现了理论创新，完善了我国婚姻家庭立法，保护了公民婚姻家庭的权益，促进了社会主义的法制建设。但随着社会经济环境的巨大变迁、人们价值观念的改变、科学技术的发展，婚姻家庭诸多制度尚需要进一步建立和完善，以适应社会新的需求。

（1）非婚同居是否制度化。非婚同居是指两个成年人自愿结合共同生活，但不构成婚姻。非婚同居在工业发达国家已经普遍赢得了法律公开的认可和保护。自20世纪40年代后，非婚同居人数持续增长。到20世纪70年代，从欧洲开始，西方国家的公共政策从排斥、否定非婚同居，转为部分接纳到最终完全承认。我国法律长期排斥、否定未婚同居，统称之为"非法同居"，但是，非婚同居者的数量并未因此减少。法律规范就意味着责任、行为限制和成本，现有多数研究成果主张改变既往立场，承认并保护非婚同居。[①] 未来家庭法律政策将何去何从？尚需深入研究、慎重决断。

（2）同性结合是否合法化。人类数千年来异性婚姻的基本价值观已经被突破。自丹麦议会于1989年通过《家庭伴侣法》率先承认同性伴侣关系以来，同性婚姻已在挪威、荷兰、芬兰、加拿大等国获得法律认可，同性伴侣关系在法国、德国、英国等多国获得承认，也在美国的部分州获得保护。约20年间，同性结合合法化的国家和地区的数量持续增加，尽管承认同性结合的过程充满争议。同性结合合法化颠覆了人类性关系的最基本价值观，将极大地影响未来的婚姻和家庭。中国应加强同性性关系的基础性问题研究，调研国内同性性倾向群体状况，结合中国社会、政治、经济、文化和法治发展状况，就同性结合问题提出合理可行的应对之策。

（3）未成年人群体保护面临更大挑战。未成年人作为权利主体被社会认识，儿童权利保护开始普遍受到关注。不过，由于家庭变迁和社会变动的加剧，未成年子女权益保护面临更复杂的社会环境，传统家庭保护机制日显力不从心。留守儿童现象典型地说明，在社会转型时期，传统社会支持系统弱化，新的社会支持系统尚未有效建立，部分儿童权益保护迫切需要新的社会政策引导。对此，家庭法肩负重任，应当有所作为。

（4）家庭扶养责任与社会保障的互补与协调。人口老龄化使家庭扶养职能实现遇到了新问题。我国推行独生子女政策后，家庭结构呈421型。

①　参见张民安《非婚同居在同居配偶之间的法律效力》，《中山大学学报》1999年第2期；蒋婉清、田岚《北京市事实婚姻与同居关系的调查分析》，巫昌祯主编《婚姻法执行状况调查》，中央文献出版社，2004，第3~38页。

老龄化社会里，养老对于个人、家庭或者国家都异常艰巨。加之工业化、城镇化过程中，人口大规模流动，部分家庭成员长期聚少离多，家庭经济条件改善的同时，日常生活扶助、精神抚慰遭遇地理隔阂，家庭扶养制度受冲击极大。国家应当加速建设社会保障，协调婚姻家庭法与社会保障法，编织更坚固的扶养保障网。

（5）生物技术对婚姻家庭伦理与法的影响。生物技术的发展及其应用必然引发伦理、道德和法律问题。涉及婚姻家庭的新生物技术包括人工生殖技术、遗传材料储存技术和变性技术。以人工生殖技术为例，它改变了人类性行为与生育行为之间的必然联系，改变了两性关系与血缘关系之间的法律关系，涉及生育权、父母身份确认、人工生殖辅助生育意愿表达、出生登记、孩子知情权保障等问题，广泛影响婚姻家庭法律制度。自20世纪70年代开始，美国、英国、法国等已立法对其予以规范。在中国，婚姻家庭法学界对利用生殖技术生育所产生的伦理、道德和法律问题研究不多。调整人工生殖技术服务的立法层级较低，仅有个别司法解释规范人工授精所生子女的亲子关系，无法律调整生物技术涉及的婚姻家庭问题。婚姻家庭法未来立法应系统地规范相关各方的身份、地位、利益和责任。

（6）进一步完善若干具体制度。要使婚姻家庭立法的内容科学、系统、全面，并具有一定前瞻性，需要增设亲属的通则性规定，健全亲属制度。未来立法应考虑如何落实未成年人利益保护优先原则。家庭财产关系上，宜增设夫妻财产管理权，规范父母对未成年子女个人财产的管理，监护与扶养制度应根据实际需要补充完善。明确涉外和区际婚姻家庭关系的法律适用，如涉外婚姻效力、非婚生子女地位等问题还需进一步规定等。

（7）构建婚姻家庭纠纷多元化解决机制。家事纠纷不同解决机制有很大开拓空间。婚姻家庭纠纷不仅数量大增，且种类呈现出多样性和复杂化趋势，单一的家事纠纷司法裁决机制难以满足现实需求。应当完善地方自治组织的调解制度。应当设置家事诉讼的调解前置程序。鉴于现行调解前置程序仅适用于离婚案件，建议借鉴日本等国的家事审判法，除涉及刑事犯罪的外，调解程序适用于所有家事纠纷，重视修复或重建人际关系。

（8）不同法域婚姻家庭立法冲突的解决及涉外婚姻家庭关系法律调整。中国的内地、香港、澳门、台湾四个地区，各自的法律自成一体，系四个不同法域，应加强涉及不同法域的居民之间的婚姻家庭关系的规制。应健全涉外婚姻家庭关系的调整。婚姻家庭法正在前所未有地快速发展，引发和促成这些变化的，是社会经济快速发展、妇女运动发展和妇女解放程度提高、社会保障建立与发展、人权运动积极推动、国际法律实践相互影响、公平合理价值观对婚姻家庭渗透等因素。30 多年的经验启示我们，在包括现代市场经济在内的社会里，家庭对一半以上的经济活动承担着责任；婚姻家庭立法未来的变化，将在很大程度上影响整个社会生活的面貌。探讨婚姻家庭法的变革，分析今后亟待解决的重大问题，把握其未来发展方向，将更好地促进婚姻家庭法与社会之间的良性互动，促进社会进步。①

二　《民法通则》及婚姻家庭法向民法的回归

20 世纪 50 年代，我国立法受苏联立法模式的影响，认为民法的对象主要是财产关系；而家庭法的对象是由婚姻、血统、收养收留教养儿童所发生的关系。而且对"资本主义婚姻家庭关系契约化、商品化"持严厉批判态度，婚姻家庭法脱离民法而独立存在。

从改革开放以来，特别是在 20 世纪 80 年代中期以后，随着我国社会主义政治、经济体制改革的深入，社会主义法制的逐步健全，特别是人们思想观念的进一步解放和转变，理论认识上的廓清，它所暴露出来的历史局限性，引起了法学界对这一问题的重新认识，以求为婚姻家庭法的法律地位寻找一个更恰当的归属。直至 1986 年我国制定《民法通则》时，学者们才逐步形成较为一致的意见，确定婚姻家庭关系也是平等主体之间的人身关系和财产关系，应当成为我国民法的调整对象。这个意见被国家最高立法机关所吸收，在我国《民法通则》中用了 3 个条款作了有关婚姻家庭方面的规定。第 103 条规定："公民享有婚姻自由权，禁止买卖、包办婚姻和其他干涉婚姻自由的行为。"第 104 条第 1 款规定："婚姻、家庭、老人、母亲和儿童受法律保护。"第 105 条规定："妇女享有同男子平等的民事权利。"

《民法通则》的颁行，一方面结束了婚姻法学界长期存在的婚姻家庭法究竟是独立的法律部门还是民法组成部分的争论；另一方面又正式宣告了婚姻家庭法向民法的回归，确立了婚姻家庭法作为民事法律组成部分的法律地位。在这之后，认为婚姻家庭法应属于我国民法的组成部分的观点逐

---

① 蒋月：《中国改革开放三十年婚姻家庭立法的变革与思考》，《浙江学刊》2009 年第 3 期。

渐占了上风。① "民法在法律属性上属于私法，我国婚姻家庭法在本质上也属于私法，是我国民法的重要组成部分。将婚姻家庭法（亲属法）定位于民法范畴，是我国经济社会发展的需要，也符合世界各国立法通例。"②

2001 年婚姻法修订工作完成后，《民法典》的制定工作进入高潮，民法典草案已于 2002 年 12 月 23 日提交全国人大常委会第 31 次会议进行了审议。在该审议的草案中，婚姻法作为第五编被规定在其中。婚姻法入民法典，从中也可以看出婚姻制度立法逐渐由国家公权力介入为主演进为婚姻契约理论成为主要理念。在现代社会，契约对社会生活的影响日益深入。全部的社会生活都要利用它、依靠它，正由于有了明示或默示的、宣告或意会的契约，才产生了所有的权利、所有的义务和所有的法律。③ 现代婚姻家庭关系呈现"功利化、市场化、人本化、开放化和多样化"的态势。④

三　特定人群的政策法规

1.《未成年人保护法》

自 1959 年《儿童权利宣言》最早提出"应以儿童的最大利益为首要考虑"⑤ 的国际性指导原则以来，1979 年联合国《消除对妇女一切形式歧视的公约》和 1989 年联合国《儿童权利公约》都作出了"儿童最大利益优先原则"的倡导性规定。在当今世界，更加注意"尊重和保护儿童利益"已是现代婚姻家庭法的发展趋势之一。

我国政府历来十分重视保护儿童的权益。1992 年，我国参照世界儿童问题首脑会议提出的全球目标和《儿童权利公约》，发布了《九十年代中国儿童发展规划纲要》，要求各级政府和有关部门坚持"儿童优先"的原则。国务院 2001 年 5 月 22 日发布的《中国儿童发展纲要（2001～2010

---

①　吴国平:《我国婚姻家庭法的立法定位与制度完善研究》,《广西大学学报（哲学社会科学版）》2011 年第 6 期。

②　吴国平:《我国婚姻家庭法的立法定位与制度完善研究》,《广西大学学报（哲学社会科学版）》2011 年第 6 期。

③　〔美〕伯纳德·施瓦茨著《美国法律史》,王军等译,中国政法大学出版社,1990,第 65 页。

④　刘达临等:《社会学家的观点——中国婚姻家庭变迁》,中国社会出版社,1998,第 107 页。

⑤　1959 年《儿童权利宣言》之原则二规定,儿童应受到特别保护,并应通过法律和其他方面获得各种机会与便利,使其能在健康而正常的状态和自由与尊严的条件下,得到身体、心智、道德、精神和社会等方面的发展。在为此目的而制定法律时,应以儿童的最大利益为首要考虑。该宣言之原则七还规定,儿童的最大利益应成为对儿童的教育和指导负有责任的人的指导原则;儿童的父母首先负有责任。

年)》，其"总目标"部分开篇就提出"坚持'儿童优先'原则，保障儿童生存、发展、受保护和参与的权利，提高儿童整体素质，促进儿童身心健康发展"。在立法上，除我国宪法对人权和儿童保护作出了原则性规定外，《中华人民共和国未成年人保护法》作为一部针对未成年人保护的专门立法，对未成年人保护工作的原则以及未成年人的家庭保护、学校保护、社会保护和司法保护等问题作出了进一步的原则性规定。

1991 年《未成年人保护法》设"家庭保护"专章，规定父母及其他监护人的职责与义务。针对部分家庭存在的"生而不养、养而不教、教而不当"等问题，以及留守儿童增多、单亲家庭增多等现象，全国人大于 2006 年 12 月 29 日通过新修订的《未成年人保护法》，引导父母或其他监护人正确履行监护职责。

确立了国家根据未成年人身心发展特点给予特殊、优先保护的原则。承认未成年人的权利主体地位。父母或者其他监护人应当根据未成年人的年龄和智力发展状况，在作出与未成年人权益有关的决定时告知本人，听取他们的意见。人民法院审理离婚案件，涉及未成年子女抚养问题，应当听取有表达意愿能力的未成年子女的意见。

父母或者其他监护人应当关注未成年人的生理、心理状况和行为习惯，以健康的思想、良好的品行和适当的方法教育和影响未成年人。父母不能实际履行监护职责的，应当委托他人代为监护。离婚后，不直接抚养子女的父母一方有探望子女的权利，另一方有协助义务，以确保子女与父母双方保持正常联络与交往。

我国现在已形成了包括《中华人民共和国母婴保健法》、《中华人民共和国收养法》、《中华人民共和国未成年人保护法》和《中华人民共和国义务教育法》等保护儿童权益的法律法规，这些法律法规为少年儿童身心健康成长提供了法律保障，体现了儿童权益保护的普遍性。从儿童福利的角度分析，国家保护的儿童由最初的孤残儿童，扩大到当前的社会孤儿、艾滋病致孤儿童、服刑人员子女、流浪儿童及其他困境儿童乃至所有儿童，国家逐渐扩大儿童保护范围，将越来越多的困境儿童和问题儿童纳入保护范围，显示传统儿童福利制度正在向现代儿童福利制度转型过渡。不过，总体来说，目前儿童福利与儿童发展保护议题的社会地位尚待提高，需要国家给予更多的承诺。

现行儿童政策法规尚存在诸多结构性问题，亟待改进完善，为儿童身心健康发展营造良好的社会环境。第一，儿童需要、儿童权利、儿童保护和儿童福利等价值观念尚未成为全社会的共同价值观，儿童福利服务体系缺乏相应的机制基础，许多传统观念和错误思想仍束缚着人们的手脚。第二，儿童政策法规的目标过于政治化和意识形态化、过于理想，儿童福利政策目标和福利服务的生活化、个性化、发展性色彩比较淡薄，对儿童缺乏吸引力。第三，儿童福利政策目标和福利服务对象主要集中于少数的"问题儿童"和部分困境儿童，绝大多数正常儿童得不到应有的福利服务，儿童福利服务的选择性特征明显，普及性的儿童福利服务亟待发展，以便使所有儿童都能享受家庭关爱、国家保护和社会照顾。第四，儿童福利服务范围有限，内容主要集中于思想道德教育和意识形态宣传，形成儿童福利服务的思想道德教育和意识形态化模式，但是针对儿童其他基本需要满足问题，如儿童教育、儿童营养食品与体质发育、儿童免疫接种、儿童娱乐场所等解决之策较少。第五，现有的儿童福利服务呈现分散、分隔的特点，各种服务之间缺乏有效联系和逻辑关系。第六，儿童福利组织基本局限于国家机构和国有单位，民间组织难以进入儿童福利服务领域，从事儿童福利服务的非政府组织难以获得国家的财政资金和优惠政策待遇，发展步履维艰。第七，儿童福利机构缺乏高素质专业人员，工作队伍建设严重滞后，影响儿童福利事业的发展。第八，儿童福利服务缺乏专门明确的财政资金来源渠道，中央政府和地方政府均无儿童福利事业专门财政科目。第九，儿童福利服务管理体制多元。儿童福利服务管理分散在发改委、教育部、卫生部、农业部、劳动与社会保障部、妇联、青年团、工会组织和中国残疾人联合会等机构，各部门只管部分服务，形成多头管理、政出多门、推诿扯皮、效率低下和政策冲突的局面，缺乏国家层面上权威、统一和综合性的儿童福利行政管理机构，如美国的儿童福利局。

2. 《妇女权益保障法》

1992 年《妇女权益保障法》专门规定了妇女的婚姻家庭权益，使妇女的婚姻家庭权利更具体。《妇女权益保障法》实际上是下位法对上位法（《宪法》）、普通法对根本法的贯彻落实，进一步树立了实行男女平等在国家政治、经济和社会生活中的基本地位。

2005 年修订的《妇女权益保障法》，在保护原有妇女的政治、文化教育、劳动、财产、人身、婚姻家庭六大类基本权利的基础上，增加了在市场经济条件下出现的妇女权益保护的内容；明确了政府行政机关执法主体的职责，加大了依法行政的力度；增强了现行法律的适应性和可操作性；强化了违法行为人各方的法律责任；借鉴了国外的立法经验；赋予了法时代性和导向性；比较全面地体现了对妇女各项权益的特别保护和立法价值取向的鲜明立场。

《妇女权益保障法》（修正案）专门突出了对农村妇女土地承包权、经营权、集体经济组织收益分配、土地征收或征用补偿使用等相关利益的保护规定，还特别新增了"任何组织和个人不得以妇女未婚、结婚、离婚、丧偶等为由，侵害妇女在农村集体经济组织中的各项权益"。这对农村女性财产权的具体保护无疑会产生强有力的作用，也是《妇女权益保障法》（修正案）的亮点之一。

《妇女权益保障法》（修正案）完善了对妇女婚姻家庭权益的保护。《妇女权益保障法》（修正案）在第七章中的立法变化之一：为保障妇女在婚姻家庭中的人身权利不受非法侵害，在第46条增加了禁止对妇女实施家庭暴力的条款，完成了与2001年《妇女权益保障法》（修正案）中禁止家庭暴力内容的衔接，填补了妇女权益保障法的空白。立法的变化之二：在第46条第2、3款明确加强了国家采取措施预防和制止家庭暴力的责任；同时，具体规定公安、民政、司法行政等部门以及城乡基层群众自治组织、社会团体，应当在各自的职责范围内预防和制止家庭暴力，依法为受害妇女提供救助。这为我国今后制定《反家庭暴力法》起到了引导和推动的作用。立法的变化之三：在第47条增加了离婚时妇女对家务劳动可以请求补偿的法律规定，即"婚姻关系存续期间，女方因抚育子女、照料老人、协助男方工作等承担较多义务的，有权在离婚时要求男方予以补偿"。这条规定是对我国现行《婚姻法》第40条夫妻只有在书面约定婚姻关系存续期间所得的财产归各自所有的情况下，一方尽了较多家庭劳动义务，离婚时才有权请求另一方补偿规定的重要突破。

《妇女权益保障法》作为专以妇女为保护对象、主要从保障妇女权利的角度来调整男女两性社会关系的法律，从历史的视角来看，它是我国有史以来第一部全面保护妇女权益的法律，它的产生是人类进步的必然要求，也是现代社会文明的重要尺度和标志；从法律的视角来看，它是一部保障妇女权益、促进男女平等的基本法，在维护妇女权益的法律体系中处于主体地位；从人权的视角来看，它是一部保障妇女人权的法律，是我国人权保障法的重要组成部分；从文化的视角来看，它是一部体现先进性别文化的法律。这部法律颁布实施以来，在保障妇女人权、促进男女平等方面发挥非常重要的作用。

保护妇女权益的目的就是为了提高妇女的地位，切实消灭阶级社会中普遍存在的男女不平等现象，使妇女在社会和家庭中享有与男子平等的权利，其中包括政治权利、文化教育权利、财产权益、婚姻家庭权利、劳动权利等。

然而，在我国的目前发展阶段，妇女权益的实现仍然受到很多因素的制约，导致妇女权益保障方面仍然存在着一些问题。概括起来，主要有以下几个方面。

（1）政治地位的"平等"保障广度不够。随着文化教育事业的普及，从农村到机关妇女的整体素质已明显地提高，据有关资料统计，我国女干部的人数已占全国干部总数的1/3，全国的各地、市、县（区）党政班子中，女干部配备分别为94.％和99.3％。但在现实社会中，无论是农村的村民主任、村委会委员到乡人民政府的乡长、党委委员，还是地方各级人民政府各行政机关到中央人民政府，女干部的配备虽占一定的比例，但不可能占干部总数的1/3，事实上女同志担任领导职务的比例及其岗位的重要性远不及男同志。基层如此，各级政府也是如此。①

（2）就业招聘比例的"平等"保障缺乏机制。社会主义市场的竞争，很大程度上表现为人才的竞争，虽然社会中的服务业或机关中打字员等工种确实对女工需求的数量相对较多，女性应聘这些岗位相对容易，但总体而言在就业招聘中依然存在着较大的偏见，不管是企业的招聘、招工，还是国家机关招用公务员等，男同志更受欢迎，就拿大学毕业生来说，同等的学历、同样的学校，男性自荐容易受聘、女性自我推销则困难重重。另外，工资报酬男、女也不同。

（3）财产继承的"平等"保障力度不强。《妇女权益保障法》第31条规定："妇女享有的与男子平等的财产继承权受法律保护，在同一顺序法定继承人中，不得歧视妇女。丧偶妇女有权处分继承的财产，任何人不得干涉。"第32条规定："丧偶妇女对公、婆尽了主要赡养义务的，作为公、婆的第一顺序法定继承人，其继承权不受子女代位继承的影响。"以上说明，

---

① 梅荷艳、魏微、暨婷：《浅析强化妇女权益保护的机制和措施》，《法制与社会》2009年第1期。

妇女在财产的继承权上不仅享有与男子同等的权利，而且丧偶的媳妇在对公、婆尽了主要赡养义务的情况下，法律明确规定其享有法律继承权。但在社会生活中，尤其是农村家庭，丧偶的媳妇如果不再婚嫁，就财产继承而言，问题不大，但如果丧偶媳妇再婚，不用说带走继承所得的房屋，即使是小件物品或家具也是很难做到。

（4）家庭暴力的存在说明男女的不平等。《最高人民法院关于适用〈中华人民共和国婚姻法〉若干问题的解释（一）》第 1 条对家庭暴力的范畴作了表述，家庭暴力是指行为人以殴打、捆绑、残害、强行限制人身自由或者其他手段，给其家庭成员的身体、精神等方面造成一定伤害后果的行为。近年来，家庭暴力呈现不断上升的趋势，在我国，据中国社会科学院最近的调查表明，妇女遭受家庭暴力的占 30%。这就意味着，街头每三四位姗姗而过的女子中，就有一位曾经或正在忍受家庭成员的粗暴：从一记耳光到一场痛殴。[1]

妇女权益受到侵害的原因是多方面的，法律法规的不完善是原因之一，主要表现为以下几个方面。

第一，法律规定相对滞后于时代的发展。我国大多数有关妇女权益保护的法律法规都制定于 20 世纪 80 年代末 90 年代初，可以说仍然带有计划经济时代的烙印，有很多已经不能适应目前社会的需要。2005 年修订的《妇女权益保障法》作了很多修改，但仍有一些不足，如第 57 条第 3 款规定的"主管部门"，已经随着企业经营机制的改革失去了意义。现有的妇女权益保护法规更多是对已经与用人单位建立劳动关系的女职工的保护，而对于正在劳动力市场中寻找工作的妇女或非正规就业的妇女所提供的保护极为有限，没能充分反映出市场经济条件下对妇女保护不同于计划经济条件下的特性。

第二，法律指导观念落后，有些内容不太合理。由于缺乏社会性别意识的指导，我国现行立法对于妇女权益的保护主要局限于妇女生理性别和作为弱势群体的保护，忽视了对社会性别意义上平等权利的保护，有些规定不仅没有起到保护女职工权益的作用，反而成为影响女职工权益获得的重要因素。例如，我国妇女的法定退休年龄比男子早 5 年甚至 10 年。过去

---

[1]　梅荷艳、魏微、訾婷：《浅析强化妇女权益保护的机制和措施》，《法制与社会》2009 年第 1 期。

这被认为是对妇女的照顾，其实是无视男女社会性别所导致的男女劳动权益在立法上的不平等现象。

第三，法律规定过于原则化，缺乏可操作性。目前我国关于妇女权益保护的法律规定不够具体，缺乏可操作性，新妇女权益保障法有了很大改进，但仍有不足。例如，《妇女权益保障法》第53条规定没有明确指出哪些是"有关部门"，实践中容易出现各部门之间相互推诿扯皮的现象；《妇女权益保障法》明确禁止就业中的性别歧视和性骚扰，但基本都是原则性规定，对于判断标准、举证责任如何分配以及违法应承担哪些法律责任等方面都缺乏具体的规范；《妇女权益保障法》和《劳动法》都规定了男女同工同酬、但对什么是同工同酬，什么构成报酬歧视缺乏具体的判断标准。此外，在用人单位违反劳动保护规定时，受害人获得救济的方式和途径也缺乏具体性配套规定。

3.《老年人权益保障法》

1996年10月1日开始实施的《中华人民共和国老年人权益保障法》，是我国历史上第一部专门保护老年人权益的法律。《老年人权益保障法》的制定，适应了我国保障老年人合法权益的客观要求。《老年人权益保障法》的宗旨是保障老年人的合法权益，发展老年事业，弘扬中华民族敬老、养老的美德。《老年人权益保障法》是继《残疾人保障法》《未成年人保障法》《妇女权益保障法》之后，我国对特定人群保障法律体系中的又一部重要法律。《老年人权益保障法》的出台显示我国基本完成了对弱势群体的立法保护，彰显出国家对老年事业的重视，反映了国家应对老龄化问题的信心和勇气。

20世纪90年代中期，人口老龄化作为一个社会问题，已受到世界各国的普遍重视。当时我国老年人口已经达到1.1亿，即将进入人口老龄化社会。这一状况引起了国家的高度重视并采取了许多积极的措施，以维护老年人的权益。但老年人合法权益受侵犯的现象时有发生，子女不赡养老人，虐待、遗弃老年人的现象逐渐增多，挤占或侵占老人住房和其他财物、暴力干涉老人婚姻等事件时常出现，一些地区拖欠职工退休金和医疗费的情况很严重。因而，制定法律切实保障老年人这一特殊群体的权益和解决他们所面临的问题，十分迫切。因此，内务司法委员会根据全国人大常委会五年立法计划，于1994年4月成立《中华人民共和国老年人权益保障法》起草小组，拟定了《中华人民共和国老年人权益保障法（草案）》。1996年

8月26日全国人大常委会第二十一次会议通过并于10月1日起实施。

1996年颁布的《老年人权益保障法》共6章50条，对老年人的赡养与扶养、社会保障、参与社会发展及法律责任等作出了明确的法律规定。规定"国家和社会应当采取措施，健全对老年人的社会保障制度，逐步改善保障老年人的生活、健康及参与社会发展的条件，实现老有所养、老有所医、老有所学、老有所为、老有所乐"，为开展老年人合法权益保障指明了方向。

享受家庭赡养与扶养的权利是老年人的基本权利之一。《老年人权益保障法》明确指出，"老年人养老主要依靠家庭，家庭成员应当关心和照料老年人"。这一规定表明了老年人与家庭成员之间的关系，一方面老年人有从家庭成员那里获得赡养和扶养的权利，另一方面家庭成员有关心和照料老年人的义务。老年人除了享有获得家庭赡养与扶养的权利以外，还享有住房权、婚姻自由权、财产所有权和继承权。住房权是指老年人有权居住在条件良好的房屋及拥有自有的或承租的住房的权利。婚姻自由权是指老年人有权按照自己的意愿决定和处理婚姻问题的权利。财产所有权是指老年人作为财产所有人有依法对自己的财产占有、使用、收益和处分的权利。继承权是指老年人有依法继承父母、配偶、子女或者其他亲属的遗产的权利。

获得社会保障的权利是《老年人权益保障法》规定的老年人应该享有的另外一项权利，它包括老年人的生活保障权、健康权、文化教育权和享受生活照料权等权利。生活保障权是指老年人有从国家和社会获得生活保障的权利。也就是说，老年人除了拥有从家庭成员那里获得赡养和扶养的权利外，也拥有从国家与社会获得生活保障的权利。健康权是指老年人有从国家和社会获得医疗照顾的权利。文化教育权是指老年人依法享有继续教育以及从事科学技术研究、文学艺术创作和其他文化活动的权利。享受生活照料权是指老年人有从国家和社会获得生活照料的权利，《老年人权益保障法》从老年福利设施、社区服务和特殊优待三个方面作了相应的规定。

《老年人权益保障法》专门列出一章，即第四章"参与社会发展"，来规定老年人参与社会发展的权利，具体规定：国家和社会尊重老年人参与社会发展的权利；国家和社会为老年人参与社会发展创造条件；国家和社会鼓励老年人参与有意义的社会活动。

为切实保障老年人合法权益免受侵害，《老年人权益保障法》在法律责任一章作出了具体明确的规定。一是有关单位、基层人民政府、人民法院对老年人有关赡养、扶养、住房、财产等纠纷的申诉、控告都应当及时受理，作出处理或判决。二是对赡养人和其他家庭成员虐待、遗弃老年人，暴力干涉老年人婚姻自由，盗窃、抢夺老年人财物等违法行为，应当视其情节轻重，追究法律责任。

《老年人权益保障法》是一部有中国特色的法律，它主要有以下几个特点。

第一，坚持以家庭养老为主与社会保障相结合的养老形式。《老年人权益保障法》突出了家庭的赡养义务。《老年人权益保障法》第二章关于家庭赡养与扶养共 10 个条款，规定了我国老年人养老主要是依靠家庭。规定了赡养人的义务及有扶养义务的人的扶养义务。作出这样的规定，一是考虑当时我国老年人生活的实际状况。即绝大多数是与子女（包括孙子女）一起生活在家庭中，赡养扶助老年人主要通过家庭来实现。二是家庭养老是中国的好传统，让老年人在家庭生活中与子女共享天伦之乐，是中华民族敬老养老的主要方式，也比较符合我国的国情。第三章社会保障共 20 个条款，规定了国家为实现老年人权利的社会保障措施，包括国家建立养老保险制度、医疗保险制度；对无劳动能力、无生活来源、无赡养人和扶养人或赡养扶养有困难的老年人采取必要的措施，还有发展老年教育，鼓励和支持社会组织和个人兴办老年福利事业，发展社区服务以及法律援助等方面的内容。我国以家庭养老为主与社会保障相结合的养老形式，符合我国的国情。这种养老形式是从我国现阶段生产力不很发达、社会财富还不太丰富以及传统的家庭作用状况出发决定的。《老年人权益保障法》在弘扬中华民族敬老、养老美德的同时，提出了逐步完善社会保险制度，这就克服了完全依靠家庭养老的不足，调动了家庭养老与社会养老两个积极性，使老年人的物质生活得到保障、日常生活得到家庭照顾、精神上得到慰藉。在家庭对老年人履行不了赡养义务或老年人的某些权益难以得到保障时，可以依靠社会各方面的力量共同努力去弥补家庭养老的不足，从而实现对老年人合法权益的保障。

第二，提倡老年人老有所为，积极养老。老有所为是解决人口老龄化问题的一个重要途径。老年人有丰富的知识、技能和经验。随着人民生活水平的普遍提高，老年人健康状况有了很大改善，平均寿命延长，许多老年人又有继续发挥作用的愿望，社会也需要这些老年人。《老年人权益保障法》第四章中明确老年人要老有所为，参与社会发展。国家和社会应当重视、珍惜老年人的知识、技能和革命、建设经验，尊重他们的优良品德，发挥老年人的专长和作用（第 40 条）。提出了在需要和可能、自愿与量力的原则下发挥老年人的作用，可以从事 对青少年和儿童进行社会主义、爱国主义、集体主义和艰苦奋斗等优良传统教育；传授文化和科技知识；提供咨询服务；依法参与科技开发和应用；依法从事生产和经营活动；兴办社会公益事业；参与维护社会治安，协助调解民间纠纷以及其他社会活动（第 41 条）。并指出"老年人参加劳动的合法收入受法律保护"（第 42 条）。

第三，为老年人提供法律援助。多数老年人在合法权益受到侵害时不愿意诉诸法律。《老年人权益保障法》考虑到老年人的心理特点和实际困难，规定了如下措施：一是老年人合法权益受到侵害提出诉讼，交纳诉讼费有困难的，可以缓交、减交或者免交（第 39 条）；二是需要获得律师帮助，但无力支付律师费用的，可以获得法律援助（第 39 条）；三是人民法院对老年人追索赡养费或者扶养费的申请，可以依法裁定先予执行（第 45 条）。

《老年人权益保障法》是我国法律体系的重要组成部分，是我国老年人权益保障依据的基本法。《老年人权益保障法》自 1996 年颁布施行以来，在保障老年人合法权益，促进老龄事业发展，弘扬中华民族敬老、养老、助老美德等方面发挥了重要作用。随着时代的发展，当时的制度设计已不能满足日益发展的社会需要，对《老年人权益保障法》进行修改已十分必要。

第一，内容多空泛，可操作性较差。《老年人权益保障法》颁布以来，老年人的权益逐步得到社会认可，但关于如何落实老年人的权益，则明显存在不足。从该法的内容来看，当中有不少口号式的"国家支持""提倡""发展"等空泛、宣传式的语句，而非法律术语，如第 33 条"国家鼓励、扶持社会组织或者个人兴办老年福利院、敬老院、老年公寓、老年医疗康复中心和老年文化体育活动场所等设施"。人们更关心的是如何采取具体措施来落实这些精神，即法律更加具有可操作性，内容更加充实具体。人们更期待的是《老年人权益保障法》以更明晰的措辞来确定政府、社会组织和个人的具体行为规范。

第二，随着时代发展，出现了立法时未能预见的新问题。随着我国经济社会的发展、人口和家庭结构的变化，老年人权益保障出现了一些新情况、新问题：一是人口老龄化快速发展。1999 年，我国 60 周岁以上老年人口占到总人口的 10%，按照国际标准，我国已进入老龄化社会。此后，我国老龄化快速发展，截至 2011 年底，我国 60 周岁以上老年人达到 1.85 亿，占总人口的 13.7%。我国每年老年人口增长 3.3%，人口老龄化形势十分严峻。二是困难老人数量增多。我国首次"全国城乡失能老年人状况研究"显示，2010 年末，全国城乡失能、半失能老人约 3300 多万，对社会照料的需求日益增大。三是家庭养老功能明显弱化。目前我国平均每个家庭只有 3.1 人，家庭结构小型化的结果是家庭养老功能的弱化。家庭小型化加上人口流动性的增强，使城乡"空巢"家庭大幅增加，目前已接近 50%。

第三，一些规定已经过时。例如，《老年人权益保障法》规定，农村的老年人，无劳动能力、无生活来源、无赡养人和扶养人的，或者其赡养人和扶养人确无赡养能力或者扶养能力的，由农村集体经济组织负担保吃、保穿、保住、保医、保葬的五保供养，乡、民族乡、镇人民政府负责组织实施（第 23 条）。这一规定与国务院新修订的《农村五保供养工作条例》有关规定不一致，目前农村的五保供养已由农村集体供养转为公共财政供养。《老年人权益保障法》规定，老年人所在组织分配、调整或者出售住房，应当根据实际情况和有关标准照顾老年人的需要（第 29 条）。随着住房分配货币化改革的推进，住房保障方式已经发生了巨大变化，由所在组织分配住房已不再是一种普遍现象，该条的针对性和适用性明显弱化。同时，老年人生活中出现的一些新问题，比如近年来侵犯老年人人身和财产权益的情况比较突出，尤其是涉及居住权和房产权的纠纷比较多，《老年人权益保障法》缺乏对这些情况有针对性的规定，需要通过修订《老年人权益保障法》加以应对。

同时，我国老龄事业这些年来取得了长足进步，在保障老年人权益方面积累了许多经验，国家和地方相继出台了一系列相关政策措施，需要上升为法律制度。近几年，历次全国人大会议都有很多代表提出修改《老年人权益保障法》的议案和建议，并有逐年递增的趋势。社会各有关方面也通过不同形式反映了修改《老年人权益保障法》的意见和建议，社会各界对完善养老法律制度越来越关注。适时修改《老年人权益保障法》已经成为社会各界的共同愿望。

2007 年修改《老年人权益保障法》成为十一届全国人大常委会五年立法规划中的一类立法项目。同年，民政部和全国老龄办启动了《老年人权益保障法》修改工作。2011 年 3 月，由内务司法委员会牵头组织修订草案起草工作，在 2011 年 5 月至 7 月听取和收集了各地对修改《老年人权益保障法》的意见和建议。8 月底 9 月初，起草小组正式开始论证、起草工作，形成了修订草案征求意见稿。此后，起草小组广泛征求各方面的意见，反复研究修改，形成了《中华人民共和国老年人权益保障法（修订草案）》。

十一届全国人大常委会第二十七次会议初次审议了《中华人民共和国老年人权益保障法（修订草案）》（以下简称草案）。草案从现行法 6 章 50 条扩展到 9 章 86 条，新增 38 条、修改 38 条，只有 10 条未修改。总体上看，修改幅度较大。新增条款多数属于社会服务、社会优待和宜居环境等方面的内容。

（1）总则。草案规定积极应对人口老龄化是国家的一项长期战略任务（第 4 条第 1 款）。这一规定明确了应对人口老龄化的战略定位。目前，我国人口老龄化已经进入快速发展期。老龄问题不仅是个人和家庭的现实问题，它涉及政治、经济、文化、社会等各个领域。积极应对人口老龄化关系到国计民生、民族兴衰和国家的长治久安。此规定对于我国在"未富先老"的特殊国情条件下实现经济社会可持续发展具有重要意义。

（2）家庭赡养与扶养。草案对家庭养老作了重新定位，将现行法"老年人养老主要依靠家庭"修改为"老年人养老以居家为基础"（第 12 条第 1 款）。在人口老龄化和家庭养老功能弱化的双重压力下，我国创造出了一种新的家庭养老模式，即居家养老。传统的家庭养老方式是指由家庭成员（主要是子女）供养和照顾老人的方式，而居家养老方式既保留传统的家庭养老方式，同时也体现了社会化养老的新内涵，即社会养老服务延伸到家庭，为居家老人提供照料服务，以弥补家庭养老能力的不足。在社会养老保险制度日益健全的情况下，居家养老是解决中国 90% 以上的老年人养老服务问题的根本出路。

随着生活水平的不断提高，越来越多的老年人更加注重精神层面的需求，老年人精神赡养问题越来越受到广泛关注。草案明确了"精神慰藉"的内容，规定家庭成员应当关心老年人的精神需求，不得忽视、冷落老年人。与老年人分开居住的赡养人，应当经常看望或者问候老年人（第 17 条）。把"精神慰藉"作为《老年人权益保障法》的一项内容，有利于弘扬尊老敬老精神，弘扬我国传统的孝道文化。

为保障失能失智老年人的人身财产权益，在深入研究我国民法通则有关监护的规定并借鉴国外经验的基础上，创设了老年监护制度（第24条）。

草案原则规定了国家建立健全家庭养老支持政策，鼓励家庭成员与老年人共同生活或者就近居住，为老年人随配偶或者赡养人迁徙提供条件，为家庭成员照料老年人提供帮助（第25条），以在新形势下巩固家庭养老的基础。

（3）社会保障。在护理保障方面，为解决失能老年人长期护理的经费问题，规定国家逐步建立长期护理保障制度，鼓励、引导商业保险公司开展长期护理保险业务，对生活长期不能自理、经济困难的老年人，地方政府应视情况给予护理补贴（第29条）。调查显示，我国城乡部分失能和完全失能老人约3300万人，作为世界上失能老年人人口最多的国家，我国面临的照护服务压力非常大。逐步建立长期照护保险制度，是应对照护服务压力的有效途径。在社会福利方面，规定国家建立和完善老年人福利制度，并吸收地方的实际做法，规定了高龄津贴制度（第32条）。高龄津贴制度的实施，有助于进一步保障高龄老人的基本生活。

（4）社会服务。本章共16条，有12条是新增条文，另外4条也作了较大改动。一是确立了社会养老服务体系的框架。按照我国目前的国情，单纯靠家庭或养老机构养老已经不符合现实情况。对此，草案新增规定，国家建立和完善以居家为基础、社区为依托、机构为支撑的社会养老服务体系（第36条）。此次修订结合国情和国际经验，提出了"居家养老"的模式，是一个非常重要的改变。二是总结实践经验，对居家养老服务、社区为老服务作了原则规定。地方各级人民政府和有关部门应当采取措施，鼓励、支持专业服务机构及其他组织和个人，为居住在家中的老年人提供生活照料、紧急救援、医疗护理、精神慰藉、心理咨询等多种形式的服务（第37条）。地方各级人民政府和有关部门、基层群众性自治组织应当发展社区服务，将养老服务设施纳入社区配套建设规划，逐步建立适应老年人需要的生活服务、文化体育活动、疾病护理与康复等服务设施和网点（第38条）。另外针对养老服务设施建设"用地难"的突出问题，草案从城乡规划预留用地、土地取得方式及用途管制三个层次对养老服务设施用地作了特别规定（第40条）。

（5）社会优待。草案参考近年来国家出台的相关规定和各地优待老年人的做法，进一步充实了现行法有关老年优待的内容。一是规定县级以上政府及其有关部门应当根据情况制定优待老年人的办法，逐步提高优待水平；确立了对常住在本行政区域内的外埠老年人实行同等优待的原则，倡导全社会优待老年人（第52条）。这一规定有望使外埠老人在免费乘坐公交车、优惠购买公园门票享受养老服务券等方面的限制得到改善。二是丰富了现行法有关司法救助、法律援助、医疗服务、参观游览、乘坐公共交通等方面对老年人给予优待和照顾的内容（第55至58条）。三是增加了一些新的优待内容，主要是为老年人及时、便利地领取养老金、结算医疗费等方面提供优待，在办理涉及老年人重大人身财产权益事项时提供优待等（第53、54条）。

（6）宜居环境。为了给老年人日常生活和参与社会提供安全、便利、舒适的环境，草案设立"宜居环境"专章，对国家推进老年宜居环境建设作了原则规定。

老年宜居环境建设是国际社会的普遍做法。发达国家从20世纪50年代进入人口老龄化阶段。瑞典、丹麦、挪威等国家率先提出"无障碍环境"理念；20世纪70年代，联合国提出了"无障碍设计"的主张；20世纪80年代，发达国家率先颁布了涉及老年生活的建筑标准，改善老年人居住空间的便利程度。21世纪以来，发达国家崇尚"不分年龄，共融共享"的理念，更加注重老年宜居环境建设。2007年，世界卫生组织推出了《全球老年人友好型城市指南》，倡导国际社会建设适应老年人生理、心理特点的公共和居家环境，为老年人融入社会、参与社会创造必要的物质条件。目前，我国正处在城镇化快速推进的过程中，由于缺乏前瞻性，一些地方在城乡规划和建设中已经出现一些不利于老年人生活的硬件环境缺陷或者隐患。生活设施、道路交通、社区环境等公共设施以及住宅小区、老龄服务设施和老人居室等居住环境不适应老年人需要的问题十分突出，为老年人日常生活和参与社会带来了不便和障碍。未来随着失能和高龄老年人的持续增多，这些问题将越来越突出。对此，草案特别设立了"宜居环境"专章，这也是此次修法的一大亮点。

国家推进老年宜居环境建设的原则规定，为今后制定相关配套法律法规和政策提供了依据。一是明确国家责任，概括规定了老年宜居环境建设的总体要求，即为老年人日常生活和参与社会提供安全、便利、舒适的环境（第60条）。二是规定了政府加强老年宜居环境建设的主要任务：在制定城乡规划时，要适应老龄化发展需要，统筹考虑适宜老年人生活的各类设施建设；建立和完善有关涉老工程建设标准体系（第61、62条）。三是在具体环境建设上，重点规定了无障碍环境建设（第63、64条），无障碍是老年宜居环境的一个基本要求，残疾人中有相当一部分是老年人，老年人随着年龄增长所面临的失能或者残疾的风险会逐步提高。

（7）参与社会发展。本章主要增加了老年人可以依法设立自己的组织并开展活动的内容，并规定在制定涉及老年人权益的法律法规和政策时，应当听取老年人及其组织的意见（第68、69条）。老年教育是应对人口老龄化的战略对策的核心。发展老年教育可以提高老年人适应社会和参与社会发展的能力。草案对发展老年教育作了补充规定。国家发展老年教育，把老年教育纳入终身教育和社区教育体系，鼓励社会办好各类老年学校（第72条）。

（8）法律责任。草案根据上述各章的新内容，进一步充实和完善了有关法律责任的规定。由于老年人在社会生活中处于弱势地位，侵害老年人权益的案件层出不穷，一些养老机构基础设施建设、管理和服务标准不规范，还有一些养老机构游离于政府监管之外。从法律上对这些问题进行规范调整，切实保障老年的合法权益，显得极为重要和迫切。草案增加了擅自举办养老机构、工作人员侵害老年人权益以及政府行政管理部门失职渎职的法律责任（第80至82条）。

4.《残疾人权益保障法》

1990年颁布、1991年实施的《残疾人权益保障法》明确规定，残疾人在政治、经济、文化、社会和家庭生活等方面享有同其他公民平等的权利。残疾人的公民权利和人格尊严受法律保护。禁止歧视、侮辱、侵害残疾人。

残疾人权益保障体现在康复权、教育权、劳动权、精神文化生活权、社会福利权、环境友好六个方面。

康复是残疾人权益保障的最重要内容，《残疾人权益保障法》规定，政府和社会要采取康复措施，帮助残疾人恢复或者补偿功能，增强其参与社会生活的能力。具体包括：（1）从实际出发，将现代康复技术与我国传统的康复技术相结合；以康复机构为骨干，社区康复为基础，残疾人家庭为依托；以实用、易行、受益广的康复内容为重点，并开展康复新技术的研究、开发和应用，为残疾人提供有效的康复服务。（2）残疾人教育机构、福利性企业事业组织和其他为残疾人服务的机构，应当创造条件，开展康复训练活动。（3）政府有关部门还应当组织和扶持残疾人康复器械、生活自助用具、特殊用品和其他辅助器具的研制、生产、供应、维修服务。

教育权是残疾人权益保障的内容之一，《残疾人权益保障法》规定，国家保障残疾人受教育的权利。具体内容包括：（1）国家、社会、学校和家庭对残疾儿、少年实施义务教育的残疾学生免收学费，并根据实际情况减免杂费。国家设立助学金，帮助贫困残疾学生就学。（2）残疾人教育要根据残疾人的身心特征和需要，按照下列要求实施：在进行思想教育、文化教育的同时，加强身心补偿和职业技术教育；依据残疾类型和接受能力，采取普通教育方式或者特殊教育方式；特殊教育的课程设置、教材、教学方法、入学和在校年龄，可以有适度弹性。（3）国家举办残疾人教育机构，并鼓励社会力量办学、捐资助学。普通教育机构对具有接受普通教育能力的残疾人实施教育。残疾人教育机构针对残疾人的特点和需要实施教育。（4）政府有关部门、残疾人所在单位和社会应当对残疾人开展扫除文盲、职业培训和其他成人教育，鼓励残疾人自学成才。

《残疾人权益保障法》规定，国家保障残疾人劳动的权利。各级人民政府应当对残疾人就业统筹规划，为残疾人创造劳动就业条件。具体内容包括：（1）残疾人劳动就业实行集中与分散相结合的方针，采取优惠政策和扶持保护措施，通过多渠道、多层次、多种形式，使残疾人劳动就业逐步普及、稳定、合理。政府有关部门鼓励、帮助残疾人自愿组织起来从业或者个体开业。地方各级人民政府和农村基层组织，应当组织和扶持农村残疾人从事种植业、养殖业、手工业和其他形式的生产劳动。（2）国家对残疾人福利性企业组织和城乡残疾人个体劳动者实行税收减免政策，并在生产、经营、技术、资金、物资、场地等方面给予扶持。地方人民政府和有关部门应当确定适合残疾人生产的产品，优先安排残疾人福利企业生产，并逐步确定某些产品由残疾人福利企业专产。政府有关部门下达职工招用、聘用指标时，应当确定一定数额用于残疾人。对于申请从事个体工商业的残疾人，有关部门应当优先核发营业执照，并在场地、信贷等方面给予照顾。对于从事各类生产劳动的农村残疾人，有关部门应当在生产服务、技术指导、农用物资供应、农副产品收购和信贷等方面给予帮助。（3）国家保护残疾人福利性企业事业组织的财产所有权和经营自主权，其合法权益不受侵犯。在职工招用、聘任、转正、晋升、职称评定、劳动报酬、生活福利、劳动保险等方面，不得歧视残疾人。对国家分配的高等学校、中等专业学校、技工学校的残疾毕业生，有关单位不得因其残疾而拒绝接收；拒绝接收的，当事人可以要求有关部门处理，有关部门应当责令该单位接收。残疾职工所在单位应当为残疾人提供适应其特点的劳动条件和劳动保护。

《残疾人权益保障法》规定，政府和社会鼓励、帮助残疾人参加各种文化、体育、娱乐活动，努力满足残疾人的精神文化需要。具体内容包括：（1）政府和社会采取下列措施，丰富残疾人的精神文化生活：通过广播、电影、电视、报刊、图书、网络等形式，及时宣传报道残疾人的工作生活等情况，为残疾人服务；组织和扶持盲人读物、盲人有声读物、聋人读物、弱智人读物的编写与出版，开办电视手语节目，在部分影视作品中增加字幕、解说；组织和扶持残疾人开展群众性文化、体育、娱乐活动，举办特殊艺术演出和特殊体育运动会，参加重大国际比赛和交流；文化、体育、娱乐和其他公共场所，为残疾人提供方便和照顾，有计划地兴办残疾人活动场所。（2）政府和社会鼓励、帮助残疾人进行文学、艺术、教育、科学、技术和其他有益于人民的创造性劳动。

《残疾人权益保障法》规定，政府和社会采取扶持、救济和其他福利措施，保障和改善残疾人的生活，具体内容包括：（1）对生活确有困难的残疾人，通过多种渠道给予救济、补助。对无劳动能力、无法定抚养人、无生活来源的残疾人，按照规定予以供养、救济。（2）残疾人所在单位、城乡基层单位、残疾人家庭，应当鼓励、帮助残疾人参加社会保险。（3）地方各级政府和社会举办福利院和其他安置收养机构，按照规定安置收养残疾人，并逐步改善其生活。（4）公共服务机构应当为残疾人提供优先服务和辅导性服务。

《残疾人权益保障法》规定，政府和社会逐步创造良好的环境，改善残疾人参与社会生活的条件，逐步实行方便残疾人的城市道路和建筑物设计规范，采取无障碍措施。政府和社会促进残疾人与其他公民之间的相互理解和交流，宣传残疾人事业和残疾人事迹，弘扬残疾人自强不息的精神，倡导团结、友爱、互助的社会风尚。

《残疾人权益保障法》的颁布与实施，说明我国残疾人权利的法律保护体系已经形成，残疾人权利法律保护工作已得到基本落实，但是在看到残疾人权利法律保护工作取得成效的同时，我们也不能回避这项复杂的社会工程中所存在的问题，尤其是《残疾人权益保障法》本身及其贯彻实施中存在的缺陷与不足，具体表现为：

（1）立法上的缺陷。尽管我国的残疾人法律保障体系已基本建立，但是这并不意味着残疾人权利保护的立法工作已经完成。相反，我国在残疾人权利保护的立法方面仍存在诸多缺陷，这主要表现在以下三个方面：一是《残疾人权益保障法》这部法律本身存在不足之处。《残疾人权益保障法》的体系有待完善和科学化，整部法律共54条，条文单薄、立法太粗、原则性太强，在残疾人康复、劳动和文化教育权利方面的很多规定不具体，以致残疾人的保护工作缺乏足够的依据，也使司法工作人员在执法时感到难以操作。二是相关配套的法律法规的立法缺陷。其中最突出的问题是这些相关的立法没有跟上，不仅表现为配套的法律法规数量少，尤其是相关的行政法规、地方性法规规章少，而且还表现为相关立法出台迟缓。此外，就立法程序而言，表现为立法程序性不强，特别是行政部门的规范性文件，一般都以政策的形式出现，缺乏稳定性。① 三是整部法律规定的制裁措施较少，相关的法律责任难以明确和认定。

（2）执法措施不力。《残疾人权益保障法》中并未规定专门的政府部门负责残疾人工作，只有一个"半官半民"的组织——"中国残疾人联合会"负责此事，在现实中导致执法不力、几个部门互相"踢皮球"的现象。残疾人的要求得不到满足、权利得不到有效保护。

（3）法制宣传较为薄弱。《残疾人权益保障法》实施已有21年，现实情况是，有不少省市的宣传往往流于形式，有的只在"全国助残日"或"三月学雷锋"等活动中才有所行动，而不太注重平时广泛深入地面向大众做宣传，形成"宣传季节效应"。这导致许多公民，包括残疾人自身的相关法律意识淡薄，不利于对残疾人合法权益的有效保护。

针对现实存在的问题，有学者提出"制定专门的反对歧视残疾人的法律法规"，从国家立法层面消除对残疾人的歧视，为残疾人创造一个良好的社会氛围，用法律的权威去推动社会改变对残疾人的歧视。②

第一，制定具有法律约束力的统一的残疾标准。我国《残疾人保障法》规定："残疾人是指在心理、生理、人体结构上，某种组织、功能丧失或者不正常，全部或部分丧失以正常方式从事某种活动能力的人。残疾人包括

---

① 汪斌等：《试论我国残疾人权利的法律保护》，《法学评论》1995年第1期。

② 何艳霞：《制定残疾人权益保障法律法规之我见》，《学术前沿》2011第7期。

视力残疾、听力残疾、言语残疾、肢体残疾、智力残疾、精神残疾、多重残疾和其他残疾的人。残疾标准由国务院规定。"但是到目前为止，国务院并未专门制定过残疾标准。为了规范《中华人民共和国残疾人证》的发放和管理，中国残联依据经国务院批准的 1987 年第一次全国残疾人抽样调查的标准，制定了《中国残疾人实用评定标准》。经国务院批准，在进行第二次全国残疾人抽样调查时，对残疾人抽样调查标准进行了部分调整和修改。另外，对伤残军人、工伤致残、交通事故致残等，有关部门分别制定了不同的标准。这些标准一是存在法律适用谁优先的效力问题，二是相互之间缺乏衔接。国务院作为最高行政机关，应尽快出台具有法律约束力的统一的残疾标准，以对残疾标准进行统一规范，对残疾人按伤残程度的不同而采取不同的扶持措施，切实维护所有残疾人的合法权益。

　　第二，制定有关康复的专门法规。康复是残疾人入学、就业、全面参与社会生活的前提。联合国《残疾人权利公约》（以下简称《公约》）作为第一部具有法律约束力的国际法律文件，对康复作了较为具体的规定。第 25 条"健康"条款规定："缔约国确认，残疾人有权享有可达到的最高健康标准，不受基于残疾的歧视。缔约国应当采取一切适当措施，确保残疾人获得考虑到性别因素在内的医疗卫生服务，包括与健康有关的康复服务。"《公约》要求："向残疾人提供残疾特需医疗卫生服务，包括酌情提供早期诊断和干预，并提供旨在尽量减轻残疾和预防残疾恶化的服务，包括向儿童和老年人提供这些服务；提倡尽量就近在残疾人所在社区，包括在农村地区，提供这些医疗卫生服务。"《公约》第 26 条"适应训练和康复"条款指出："缔约国应当采取有效和适当的措施，包括通过残疾人相互支持，使残疾人能够实现和保持最大程度的自立，充分发挥和维持体能、智能、社会和职业能力，充分融入和参与生活的各个方面。公约还强调发展残疾人辅助用具和技术。"我国对残疾人康复的规定还处于政策层面，在我国《残疾人保障法》中虽然以专章规定了残疾人康复，但这只是一种原则性规定，具体实施细则及方案应通过专门立法予以规定，建议立法部门早日出台有关残疾人康复的专门法律法规，以指导我国残疾人康复工作的顺利开展，让更多残疾人享受良好的康复服务，使其回归社会、回归家庭。

　　第三，制定有关无障碍的专门法规。《公约》规定，拒绝为残疾人提供合理便利构成基于残疾的歧视，更是要求各国从立法上保障残疾人的无障碍权利。《公约》在无障碍通道、个人便利、健康、就业、康复等方面都要求做出一些社会设施的改变，不仅便利残疾人，而且普通人也可以从中受益。无障碍环境是残疾人走出家门、参与社会生活的基本条件，也是方便老年人和社会全体成员的重要措施，是完善公共服务和城市功能不可或缺的一个基本元素。建设无障碍环境，保障残疾人及有特殊需要的人群能正常参与社会生活，不仅需要国家和各级政府的积极努力，更需要国家以法律的方式作出明确规定。因此，加强无障碍环境建设的立法，保障残疾人及有特殊需要人群融入社会的"无障碍环境建设"是十分必要的。

第四，制定反对歧视残疾人的专门法律法规。《公约》在序言中开宗明义提出，因残疾而歧视任何人是对人的固有尊严和价值的侵犯，并在第3条"一般原则"条款中明确规定"不歧视"为公约的一般原则，第4条"一般义务"条款中规定"缔约国应当采取一切适当措施，包括立法，以修订或废止构成歧视残疾人的现行法律、法规、习惯和做法""采取一切适当措施，消除任何个人、组织或私营企业基于残疾的歧视"。针对残疾人在教育、就业及其他方面遭受的歧视，从立法上制定专门的反歧视法律法规，是消除残疾人歧视的有效手段。

第二节 生育政策及对家庭的影响

生育政策是指由国家制定或在国家指导下制定的规范育龄夫妇生育行为（包括生育数量和质量）的准则，它对家庭的影响极大。中国生育政策经历了从鼓励生育到节制生育再到计划生育的嬗变，从控制人口数量到提高人口质量、重视人口结构的转换，从地方计划生育条例和行政法规调适到国家人口与计划生育法出台，现行的生育政策逐步法制化的过程。

一 生育政策的形成与发展

（一）20世纪70年代以前的节育政策

新中国成立初期，由于统计资料模糊，我国人口总数沿用国民政府统治时期的4.75亿人。随着国民经济迅速恢复和发展，我国社会秩序稳定，人民群众得以休养生息，人民生活有了明显改善，广大人民群众在政治上、经济上获得了解放，具备了较好的繁衍后代的条件，鼓励多生育的行政、经济措施的出台，迎合了小生产者"多子多福""养儿防老、积谷防饥"的心理，刺激了人们多生孩子、早得贵子的愿望。1949～1953年，人口出生率一直维持在 37‰ 左右，与此同时，死亡率从 1949 年的 20‰ 下降到 1953 年的 14‰，人口自然增长率迅速上升，由 1949 年的 16‰ 上升到 23‰。①

20 世纪 50 ~ 70 年代我国曾两次出台节制生育的政策：另一次是 1955 ~ 1958 年，一次是 1962 ~ 1966 年，但由于"左"倾思想的干扰，节育政策先后在 1958 ~ 1961 年和 1966 ~ 1970 年间两次流产。

1. 20 世纪 50 年代的节育政策

1955 年 3 月 1 日，中共中央以总号〔55〕045 号文件批转了中央卫生部党组 1955 年 2 月关于节制生育问题向中共中央的报告，并发出《关于控制人口问题的指示》，指出："节制生育是关系广大人民生活的一项重大政策性问题。在当前的历史条件下，为了国家、家庭和新生一代的利益，我们党是赞成节制生育的。各地党委在干部和人民群众中（少数民族地区除外）适当地宣传党的这项政策，使人民群众对节育问题有一个正确的认识。"②

1956 年 9 月 16 日，周恩来在中国共产党第八次全国代表大会上所作的《关于发展国民经济的第二个五年计划的建议》报告中指出："为了保护妇女和儿童，很好地教养后代，以利民族健康和民族繁荣，我们赞成在生育方面加以适当的节制，卫生部门应该协同有关方面对节育问题进行适当的宣传，并且采取有效措施。"③

1957 年 2 月 27 日 ~ 3 月 2 日，毛泽东在最高国务会议第十一次（扩大）会议上两次指出："要提倡节育，少生一点就好了，要有计划生产……人类要自己控制自己，有时候使它能够增加一点，有时候使它能够减少一点，波浪式前进，实现有计划生育……我国人口增长很快，对于这个重要问题，似乎可以研究有计划地生育办法。"④ 这是我国第一次使用计划生育这一新用语。

1957 年 10 月 25 日，我国正式公布《1956 ~ 1967 年全国农业发展纲要（草案）》，其中第 29 条规定："除少数民族地区以外，在一切人口稠密的

---

① 姚新武、尹华：《中国常用人口数据集》，中国人口出版社，1994，第 8 ~ 9、144 页。
② 彭佩云：《中国计划生育全书》，中国人口出版社，1997，第 3 页。
③ 周恩来：《经济建设的几个仿真性问题》，《周恩来选集》（下），人民出版社，1984，第 230 ~ 231 页。
④ 毛泽东：《做革命的促进派》，《毛泽东选集》第 5 卷，人民出版社，1977，第 471 页。

地方，宣传和推行节制生育，提倡有计划地生育子女，使家庭避免过重的生活负担，使子女受到较好的教育，并且得到充分就业的机会。"[1]

1958 年"大跃进"运动开始后，整个文化教育界迅速受到反右斗争扩大化的冲击，节制生育的指导思想出现反复。毛泽东等国家领导人在人口问题上的矛盾心理，误导了对节育问题的争论，挑起了对人口研究的错误批判，节制生育认识上的误区导致节育航向的迷失与发展的歧路。另外，在中央人口指导思想基调下开展的"人口"（认为我国人口多、增殖快，应该控制人口增长）和"人手"（认为人多是好事）的争论，逐步演化为对人口问题的错误批判，为节育政策的中止提供了理论依据。

2. 20 世纪 60 年代的节育政策

为克服"大跃进"及自然灾害等原因带来的严重困难，1960 年冬，中央决定对国民经济实行"调整、巩固、充实、提高"的方针。经过一段时间的努力，我国工农业生产开始恢复和发展，国民经济逐渐好转，人民物质生活和营养状况也日渐改善，家庭生活秩序恢复正常。面对第二次人口增长高峰，节育政策被重新提上议事日程。

1962 年 12 月 18 日，中共中央、国务院发出《关于认真提倡计划生育的指示》，成为节育政策重启的风向标和动员令，表明了中央高层对节育工作的重视和认真提倡计划生育的决心。文件明确指出："在城市和人口稠密的农村提倡节制生育，适当控制人口自然增长率，使生育问题由毫无计划的状态逐渐走向有计划的状态，这是我国社会主义建设中既定的政策。"[2]

1963 年 10 月 22 日，中共中央和国务院批准了第二次城市工作会议纪要，重申了实行计划生育的意义，争取在三年调整时期，把城市人口的自然增长率降到20‰以下；在第三个五年计划期间，降到15‰以下；在第四个五年计划期间，降到10‰以下。[3]

与此同时，中央还建立计划生育专门机构，加强对计划生育工作的组织领导，开启了计划生育体系建设的枢纽。

正当节育工作在城市取得进展并逐步向广大农村推行时，1966 年，

---

① 彭佩云：《中国计划生育全书》，中国人口出版社，1997，第 60、3 页。

② 《中共中央、国务院关于认真提倡计划生育政策的指示》（中发〔62〕698 号），1962 年 12 月 18 日。见彭佩云：《中国计划生育全书》，中国人口出版社，1997，第 4 页。

③ 《第二次城市工作会议纪要》，1963 年 10 月 12 日。见彭佩云《中国计划生育全书》，中国人口出版社，1997，第 5 ~ 6 页。

"文化大革命"席卷全国，节育工作面临严峻考验。1966～1970 年，尽管中央高层没有放弃人口控制的方针，节育政策也没有改变，但社会环境处于无政府状态，地方节育机构或被"革命委员会"取消，或名存实亡，计划生育领导干部靠边站，工作人员包括小分队无法开展工作，计划生育工作实际上陷于停顿状态。

（二）20 世纪 70 年代以后的计划生育政策

20 世纪 70 年代，中共中央、国务院高度重视计划生育工作，进一步从战略高度明确了实行计划生育的思想，开始注意把人口增长指标纳入国民经济发展规划，实行国家指导和群众自愿相结合的原则，参照某些地区的做法和经验，逐步提出了"晚、稀、少"的生育政策。

1971 年 7 月 8 日，国务院以国发〔71〕51 号文件转发卫生部军管会、商业部、燃料化学工业部《关于认真做好计划生育工作的报告》，在批语中指出："人类在生育上完全无政府主义是不行的，也要有计划生育。"这是我国有计划地具体部署控制人口增长、全面开展计划生育的新起点。

1973 年 6 月 20 日，国家计委在计划工作会议上提出："要大力开展计划生育，降低人口出生率。争取到 1975 年，把城市人口净增率降到以下 10‰，农村人口净增率降到 15‰以下。各省、市、区都要由主要的负责同志，认真抓好这项工作。"[1] 人口规划第一次被正式纳入国家的经济发展计划，并成为中央和地方发展规划的重要组成部分。12 月 11～17 日，国务院计划生育领导小组办公室在北京召开了计划生育工作汇报会，根据当时的人口发展目标要求，参照某些地区的实际做法，提出了"晚、稀、少"的生育政策。"晚"是指男 25 周岁以后、女 23 周岁以后结婚，女 24 周岁以后生育；"稀"是指生育间隔为 3 年以上；"少"是指一对夫妇生育不超过两个孩子。这一政策要求明确响亮，口号简洁有力，使国家宏观的人口计划指标得以具体化，使干部和群众对于如何做到计划生育心中有数，便于遵循。[2]"晚、稀、少"概念的出台，是我国第一次在实践经验的基础上明确提出具体的生育政策。

1978 年 2 月 24 日，国务院批转《关于全国计划生育工作汇报会的报告》，提出力争在三年内把人口自然增长率降到 10‰以下，为实现四个现

---

① 《国家计委关于国民经济问题的报告》，1973 年 6 月 20 日。见彭佩云：《中国计划生育全书》，中国人口出版社，1997，第 65 页。

② 彭佩云：《中国计划生育全书》，中国人口出版社，1997，第 482 页。

代化作出更大的贡献。① 1978 年 10 月 26 日，中共中央批转国务院计划生
育领导小组《关于国务院计划生育领导小组第一次会议的报告》（即中发
第 69 号文件），进一步明确了"晚、稀、少"的内涵，即"提倡一对夫妇
生育子女数量最好一个，最多两个。生育间隔三年以上"。同时还对职工和
农民接受节育手术后的福利待遇问题作了规定，要求在城市住房和农村口粮、
自留地分配等社会经济政策和其他一些规定上，都要有利于计划生育工作的
开展。② 这样，我国以"晚、稀、少"为主要内容的生育政策基本形成。

为了实现人口控制的目标，使人口增长与经济发展相协调，我国在生
育数量上作出了限制性规定，逐步提出了一对夫妇只生一个孩子的政策。
然而，在"一孩化"政策的实施过程中，遇到了许多实际问题。1984 年前
后，我国开始对有关政策进行了调整。经过"开小口""堵大口"和"刹
歪口"，我国的生育政策逐渐演化为"晚婚、晚育、少生、优生"。

把人口增长计划纳入国家经济发展战略，以人均指标作为经济建设的
奋斗目标，两种生产一起抓，是计划生育成为基本国策的重要标志之一。
1979 年 1 月 4～17 日，国务院计划生育领导小组在北京召开全国计划生育
办公室会议，讨论了国务院计划生育领导小组第一次会议的精神。提出争
取到 1980 年把我国人口自然增长率降到 1%。9 月 15 日，中共中央发布庆
祝中华人民共和国成立 30 周年的口号，其中第 8 条为："大力开展计划生
育运动，把人口增长率降到 1% 以下！"③

1980 年，中共中央发出公开信，号召全体共产党员、共青团员和广大
群众自觉实行计划生育，提倡一对夫妇只生育一个孩子。

1982 年 12 月 10 日，全国人大五届五次会议批准《中华人民共和国国
民经济和社会发展第六个五年计划》（1981～1985）和《中华人民共和国
1983 年国民经济和社会发展计划》，指出："为了争取在本世纪末把我国大
陆人口总数控制在 12 亿以内，计划要求，1985 年大陆人口总数控制在
10.6 亿人，出生率控制在 19‰左右，自然增长率在 13‰以内。""坚决有
力地控制人口特别是农村人口的增长。全国的人口自然增长率，1982 年预

① 《国务院批转关于全国计划生育工作汇报会的报告》（国发〔1978〕28 号），1978 年 2 月 24 日。
② 《关于国务院计划生育领导小组第一次工作会议的报告》，1978 年 9 月 19 日；冯立天等：《50 年来中国生育政策演变之历史轨迹》，《人口与经济》1998 年第 2 期。
③ 《中共中央发布庆祝中华人民共和国成立三十周年的口号》，《人民日报》1979 年 9 月 15 日。

计为 13.5‰，1983 年要力争控制在 14‰以下。"为确保实现人口自然增长率的下降，国家开始在政策宣传上大力提倡一对夫妇只生一个孩子，在经济社会政策上对只生一个孩子的夫妇予以褒奖。1980 年秋至 1984 年春，计划生育政策由"晚、稀、少"向一孩紧缩。

1982 年 2 月 9 日，中共中央、国务院作出的《关于进一步做好计划生育工作的指示》中，针对农村实行生产责任制后出现的新情况，明确提出了城乡计划生育的具体要求："国家干部和职工、城镇居民，除特殊情况经过批准外，一对夫妇只生育一个孩子。农村普遍提倡一对夫妇只生一个孩子，某些群众确有实际困难要求生二胎的，经过审批可以有计划地安排。不论哪一种情况都不能生三胎。"①

1984 年 4 月 13 日，中共中央批转国家计生委党组《关于计划生育工作情况的汇报》即 7 号文件，重新调整、完善计划生育工作的某些具体政策：①农村继续有控制地把口子开得稍大一些，按照规定条件，经过批准，可以生二胎；②坚决制止大口子，即严禁生育超计划的二胎和多胎；③严禁徇私舞弊，对在生育问题上搞不正之风的干部要坚决予以处分；④对少数民族的计划生育问题，要规定适当的政策，可以考虑，人口在 1000 万以下的少数民族，允许一对夫妇生育二胎，个别的可以生育三胎，不准生育四胎。② 这次政策调整的中心点仍是农村生育数量问题，但生育二胎的照顾面只有 10% 左右，仍显得过小，有必要借鉴一些地方经验。此时，山东、辽宁的计划生育实践提供了允许农村独女户生育二胎的做法。中央在不同的场合肯定了这些做法，认为农村应该有个长期、稳定、得到多数农民支持的计划生育政策，除过去规定的十几种情况可以生二胎外，要求生育二胎的独女户，间隔一定年份后可以允许他们生育两个孩子。这就是人们通常所说的"开小口""堵大口""杀歪口"。经过一段时间的博弈与调适，我国"晚婚、晚育、少生、优生"的生育政策基本形成。

综上所述，我国生育政策总的要求是："实行计划生育，控制人口数量，提高人口素质。基本的政策是提倡一对夫妇只生一个孩子。由于现在

---

① 《中共中央、国务院关于进一步做好计划生育工作的指示》（中发〔1982〕11 号），1982 年 2 月 9 日。

② 中共中央批转国家计划生育委员会党组：《关于计划生育工作情况的汇报》（中发〔1984〕7 号），1984 年 4 月 13 日。

正处在人口出生高峰，这个政策不能动摇。但是考虑到农村现在的实际情况，考虑到人们的认识程度，因此，在政策上要有所补充和调整。这也必须规范化，明确在什么范围内可以补充和调整：国家干部和职工，以及城镇居民，除特殊情况经过批准外，一对夫妇只生育一个孩子；在农村，也要提倡一对夫妇只生育一个孩子，某些群众确有实际困难，包括独女户，要求生二胎的，经过批准可以间隔几年以后生第二胎；无论哪一种情况都不能生三胎；少数民族地区也要提倡计划生育。一条基本政策加上三条补充。"[①]

（三）计划生育政策的实施效果

计划生育政策在 20 世纪 70 年代的普遍推行取得明显的效果。从 1983 年 4 月 14 日，国家计划生育委员会发布的《全国千分之一人口生育抽样调查公报》公布的数据来看，在全国 1.7 亿 15～49 岁的育龄妇女中，有 1400 万对夫妇领取了独生子女证。[②] 1979～1984 年，全国人口年均自然增长率在 12‰以下，总和生育率为平均 2.54 （见表 7 - 2），大大低于 70 年代的平均水平 （见表 7 - 1）。

表 7 - 1 1971～1978 年中国人口自然变动表

年份	出生率（‰）	死亡率（‰）	自然增长率（‰）	总和生育率（人）	总人口（万人）
1971	30.65	7.32	23.33	5.442	85229
1972	29.77	7.61	22.16	4.982	87177
1973	27.93	7.04	20.89	4.539	89211
1974	24.82	7.34	17.48	4.170	90859
1975	23.01	7.32	15.69	3.571	92420
1976	19.91	7.25	12.66	3.235	93717
1977	18.93	6.87	12.06	2.844	94974
1978	18.25	6.25	12.00	2.716	96259

资料来源：姚新武、尹华《中国常用人口数据集》，中国人口出版社，1994，第 8～9、144 页。

---

① 李鹏：《计划生育政策要稳定——在全国计划生育委员会主任会议上的讲话》，1989 年 2 月 27 日。

② 杨魁孚、梁济民、张凡：《中国人口与计划生育大事要览》，中国人口出版社，2001，第 111 页。

表 7 - 2 1979 ~ 1984 年中国人口自然变动表

年份	出生率（‰）	死亡率（‰）	自然增长率（‰）	总和生育率（人）	总人口（万人）
1979	17.82	6.21	11.61	2.745	79542
1980	18.21	6.34	11.87	2.238	98705
1981	20.91	6.36	14.55	2.631	100072
1982	22.28	6.60	14.68	2.86	101654
1983	20.19	6.90	13.29	2.42	103008
1984	19.90	6.82	13.08	2.35	104457

资料来源：姚新武、尹华《中国常用人口数据集》，中国人口出版社，1994，第 8 ~ 9、144 页。

　　1985 ~ 1991 年，受第三次生育高峰的影响，我国人口出生率有点偏高。但由于计划生育政策渐趋稳定，计划生育的组织、宣传、管理、财务体制建设日趋完善，计划生育逐步走向规范化、制度化，我国的计划生育事业获得显著成就。据 1988 年千分之一抽样调查结果显示，调查样本已婚育龄妇女的节育率为 71.21%，在全国 2.06 亿已婚育龄妇女中，有 1.47 亿对夫妇采取了各种避孕措施。据调查推算，全国共有 2800 万对夫妇领了独生子女证，占已婚育龄夫妇的 13.79%。计划生育率 1988 年上半年为 58.18%，城市为 94.02%，镇为 57.14%，农村为 52.27%。[1] 计划生育的深入开展，使我国人口自然增长率一直控制在 15‰以下，总和生育率也一直控制在 2.4 左右（见表 7 - 3）。

表 7 - 3 1985 ~ 1991 年中国人口自然变动表

年份	出生率（‰）	死亡率（‰）	自然增长率（‰）	总和生育率（人）	总人口（万人）
1985	21.04	6.78	14.26	2.20	105851
1986	22.43	6.86	15.57	2.42	107507
1987	22.33	6.72	16.61	2.59	109300
1988	22.37	6.64	15.73	2.52	111026
1989	21.58	6.54	15.04	2.35	112704
1990	21.06	6.67	14.39	2.31	114333
1991	19.68	6.70	12.98	2.20	115823

资料来源：姚新武、尹华《中国常用人口数据集》，中国人口出版社，1994，第 8 ~ 9、144 页。

---

① 《1982 年全国生育节育抽样调查公报》，1989 年 3 月 15 日全国生育节育抽样调查领导小组公布。

1992 年以后，社会主义市场经济体制在我国逐步建立起来，但计划生育政策作为基本国策，并没有因为经济运行机制的转变而改变。进一步稳定和完善了计划生育政策，加强了计划生育法制建设；制订了科学的、符合客观实际的人口规划，提高了统计工作水平，推广了计算机技术的应用；逐步建立和完善了各级党政一把手亲自抓、负总责的人口与计划生育目标管理责任制；进一步建立和健全了计划生育网络和计划生育行政管理队伍、技术队伍以及以计划生育协会为主体的群众工作队伍；切实加强了计划生育的宣传工作，把宣传教育和解决群众实际困难结合起来，寓宣传于服务之中；初步形成了布局较为合理的计划生育科研体系、方法多样的避孕节育技术和品种齐全的避孕药具系列，并取得了一批重要的国家科研攻关成果。

上述是人口问题综合治理特点的体现，1992 年以来，我国人口出生率和自然增长率均稳中有降，总和生育率平稳回落，并一直处于更替水平以下（见表 7-4）。

表 7-4 1992~2009 年中国人口自然变动表

年份	出生率（‰）	死亡率（‰）	自然增长率（‰）	总和生育率（人）	总人口（万人）
1992	18.24	6.64	11.60	2.00	117171
1993	18.09	6.64	11.45	2.00	118517
1994	17.70	6.49	11.21	1.81	119850
1995	17.12	6.57	10.55	1.78	121121
1996	16.98	6.56	10.42	1.80	122389
1997	16.57	6.51	10.06	1.82	123626
1998	15.64	6.50	9.14	1.85	124761
1999	14.64	6.46	8.18	1.84	125786
2000	14.03	6.45	7.58	1.80	126743
2001	13.38	6.43	6.95	1.76	127627
2002	12.86	6.41	6.45	1.73	128453
2003	12.41	6.40	6.01	—	129227
2004	12.29	6.42	5.87	1.07	129988
2005	12.40	6.51	5.89	1.23	130756
2006	12.09	6.81	5.28	1.23	131448
2007	12.10	6.93	5.17	—	132129
2008	12.14	7.06	5.08	—	132802
2009	12.13	7.08	5.05	1.60	133474

资料来源：中华人民共和国国家统计局：《中国统计年鉴（2002）》，中国统计出版社，2002，第 93 页；中华人民共和国国家统计局：《2000 年第五次全国人口普查主要数据公报（第一号）》，《人民日报》2001 年 3 月 28 日；中华人民共和国国家统计局人口和社会科技统计司：《中国人口统计年鉴（2002）》，中国统计出版社，2002，第 203 页；中华人民共和国国家统计局：《新中国 60 年统计资料汇编》，中国统计出版社，2009，第 590、608 页；中华人民共和国国家统计局：《2009 年国民经济和社会发展统计公报》，2010 年 2 月 25 日。

2001 年 12 月 29 日，第九届全国人民代表大会常务委员会第二十五次会议通过了《中华人民共和国人口与计划生育法》（以下简称《人口与计划生育法》），并于 2002 年 9 月 1 日正式实施。《人口与计划生育法》的颁布实施是"我国人口事业史上里程碑的事件"。它是我国人口与计划生育工作领域的一部基本法律。它是对宪法原则规定的具体化；它与《婚姻法》《收养法》《妇女权益保障法》《民族区域自治法》等相关的法律地位平等，是专门的人口与计划生育法律；它首次以国家法律的形式确立了计划生育基本国策的地位，将具有中国特色综合治理人口问题的成功经验上升为国家的法律制度，把国家推行计划生育的基本方针、政策、制度、措施用法律固定下来，为进一步做好人口与计划生育工作、综合治理人口问题，为地方人口与计划生育立法提供了法律依据。

《人口与计划生育法》首次明文赋予公民生育权，家庭计划生育具体化。它由总则、人口发展规划的制定与实施、生育调节、奖励与社会保障、计划生育技术服务、法律责任和附则共七章、47 条组成。具体内容是：①实行计划生育是我国的基本国策，计划生育国策的地位通过法律形式得以确立。②稳定现行的生育政策，规定："国家稳定现行生育政策，鼓励公民晚婚晚育，提倡一对夫妻生育一个子女；符合法律、法规规定条件的，可以要求安排生育第二个子女。"③把计划生育工作全面纳入法制轨道，扭转以往计划生育工作主要靠行政手段推行的局面。④生育是公民的权利，计划生育是公民的义务。规定："公民有生育的权利，也有依法实行计划生育的义务，夫妻双方在实行计划生育中负有共同的责任。"⑤免费享受计划生育技术服务。⑥国家对实行计划生育的夫妻，按照规定给予奖励。⑦对计划生育家庭的支持优惠和优先照顾。⑧规定对违反现行生育政策的公民，征收社会抚养费。

二　计划生育政策对家庭的影响

(一)　计划生育政策对家庭的影响

计划生育对家庭规模、功能和结构类型都有较大影响。

家庭规模的转变主要受妇女生育水平及其变化的直接影响，它是指家庭的大小或家庭人口的多少，一般用家庭平均人口表示。从 20 世纪初到 40 年代末，根据官方的统计，家庭户均规模大致保持在 5.17 ~ 5.38 人。[1] 1949 年以来，我国家庭户均规模经历了一个"小—大—小"的发展过程。50 年代初，由于分居另过、立户为主导致家庭户数量迅速增加，而家庭规模却下降。1953 年户均人口数为 4.33 人，与 1947 年相比下降了 19.07%。随后，家庭人口数量逐年增多，家庭人口规模的扩大态势一直持续到 70 年代，1974 年户均人口发展到 4.78 人。70 年代末以来，随着计划生育的推行和育龄妇女生育水平的不断下降，我国人口规模继续增大，家庭户数量增多，家庭户的平均规模呈现不断缩小趋势，1998 年降为 3.63 人，2008 年降至 3.16 人。

家庭规模的城乡差异较为明显。随着年轻一代独立意识的增强、人们生活条件和居住条件的改善，几代同堂的主干家庭正逐渐减少。在城市中，家庭趋小型化，老年人同子女分开居住的现象日益普遍，由一对夫妻和他们的未婚子女组成的核心家庭已成为主体家庭类型，"三代同堂"家庭已经不多，"四世同堂"家庭更是罕见;[2] 在农村，随着育龄妇女综合生育率达到或接近更替水平，家庭规模与结构正在从传统的"四世同堂""多子多孙"的大家庭向 2 ~ 4 人的小家庭转化，2 ~ 4 人户家庭将是我国农村主要的家庭类型。[3] 与此同时，家庭规模还表现出明显的地区差异。从"三普"到"五普"，浙江、吉林、广东、甘肃和湖北五省最大的家庭户与最小的家庭户规模的差距始终保持在 1 人左右。例如，1982 年第三次人口普查（简称"三普"）时，甘肃（家庭户规模最大）与浙江（家庭户规模最小）的差距为 1.11 人，2000 年第五次人口普查（简称"五普"）时两省的差距仍

---

[1]　许涤新:《当代中国的人口》,中国社会科学出版社,1988,第 344 页。

[2]　陈德君:《人口老龄化与养老服务保障体系》,《人口研究》2001 年第 6 期。

[3]　乌云赛音、陈润田:《近年来我国农村家庭规模与结构的变化及原因》,《市场与人口分析》1997 年第 6 期。

保持在 0.98 人。① 20 世纪 90 年代末，城乡核心家庭虽相对减少，然而城乡家庭结构的简化趋势并没有改变。在城市，其标志是单人家庭和夫妇核心家庭上升，直系家庭中三代直系家庭下降。乡村三代直系家庭增加，约占乡村家庭总数的 20% 以上，达到近 20 年的最高水平；单人家庭和夫妇核心家庭则处于增长状态。当代城乡家庭结构的变动特征与 20 余年来计划生育政策推行之下的"少生"和"独生"环境的形成有密切关系。②

与家庭规模与家庭结构变化相伴随的是家庭功能的变化，总的趋势是传统家庭功能的弱化和家庭功能的社会化。虽然随着城镇私有经济的发展和农村联产承包责任制的广泛推行，家庭的生产功能有所强化，但从长远来看，家庭功能趋于弱化，而且计划生育政策也使生育不仅仅是家庭的私事，而且具有了社会性。越来越多的家庭或者出于家庭自身的考虑，或者出于计划生育的压力，倾向于少要孩子，家庭的生育功能出现弱化。除此以外，家庭的消费功能也趋于弱化，家庭关系因家庭规模变小而变得较为简单，对于第二代独生子女而言，"四二一"和"无兄弟姐妹"的现象使叔、伯、姑、舅之类的关系开始渐渐淡出家庭关系，而且独生子女的普遍化使家庭重心下移，第三代日益成为现代家庭关注的焦点，"子女优先"和"子女偏重"的观念开始左右家庭关系，家庭的教育功能总体上呈强化趋势。

丁克家庭的产生和增多是家庭规模、结构、功能、关系变化的典型表现。"丁克"为 DINK（Double Incomes and No Kids）的音译，是"双收入，无子女"的英文缩写，即夫妻双方组成的二人家庭形式。丁克家庭的核心是生育问题。20 世纪 60 年代，丁克家庭开始在美国逐渐兴盛，80 年代悄悄叩开中国大门，但一直保持较低的比例。随着市场经济的发展、社会竞争的加剧以及婚姻观念的更新，我国丁克家庭的比例逐年上升。1984 年以来，北京市约有 3% 的已婚夫妇自愿不生育，多达 7 万人。1979～1989 年，上海市区共有 113.34 万对男女登记结婚，而其中约有 16.48 万对夫妇没有生育过孩子，占结婚总数的 14.3%，减去其中一些再婚不生孩子和由于生理原因不能生育的人数，具有生育能力而不愿生孩子的夫妇，占全市家庭

---

① 陈胜利、魏津生、林晓红：《中国计划生育与家庭发展变化》，人民出版社，2002，第 164～165 页。

② 王跃生：《当代中国城乡家庭结构变动比较》，《社会》2006 年第 3 期。

夫妇总数的3%。进入90年代以来，丁克家庭有增无减。[①] 1989～1994年上海市区丁克家庭约占全市家庭夫妇总数的3%～4%，人数估计超过8万。2002年，上海市妇联针对全市家庭状况所作的一项调查显示，丁克家庭已经占到上海家庭总数的12.4%。又据零点调查公司2002年2月的一项社会调查显示，目前我国大中城市已经出现60万个自愿不育的丁克家庭。[②]

丁克家庭是建立在姻缘关系基础上的，只包含一种社会关系，即夫妻关系，它是单纯的横向家庭关系。它也是以主干家庭与核心家庭为主流的大背景下对家庭结构的有益探索。[③] 作为一种非传统的家庭模式，推崇不育文化的丁克家庭，由于与传统文化、人的自然亲情相悖，很难被大多数家庭所选择。但丁克家庭使家庭功能开始经历一次新的变迁，并昭示建立一种新的家庭关系与生活方式的可能性。

（二）计划生育政策对妇女、儿童、老人的影响

1. 对妇女的影响

计划生育与妇女发展的关系是相辅相成的。一方面，计划生育有利于提升妇女的地位。2001年12月，《中华人民共和国人口与计划生育法》明确规定："开展人口与计划生育工作，应该与增加妇女受教育和就业的机会、增进妇女健康、提高妇女地位相结合。"这是开展计划生育的重要原则和发展方向，也是促进男女平等、公平，保障妇女权利，确保妇女有能力控制自己生育的基石。计划生育适应了妇女摆脱家务束缚、走向社会的愿望，使广大妇女从无节制的生儿育女和无休止的家务劳动中解脱出来，使她们有更多的时间走上社会，有更多的精力服务社会，并在学习和劳动之中开阔视野、增长知识、创造财富、增加收入、获得乐趣，为妇女在经济和社会领域中地位的提高开拓了广阔的前景。广大妇女无论在政治上还是在经济上，不论在家庭里还是在社会上，其所处的地位都有相当大的提高。妇女参政议政的能力不断提高、受教育水平不断增长、就业状况不断改善、从事脑力劳动的比例不断增加、各项权益得到法律保障、婚姻家庭状况得到改善等。另一方面，妇女发展又推动了计划生育的顺利开展，推动了生育革命的发生和完成。在控制人口增长的过程中，妇女地位的高低，在很

① 储兆瑞：《市场经济条件下感情与理智的两难选择》，刘达临等：《社会学家的观点：中国婚姻家庭的变迁》，中国社会出版社，1998，第204页。
② 刘改凤：《解析当今中国社会的"丁克"家庭》，《绥化师专学报》2004年第2期。
③ 刘杰森：《社会学视野中的"丁克"家庭》，《社会》2000年第3期。

大程度上影响着人口政策的实施。[1] 妇女的社会地位和家庭地位提高后，逐步改变了传统的生育观念和生育行为。广大妇女更加理性地行使自己的生育权利，使计划生育工作更加易于推行，从而大大促进了生育率的降低。[2]

　　2. 对儿童的影响

　　计划生育政策实施后对儿童的影响，突出表现在出生性别选择和独生子女的成长两个方面。

　　1980 年以前，全国人口性别比一直波动不大，但 1980 年以后呈现迅速上升趋势。我国人口出生性别比平均值在 1940～1949 年间为 109.7，1950～1959 年间为 109.2，1960～1969 年间为 107.1，1970～1979 年间为 107.8，1980～1989 年间为 109.21，1990～1997 年间达到 113.50。[3] 1982年第三次人口普查时，出生人口性别比为 108.5，1987 年 1% 人口抽样时为 110.9，1990 年第四次人口普查时为 111.3，1995 年 1% 人口抽样调查时为 115.6，1997 年为谷底 103.34，而 2000 年第五次人口普查时则已达到 116.9，2000 年以后出生性别比不断攀升，2004 年达到新的峰值 121.1，2009 年为 119.45，上升的幅度和速度都十分显著。

　　影响出生性别比的原因既有自然因素，也有社会因素，如人的生育观念、出生胎次、自然地理环境、身体状况、受孕月份等。一般来说，人的生育观念对出生性别比的影响起着重要作用。[4] 20 世纪 80 年代以来，我国出生性别比的升高或许可以看做"生育选择空间"的狭小和"偏男生育意愿"过于强烈互相冲突和挤压的结果，[5] 而家族主义与以家庭为最小生产单位的农业劳作方式，是造成出生性别比升值的基本社会动因。[6]

　　独生子女是 20 世纪 70 年代以来由国家计划生育政策产生的，专指那些终身无兄弟姐妹，其父母终身只生育他（她）一人的人。独生子女是特定时代、特定社会、特定政策的产物，是对中国社会具有重大影响的一代

---

[1]　姜颖：《浅议妇女地位与计划生育》，《人口学刊》1988 年第 4 期。

[2]　张维庆：《中国计划生育概论》，中国人口出版社，1998，第 244 页。

[3]　张翼：《中国人口出生性别比的失衡、原因与对策》，《社会学研究》1996 年第 6 期；文献良：《解放以来中国农村人口性别比发展变化的特征和原因》，《人口学刊》1994 年第 1 期。

[4]　罗庆诗：《我国出生性别比与生育观念现状分析》，《南京人口管理干部学院学报》2000 年第 1 期。

[5]　穆光宗：《近年来中国出生性别比升高偏高现象的理论解释》，《人口与经济》1995 年第 1 期。

[6]　张翼：《中国人口出生性别比的失衡、原因与对策》，《社会学研究》1996 年第 6 期。

人。1978 年以前，独生子女比重很小。1973 年，新出生的独生子女仅占儿童总数的 1.7%。1979~1984 年，是我国独生子女人数增加最快的时期。1981 年，独生子女占儿童总数的比重上升到 20.5%。独生子女总数由 1979年的 610 万增加到 1984 年的 2817 万，年均增加独生子女数约 440 万人。1985~1989 年，我国独生子女增长速度有所放慢，但比例一直上升，年均增加独生子女数为 150 万左右。1987 年，14 岁以下独生子女已占到全国 14岁以下儿童总数的 20%。同年，全国有一半以上的新生儿父母为他们领取了独生子女证，独生子女占同年儿童总数的 52%。1990~1994 年，独生子女增长速度有所加快，年均增加独生子女 220 万人。1995 年以后，我国独生子女增速平缓。[①]

由独生子女加父母组成的独生子女家庭成为城市家庭中最基本的家庭模式，家庭结构表现为"父—母—子"构成的家庭基本三角，在家庭关系上父母与唯一一个子女的关系更为紧密，过度的生活关怀与过高的成就期待，刺激了父母们以独生子女为核心的需求扩张。

3. 对老人的影响

人口出生率及死亡率下降、平均寿命延长带来的结果是人口的老龄化。我国人口老龄化进程经历了三个发展阶段：20 世纪 50 年代，老年人口系数缓慢上升，在人口年轻型与成年型之间徘徊；[②] 60 年代，受三年经济困难的影响，老年人口系数有所回落；70 年代后，老年人口系数稳步上升，向人口老年型社会迈进。[③] 中国老龄社会具有来得早、来得快、超前于经济发展、在时间上有不规则性和累进性、在地区之间不平衡等特点。据预测，我国老龄化社会已经进入一个迅速发展时期。2030 年，老年人口比重将达到总人口的 1/5；2037 年将超过总人口的 1/4，达到 25.21%；2050 年将逼近 30%，达到 28.16%。[④] 老年人口的快速增加，特别是 80 岁以上的高龄老人和失能老人以年均 100 万的速度增长，使得对老年人的生活照料、康复护理、医疗保健、精神文化等需求日益凸显，这无疑会给家庭带来巨大

① 陈昌文：《跨世纪的新生代——独生子女与中国社会》，四川少年儿童出版社，1996，第 13 页。

② 国际上通常把 65 岁以上人口占总人口的比例为 4% 以下称为年轻型社会，4%~7% 为成年型社会，7% 以上为老年型社会。

③ 陶鹰：《关于建立农村计划生育养老保障问题探讨综述》，《人口与计划生育》2003 年第 5 期。

④ 尹文耀、张亚鹏：《中国分省人口发展与教育现代化》，浙江大学出版社，2010，第 187 页。

的压力。

（三）计划生育对社会的作用

严格控制人口增长实行计划生育对我国社会主义初级阶段的经济增长作出了重大贡献，起到了其他方面无可替代的作用。我国控制人口增长、降低生育率水平对经济增长起到的作用可以概括为下面五点。

其一，人口转变的分母效应对提高人均 GDP 的作用是显而易见的。

其二，在我国人口过剩的情况下，控制人口增长、增加生产性积累、促进经济增长的作用是鲜为人知的。实行计划生育后，我国人口少生了 3 亿多，节约的人口投资十分可观。

其三，出生人数减少提高了劳动年龄人口比重，降低了抚养比，有利于经济发展。

其四，控制人口增长，一方面，使国家可将更多投资用于教育；另一方面，计划生育年龄人群摆脱了多生育之累，使得两代人都有更多时间用于学习，有利于提高两代人的教育科学文化素质。

其五，控制人口增长缓解了人均自然资源日益下降的压力，有利于增强可持续发展能力。

三　对现行农村计划生育户养老问题政策支持的审视

社会对农村计划生育户的关注应该是全过程和多方面的，计划生育户从承诺实行计划生育开始，到子女出生、成长、抚育等过程中，亲子双方都会有诸如由于落实计划生育措施身体受损、子女和父母因意外伤残或发生各种疾病的可能，从而导致生存能力和水平下降等风险。我国农村至今还要依赖家庭养老，农村之所以要多生子女最重要的原因之一就是为了养老，因为对不掌握其他资源的农民来说，子女是晚年最可靠的资源，既能解决经济保障，又能提供生活照料，也能解决精神慰藉等各种需要。

我国对响应国家计划生育人群设有一种特殊的计划生育社会保障，主要包括以下几个方面。

（1）计划生育福利，如对计划生育家庭和子女给予各种福利待遇，大多称独生子女补助。

（2）计划生育救助，对遇到特殊困难的家庭给予各方面救助，如医疗、扶贫、贷款给予优先。这只适用于少数计划生育户。

（3）开展计划生育保险，其中有社会保险，也有商业保险，如计划生育手术平安保险、母婴保险、独生子女安康保险、意外伤害和养老保险等。

（4）其他。有的地方设有计划生育储蓄（基金），有的设有一次性发放的补助金，有的地方还设有绿色保险，即利用本地资源优惠计划生育户。

除此之外，在1980年中共中央发出的公开信中还提到，在入托儿所、入学、就医、招工、招生、城市住房和农村住宅基地分配等方面，要照顾独生子女及其家庭。虽然各地采取的办法不同、执行情况各异，但农村计划生育户得到优惠、实惠不算多，这也是事实。

随着时间的推移，计划生育户的养老问题在近十几年将会浮出水面。为此，研究者从不同角度提出了一些补救和应对办法。例如，有的学者建议把领取奖励转为独生子女父母养老金，对独生子女父母定期发放；有的建议在农村建立计划生育养老保险制度，国家给予相应优惠政策，免征各种税费，享受国家长期债券利率或银行长期储蓄利率的优惠；有的提出建立低水平、多层次、多形式的保障体系；有的建议国家应从国民经济发展的成果中拿出一部分来补偿计划生育群众；有的建议建立社会公益金帮助计划生育最困难的群众；有的建议农村也像城市一样以最低生活保障制度优先惠及计划生育户，等等。这些建议都希望通过再分配来解决计划生育户的养老问题，这也是合情合理的，有一定的积极意义，但提出的各种社会保险或保障的方案充其量也只能起到补充养老的作用，连基本养老都解决不了，因为老年人退出生产领域后的余寿都长达十几年，因此必须与时俱进，寻找新的思路。从维护老年人权益的新角度来看，农村计划生育户的父母进入老年后理应能分享社会发展成果，因为他们为这些成果的取得作出了贡献。

邬沧萍等提出计划生育家庭共享社会发展成果，最关键的是通过社会政策解决他们的养老问题。而我国现行政策不到位，许多试行或拟议中的政策力度也不够，不能从根本上解决问题，根本原因是我国国力不强，因此解决思路还是要改革和发展。要充分发挥社会保障、社会保险、社会救助和社会福利的机制作用，来支持农村计划生育户的家庭养老，但要把政策支持的立足点放在运用各种优惠政策措施来增强计划生育家庭中两代人的生存和发展的能力上，以提升他们的家庭养老和个人自我养老的能力。[1]

---

[1] 邬沧萍、苑雅玲：《农村计划生育家庭分享控制人口取得成果的政策研究》，《人口与经济》2004年第6期。

也有学者提出，计划生育家庭风险规避制度是计划生育国策的应有之义。计划生育政策是国家社会经济政策体系中的重要组成部分，在人口再生产、经济发展、社会进步、资源合理利用、生态环境良性循环中起着重要作用。计划生育手术并发症、子女意外伤残死亡表面上是一个个孤立的家庭事件，但实际上反映了我国人口和计划生育政策本身所蕴含的风险，政策自身风险的规避是计划生育政策完善的重要目标之一。对计划生育手术并发症患者的扶助、子女伤残死亡家庭免费再生育服务就是对计划生育困难群体的一种生育补偿，是人口和计划生育政策规避风险、补偿机制建立的特殊形式。计划生育作为基本国策对家庭的生育决策具有决定性的影响，家庭执行计划生育具有正外部性。通常而言，正外部性是利己行为的派生结果，政策约束下的家庭生育需求，家庭利益受到一定的限制。当前，其外部性的主要表现为帮助实现国家宏观经济目标、统筹与资源环境的友善关系。因而，计划生育手术并发症、子女意外伤残死亡成本不能仅由家庭承担，而应该内生化为政府国策实施的固有成本。①

第三节　社会保障政策及对家庭的影响

相对来说，社会保障是历史最悠久的社会政策项目。根据 2004 年发布的《中国的社会保障状况和政策》白皮书，中国社会保障体系包括社会救助、社会保险、社会福利、住房保障和优抚安置等。本节主要阐述社会救助、社会保险、社会福利和住房保障政策及对家庭的影响。

一　社会救助政策与家庭

（一）社会救助政策

社会救助是社会保障体系的传统内容，又称社会救济或社会援助，它是对因自然灾害或者其他经济、环境、社会原因而无法维持最基本生活水平的社会成员，由政府主导或在政府的倡导和推动下，通过再分配的形式给予救助，以保障社会成员最基本生活水平的一种社会政策。社会救助政策包括最低生活保障政策、农村特困户生活救助政策、农村五保户供养政策、临时救助政策等。

---

① 王军平：《计划生育家庭福利政策改革思路研究》，《人口学刊》2011 年第 4 期。

我国在计划经济体制下形成的社会救济政策，存在着救济范围窄、救济标准低、工作随意性大等特点。[①] 改革开放以后，我国逐步推出和完善了最低生活保障政策、流浪乞讨人员救助政策、灾民救助政策等。

在计划经济体制下，我国曾长期在企事业单位实行低工资、高就业的福利政策，城市贫困问题不突出。但是伴随着市场经济体制的改革，当人们告别了"大锅饭"和"铁饭碗"后，在20世纪90年代城镇新贫困问题渐成社会关注的焦点。除了老的社会救助对象以外，城镇新贫困问题主要起因于部分国有企业和集体企业的职工因企业效益滑坡而被减发甚至停发工资，离退休人员因企业不景气而无法正常领到养老金，特别是大量职工因经济转轨、产业调整、企业改制而下岗、失业。与此同时，20世纪90年代中期物价大幅度上升，再加上城镇原有的公费医疗得不到可靠保证，城镇职工医疗费用不能及时报销的情况十分普遍，极少数城镇人口的贫困程度已和农村贫困户无大差异，甚至超过农村。

1993年6月1日，为筑起城市居民的第一道生活防线，上海市率先对城市居民建立了最低生活保障制度，1997年8月，国务院颁发了《国务院关于在各地建立城市居民最低生活保障制度的通知》，要求各地在1999年底以前必须在全国所有的城市建立这项制度。为了规范城市居民最低生活保障制度，保障城市居民的基本生活，1999年9月28日国务院发布了《城市居民最低生活保障条例》，全面地规定了城市居民最低生活保障的内容，并于1999年10月1日起施行。

《城市居民最低生活保障条例》规定，城市居民最低生活保障标准，按照当地维持城市居民基本生活所必需的衣、食、住费用，并适当考虑水、电、燃煤（燃气）费用及未成年人的义务教育费用来确定。直辖市、区、县城市居民最低生活保障标准，由相关政府民政部门会同财政、统计、物价部门制定，报人民政府批准执行。享受城市居民最低生活保障的对象，主要是家庭人均收入低于当地最低生活保障标准的持有非农业户口的城市居民，具体有三类：第一，三无人员，即无生活来源、无劳动能力、无法定赡养人或抚养人的居民，这些是传统的救济对象；第二，领取失业救济金期间或失业救济期满仍未能重新就业、家庭人均收入低于最低生活保障标准的居民，这些人是有劳动能力但因各种原因而一时无法就业者；第三，

---

① 张彦、吕青：《社会保障概论》（第二版），南京大学出版社，2008，第153页。

在职人员和下岗人员在领取工资或最低工资、基本生活费后以及退休人员领取退休金后，其家庭人均收入仍低于最低生活保障标准的居民，这类人员都有一定的收入来源，但因收入较低或者家庭赡养或抚养系数高而负担较重，家庭人均收入达不到当地政府颁布的最低生活保障线。

农村社会救助体系是农村社会保障体系的主体，其中包括以下一些政策：其一是五保户救助，这是改革以后保存较好的农村社会救助政策。但随着农村税费改革，由村集体负责费用的制度正在受到严重挑战。其二是农村特困户救助，从 2002 年以来民政部门在农村中推行以大病、重残者等特殊困难户为对象的农村特困户救助。但目前在资金来源和管理体制等方面尚未较好地规范化。其三是建立农村居民最低生活保障政策。

我国农村最低生活保障政策始建于 20 世纪 90 年代中期。1994 年民政部开始了农村最低生活保障政策的试点探索，1996 年民政部办公厅下发了《关于加快农村社会保障体系建设的意见》，其中明确指出："农村最低生活保障制度是对家庭收入低于最低生活保障标准的农村贫困人口按最低生活保障标准进行差额补助的制度。"到 2007 年年底，我国 31 个省区市建立起农村最低生活保障制度，生活常年困难的农村居民也能像城里人一样吃上低保了。[①]

最低生活保障政策解决的是食不果腹、衣不蔽体等问题，对于贫困者而言，他们的需求不应仅包括吃穿，而是应该包含生活救济、医疗救济、教育救济、住宅救济、分娩救济、求职救济和丧葬救济七个方面的需求，社会救助体系建设任务随之提出。在 2004 年民政部召开的全国推进城乡救助体系建设工作会议上提出，社会救助体系是"由国家为保障困难群体的基本生活，帮助解决他们生活中遇到的特殊困难而建立的一系列制度及保证这些制度的实施而形成的管理体制、运行机制、组织网络、物质技术条件等要素有机结合而成的整体"。社会救助体系的总目标是在全国基本建立以最低生活保障和灾民救助制度为基础，以医疗、教育、住房、司法等专项救助为辅助，以优惠政策相配套，以社会互助为补充，政府责任明确、社会广泛参与、运行协调、资金落实、管理规范、网络健全，与经济社会发展水平相适应，覆盖城乡的社会救助体系。[②] 相信社会救助网络体系建设

---

① 央视国际（360 度），www.cctv.com，2007 年 5 月 23 日。
② 洪大用：《转型期中国社会救助》，辽宁教育出版社，2004，第 9~10 页。

更能满足贫困家庭的需求。

城市流浪乞讨人员救助政策是在废除了收容遣送政策（1982 年的《城市流浪乞讨人员收容遣送办法》后的新政策。国务院于 2003 年 6 月 20 日颁布了《城市生活无着的流浪乞讨人员救助管理办法》，完成了以下几个方面的改革：一是从强制收容到自愿受助的改变，根据"救助办法"，只有流浪乞讨人员请求并愿意接受救助的，救助站才可实施救助，受助者在受助期间人身自由不受限制；二是从有偿收容到无偿救助的改变，根据"救助办法"，受助者有免费获得救助的权利，受助期间的财产不受剥夺；三是从封闭运行到开放管理的改变，"救助办法"把救助完全变成了一种自愿行为，实行来去自由的开放式管理。它是我国社会救助政策的重大改革与创新，体现了党和政府对城市生活无着的流浪乞讨人员的重视和关怀，为保障他们的合法权益作出了制度性的安排。但是该政策是一项"临时性社会救助措施"，即它只是解决流浪乞讨人员临时的生活困难，有时间限制，受助人员不可能长时间住在救助站，所以很难解决救助对象的根本问题，也无法对其家庭实施救助。

我国是一个自然灾害频发的国家，洪涝、干旱、台风、风雹、地震、雪灾、低温冷冻、山体滑坡和泥石流等自然灾害每年都在各地不同程度地发生。我国每年遭遇不同程度的各种自然灾害袭击者达 2 亿多人次，还有数以百万计的意外事故受害者，灾害发生后，灾民需要国家和社会提供灾害紧急救助。根据以往的经验，在遭遇不同灾难事件的人中，有 20% 左右的灾民抵御灾害的能力很弱，需要援助的受灾对象（包括城市与农村居民）达 4000 万～5000 万人。[1] 对于灾害救助，其最直接的任务当然是救灾。救灾是在灾害发生后迅速采取的灾害救助行动。但是，灾害救助如果仅限于救灾，那是很被动的。要积极应对各种灾害的威胁，还必须加强防灾、抗灾、救灾三者的结合。

（二）社会救助政策对家庭的影响

城乡最低生活保障政策及灾害救助政策保障了城乡贫困家庭及受灾家庭的基本生活。

由于最低生活保障政策是以家庭为单位申请的，因此对贫困家庭的救助无疑为其筑起了一道保障其基本生活的安全线。最低生活保障政策实施

---

[1]　参见民政部《民政统计报告（2008 年第二季度）》，国家民政部，http：//www.mca.gov.cn。

后，救助面不断扩大，中央政府财政投入明显增加，救助对象的绝对收入也不断提高。

全国受到最低生活保障制度救助的人数从 1992 年的 347 万人增加到 2008 年的 6641 万人，城乡低保救助人数占全国人口的比重从 1992 年的 0.3% 上升到 2008 年的 5%。从 2003 年开始，城市低保救助人数维持在 2200 万人左右，相对稳定。农村低保制度从 2007 年才开始启动，从 2007 年到 2009 年实际上处于一个人口不断增长、救助面不断扩张的过程。[1]

全国低保资金的投入总额从 1999 年的 15.4 亿元增加到 2008 年的 385 亿元，其中，中央财政投入的比重不断增加，从 1999 年的 26.0% 增加到 2008 年 69.1%；与此同时，地方财政的投入比重不断减少，从 1999 年的 74.03% 下降到 2008 年的 30.8%。对于农村低保，从 2007 年开始中央财政才有了大量资金投入，2007 年投入 30 亿元、2008 年为 90 亿元，[2] 随后，中央财政的投入比例不断加大。无论中央和地方财政投入比重有何变化，但从资金投入来看，政府为贫困家庭的生活保障承担了主要责任。

城市低保救助水平的绝对救助金额在不断增长，反映在低保的救助水平和低保的标准上，其中低保标准从 2003 年的 149 元增加到 2008 年年底的 208 元，人均月补助水平[3]从 2003 年的 58 元提高到 2008 年的 141 元。虽然从绝对数看，救助水平不断提高，但有学者将救助水平与人均食品消费支出相比、与平均最低工资相比、与居民可支配收入相比，发现低保对象的相对收入没有实质性的提高。[4] 这是今后需要关注的问题之一。另外，对于贫困家庭而言，不仅存在着生活无着落需要经济援助的问题，而且可能存在社会排斥、社会疏离及家庭经营能力差的问题，如何在提供经济援助的同时提供更有利于贫困人士潜能发挥及贫困家庭功能提升的服务是家庭政策需要关注的课题之一。

---

[1] 刘喜堂：《城乡居民最低生活保障制度实施现状及发展走向》，载于都阳主编《城乡福利一体化：探索与实践》，社会科学文献出版社，2010，第 164～166 页。

[2] 刘喜堂：《城乡居民最低生活保障制度实施现状及发展走向》，载于都阳主编《城乡福利一体化：探索与实践》，社会科学文献出版社，2010，第 167～168 页。

[3] 从 2007 年到 2008 年，为应对食品物价的大幅度上涨，中央政府出台了很多提高补助水平的政策，比如临时性的物价补贴。

[4] 刘喜堂：《城乡居民最低生活保障制度实施现状及发展走向》，载于都阳主编《城乡福利一体化：探索与实践》，社会科学文献出版社，2010，第 168～169 页。

二　社会保险政策与家庭

社会保险是社会保障的重要组成部分，它主要包括对社会劳动者的养老、疾病、失业、工伤、生育和遗属补贴政策。社会保障和社会保险都必须通过国家法规得以保证实现，具有强制性、公平性、互济性和社会性的特点。它的实施必须以政府为主导，是一项政府行为。

（一）现行社会保险政策的出台与完善

自 20 世纪 80 年代以来，我国的社会保险制度一直处于变革之中。

1. 养老保险政策的出台与完善

早在国有企业改革初期，一部分国有企业就开始了养老社会统筹的试点。随着 1986 年开始的国有企业废除终身雇佣制，开始对合同工制定新的社会保险办法，即由个人、企业和国家按照一定的比例共同出资，形成一个退休基金。根据企业的实际需要，从该基金中划拨退休金。1991 年颁布了《关于企业职工养老保险制度改革的决定》。这一阶段改革的结果是，到 1996 年为止，大多数国有企业职工、70%～80% 的集体企业职工以及 1/3 的非国有企业职工，已经加入到退休金制度中，全国大约有 8000 万职工向退休基金缴费。[①]

经过这一阶段的试验，1997 年，国务院正式颁布了《关于建立统一的企业职工基本养老保险制度的决定》，决定建立统一的社会统筹和个人账户相结合的城镇职工养老保险制度。1988 年 8 月，国务院发布了《关于实行企业职工基本养老保险省级统筹和行业统筹移交地方管理有关问题的通知》。实现了职工养老保险全国并轨，由市级统筹向省级统筹过渡，养老金的差额缴拨改为全额缴拨，并实现养老金社会化发放。2002 年社会化发放率达到 99.4%。

最初，基本养老保险只覆盖国有企业和城镇集体企业及其职工。1999 年，基本养老保险的覆盖范围扩大到了外商投资企业、城镇私营企业和其他城镇企业及其职工。各省、自治区、直辖市根据当地的实际情况，可以规定将城镇个体工商户纳入基本养老保险。2002 年，基本养老保险覆盖范围扩大到城镇灵活就业人员。

---

① 蔡昉：《养老保险制度改革》，载于都阳主编《城乡福利一体化：探索与实践》，社会科学文献出版社，2010，第 42 页。

2000 年，国务院印发了《关于完善城镇社会保障体系的试点方案》，决定 2001 年在辽宁全省和其他各省（自治区、直辖市）确定的部分市进行试点，在试点的基础上，2005 年国务院发布了《国务院关于完善企业职工基本养老保险制度的决定》（2006 年 1 月 1 日起实施），在养老保险制度改革方面又迈出了一步，主要涉及三个方面的内容：一是逐步做实个人账户；二是统一城镇个体劳动者和灵活就业人员的参保缴费政策；三是改革计发办法。

从 20 世纪 80 年代，国家"七五"计划提出抓紧出台农村社会养老保险政策。1986 年，一部分地区开始农村养老保险探索，在江浙一带乡镇企业比较发达的地方，开始建立乡村型的社会养老保险制度。1991 年根据国务院决定，民政部在一部分地方开展建立农村社会养老保险制度的试点。当时的主要做法是农民个人缴费、集体补助、国家政策支持。国家没有财政投入，主要是农民个人缴费和集体补助。管理的规模是在县市级以上。农民的个人缴费、集体补助全部计入个人账户，参保人到 60 周岁根据其个人账户积累总额领取养老金。

农村社会养老保险发展到 2007 年，全国有 28 个省（自治区、直辖市）、1805 个县开展这项农村养老保险工作，5171 万农民参保，积累保险金 412 亿，接近 400 万人口领取养老金。[1] 可以看出，覆盖面和保障水平都比较低。2002 年，党的十六大提出，有条件的地区探索建立农村社会养老保险制度。我们积极支持一些地方开始探索建立个人缴费、集体补助、政府补贴为筹资机制的新型农村社会养老保险制度。从 2002 年到目前，全国有 30 个省、自治区、直辖市近 500 个县开展由地方财政支持的新农村社会养老保险制度探索。

现有农村养老保险模式的主要做法有三种类型：一是完全个人账户的办法，就是个人缴费和政府财政补贴都计入个人账户。二是实行社会统筹与个人账户相结合的办法，政府补贴包括一部分集体的补助进入社会统筹账户，个人缴纳的资金进入个人账户，包括集体的补助也进入个人账户。主要是苏南地区采取这种做法。三是政府直接提供的基础养老金与个人账户养老金相结合的办法。以北京市为例，北京市于 2008 年开始实行这一政

---

① 刘从龙：《建立新型农村社会养老保险制度》，载于都阳主编《城乡福利一体化：探索与实践》，社会科学文献出版社，2010，第 148 页。

策，农民除个人缴费和集体补助以外，政府提供 280 元的基础养老金。在陕西的宝鸡地区也采取了政府基础养老金与个人账户养老金相结合的做法，个人缴费为当地上年农民人均纯收入的 5% ~ 30%，政府给予参保补贴；基础养老金每人每月 60 元，完全由政府提供。

无论是城市养老保险政策还是农村养老保险政策的出台，都在不同程度上保障了参保人员年老以后的基本生活，维护了社会的稳定和发展，但也存在一些突出的问题，表现为以下几个方面。

（1）城镇低收入灵活就业家庭的养老缴费压力。有研究表明，中国社会保险覆盖面较低，而社保覆盖面扩大速度较慢是导致覆盖面狭小的主要原因之一①。社会保险覆盖面扩大速度缓慢的一个重要原因就是，正规就业人员已经基本被养老保险制度覆盖，而养老保险制度覆盖灵活就业人员时遇到了阻碍，进展缓慢。据《劳动和社会保障统计摘要 2008》显示，2008年非企业就业人员养老保险参保人数只有 1409 万元，参保率仅为 11.14%。非正规就业人员养老保险覆盖面扩大进展缓慢的主要原因是，在现有的养老保险制度框架下，养老保险缴费对我国城镇中低收入灵活就业家庭产生了巨大的缴费压力，这种压力已经超出了许多家庭的承受范围，根本无力承受养老保险缴费，许多中低收入家庭无法参加养老保险。②

（2）农村家庭养老的弱化及社会养老不足。2002 年《中国统计年鉴》的数据表明，中国 2001 年的乡村人口（不包括解放军现役军人）为8.0739 亿人，占全国总人口的比重为 63.91%。乡村人口中，年龄在 65 岁及以上的人口占到 7.35%，远大于同期城镇人口中 65 岁及以上人口6.30% 的比重。按照人口老龄化的国际衡量标准，65 周岁及以上人口占总人口的比重达到 7%，就进入老龄化社会。由此可见，中国农村已进入老龄化社会，且老龄化程度高于城镇，因而农村的养老问题更为严峻。

分析我国现阶段农村养老模式，占主导的是家庭养老，但家庭养老因年轻劳动力向城市转移、家庭规模小型化、家庭功能弱化等因素的影响负担沉重，而农村社会养老保险的作用有限。

（3）农民工群体游离于现有城乡养老保障之外。由于农民工流动性强，没有改变户籍登记地，所以他们中的大多数也没有被城市养老保障体系覆

---

① 郑秉文：《扩大社保制度覆盖范围：国际经验与教训》，《红旗文稿》2009 年第 8 期。
② 王国辉等：《城镇中低收入家庭养老保险缴费压力研究》，《人口与经济》2011 年第 6 期。

盖。即使部分加入城市养老保障，他们的缴费也不足以积累到真正可以领取养老金的程度。每当他们离开原来的工作岗位或者工作地区时，唯一的办法就是退保，而企业缴纳的部分则不能退回。这样，漂泊于不同城市之间或城乡之间的农民工实际上无法享受城市的养老保险。

2. 医疗社会保险政策的出台与完善

从 1984 年起，我国开始对传统医疗保险制度进行试探性改革。当年，卫生部、财政部联合发布《进一步加强公费医疗管理的通知》，在公费医疗单位实行定额包干、超定额按一定比例报销的办法。国家劳动人事部和中华全国总工会也在这一年向全国转发了北京市的《关于扩大职工劳动保险制度改革的试点的通知》，开始了部分企业职工大病医疗费用的社会统筹。从 20 世纪 80 年代中期到 90 年代初，城镇医疗保险制度的改革主要是，通过职工个人部分承担医疗费的办法，增加个人的费用意识，抑制医疗费用持续攀升的势头。

1993 年 11 月，《中共中央关于建立社会主义市场经济体制若干问题的决定》明确提出"城镇职工养老和医疗保险金由单位和个人共同负担，实行社会统筹和个人账户相结合"的原则。根据这一原则要求，1994 年国务院决定在江苏镇江、江西九江进行综合改革试点。

1998 年，国务院在继续总结"两江"医改试点经验的基础上，发布了《关于建立城镇职工基本医疗保险制度的决定》，不仅要求在全国范围内建立覆盖全体城镇职工的基本医疗保险制度，而且明确了改革目标与政策框架，从而标志着中国城镇职工医疗保险制度进入一个全面发展的新阶段。

城镇职工基本医疗保险政策的出台，解决了公费劳保医疗制度下各单位分散管理、企业负担或轻或重、职工医疗待遇有好有坏的问题，从而使社会化的医疗保险体系得以确立。城镇医疗保险制度的改革又为国有企业改革创造了良好的社会环境。然而，医疗保险的覆盖面有限，医疗资源过分集中在大城市、大医院的状况，以及医疗体制改革的缺陷等问题显示出城镇职工医疗保险制度亟待完善。

为实现基本建立覆盖城乡全体居民的医疗保障体系的目标，国务院决定从 2007 年起开展城镇居民基本医疗保险试点。2007 年在有条件的省份选择 2~3 个城市启动试点，2008 年扩大试点，争取 2009 年试点城市达到80% 以上，2010 年在全国全面推开，逐步覆盖全体城镇非从业居民。城镇居民基本医疗保险以家庭缴费为主，政府给予适当补助。参保居民按规定缴纳基本医疗保险费，享受相应的医疗保险待遇，有条件的用人单位可以对职工家属参保缴费给予补助。国家对个人缴费和单位补助资金制定税收鼓励政策。

20 世纪 90 年代以后，我国开始了新型农村合作医疗制度建设的探索，2002 年 10 月，中共中央、国务院《关于进一步加强农村卫生工作的决定》明确提出，要建立与农村经济发展水平、农民承受能力、医疗消费水平相适应的新型农村合作医疗制度，并规定从 2003 年起，各地要进行新型农村合作医疗的试点工作。截至 2004 年 12 月，全国共有 310 个县参加了新型农村合作医疗，有 1945 万户、6899 万农民参加新型农村合作医疗，参合率达到了 72.6%。按照"十一五"规划的要求，到 2010 年新型农村合作医疗覆盖面达到农村的 80% 以上。2011 年 2 月 17 日，中国政府网发布了《医药卫生体制五项重点改革 2011 年度主要工作安排》。这份文件明确，2011 年政府对新农合和城镇居民医保补助标准均由上一年每人每年 120 元提高到 200 元；城镇居民医保、新农合政策范围内住院费用支付比例力争达到 70% 左右。

3. 失业社会保险政策的出台与完善

1998 年 12 月 26 日国务院第 11 次常务会议通过并于 1999 年 1 月 22 日颁布实施的《失业保险条例》，是新中国成立以来最为完备的一项失业保险法规，也是对 1993 年实施的《国有企业职工待业保险规定》全新的改革。《失业保险条例》就失业保险的对象、失业保险的基金来源、失业保险的待遇标准、失业保险制度的管理监督及处罚规则作了一系列明确的规定。失业保险金的领取对象是：①按照规定参加失业保险，所在单位和本人已履行缴费义务满 1 年者；②非本人意愿中断就业的；③已办理失业登记，有求职要求的。失业保险金的计发方法是：失业保险金的发放基准，按照低于当地最低工资标准、高于城市居民最低生活保障标准的水平，具体由各省、自治区、直辖市人民政府确定。发放期限和失业人员及所在单位缴费时间的长短相挂钩，满 1 年不满 5 年的，领取期限最长为 12 个月；满 5 年不足 10 年的，领取期限最长为 18 个月；10 年以上的，最长为 24 个月。重新就业后再次失业的，缴费时间重新计算，领取失业保险金的期限可与前次失业应领而未领完的保险期限合并计算，但最长不得超过 24 个月。失业人员的其他待遇是：失业人员在领取失业保险金期间患病、死亡的可分别享受医疗补助金、丧葬补助金、抚恤金等。失业人员有以下情形之一者，取消其失业保险资格：①重新就业的；②应征服兵役的；③移居国外的；④享受基本养老保险待遇的；⑤被判刑收监执行或者被劳动教养的；⑥无正当理由，拒不接受当地人民政府指定的部门或者机构介绍工作的；⑦有法律、行政法规规定的其他情形的。国务院劳动保障行政部门主管全国的失业保险工作。县级以上地方各级人民政府劳动保障行政部门主管本行政区域内的失业保险工作。由社会保险经办机构依照《条例》规定，具体承办失业保险工作。《失业保险条例》颁布后，各省、自治区、直辖市又依据其具体情况出台了本地区的失业保险办法。失业保险制度弥补了原有制度的不足，在失业保障对象、基金筹资渠道、失业保险待遇计发办法、基金管理和使用及努力促进再就业方面都更加科学化、规范化。帮助失业者维持正常生活是失业社会保险制度最基本的社会功能，因此它对维持社会稳定的作用是毋庸置疑的。然而，要最大限度地减少劳动力这个最活跃、最富创造性的资源的浪费，同时也是从更积极的方面保持社会和谐和防止两极分化，更重要的还是减少失业和促进再就业。我国今后在失业保险改革上的工作重点应该是由失业保险、失业救济转向失业预防和就业援助，全方位思考和解决失业问题，构建一体化的失业保障制度。

4. 工伤社会保险政策的出台与完善

20 世纪 80 年代中期之后，针对传统工伤保险制度存在的弊端，我国开始在部分地区进行工伤保险制度的改革试点。1996 年 8 月，在总结各地试点经验的基础上，当时的劳动部发布了《企业职工工伤保险试行办法》（以下简称《试行办法》），同年 3 月国家技术监督局也发布了《职工工伤与职业病致残程度鉴定》（国家标准 GB/T1 6180—1996），这标志着对沿用 40 年的工伤保险制度进行全面改革。2003 年 4 月 27 日，国务院颁布了《工伤保险条例》，并于 2004 年 1 月 1 日起实施。这是中国第一部专门的工伤保险行政法规，它不仅标志着中国新型工伤保险制度基本确立，而且对解决工伤保险争议、推进工伤保险制度至关重要。从此，中国工伤保险制度建设进入了一个新的发展阶段。根据《工伤保险条例》，中华人民共和国境内的各类企业，包括国有企业、集体企业、外商投资企业、民营企业、私营企业、乡镇企业等以及有雇工的个体工商户，都应参加工伤保险社会统筹，其职工和雇工都应享受工伤保险待遇。所说的职工和雇工是指与用人单位或个体工商户建立劳动关系（包括事实劳动关系）的各种用工形式、用工期限的所有劳动者。工伤的范围包括七种应当认定为工伤的情形、三种视同工伤的情形，同时还规定了三种不能认定或者视同为工伤的情形。职工有下列情形之一的，应当认定为工伤：①在工作时间和工作场所内，因工作原因受到事故伤害的；②工作时间前后在工作场所内，从事与工作有关的预备性或者收尾性工作受到事故伤害的；③在工作时间和工作场所内，因履行工作职责受到暴力等意外伤害的；④患职业病的；⑤因工外出期间，由于工作原因受到伤害或者发生事故下落不明的；⑥在上下班途中，受到机动车事故伤害的；⑦法律、行政法规规定应当认定为工伤的其他情形。职工有下列情形之一的，视同工伤：①在工作时间内和工作岗位上，突发疾病死亡或者在 48 小时之内经抢救无效死亡的；②在抢险救灾等维护国家利益、公共利益活动中受到伤害的；③职工原在军队服役，因战、因公负伤致残，已取得革命伤残军人证，到用人单位后旧伤复发的。职工有下列情形之一的，不得认定为工伤或者视同工伤：①因犯罪或者违反治安管理伤亡的；②醉酒导致伤亡的；③自残或者自杀的。工伤保险的待遇包括：工伤医疗待遇；工伤职工配置辅助器具的费用；工伤医疗期待遇和工伤补助金。2010 年 12 月 8 日，国务院第 136 次常务会议通过了《国务院关于修改〈工伤保险条例〉的决定》，扩大了工伤保险适用的范围和工伤认定的范围；简化了工伤认定、鉴定和争议处理的程序；一次性工亡补助金标准调整为上一年度全国城镇居民人均可支配收入的 20 倍。工伤社会保险制度的建立与完善，表明我国工伤保险制度的建设进入了体系化、规范化的新发展阶段。然而，当今国际工伤保险事业发展的主流是在工伤保险运行体系中实施积极的工伤预防，建立预防机制是工伤保险制度进一步完善的主要内容之一。

5. 生育社会保险政策的出台与完善

我国生育保险制度的改革从 20 世纪 80 年代中期开始启动，以 1988 年国务院颁布《女职工劳动保护规定》为标志分为前后两个阶段。《女职工劳动保护规定》将生育保险制度的实施范围扩大到包括外商投资企业和乡镇企业在内的我国境内一切企业、机关事业单位及社会团体，重新调整了生育保险待遇。1988 年末，江苏省南通市和山东省曲阜市几乎同时在全国率先进行了生育保险基金的社会统筹，解决了生育保险基金来源单一、企业间负担不均的问题，由此生育保险制度的改革进入了第二阶段。

进入 20 世纪 90 年代，生育保险社会化与普及化的呼声越来越大，国家也非常重视有关法规政策的制定出台。1992 年颁布的《中华人民共和国妇女权益保障法》规定我国妇女享有政治权利、文化教育权益、劳动权益、财产权益和人身权利。1994 年原劳动部发布了《企业职工生育保险试行办法》（1995 年 1 月 1 日起实施），将生育保险改革的办法在全国推广。

1995 年与 2000 年国务院先后颁布《中国妇女发展纲要（1995～2000）》和《中国妇女发展纲要（2001～2010）》，将生育保险制度改革纳入我国妇女事业发展规划。劳动保障部先后下发了《关于进一步贯彻落实〈中国妇女发展纲要〉的通知》《关于印发劳动部贯彻实施〈中国妇女发展纲要〉实施方案的通知》等文件，部署和指导各地开展生育保险工作。从此，生育保险由国有企业逐步扩展到所有企业，在一定范围实现了女职工生育保险的社会统筹。

2004 年，劳动保障部颁发了《关于进一步加强生育保险工作的制度意见》，对生育保险推进方式等提出了要求。核心内容是按照生育保险与医疗保险协同推进的模式拓展生育保险工作。

改革开放以来生育保险制度的建立与发展，为妇女平等地参与市场竞争创造了宽松的社会环境，促进了妇女就业，同时也保障了妇女权益，缓解了女职工多的企业生育负担重的压力。然而，如何将生育保险的普及化与社会化作为改革发展的总目标，进一步扩大生育保险的社会覆盖面，仍然是生育保险制度完善面对的问题。

（二）家庭视角下的社会保险政策不足分析

在上述社会保险制度建立完善的基础上，2010 年 10 月 28 日，中华人民共和国第十一届全国人民代表大会常务委员会第十七次会议通过了《中华人民共和国社会保险法》（以下简称《社会保险法》），自 2011 年 7 月 1 日起施行。《社会保险法》分为 12 章，共计 98 条，首次以立法形式确立了社会保险制度的基本框架，重点对社会保险的原则、各险种的覆盖范围、社会保险待遇项目和享受条件、社会保险征缴、社会保险基金监督、法律责任等作出了明确规定。

《社会保险法》主要人群指向是职工，严格意义上讲是有单位的正式职工，很少涉及职工的家庭成员。整部法律涉及家庭成员因素的相关规定仅有两处，分别涉及生育保险和养老保险。① 《社会保险法》第 54 条规定，

---

① 《社会保险法》中工伤保险的相关规定涉及家庭成员。工伤保险因具有赔偿的性质，在职工因工而严重丧失劳动能力或死亡的情况下，其家庭成员获得补偿和抚恤是合情合理的，这里不做讨论。

参加生育保险单位的职工未就业配偶有享受生育医疗费用的待遇。而我国所称的生育保险在许多西方发达国家早已失去缴费型保险的性质，演变为相关的孕妇、妇女和儿童福利。① 《社会保险法》第 17 条规定，参加基本养老保险的个人因病或者非因工死亡的，其遗属可以领取丧葬补助金和抚恤金，但抚恤金的数额和比例均缺乏相应规定。从我国各地的实践来看，抚恤金数额较低，无法弥补因劳动力丧失而给家庭造成的经济损失，甚至基本的生活都难以保障。即使在抚恤金支付最高的地区，所有家庭成员领取抚恤金的数额之和也不足参保人应领取额的 50%。参加养老保险因病或非因工死亡职工家庭成员的抚恤金数额过少和比例太低，更缺乏其遗属中无劳动能力子女、配偶和父母的长期津贴制度，这些早就应该成为我国养老保险改革中被关注的问题。

在我国现行的各种社会保险政策中，我们也能找到个别家庭因素的影子。例如，我国现行的城镇职工基本医疗保险、城镇企业职工基本养老保险和新型农村养老保险，这三大社会保险制度都设计有"个人账户"。第一项保险政策规定，个人账户的本金和利息归个人所有，可以结转使用和继承；第二项保险政策规定，职工或退休人员死亡，个人账户中的个人缴费部分可以继承；第三项保险政策规定，参保人死亡，个人账户中的资金余额，除政府补贴外，可以依法继承。这三则规定可以被看做是参保人与其家庭成员在社会保险关系中发生联系的纽带。但这一纽带所要求的条件过于苛刻且家庭成员受益太少，甚至毫无收益可言，因为它们均必须以参保人死亡为条件，只有参保人死亡，其家庭成员才能在社会保险中获得一定的受益，该受益额均仅局限于参保者自己所缴费部分。另外，各地新型农村养老保险制度还普遍规定，在该制度实施时，已年满 60 周岁、未享受城镇职工基本养老保险待遇的，不用缴费，可按月领取基础养老金，但其符合参保条件的子女应当参保缴费。这也体现了社会保险与家庭成员之间的联系，但这种联系不是基于家庭成员关系所形成的权利，而成了附加的权益资格获取的限制和约束条件。由于现代家庭小型化和核心化，农村中子女结婚后大多独立成家，且多外出打工，其是否参加新型农村养老保险的决策权难以由其父母行使，这则规定对有符合参保条件子女的已年满 60 岁

---

① 虽然我国与西方发达国家人口情况差异巨大，但从长远来看，我国的生育保险也必将演变为非缴费型的社会福利，这里也不做深入地讨论。

的农村老人是相当不利的。

我国现行的新型农村合作医疗制度虽然许多地方政策之间有明显的差异，但以农民家庭为参保的基本单位都是相同的。这看似家庭因素增强了，实则不然。它迫使农民只有两种选择，要么全家参保，缴纳全体家庭成员的医疗保险费；要么全家均不参保，而决不会出现因家庭中的某个成员参保而惠及到其他家庭成员的情况。

综上所述，从 20 世纪 80 年代至 90 年代初，我国社会保险政策改革理念主要体现为为国有企业改革服务；之后，我国的社会保险政策改革又为建立社会主义市场经济体制服务。社会保险有其自身的理论基础和发展规律，其制度建设必须遵循这些理论和规律。我们必须注意到，我国社会保险政策在制定和完善过程中，一直忽视家庭关系因素，忽视社会保险关系中家庭成员关系，家庭因素的缺失严重影响了我国社会保险制度的发展、完善和整个社会保障制度的宏观建构。我国社会保险中因家庭劳动者参保而使其他家庭成员成为受益人的相关制度和政策极为缺乏和不足，这直接导致我国社会保险覆盖面难以有效扩大和难以提高职工参保的积极性。

（三）发达国家家庭因素融入社会保险的理论与经验

1. 家庭视角构建社会保险的理论基础

家庭与社会保险之间的相关关系国外已有较多的研究，基于家庭的社会保险制度构建已有较为成熟的理论基础，这些理论主要包括以下内容。

《贝弗里奇报告：社会保险和相关服务》阐述了社会保险中有关家庭的观点，尤其重视家庭妇女的社会保险问题。他认为应尽可能地保证妇女生育的休息时间，准妈妈们不应该迫于经济上的压力而继续工作。他将已婚妇女看做有工作人群中的特殊参保阶层，将丈夫的缴费看做是夫妻双方共同的缴费，已婚的男人缴纳的社会保险费除用于自身的相关保障外，还用于保障其合法妻子的养老保险金及其他保险待遇；如果未婚，则像其他单身男子一样，其缴费用于资助已婚妇女的保险待遇。他还指出，仅靠发展生产而产品不合理分配并不能满足人们的基本需要，社会保险作为财富再分配的主要方法，需要其在工薪劳动者之间，在有工资收入时和无工资收入时，以及在抚养责任重的人、抚养责任轻的人和无家庭抚养责任的人之间更好地分配购买力。

安东尼·吉登斯在《第三条道路：社会民主主义的复兴》中倡导积极的福利。他认为与直接的经济资助相比，对人力资本的投资应该更为可取。

他倡议建立民主的家庭，民主的家庭关系意味着分担照料子女的责任，特别是在父亲和母亲之间以及家长和非家长之间，更要分担责任。因为就整个社会而言，母亲承担着照料子女的不成比例的成本，只有当强有力的家庭纽带不仅向内看而且向外看时，它才能成为加强社会凝聚力的一种重要资源。这势必要求作为社会稳定重要制度安排的社会保险制度构建必须考虑家庭因素，促使家庭有相当的资源进行人力资本投资。

美国的加里·S.贝克尔在《家庭经济分析》中分析了家庭劳动供给和家庭生产。他指出，劳动供给决策常常是由丈夫和妻子在考虑家庭因素的情况下联合作出的，并非劳动者本人独立决策，劳动者通常会考虑家庭因素。传统经济理论认为，生产活动只在企业进行，消费活动在家庭进行。贝克尔则认为，家庭起着双重作用，它既是消费者又是生产者。人们把时间资源分配于三种不同的用途：市场工作、家庭工作和闲暇。家庭实际上进行着大量的生产活动，它将时间和各种购买的投入要素结合起来生产出"家庭商品"供自己使用，家庭商品才是家庭效用的最终源泉。

家庭劳动供给理论和家庭生产理论都是从静态视角分析劳动供给的经济理论，劳动供给生命周期理论则是从动态视角研究劳动供给的理论。劳动供给生命周期理论认为，在人生命的不同时期，从事市场工作的生产率和从事家庭工作的生产率不同，人们在生命的不同时期对劳动供给的工作时数也不同。男性劳动力供给的生命周期呈倒"U"形，女性劳动力供给的生命周期呈"M"形。这是因为女性承担着生育和抚养孩子的独特的社会职能，每当生育一个孩子时，女性劳动力都会选择退出劳动力市场一段时间，形成"M"的中间低点，20岁左右出现女性劳动参与率的第一个峰值，35岁左右出现女性劳动参与率的第二个峰值。

如果把在家庭劳动供给和家庭生产理论中男性劳动力与女性劳动力作出的劳动供给决策结果之差异视为两性劳动供给的后天差异，那么在劳动供给的生命周期理论中两性劳动参与率的差异则可被视为两性劳动供给的先天性差异。在社会保险制度改革和构建时，即使没有考虑两性劳动供给的后天差异，也至少应该考虑其先天性差异，两性劳动参与率的差异在社会保险和社会保障政策中也应该有相应的体现。这些理论文献都为家庭成员中非市场劳动力人员享受社会保险和社会保障待遇提供了坚实的理论基础。

2. 发达国家的经验①

西方发达国家的社会保险制度从开始之初就融入了家庭因素，这足以看出家庭因素在社会保险中的重要性和西方发达国家对社会保险促进家庭稳定作用的重视。这里仅列举瑞典、德国、美国和新加坡 4 个有代表性的国家做简要阐述。

（1）瑞典：家庭成员主要以公民权享受社会保险。瑞典是西方发达国家中福利国家的典型代表，公民的社会保障权益建立在公民权利之上，其社会保险制度也处处体现了全民福利的特点。政府以税收作为基础向所有年满 65 岁的公民（不论每个公民的经济地位和职业状况如何）提供同一金额的基本养老金，还有与退休前收入相关的附加养老金。瑞典的医疗保险更是慷慨，以税收为基础的医疗保险向全体公民和外籍居民提供医疗服务，16 岁以下的未成年人随其父母参加保险。我们不难看出，福利国家的养老保险、医疗保险除覆盖了劳动者之外，劳动者的所有家庭成员也都被纳入到了制度之内。

（2）德国：社会保险对妇女大力支持。德国是最早建立社会保险的国家，在 20 世纪 70 年代以后，其社会福利体制由"围绕就业"型向"支持家庭"型转变。德国的社会养老保险主要面向劳动者，但是，男性与女性劳动力享受养老金给付的条件在制度政策中存在明显差别。对男性劳动力获得养老金给付的最短缴费期限要求为 15 年，而对女性要求为 10 年。正常的养老金在投保人年满 65 岁后发放，妇女、残疾人、失业者及丧失就业能力的人在年满 60 岁后可申请领取养老金。1985 年的《抚养法》和 1987年的《儿童教育法》，使德国在养老保险制度中引入了抚养子女视同缴费的政策，抚养一名子/女可被视为一年的养老保险缴费。1992 年，政府将抚养一名子/女视同缴费期限提高为 3 年，且把一名子/女抚养到 10 岁成为获得养老金领取资格的最低要求。该政策表明，在养老保险制度中抚养子女的家务劳动与劳动力市场的就业缴费具有同等的作用。这些政策和措施都从不同方面为妇女更好地完成家庭角色提供了有力支持。

除以上男女劳动者获取养老金的政策有别和相关儿童抚养的政策外，德国社会养老保险还覆盖了投保人死亡后的家庭成员——寡妇养老金和孤儿抚养津贴。年满 45 岁并抚养有子女的寡妇有权领取其丈夫应领取养老金

---

①　马广博、赵丽江：《基于家庭视角的社会保险制度构建》，《现代经济探讨》2011 年第 11 期。

的 60% 。

德国现行的医疗保险法律规定，投保者的配偶及其子女只要其收入不超过最低限制就可以免费享受医疗保险待遇。由于其覆盖了劳动者及其家庭成员，德国社会医疗保险覆盖了总人口的 90% 以上。

（3）美国：社会保险重视婚姻存续时间和子女抚养。美国由联邦政府主办的全国性社会保险—老年、残障与遗属保险（Old-Age Disability Survivors Insurance，OADSI）、医疗保险—住院保险（Hospital Insurance，HI）和补充医疗保险（Supplementary Medical Insurance，SMI）均融入了家庭因素，尤其重视婚姻存续性和子女抚养问题。

OADSI 规定，被保险人配偶年满 62 岁且婚期满一年以上，他或她就有资格领取保险给付金（正常退休年龄为 65 岁）。65 岁的配偶领取的给付金为被保险人基本保险金的 50%，65 岁至 62 岁的配偶，给付金每提早一个月领取就减少 0.7%；已离婚的年满 62 岁以上的配偶且婚姻持续 10 年以上的，也有权根据前夫（妻）的基本保险金享受保险待遇；对退休后仍抚养 18 岁以下的未婚子女、19 岁以下的全日制中小学生、未婚残障子女的被保险人，他们的这些子女均有权领取其相当于退休者 50% 的基本保险金；如果被保险人死亡，他们的配偶、子女和父母在满足一定婚姻期限和年龄要求的前提下，均能获得领取死者 70% 以上的基本保险金；如果被保险人残疾，他们的配偶、子女均可根据残疾程度获取津贴，其标准一般为残疾工人给付金的 50% 以上；对抚养有 16 岁以下子女或 22 岁以前致残的子女，其配偶不论任何年龄都可领取配偶津贴。

美国联邦政府管理的医疗保险的覆盖范围与 OADSI 紧密相关，有资格享受后者待遇的都是其保障对象，这也意味着符合一定要求的被保险人的家庭成员也在该医疗保险的保障范围之内。

（4）新加坡：社会医疗保险惠及直系亲属。新加坡中央公积金制度的社会保障模式以突显个人的保障责任而闻名，但新加坡的中央公积金制度也引入了家庭因素，在其每个参加者个人账户的三部分——退休金账户、医疗账户和普通账户中，医疗账户除用于支付其本人的医疗费用外，还可以为其直系亲属支付规定的住院和门诊费。当前，参加者还可选择参加家庭保障计划，在本人死亡或终身失去工作能力时，家属能获得一笔赔偿，还可贷款支付子女的教育等。我们还不应该忽略的一点是，个人账户积累的资金其家庭成员拥有继承权。

综上所述，在全球社会保险制度中具有代表性的 4 国，其社会保险制度均不同程度地覆盖到了参保者的家庭成员。据此，我们可以说，不论是在福利型社会保险国家还是非福利型社会保险国家，家庭因素都是社会保险制度中不可或缺的一个重要因素。

基于以上分析，为了更好地将家庭因素融入我国的社会保险，实现家庭稳定并促进社会和谐，我们提出以下相关政策建议。

（1）将面向职工（劳动者）的社会保险制度扩展到其家庭成员。家庭中的女性因为天生具有生育和哺育孩子的与男性差别极大的责任，不可能像男性劳动力一样在一生的劳动年龄时间内持续不断地向市场提供劳动，因此，在我国社会保险相关的制度和政策中应该体现对两性要求的差别，女性职工享受保险资格的最短缴费期限应该短于男性。儿童和老人不具有劳动能力、没有工资性收入，如果要求其参加缴费型的社会保险（如城镇居民医疗保险、新型农村合作医疗保险等），其缴费必然来源于劳动力收入的家庭内转移支付。所以，仅仅在生育保险中规定未就业的职工配偶有享受生育医疗费用待遇的权利是远远不够的，我国现行的面向职工的养老保险和医疗保险制度均应规定参保人家庭成员有享受基本社会保险相关待遇的权利和条件。因此，有必要将城镇职工基本医疗保险制度与城镇居民基本医疗保险制度合并构成新的城镇职工基本医疗保险，新的医疗保险制度应涵盖所有参保职工的家庭成员，包括未就业的配偶、子女甚至父母及其他家庭成员。城镇企业职工基本养老保险应进一步扩展为老、残、遗保险，在职工有权享受养老金待遇时，其未就业的和就业缴费时间不足的配偶也应该有相应享受的权利；参保职工非因工残疾或死亡时，其家庭成员均应有资格获取足以保障其基本生活的长期社会保险津贴。

（2）对符合国家计划生育政策家庭的社会保险优待。计划生育政策是我国的一项重大国策，符合计划生育政策的家庭将自己的生育权让渡给国家并作出了巨大的家庭和个人牺牲，因此，国家对符合计划生育政策的家庭应给予社会保险方面的优待。具体措施可以包括，在新型农村养老保险中，符合计划生育政策的家庭成员在享受养老保险待遇时，取消其符合参保条件的子女应当参保缴费的附加条件，并使其领取的国家负担的基础养老金部分的比例比曾违反国家计划生育政策的养老金领取者高出 20%以上，从保险福利的角度让符合国家计划生育政策的家庭真正受益；未来各种以家庭成员身份享有的各种社会保险待遇，均对未曾违反国家计划生育政策的家庭成员作出单独并且相对优厚的待遇规定，等等。

三　社会福利政策与家庭

（一）福利政策的出台与完善

福利（Welfare）一词，本义是幸福、美满。社会福利，按其字面含义和一般性理解，通常为改善全体社会成员物质、文化生活，提高其生活质量的代名词。由于人们在不同的层次上使用社会福利这个概念，因而对社会福利的定义难以统一。从世界范围来看，社会福利的理解可分为广义和狭义两种。

广义的社会福利，是指为了改善和提高社会全体成员的物质生活和精神生活的各种社会服务及其措施。西方国家普遍采用这种大福利的概念，将社会保障包括其中。狭义上的社会福利，是指在社会成员因年老、疾病、生理或心理缺陷丧失劳动能力而出现生活困难时向其提供的服务及其措施。它是对社会保险制度的补充，如残疾人福利、妇女儿童福利、老年人福利等。我国的社会福利是社会保障的一个组成部分，其含义属于狭义社会福利范畴。不过，"社会福利"一词在我国的制度规定和实际工作中有着不同的解释和涵盖范围。在制度规定上，我国的社会福利工作包括政府民政部门主管的那一部分社会福利工作和劳动部门主管的职工福利和补贴制度。从这一层面上，社会福利是国家、社区组织和企事业单位为满足各类社会弱者、遇到一定困难的社会成员或本单位职工的基本物质文化生活需求，提供或组织实施的带有福利性的服务保障和收入保障。因此，其含义和覆盖面较广。但它未涉及社会性的、为提高社会成员生活质量而兴办的广义的福利事业。在实际工作中，由于我国从新中国成立初期就建立了"就业与保障直接合一"的行政性计划体制，只有企事业单位职工和国家机关工作人员享有职工福利和补贴待遇，而且"职工福利和补贴"一直作为专业术语与"社会福利"并列使用，因此，社会福利的含义就更狭窄，它专指为社会上不属于任何单位、不享受职工福利和补贴、由民政部门负责照顾的那一部分社会成员的福利工作。

在计划经济时期，我国形成了与就业相关联的典型的城镇福利制度，国民福利在国家计划的控制下，被分割为财政价格补贴、民政福利和企业或单位办福利三大独立板块，三者之间缺乏协调性、封闭运行。这种传统的社会福利制度依靠政府与单位（集体）的力量较好地解决了城乡弱势群体的生活问题，改善了城镇居民的生活状况，发挥了特定时期特定的历史作用；但其内在的缺陷和不可持续性也是十分明显的，主要表现在制度的封闭运行、福利分配和工资分配相混淆所带来的非效率性、福利资源主要面向城镇居民而导致城乡福利资源分配的非公平性等。

20 世纪 80 年代以后，随着我国经济体制改革的启动和逐步深入，国家对原有的福利制度也进行了相应的改革。1984 年 11 月，民政部在福建漳州召开了全国城市社会福利事业单位改革整顿工作会议，会议明确了"社会福利社会办"的城市社会福利事业指导思想。

进入 20 世纪 90 年代，社会福利在立法保障、"社会福利社会办"、城镇职工住房制度改革和社区服务等方面取得了很大的进展。国家先后颁布了《中华人民共和国残疾人保障法》（1991 年 5 月 15 日起实施）、《中华人民共和国妇女权益保障法》（1992）、《中华人民共和国母婴保健法》（1994 年 10 月）、《中华人民共和国老年人权益保障法》（1996 年 10 月 1 日）。劳动部也出台了关于女职工劳动保护等的部门规章。针对特殊人群的社会福利项目如残疾人福利、妇女福利、儿童福利和老年人福利的实施有了法律保障。尤其是残疾人的福利事业有了前所未有的发展，残疾人的治疗康复和就业得到了有效保障，残疾人的生活状况明显改善。

进入 21 世纪后，社会福利制度的改革进一步加快。2000 年 4 月，广州全国社会福利社会化工作会议的召开在全国掀起了社会福利社会化的高潮。会议明确了发展我国社会福利事业的阶段性目标：到 2005 年，基本建成以国家兴办的社会福利机构为示范、其他多种所有制形式的社会福利机构为骨干、社区服务为依托、居家供养为基础的社会福利服务网络。会议也提出了社会福利社会化的总体要求：投资主体多元化、服务对象公众化、运行机制市场化、服务方式多样化、服务队伍的专业化与志愿化相结合。随后，民政部相应制定了一些配套办法，使社会福利事业改变了国家包揽、资源资金来源单一的状况，在政府的倡导、组织、支持和宏观管理之下，广泛动员社会力量兴办多形式、多层次的福利机构。目前，社会福利社会化仍然是我国福利制度改革的大方向。

2007 年，国家民政部提出建立"适度普惠型"社会福利制度的设想。我国在改革开放前覆盖面是比较窄的，主要是三无人员，也就是老年人、残疾人和孤儿。这些年随着经济的发展、社会的进步，服务对象逐步得到了拓展和延伸。在服务的项目方面，过去只是关注对象基本的抚养、生活照料问题，现在发展到医疗、保健、康复护理、文体娱乐、精神慰藉各个方面。……推进我国社会福利由补缺型向适度普惠型转变来加快我国的社会福利事业发展；在这个转变过程中，一方面由特定的三无服务对象向全体老年人、残疾人和处于困境中的儿童转变；另一方面在服务项目和产品的供给上，要向满足服务对象不同层次的多样化的需求转变。[①]

改革开放 30 多年来，随着向市场经济体制的转轨，中国社会福利制度改革已经取得了突破性进展。社会福利制度的改革从作为国有企业改革的配套措施，到成为社会主义市场经济体制框架的重要组成部分，初步实现了从传统社会福利到现代社会福利的转型，即实现了社会福利社会化。所谓社会福利社会化，是指在政府的倡导、组织、支持和必要的资助下，动员社会力量建设社会福利机构与福利设施，为人们提供生活保障和福利服务，满足社会对福利的需要。[②] 具体表现在以下几个方面。[③]

1. 法律法规逐步建立和健全，社会福利法制化初步形成

改革开放以来，老年人、残疾人、社会特殊困难群体等弱势群体的利益一直得到关注，并通过法律的形式得以保障。30 多年来中国已经初步形成了以《宪法》为依据，由《残疾人保障法》、《收养法》、《老年人权益保障法》等 60 多部法律法规组成的保障社会特殊困难群体的基本生活及其合法权益的法制体系。

2. 内涵和外延有所扩大，社会福利从补缺型向适度普惠型转变

新时期以来，中国社会福利逐步从救济型转变为福利型、从封闭型转变为开放型、从单纯的以养为主转变为养治教和康复服务并重。经过"社会福利社会化"的推进、社区服务的推动、职业福利的分解等，社会福利的提供主体、受益人群、福利目标、福利内容、提供手段、服务方式等都发生了深刻的变化。社会福利机构已经面向全社会开放，逐渐满足人民不断增长的福利需求。在福利价值观方面，从单纯的恩赐观念转变为保障享有基本的福利权利。在社会福利的提供主体方面，已经从单纯的以国家和政府为主，逐渐转变为以国家、社会、企业、个人、社会组织等为主体，

---

① 窦玉沛：《社会福利由补缺型向适度普惠型转变》，载《公益时报》2007 年 10 月 23 日。

② 宋士云：《中国社会福利制度的改革与转型》，《河南大学学报》（社会科学版）2010 年第 5 期。

③ 成海军、陈晓丽：《改革开放以来中国社会福利制度的嬗变》，《当代中国史研究》2011 年第 5 期。

实现了福利的多渠道、多元化、多样化供给。在福利的受益人群方面,已经从单纯的三无人员等生理性弱势群体,扩大到所有老年人、残疾人、孤儿、失业下岗人员、特殊困难群体等社会弱势群体。在福利的目标方面,已经从简单的维持基本生活,到提高生活质量和提供优质服务并重。在福利的内容方面,已经从简单的吃饱穿暖向衣、食、住、行、医等基本生活保障和权益保障全方位发展。在服务手段的提供方面,已经从简单的日常护理照顾向社会工作专业化手段提供专业服务方向发展。在服务的方式上,从常规护理向借助现代科技手段,通过信息化、标准化提供服务的方向发展。通过投资主体多元化、服务对象公开化、服务方式多样化、服务队伍专业化和志愿者相结合等措施,积极推动社会福利模式由补缺型向适度普惠型方向发展。

3. 政府与社会在社会福利中的地位、作用及其关系得到初步界定

改革开放初期,由于简单仿效西方经验和理解上的失误,不恰当地把西方社会福利中政府的退出视为普遍经验,将"社会化"理解为"政府不再管",将社会福利的主体责任推向社会。家庭和个人被重新界定为社会福利责任的主要承担者,而政府则仅限于补偿或解决从计划经济向市场经济转变过程中部分社会成员的传统权益受损问题。

经过30多年的改革,我们逐渐明确了政府在社会福利中的地位和作用。推动社会福利事业的发展是各级政府应尽的职责,政府是社会福利的主导力量。政府在社会福利领域的责任非但不能减轻,而且应当进一步强化。而政府责任不再是简单和唯一的直管、直属、直办,其责任是强化公共服务能力、制定社会福利法律法规、发展规划、提供资金保障和对社会福利行为加强监管等。具体而言,一是加大对社会力量举办福利事业的支持和政策优惠,在规划建设、福利机构土地使用、税费减免、用水用电等方面给予优惠;二是加大财政投入力度,支持政府购买服务;三是加大对社会福利的指导和规范力度。社会力量参与是中国社会福利发展的有效途径和必然趋势。一是有利于缓解政府财力不足同日益增长的福利服务需求之间的突出矛盾,为建立中国特色的社会福利服务体系开辟了广阔的发展道路;二是有利于推动社会福利事业和慈善事业的良性互动,是社会福利事业发展的有效途径;三是扩大福利彩票发行,促进福利事业发展。

4. 家庭、社区、福利机构相结合的社会福利服务体系基本建立

中国基本上建成了一个"以家庭为基础、以社区为依托、以福利机构

为补充"的社会福利服务体系，① 其主要特点是从社会福利服务现状出发，充分调动社会福利服务资源，将家庭、社区、机构紧密相连，为福利建设服务。其基本内容主要有以下几个方面。

首先，强化家庭的基础地位。中国老年人、残疾人、孤儿人口基数大，特别是进入老龄化社会以后，老年人口增长速度快，高龄化趋势明显，地区发展不平衡，单纯通过建立福利机构解决供养问题并不现实，必须发挥家庭在社会福利服务体系中的基础性作用。

其次，发挥社区的依托作用。应该清醒地看到，随着家庭小型化和家庭照料功能的减弱，必须发挥社区的依托作用，为家庭提供有力的支持。在社区实施"社区老年福利服务星光计划""星光老年之家"等项目，覆盖入户服务、紧急援助、日间照料、保健康复、文体娱乐等多种服务功能，发挥社区的依托作用。同时积极推进社区服务和社区照顾，培育中介组织，建立社区服务信息平台。

最后，加强福利机构建设。福利机构在养老、助残、救孤等方面发挥着重要作用。高龄老人、失能和半失能老人、重度残疾人等需要机构照顾和康复。家庭小型化和空巢老人的增多使得福利机构的需求越来越大。"蓝天计划""霞光计划""爱心护理工程"等项目②支持福利机构建设，对养育、医疗、康复、教育、辅导、职业培训等发挥了示范、指导和辐射作用。

（二）社会福利改革的局限和不足

尽管中国社会福利改革和转型取得了一定成就，但就建立比较完善的社会福利目标体系而言还有相当大的距离，主要表现在以下几个方面。

（1）社会福利作为经济体制改革的配套措施作用明显，作为独立领域的改革尚不充分。无论是 20 世纪 80 年代的制度调整，还是 90 年代后期的制度转型，社会福利总是作为经济体制改革的配套措施出现，缺乏对社会福利目标改革本身的准确定位。30 多年来中国社会福利制度正逐步从经济体制中独立出来，形成一个相对独立的体系，但必须看到这种独立还很不

---

① 窦玉沛：《中国社会福利的改革与发展》，《社会福利》2006 年第 6 期。

② "蓝天计划"是从 2006 年起，民政部和地方政府用 5 年时间投入 60 亿元，在大中城市建设和完善集养护、救治、教育、康复、特教于一体的儿童福利机构。"霞光计划"是民政部与地方政府用 5 年时间投入 50 亿元左右，在全国建设和改造农村五保供养服务设施，到"十一五"末期基本解决五保对象的居住和供养需求。在 2005 年全国政协会议上，46 位政协委员提了一个提案，就是为城市高龄老年人提供专业护理服务，被称作"爱心护理工程"，其宗旨有三句话：帮天下儿女尽孝，替世上父母解难，为党和政府分忧。

够。社会福利制度的目标是使社会成员能够获得相应的物质的、精神的和服务的福利需求的满足，其中有和经济体制密切相关的方面、有与市场经济体制运行模式相一致的地方，也有救助弱势群体、尊重公民权利等方面的内容。弱势群体的福利满足是不能依靠经济手段、竞争机制来实现的。社会福利制度如果完全成为经济体制的附属物，就失去了其本来效用，也无法获得发展。

（2）作为经济体制改革的补救措施明显，未雨绸缪构建预防性社会福利体系尚不足。以往社会福利制度的改革多发生在经济体制改革等大的战略部署之后，社会福利始终作为解决社会问题的救护措施，扮演着头痛医头、脚痛医脚的救护角色，缺少积极的预防性政策。社会福利制度的本来含义应为社会成员提供物质和精神的福利保障。这自然要求其政策具有连贯性，要未雨绸缪，而不仅是亡羊补牢。如果总是在经济体制改革出现社会问题后才启动社会福利制度的改革，效果显然是滞后的，必将出现经济体制改革与社会福利制度改革的断层。这种关系到百姓和社会成员衣食住行等基本生活需求的断层，势必会引起社会不稳定，阻碍改革的深化。

（3）本土化改革思路占主导地位，吸取国外经验教训尚不充分。西方国家社会福利制度的许多积极因素值得我们借鉴。如把公民权利作为福利国家的核心概念，通过社会政策和社会服务都能使社会贫困者真正享有。中国以往的改革对公民权利重视不够，事实上在马克思的人的自由而全面发展的共产主义目标设想中，人的自由而全面的发展首先就是公民权利的实现。如果我们把福利与政治、经济、社会公平、公民权利这些问题紧密联系起来，中国的社会福利改革可能会走出以往与经济体制改革经常被动牵绕的困境，能够以更独立的目标体系去促进经济体制改革，而不再是经济体制改革的附属物。

（4）社会福利改革调整多，制度的根本转型尚不深入。尽管社会福利社会化的政策理论呼声很高，但投资主体多元化、服务对象公众化、服务方式多样化、服务队伍专业化等具体实践都还不到位。从投资主体多元化看，不是简单地将原来的国家投资演变为由国家、集体、个人共同投资就算多元了，而是通过多渠道投资方式，形成社会福利机构多种所有制共同发展的格局。一段时间以来在多元化的模式下，社会福利机构不但没有获得发展，还成了国家、集体、个人都不承担主体责任的游离地带。从服务对象公众化看，社会福利拓展了服务领域，扩大了服务范围和覆盖面，并根据服务对象的不同情况，实行有偿、减免或无偿等多种服务。如何处理特殊困难群体与公众的关系？社会福利资金与资源首先应该满足特殊困难群体，然后再惠及更多社会成员。社区福利机构、服务网点，首先应满足对孤老病残的福利服务，然后面向更多社会成员开展有偿服务、便民服务等。但一些机构打着社区服务的招牌，完全按市场机制运行收费。社区服务点追求经济效益，缺少对老年人提供的特殊服务项目，对老弱病残的重视和照顾明显不足，冲淡了社区服务的本质。此外，在服务方式多样化、服务队伍专业化、单位福利设施社会化等方面也都存在明显不足。不解决好这些问题，社会福利社会化就不能实质性推进。

（5）社会福利改革对效率推崇，对公平的倡导尚显不足。20世纪80年代的社会福利改革主要强调制度配套，目标是抵消经济体制改革所导致的不平等效应。90年代后社会保障和其他福利制度的改革则逐步走向了相反方向，即社会保障及社会福利在再分配和平等化方面的作用越来越弱，社会福利政策的基本目标已不再是维护社会公平，而主要是维持社会稳定。公平与平等的理念是孕育于社会福利制度中的最原本含义。强调社会福利改革的出发点与经济体制的市场取向改革相适应，并不是说社会福利改革也完全引入市场机制，而应是致力于通过社会福利改革弥补市场经济带来的社会问题，也即解决市场失灵的问题。社会福利制度的核心是处理好发展与公平的关系。发展与公平的平衡需要一个度，一是经济发展有充分的实力来解决社会福利问题；二是社会发展客观需要必须解决社会福利问题。2010年中国GDP已达397983亿元，人均29678元（约合4481美元），我们已经进入一个温饱的小康社会，从单纯强调经济增长向以经济社会全面协调、健康、持续发展为特征的科学发展时代转变，从不同群体或阶层利益分割向城乡居民普遍受惠的时代转变，从共同贫困和鼓励部分人先富起来向全体国民共建共享、共同富裕的时代转变，从以解决低层次温饱问题为目标向民生问题全面升级并要求获得全面改善的时代转变。因此，建立健全社会福利制度是时代和社会的客观要求。[①]

（三）社会福利的家庭视角

工业化后发展起来的社会福利以解决社会成员的经济收入保障为主要

---

① 成海军、陈晓丽：《改革开放以来中国社会福利制度的嬗变》，《当代中国史研究》2011年第5期。

任务，以提高社会成员的生活质量为主要目的。如果按照社会福利所遵循的国家拥有保障"国民能够健康地维持其文明生活的基本权利"的责任，即从保障公民的生存权这样的责任理念出发，那么，国家是保障的责任主体，个人是生存的权利主体。但是，从各国社会福利实践的现实来看，福利服务提供主体却又是多元化的。下面就以日本为例，介绍福利政策建构与改革中的"家庭视角"。

从 20 世纪 70 年代起，日本在福利国家中构建了"日本型福利社会论"这一理论，这是将日本与欧美福利国家的福利政策相比较而选择的一条福利政策改革的道路，其最大的特点是把家庭置于福利政策基本方针中极为重要的位置。[①] 例如，日本学者野令山久也[②]在《家庭福利的视角》中强调，在儿童福利、残障人福利、老龄福利等因对象不同而分化的分类福利制度体系中，对那些拥有复数的福利需求的家庭，用这种一刀切的社会福利法制体制不能够满足这些家庭集团对福利的多样化需求，他强调"家庭集团福利"的重要性，实际上就是提倡重视家庭福利主体。

所谓的"日本型福利社会"不是"福利国家"，是"社会"。所谓"日本型"，就是尊重日本的美德，具体来讲，就是日本人拥有的自立自助的精神、谨慎处事的人际关系态度、相互协作的组织结构、家庭内的趋同意识、80% 以上的老人与亲子同居的现实等。也就是说，不靠国家，靠自己、亲属和近邻的互相帮助，应该说这是日本人的传统美德，也是被儒教影响的国家的传统美德。所谓"福利社会"，是指强调家庭福利的政府或国家，不是只强调公共投资，而是强调家庭自身、近邻和亲属的互相帮助，加上企业的扶助，与许多国家所提倡的混合福利论有相同之处，不过更强调家庭福利。

1979 年日本推出的《关于充实家庭基础生活的对策》，针对老人赡养问题，提出将三代同堂作为理想的家庭模式，并向此类家庭提供相应的福利政策。到目前为止，与老人同居的家庭，在建筑住宅时政府可以以低利息向其提供贷款，该政策有力增加了家庭的赡养功能。但是该政策对中高龄女性的生活方式做了描述，以期提高妇女育儿和抚养子女的自觉性和能

---

① 王海燕：《家庭福利政策的选择——转型期日本社会福利政策调整的圭臬》，《社会保障研究（北京）》2006 年第 2 期。

② 日本甲南大学教授，主要研究家庭社会学。主要著作有：《现代家庭的伦理》《离婚的家庭社会学》《家庭福利的视角》《家庭社会学入门》《家庭社会学的分析视角》。

力，此种做法不利于男女平等的实现。与此同时，还相继出台了提高配偶津贴、妻子的遗产继承份额等项政策。

1984、1985、1988 年国家通过税金、年金给予了家庭主妇很多优惠的鼓励政策，造成女性再次被封闭在家庭之中。对此，这一政策被批判的声音也较高。

1998、1999 年版的《厚生白书》提出了"少子社会的思考——构筑生育、养育子女的社会"的目标。提出"走看护社会化的道路"，因为单靠家庭来承担责任远远不够，特别是承担看护责任的女性，随着女性的生活方式的改变，就必须考虑用其他方式来解决看护的问题。在 1999 年版的《厚生白书》中探讨强调了女性从业问题，特别提出了家庭模式是男女共同生活来养育子女的社会模式，应该尊重那些拥有生活多样化价值观的男女的生活方式，不是取替以往的固有的责任分工，而是在共同分担养育孩子的责任中分享家庭的快乐。这种提法已不同于 70 年代的政策，与原先的"日本型福利社会"理念有出入。进入 21 世纪后开始实施的《介护保险制度》，改变了以往的以家庭为单位的投保制度形式，采取针对全体国民的投保制度，即从 40 岁开始到死亡为止的，以个人为单位的强制式的投保形式。

日本社会福利的家庭视角及后期个人视角的加入说明一国社会福利制度的形成与其社会的经济条件、社会条件、文化传统有很大的关联，而社会变迁带来的价值观及生活方式的多样化也会影响福利制度的发展方向。

与日本 20 世纪 70 年代所采取的以家庭为单位的福利政策选择不同，我国改革开放以后的社会福利制度更多的是以个人为单位的福利建构，当然，进入新世纪后也开始了家庭、社区、福利机构相结合的社会福利服务体系建设，如何将现有的分隔运行的儿童福利、妇女福利、残疾人福利、教育福利、职业福利、住房福利、社区福利服务体系有机整合起来，将不同服务对象整合在家庭之中，建立以家庭福利为基础的福利政策框架与福利服务体系，为家庭关系和幸福美好生活提供全面制度支持，仍然是我国福利制度建设需要解决的问题。

福利的家庭视角也并非日本独有，在 Alan Siaroff 的研究中，他将世界经济合作发展组织（OECD）的 23 个国家的家庭福利指标和女性劳动的指标按一定的维度进行了描述，还将各国的社会保障支出和家庭福利支出作了加权分析，其中家庭福利指标（比如家庭津贴、育儿设施的投资也是政策之一）、雇用的性别平等问题，各国的指标各不相同，瑞典的平均值最高，主要是观察了国家对家庭福利投入的比重。

家庭福利指标和女性就业率都较高的国家是芬兰、瑞典、丹麦、挪威，其背景是女性完全雇用的政策，把由女性承担的育儿、照顾老人的工作由国家来承担并使其社会化。英国、加拿大的女性就业率较高，可是家庭福利政策还不甚完善，从劳动力就业市场上看是男女平等，但其育儿政策和日本一样水准较低，保育院的设备也不甚完善。英国、新西兰、加拿大、美国、澳大利亚等国是将责任推给家庭和市场，所以这些国家仅制定了购物方面的方向性政策。法国、比利时、奥地利、荷兰、卢森堡、德国女性的就业率较低，可家庭福利的指标较高，政策是围绕女性承担的家务和育儿而制定的，可以说这些家庭福利政策是为保证女性所承担的家庭责任而制定的。[①]

综上所述，我国从家庭视角建立的家庭福利政策体系尚未形成，全国妇联 2010 年 5 月 15 日在京发布的《我国和谐家庭建设状况问卷调查报告》显示，六成家庭认为国家支持家庭的政策力度还有待加大。调查显示，国家现行的对家庭的支持政策，超过一半（56.4%）的家庭认为力度还不够；有 8.6% 的家庭认为"基本没有政策支持"，另外约有 20.3% 的被访者"不清楚有哪些政策跟家庭有关"。调查认为，去除家庭政策的概念在我国还没有普及的因素，总的来看，我国家庭对国家现行支持家庭发展的政策评价还不够高。客观地讲，现阶段我国家庭福利还未形成独立的制度体系和政策体系，往往与社会保障政策相互交叉和相互重叠，作为社会保障制度的一个组成部分，成为一种补充性政策体系。

四 住房保障政策与家庭

（一）住房保障政策的发展与现状分析

住房需求是家庭的基本需求，但其作为一种昂贵的生活必需品，并不是所有的家庭都有相应的购买能力，因此，世界各国都将住房保障制度纳入国家的社会保障体系之中。

新中国成立初期，在社会主义计划经济体制下，我国效仿苏联模式，

---

① 王海燕：《家庭福利政策的选择——转型期日本社会福利政策调整的圭臬》，《社会保障研究（北京）》2006 年第 2 期。

实行福利性住房实物分配政策。其实施主体是政府和单位，保障对象是国家正式职工，具体的措施是通过扣除职工工资中的住房消费因素，以实物方式分配给职工无偿使用。这一政策具有"低工资、低租金加补贴、食物配给制"的特征。实施保障制度的主要依据是对象是否属于公有制体制之内，制度本身的保障意义和保障性质都不明确。

改革开放以来，对职工福利改革幅度较大的一项就是进行城镇住房制度改革。改革之初，政府就认识到城镇住房问题的症结主要是由福利性分配方式造成的，同时它也制约了价格体制、收入分配体制、劳动力市场和房地产市场的发展，从而导致家庭消费结构畸形化。因此，自20世纪80年代初开始，国家就对传统住房福利体制进行改革。自20世纪80年代初期推行"优惠售房"试点和1986～1988年推行"提租增资改革"，到1989年国务院颁布《关于在全国城镇分期分批推行住房改革的实施方案》后正式推进住房商品化进程，再到1992年在全国全面实行新房先卖后租、新房新租、有偿租房等改革举措，各地都在探索住房福利制度的改革之路。1994年7月，国务院发布《关于深化城镇住房制度改革的决定》，确定了以标准价售房的政策；1998年底，中央政府宣布停止企事业单位的福利分房，公房的出售进展较为顺利。与此同时，确立了由职工和所在单位共同负责（各自承担缴费50%的责任）的住房公积金制度，推出了建设与出售经济适用房的举措，到2000年后又推出了廉租房政策。总之，住房福利制度经过近30年的改革，与传统的福利分房制度相比，已经发生了重大变化。

城镇住房制度改革的重大意义是，它改变了过去把住宅作为福利进行无偿分配的制度，将住宅作为商品纳入市场经济运行轨道，使其通过市场交换进入消费领域。这不仅对社会生产、商品流通和消费都产生了重大影响，特别是改变了城镇职工及其家庭的生活消费结构，而且克服了过去"高福利、低房租"分配制度所带来的种种弊端，反过来又进一步推进了住房制度的改革与发展。通过上述一系列的改革，不仅清除了传统职工福利制度中妨碍企业改革和发展、不适应市场经济运行的种种弊端，而且使职工福利逐步成为单位的内部事务，并逐步向其原本的性质、地位和功能回归。一个适应现代企业制度和市场经济体制的新的职工福利制度正在形成。

然而，近年来住房问题始终是社会矛盾的焦点之一，其张力已经使中国社会各阶层的社会心理极度扭曲。从社会主流意识看，在经济上，房地产被视为拉动GDP上升的主要动力；在政治上，房地产成为最可夸耀的政绩之一。一些地方政府将自己紧紧地绑在这辆疾驶的马车上，地方领导深陷其中，"强拆"导致的一幕幕悲惨的活剧四处上演。从广大人民群众的立场看，住房问题积聚的民怨已经迸出火星。公民在社会领域中两项最基本的权利——居住权和资产拥有权被剥夺。要想改善自己的住房条件，唯一的选择就是"市场"。

保障性住房的发展步伐慢于商品房市场。从1998年开始到2005年8年间我国住房供应体系的真实写照是：住宅商品化、市场化速度过快，房价持续快速增长，而保障性住房的政策被部分地方政府忽视和漠视，从而引发民众买房难等诸多社会矛盾，民众对住房保障制度的关注程度以及不满情绪都呈上升趋势。从2006年到2009年，中央政府加大保障性住房的建设力度，尤其是公共廉租房的投资逐年递增，但是相对房地产市场的整体投资，通过表7-1可以看出，保障性住房的"跛脚"状况并未改观，对解决中低收入者住房需求的帮助可谓"杯水车薪"，反而在某种意义上推高了商品性住房价格。

表7-1　住房投资对比表

年度	公共廉租房投资（亿元）	房地产投资（亿元）	所占比例（%）
2006	23.4	19382	0.12
2007	94	25280	0.37
2008	354	30580	1.16
2009	551	36232	1.52

资料来源：《国家统计局公报》、《住房和城乡建设部公报》。

保障性住房是为了解决现代城市中中低收入家庭和最低收入家庭的住房问题而产生的，这种类型的住房有别于通过市场形成价格的商品房，它是政府专门针对中低收入和最低收入家庭建设的具有社会保障性质的特殊住房，也是社会收入再分配的重要方式，主要包括廉租房、经济适用房、经济租赁房和限价商品房。

我国保障性住房发展缓慢的原因主要有以下几个。[①]

第一，保障性住房制度设计存在缺失。一方面，是保障体系不健全。

---

① 龚高健、张燕清：《推进我国保障性住房制度建设的路径选择》，《发展研究》2011年第3期。

国务院〔2007〕24号文件将经济适用住房供应对象从"中低收入"家庭调整为"低收入"家庭，廉租住房由"最低收入"家庭调整为"低收入"家庭，两者实现无缝对接。但调整后对解决中低收入家庭住房困难却没有相应的政策规定，即使各省（直辖市、自治区）实施面向中低收入住房困难家庭经济租赁住房、限价商品住房制度，但涉及税收、用地、金融等国家统一政策问题，实施难度大。另一方面，是制度设置上的排斥。住房保障制度仅覆盖城镇居民，且是市、县所在地的城镇居民。现行住房保障政策排斥了城市打工者、进城务工人员等弱势群体，而随着城镇化进程的加快，这个弱势群体还将不断地扩大，其占城市总人口的比重日益上升。

第二，保障性住房建设资金供应不足。在公共财政中，只有廉租住房制度建设以公共财政为主，其他涉及住房保障的支出未纳入财政预算中。按照《廉租住房保障办法》，低收入家庭住房保障资金主要来源于年度财政预算、住房公积金增值收益余额、土地出让净收益中安排、社会捐赠等渠道。财政预算和土地出让净收益中安排的廉租住房保障资金的关键在地方政府，全国部分财政比较困难的市、县一般是赤字财政，地方财政支出主要依赖于补助，财政一般转移支付中虽然考虑了廉租住房的支出因素，但实际主要用于维持政府运转，廉租住房资金难以落实。土地出让净收益中安排的廉租住房保障资金是非常好的来源渠道，但受限于土地出让净收益规模和土地出让净收益大小，经济发达地方土地出让净收益较高，而贫困地区土地出让净收益较少。住房公积金收益所占比例很小，社会捐赠及其他方式筹集资金来源很不稳定。

第三，保障性住房准入退出机制不健全。在保障性住房实施过程中，面临着无法准确界定住房保障对象和对象认定缺乏科学标准等问题，主要原因有两个：一是住房档案系统不健全，全国大部分城市基本上没有建立住房档案，或即使某一时期建立也没有实施动态管理。基础信息数据不全、住房档案信息不健全，导致难以准确界定住房保障对象。二是个人收入和信用制度不健全，目前还没有建立全面、有效的个人信用制度，这不仅造成收入核定及准入确认的难度大，而且就业、收入变化时更难适时、准确地进行复核和清出，造成保障性住房"准入"与"退出"的监管困难。

第四，保障性住房金融发展缓慢。主要表现在住房公积金制度的互助性和保障性作用不强。当前，住房公积金制度在不同所有制性质单位之间的发展很不平衡，目前就全国范围而言，缴存住房公积金仍然是以行政机关、事业单位和国有企业为主，非公企业只占很小一部分，尤其是近几年随着企业产权性质的变化，公积金受益人群出现了减少趋势。住房公积金以工资收入作为缴存基础，由于产业与区域发展的不平衡、单位性质和经济效益的差异，工资收入差距明显，住房公积金缴存额差异悬殊，在有的效益好的单位甚至成为避税的手段，导致住房公积金受益对象的偏离。

第五，保障性住房缺乏法律硬约束。目前，住房保障的法律法规只有住建部等有关部委颁布的部门规章及规范性文件，立法层次较低，远远不能满足发展需要。由于缺乏法律的硬约束，地方在执行保障政策过程中往往出现落实不到位现象，导致政策实际效果差。现实中，很多地方出于眼前的经济利益考虑，对划拨土地、减免税费、资金投入积极性不高，保障性住房政策往往落实不到位。同时，不同政府部门之间还存在着协调问题。部门职权不同，政策目标、办事程序需要协调，由于缺乏法律硬约束，在制定和落实政策时要保持高度统一不是一件容易的事情。例如，经济适用住房中行政性收费减免、人防费减免普遍实施不到位；由于低收入家庭还贷能力差，许多购房者得不到住房贷款，等等。

（二）住房保障政策对中低收入家庭的影响

改革开放以来，我国在经济增长的同时，收入差距逐步拉大，综合各类居民收入来看，基尼系数越过警戒线已是不争的事实。我国基尼系数已跨过 0.4，达到了 0.46。在城市内部，居民间的收入差距更明显。目前，我国城镇家庭按收入可以分为最高收入家庭、高收入家庭、中高收入家庭、中等收入家庭、中等偏下收入家庭、低收入家庭、最低收入家庭七大类，其中后三类家庭所占的比重大约为 40%，这部分家庭的住房可支付能力相对较弱。下面分别从中低收入家庭住房支付能力现状、中低收入家庭住房融资能力现状、中低收入家庭住房供给现状等方面进行分析。

1. 中低收入家庭住房支付能力现状

在 2000～2008 年间，城镇居民收入都有一定幅度的增长，但不同类别家庭收入增长的幅度有很大差别。高收入家庭和最高收入家庭年人均可支配收入增长较快，2008 年同 2000 年相比，收入增幅均在 170% 以上，其中最高收入家庭收入增长幅度均在 200% 以上。与之形成对比的是，最低收入家庭、困难户、低收入家庭、中等偏下收入家庭年人均可支配收入增长缓慢，其收入增长幅度在 60%～120% 之间，远低于全国 150% 的平均水平。

在城市中低收入家庭收入缓慢增长、不同类型家庭收入差距迅速扩大的情况下，城市住宅价格在此期间却呈现较快增长的势头。国家出台的政策把 90 平方米以下的住宅定为中小户型住宅，我们假定 70 平方米的住宅为中低收入家庭所能接受的住宅面积，下面根据上述不同类型家庭的收入和住宅价格，计算城镇不同类型家庭的房价收入比，不同类型家庭的房价收入有显著差异。困难户家庭的房价收入比最大，在 15.9～24.4 之间；最低收入家庭的房价收入比次之，在 14.2～19.6 之间；其后是低收入家庭的房价收入比，在 10.6～13.1 之间；中等偏下收入家庭的房价收入比也在 8.02～9.88 之间。与中低收入家庭房价收入比形成鲜明对比的是，中等偏上收入家庭以及高收入家庭的房价收入比较低，都处于房价收入比的国际警戒线之内。这说明中低收入家庭普遍面临着住房问题，而这些家庭仅靠现有的收入难以解决目前的住房问题。同时，上述分析也进一步解释了为什么房地产开发企业偏好于开发大户型、中高档住宅。也就是说，这些开发企业把住宅供给对象仅限定于中高收入家庭，这就更加剧了中低收入家庭住房供给与需求的矛盾。

2. 中低收入家庭住房融资能力现状

中低收入家庭较低的可支配收入也进一步限制了他们的住房融资能力。最低收入家庭和困难户家庭的贷款额最少，几乎不可能获得银行贷款；低收入家庭和中等偏下收入家庭的住房贷款虽然较多，但也远低于全国的平均水平；值得关注的是高收入家庭的住房贷款额非常高，这与此类家庭较高的收入有密切的关系。从上述分析可以看出，目前中低收入家庭根本不可能依靠银行贷款来解决住房问题。另外，国家实施的住房公积金制度对中低收入家庭收入、融资能力的影响非常有限。最低收入家庭、困难户家庭、低收入家庭缴纳的数额最低，2002～2008 年间该数值在 3.52～103.29 元；中等偏下收入家庭缴纳的公积金在 41.63～201.48 元，远低于全国的平均水平；而高收入家庭和最高收入家庭缴纳的公积金数量在 313～1539.9 元。由于住房公积金贷款是根据公积金余额来确定贷款数量，中低收入家庭较低的缴纳金额直接限制了他们的公积金贷款数量。这说明住房公积金制度的实施提高了高收入家庭的福利水平，而中低收入家庭并没有从中获得更多的利益。

3. 中低收入家庭住房供给现状

1998 年以后国家加大了经济适用房建设力度，部分中低收入家庭的住房条件得到了改善，大部分中低收入家庭改善住房条件的难度仍然很大。1999～2008 年，城镇经济适用房竣工套数占住宅竣工套数的比重一直处于下降趋势，而城镇中低收入家庭数量却一直在增加。我们按照城镇中低收入人口占总人口40%的比例计算，到2006年年底我国城镇中低收入家庭约为7825万户，而同期竣工的经济适用房套数仅为380万套（以1999年为起点累计的总数量），这说明绝大多数中低收入家庭还没有购买经济适用房的机会，未来加大经济适用房供给力度仍是一项艰巨的工作。另外，我国城镇最低生活保障人数较多，其增长率虽然在近几年有所下降，但是总人数在2005、2006年分别达到2234.2万人、2240.1万人，家庭数量在这两年也分别达到754.8万户、759.4万户。按照我国住房保障政策提出的"应保尽保"原则，这些最低生活保障家庭都应纳入廉租房保障体系。然而，从建设部2006年3月底通报的全国城镇廉租房制度建设和实施情况显示，截至2005年底，全国累计用于最低收入家庭住房保障的资金为47.4亿元，仅有32.9万户最低收入家庭被纳入廉租房保障范围，福建、河南、云南、吉林、甘肃、内蒙古6个省（区），实施廉租房制度的城市不足50%。这说明全国仅有4.3%的城镇最低生活保障家庭享受了廉租房政策，绝大部分家庭的住房问题仍没有解决。

（三）住房保障问题解决之思考

很多西方发达国家通过建立保障房体系基本上成功地解决了"住有所居"的难题，并使其成为经济与社会发展的稳定器，这绝非一日之功，各国都是经历了几十年甚至上百年的时间逐步发展演变而成为今日相对成熟的机制，在不同的发展阶段，有着不同的形式，但其共同之处是要政府主导组织规划和管理、制定法律法规、保障形式因地制宜、多方解决资金来源，以效率和效果为原则，万不可"一刀切"。当前我国住房保障体系主要表现为强大需求与有限供给之间的矛盾、保障机制的转变与当前运行体系滞后的矛盾、制度化实施与体系混乱的矛盾，这些矛盾又在地方政府的利益驱动下使得公共政策失效。

根据我国的实践以及国际的经验，可以从以下四个方面努力解决住房保障难题。

（1）明确住房保障体系建设的目标，充分发挥政府在住房保障体系中的主导作用，成立高级别的行政机构，管理协调相关部委及地方政府的职责，将保障性住房当成事业而非产业来做。各级政府必须明确，要把住房保障体系建设纳入民生工程，不能把发展保障性住房作为产业来对待，而应该将其视为一种保障公民居住权的事业。在此基础上，住房保障要分清政府、社会、单位和个人的责任。其中，政府的责任是首要的。政府管理的侧重点应放在规范房源、合理供应土地、家庭收入统计核实、保障房市场化准入条件的制定及后续规范管理上。充分利用市场机制和商业化运作方式整合社会资源，做大增量、盘活存量，加紧制定法律法规、健全监督机制，为实现"住有其屋"的社会福利目标提供制度保障。在明确政府主导作用的方向上，还应明确主要负责部门，形成权、责、利对等的绩效考核机制。针对目前管理保障房的政府机构存在的事权重叠、约束软化、相互推诿等弊端，应成立一个凌驾于各部委之上的副总理级的行政机构或领导小组，统一协调住建部、财政部、银监会、民政部以及地方政府等在住房保障体系建设上的职责。例如，住建部负责住房的建设、规划与监督；财政部、银监会、社保基金理事会应当提供资金的支持，稳定政策的持续性经济基础；民政部、统计局负责统计并与住建部共享居民收入基本信息，以提供资格的分配基础；审计署负责资金的拨付、使用和使用效率效果的审计监督。各部门之间形成联动，协调合作，避免平级行政部门之间相互推诿，提高运作效率，最终再由全国人大负责监督、质询和问责。

（2）逐步建立完善我国自己的保障房法律法规体系。首先，要从立法层面对保障房的保障对象、保障标准、保障资金来源、后续管理机构职能以及违法违规的行为处罚作出明确的规定，将保障房建设当成社会和谐发展的福利事业来做；其次，要在法律和法规上对土地供给、住宅建设、购买分配环节作出详细的制度规定，明确各级政府在住房保障体系建设中的刚性职责定位，将其作为民生工程的业绩考核体系，逐步促进住房市场回归理性，使其朝着健康、稳定、有序的方向发展。

（3）确定保障房发展要以提供公共租赁房为主体。针对我国目前住房保障体系各保障房建设管理中经适房和廉租房的结构性缺陷以及不公平配置等问题，从长远来看，应借鉴发达国家的先进经验，确定以发展公共租赁住房作为保障房的主体发展模式，尤其是要将其置于未来城镇住房保障体系的核心地位来经营。各地政府应对公租房长远规划、建设标准、保障对象和形式、保障标准、土地供应及资金筹集渠道作出明确性的制度规定，从细节上对准入资格认定、物业管理、腾退及回购、参股制度实行积极探索和公开透明的管理，接受公众监督。同时应制定长远的发展规划，明确各阶段的任务和推进速度，逐步做大做实公共租赁保障住房体系。

（4）提供稳定的资金来源，动员各方力量建立资金蓄水池。国际上很多发达国家通过个人、社会、市场和国家为住房保障制度建立起了持续、稳定的资金支持。在政府介入上，各国之间只存在国家与市场介入力量的强弱对比，而不存在是否只依赖市场或只依赖国家的差别，通过对各利益相关方的权、责、利的制度安排，将资金引导到住房保障体系建设上来。在此可以借鉴美国的经验，开发灵活多样的住房金融工具，通过杠杆原理带动大量社会和个人资金进入；也可以像日本学习，住房保障上资金来源以国家财政为主，多样化地运用各种力量建立资金蓄水池，以确保住房保障体系持续健康发展的资金供应。

第四节　教育和就业政策及对家庭的影响

一　教育政策与家庭

（一）教育政策及其基本内容

1. 社会化的意义

教育通常被认为是各国政府应尽的责任，教育政策的概念仁者见仁、智者见智。人们根据不同的实际需要对其进行不同的界定。当代学者通常把教育政策定义为"国家、政党为实现一定历史时期的任务和目标而规定的行动依据和准则"。华东师范大学的叶澜教授认为教育政策是"政府或政党制定的有关教育的方针、政策，主要是某一历史时期国家或政党的总任务、总方针、总政策在教育领域内的具体体现"。还有一种观点认为，教育政策是一个政党或政府为教育事业的运行与发展所制定的规划、方针和原则。除了从静态的角度对教育政策进行的描述外，也有学者从动态的角度描述教育政策，认为教育政策应当是有目的、有组织的动态发展过程，是某一党政机关或某部门为实现一定的教育任务，在不断协调教育的内外关系、调配教育资源的过程中制定的行动依据和指南。[①]

教育政策的基本内容是其概念的逻辑外延，因此，从不同角度界定的教育政策可能有不同的研究内容或者说研究问题。一般来说，教育政策研

---

① 王金霞、智学：《教育政策——教育理论与教育实践的桥梁》，《教育理论与实践》2005 年第 6 期。

究主要涉及以下几个方面的内容①。

1. 教育经费问题

教育经费的问题实质是教育服务的责任划分问题，即谁应该负责为受教育者提供教育经费，是政府投资，是志愿性捐款，还是收费？它们各自占多大的比例？

从教育发展的历史来看，教育首先由民营或私营起家，然后逐渐过渡到公营（即由政府提供）。现代社会的一般趋势是由国家和政府为全民提供教育服务，甚至进行立法强制推行"义务教育"。而为了避免部分贫困人口因缺乏经济能力而失学，义务教育往往也是"免费教育"，不过，鉴于各个国家不同的经济发展状况和政府财政能力，免费义务教育的时间和阶段各有不同。有些国家只提供小学阶段（六年）的义务教育，有些国家则提供九年制中小学全面免费教育。

我们通常用公共教育支出占 GDP/GNP 的比重这个指标来衡量一个国家或地区的公共教育支出状况。从表 7－2 中可以看出，2000 年主要市场经济国家教育支出占 GDP 比例年平均值大体在 4% ～6%。联合国教科文组织曾呼吁世界各国到 2000 年应实现教育经费支出占 GDP 比例达到 6% 的目标。

表 7－2　部分发达国家与发展中国家公共教育支出占 GDP 的比重

年度	发达国家						发展中国家					
	意大利	加拿大	法国	日本	英国	美国	印度	泰国	阿根廷	墨西哥	多哥	古巴
1970	3.7	8.6	4.8	3.9	5.3	7.5	2.6	3.2	1.5	2.3	2.2	4.2
1975	4.1	7.6	5.2	5.5	6.6	7.4	2.7	3.5	1.8	3.5	3.5	5.7
1980	/	6.9	5.0	5.8	5.6	6.7	3.0	3.4	2.7	4.7	5.6	7.2
1985	5.0	6.5	5.0	5.0	4.9	4.9	3.5	3.8	1.5	3.9	4.9	6.3
1990	3.2	6.8	5.4	/	4.9	5.2	3.9	3.6	1.1	3.7	5.6	6.6
1994	4.9	6.9	6.1	3.6	5.3	5.4	3.5	3.8	3.8	4.7	/	6.8
1998/1999	4.8	5.8	5.9	3.4	4.7	5.0	3.2	4.9	4.1	4.3	4.5	6.8
1999/2000	4.6	5.7	5.8	3.5	4.4	5.0	4.1	5.1	4.6	4.5	4.8	7.7

资料来源：联合国教科文卫组织统计所；转引自吕炜等：《中国教育经费投入问题解析》，《中国财经报》2005 年 3 月 8 日。

① Coombs, Fred S.：《第二十四章 教育政策》，见 Nagel, S. S.：《政策研究百科全书》，林明等译，科学技术文献出版社，1990，第 442～466 页；徐永德：《教育服务》，见齐铱等：《社会福利》，五南图书出版股份有限公司，2002，第 149～165 页。

虽然政府财政投入是教育特别是义务教育或免费教育经费的主要来源，但是从 20 世纪 80 年代以后，政府并非是唯一甚至也不一定是主要的教育经费提供者，在许多以市场经济体系为主的社会（包括转型国家），社会服务的提供模式已经转变为公私混合型。其中，私营部门提供的服务占主导地位，而国家或政府提供的服务占次要地位。政府的作用只集中在必要的项目上，以确保社会上那些有需要但又无法通过市场得到满足的人都能获得相关的必要服务。教育也是如此。一般来说，政府主要承担必须承担的基本教育服务如中小学教育，而私营部门可能承担其他教育服务如大学教育；或者政府承担各阶段的正规教育，私营机构承担非正规教育，如成人教育或职业教育。其中私营教育又有营利和非营利之分。一般来说，政府提供的教育由教育部门制定严格的监管政策，包括对课程内容、校舍设备、师资水准甚至收费标准等所作的规定，以配合政府提供的教育，确保教育质量。

2. 课程问题和教学方法

课程问题就是教什么，教学方法就是如何教，教育政策的理念、价值与目标具体体现在课程内容中。如果强调功利性或实用性，课程内容的设计往往以学生的未来就业为指导；如果强调启发学生智力和促进个人发展，课程内容设计往往会较宽泛，允许学生有较大的自由发挥，而不必拘泥于既定的社会角色或工作岗位。

一般来说，课程内容主要包括智力和知识、价值或观念以及技能或行为三个方面的培养和训练。在我国传统的教育观念中，教育应该内容全面、"五育"并举，即德、智、体、群、美全面发展，这种思想在我国港台地区继续贯彻实施，而在内地则把"群育"改为"劳动"。在现代教育中，课程设计主要以西方的教育模式为主导，即按文、史、哲、理、工、商等进行分门别类。随着社会发展和科技进步以及随之而来的层出不穷的社会问题的出现，新的教育内容也不断产生，如公民教育、性教育、环保教育以及信息科技教育等。同时，教育学理论的发展和社会需求的演变也对课程内容提出了新的要求。例如，针对过去过于专门化和分割的课程，近年来许多学校开始推行"通识教育"模式，以试图打破学科之间的藩篱，帮助学生建立开阔的学术视野，做到既专又博。而为使学员能适应日新月异、瞬息万变的现代社会，许多培训非常注重培养学员的可转移技能。

传统的教学方式是以教师讲授、学生听课背诵等模式为主。然而这种方法常被批评为死板僵化，不利于学习。因此，在有关教育学理论的指导下，新的教学方法不断出现，如问题导向学习法、活动教学法、体验学习法。不管采用哪种教学方法，都不能放弃因人施教的原则，对于不同阶段（小、中、大学）、不同学科的教育内容应该设计不同的教学方法，另外还要注重综合能力的培养。只有最佳的课程内容和有效的教学方法相配合，才能产生最佳的教学效果。

3. 教育对象问题

对象问题就是向谁提供教育服务。原则上教育服务对象应该不分年龄、性别、阶层、种族等而向所有人提供，受教育权被认为是现代社会公民的最基本权利之一，也是个人发展的基础。但是由于财政限制，政府无法为市民提供所需的各种类型的教育项目，因此只能退而求其次，根据教育服务重要性的优先次序作出选择。一般来讲，世界各国都将幼儿及青少年（即6岁到20岁的人口）所需的基础教育作为政府的责任，向学龄儿童和青少年提供正规教育，而成人或在职人员的教育一般放在较为次要的地位，而且拨付的资源相对较少，常常采用用者自付的原则。

在教育对象问题上，最核心的内容是如何确保每个适龄学生都能获得均等的受教育机会。众所周知，任何社会都存在各种差异，如种族、体能或者智能、户籍、性别等，而这些差异往往形成有形或无形的障碍，令某些人群得不到应有的教育机会，如残障人士、移民、少数民族、妇女等常常会受到某些歧视或不公平的待遇。目前我国进城农民工子女由于户籍的限制，可能在流入地无法享受与本地学龄儿童相同的受教育机会，由此反映出教育机会是否均等的问题。

如何解决教育机会均等的问题呢？学者建议采用"正面差别对待"的措施，即以不平等的优惠待遇（特权）来扶持弱势群体，使原本处于不利地位或面临各种障碍的人群得到照顾。例如，针对残障儿童建立"一体化教育"，即在特殊教育、普通教育双轨制的教育体制下，试图在最少限制的环境中教育残疾儿童。不管残疾儿童的类别和程度，尽可能使每一位残疾儿童都处于正常的教育和生活环境，以避免残疾儿童和社会大众的隔离。又如，在我国高考制度中少数民族考生可适当加分的政策也是"正面差别对待"的结果，以使少数民族学生能获得较多的受教育的机会。

4. 教育者问题或人事问题

教育者问题就是谁来任教和管理。教育是一个传道、授业、解惑的过程，教师既是引发学生思考的启蒙者，又是学生学习和模仿的典范，因此教师是教育质量的重要保障。对于教师资格问题各个国家都有严格的规定，以确保其胜任。现代教育要求教师不仅具备良好的教学技巧和丰富的知识，更重要的是要具备对教学的热忱、全身心的投入态度以及品格修养。因此，许多国家都建立师范类高等学校，对教师进行职前培训，不断更新其知识和教学技巧。教学相长，对教师而言，如何正确处理教师权威和学生自主性之间的关系一直是教学过程中难以把握的问题。涉及教育者的另一个问题是对教师的绩效如何考核，是应该根据学生的考试成绩，或者课后学生填写的意见调查表结果，还是应该根据行政人员或同事的意见来评估教师的教学表现？这个问题在教育学中存在激烈争辩，尚无定论。

5. 教育制度或学制问题

教育制度或学制问题就是各级学校的性质、任务、学生入学条件分别是什么、教育阶段如何划分、学生如何进行分流、不同教育阶段的学校如何衔接与联系的问题。教育具有重要的社会功能，政府提供的教育服务必须通过一定的制度才能实现。从现代社会的潮流来看，教育一般分为学前、小学、中学、大学和职业训练等不同阶段。大多数政府提供的义务教育或免费教育服务覆盖中小学两个阶段。考虑到资源的有限性以及社会对不同职业阶层技能的学历需求，政府通常会在中学阶段对学生进行分流。也就是说，初中毕业以后，一部分人进入普通高中，向大学迈进；另一部分人则进入职业学校，专修职业技术。这种分流是为了适应社会文职人员和技术劳工的市场分割，前者旨在培养专业或管理阶层，后者旨在训练大批熟练工人，从事一线生产劳动。不过这种分流也常常引发学者对教育精英化问题的争论，特别是大学教育阶段，大学究竟应该沿袭传统的办学思想即培养精英，还是应该顺应时代发展的需要面向大众？应该满足培养少数英才的国家需求，还是应该满足更广泛的社会需求和个人需求？这些问题的不同回答反映了不同的教育政策理念和社会价值现，也决定了大学的规模、筛选方式及培养模式。

由于教育资源有限，为确保有限的资源培养出优秀的人才，教育制度往往采用通过考试择优录取的筛选制度，让一部分优秀分子升至高一年级的学校，主要是高等学校。而择优录取的模式又引发一个问题，如何录取或如何来衡量学生的能力。一般的做法是通过统一的考试，按分数高低来决定是否上高一级学校以及上哪个高一级的学校，如我国的中考与高考。

但近年来这种几乎"一考定终生"的升学模式也越来越引起争议。特别是在素质教育的框架下，虽然分数很重要，但无论对于学生还是对于社会，分数显然不是唯一的衡量标准，甚至不一定是最重要的衡量标准。

（二）改革开放后我国的教育政策变迁

改革开放前我国社会主义意识形态统领社会政策的制定和实施，公平甚至平均主义成为教育政策的基本导向。在 20 世纪 50 年代初期，我国学校制度和教育制度的基本方向是面向工农大众，降低教育的门槛，以改变过去只有少数人才能接受教育的情况。但由于当时国家社会经济发展水平不高、教育资源非常稀缺，而与此同时，国民经济建设和发展需要大量高素质的人才资源，20 世纪 50 年代中国开始全面学习苏联后，教育便转向以培养国家所需的专业人才为目标的精英主义发展路线，即在国家资源有限的情况下，集中培养少数优秀人才。因而整个教育重心被放在高等教育和城市地区，通过实行中小学重点学校制度，实行面向少数人的"尖子教育"，将基础教育纳入升学教育的轨道。而基础教育和义务教育，特别是农村教育受到忽视。学习苏联的最重要成果是高等教育体制的改革。为了加快培养专门人才，以适应工业化的需要，从 1952 年开始，高等学校进行了大规模的院系调整。取消原有学科众多的综合性大学，改为文理科或多科性理工科大学；以建设单科性专门学院为重点，将经济建设迫切需要的系科专业分别集中或独立，建立新的专门学院；取消大学中的学院建制，改成校系两级管理。工科由此成为高等教育中发展最快、比重最大的类别。基于计划经济体制，中国建立起了高度集中统一的高等教育管理体制。所有教育计划与国民经济计划紧密相连，国家对高校实行高度集中统一的计划管理，统一领导、统一教学、统一招生、统一分配。故而和其他单位一样，高等学校也成为国家的附属品，办学自主权基本不复存在。

改革开放以后我国教育政策的变迁分为逐步恢复、基本完善和逐步深化三个阶段。

1. 逐步恢复阶段（1978～1990 年）

在这一阶段，我国进行了改革开放和社会主义建设，由计划经济开始走向市场经济，并进入快速发展时期。农业也步入快速发展的行列，在短时期内蓬勃发展。这一时期国家主要是抓经济建设，针对教育出台的法律法规还不多，对学制、修业年限等要求都相对较低，出台的法律体系还不够完善。1979 年，中共中央通过决议正式撤销了《全国教育工作会议纪要》，解除了广大教育工作者的精神枷锁，恢复了高考制度，总结经验教训，使教育质量不断提高，促进了教育事业的发展。1980 年 12 月，中共中央、国务院在《关于普及小学教育若干问题的决定》中指出："力争 1990 年前在我国除少数林深、人口特别稀少的地区外，基本普及初等教育。"紧接着，1983 年 8 月 16 日教育部发布的《关于普及初等教育基本要求的暂行规定》中规定："要求学龄儿童都能按时入学，坚持读满修业年限，并达到小学毕业程度。"这一规定的发布说明我国还没有义务教育的要求，而且修业年限仅达到小学水平，而当时的初等教育修业年限也仅为五年。1983 年教育部发布《关于改革城市中等教育结构、发展职业技术教育的意见》，提出了发展生产力、搞现代化建设，不仅需要高级专门人才，而且需要大批的初、中级技术管理人才和大批有文化、有技术知识的劳动后备力量。而 1984 年通过的《中华人民共和国民族区域自治法》激起了我国民族教育的热情，也出台了相关的法规来保证少数民族的受教育权利。由于上述政策的要求，1985 年 5 月 27 日，《中共中央关于教育体制改革的决定》提出了要在 1995 年左右普及初中阶段的普通教育或职业教育和技术教育，首次提出了义务教育："即依法律规定适龄儿童和青少年都必须接受，国家、社会、家庭必须予以保证的国民教育，为现代生产发展和现代社会所必需，是现代文明的一个标志。"强调高等教育发展的战略目标是："到本世纪末，建成科类齐全，层次、比例合理的体系，总规模达到与我国经济实力相当的水平。"还特别强调师范生的教育由国家供给膳食和住宿并免收学费，这也是为义务教育的师资力量预备人才。在这些相关政策施行后，1986 年 4 月 12 日，第六届全国人民代表大会第四次会议通过了《中华人民共和国义务教育法》，第 4 条规定："凡具有中华人民共和国国籍的适龄儿童、少年，不分性别、民族、种族、家庭财产状况、宗教信仰等，依法享有平等接受义务教育的权利，并履行接受义务教育的义务。"这是我国第一部关于教育的专门的法律，标志着我国的教育事业步入正轨并与国际接轨，体现了义务教育的强制性，还明确规定了义务教育的年限和免费性。

随着《中华人民共和国义务教育法》的颁布，我国职业教育、高等教育、成人教育等也出现了一些变化，出台了相关的法规。1987 年 3 月 24 日，国家教育委员会发布《普通高等学校招收少数职业技术学校应届毕业生的暂行规定》，确定了招考方式、招收比例等，这是职业教育与高等教育的第一次结合。1986 年发布的《普通高等学校设置暂行条例》、1987 年 4

月 21 日的《国家教育委员会普通高等学校招生暂行条例》、6 月 30 日发布的《关于高等学校毕业生统一分配工作调遣费开支的规定》等，对高等教育的招生条件、方式、限制等作了一些规定。同年 6 月 23 日教育部发布《国家教育委员会关于改革和发展成人教育的决定》，提出成人教育是我国教育的重要组成部分，在整个教育事业中，它与基础教育、职业技术教育、普通高等教育同等重要。1988 年 3 月发布的《高等教育自学考试暂行条例》和 1988 年发布的《成人高等学校设置的暂行规定》等都对高等教育和成人教育进行了补充。

2. 基本完善阶段（1991～1999 年）

这一阶段是我国教育事业高速发展的时期，也是我国教育政策基本完善的时期。20 世纪 90 年代，我国经济发展取得显著成就，人民生活水平明显提高。在此基础上中国共产党第十五次全国代表大会报告提出实施科教兴国战略和可持续发展战略，发挥各方面的积极性，大力普及九年义务教育、扫除青壮年文盲，积极发展各种形式的职业教育和成人教育，稳步发展高等教育；优化教育结构，加快高等教育管理体制改革步伐，合理配置教育资源，提高教学质量和办学效益。同时在贯彻落实《中华人民共和国教育法》及《中国教育改革和发展纲要》的基础上提出了《面向 21 世纪教育振兴行动计划》。要求"普及九年义务教育，大力推进素质教育""完善职业教育和继续教育""稳步发展高等教育"。在这些政策的支持和保障下，我国陆续颁布了一些法律法规来完善教育制度。1991 年 9 月 4 日颁布的《中华人民共和国未成年人保护法》第 4 条明确规定，必须使未成年人按照规定接受教育，紧随其后发布了不少法规。1991 年 6 月 2 日在《高等自学考试暂行条例》基础上制定了《中等专业教育自学考试暂行规定》；1992 年 3 月 14 日发布了《中华人民共和国义务教育法实施细则》，对义务教育法进行了更全面的解释和说明；1992 年 10 月发布了《全国民族教育发展与改革指导纲要（试行）》。1993 年 2 月 13 日，中共中央、国务院颁布了《中国教育改革和发展纲要》，对各级各类的教育目标作了具体的规定，也谈到了提高教师的地位。同年的 10 月 31 日颁布了《中华人民共和国教师法》，这是第一部关于教师的法律，也是对《义务教育法》的进一步深化，第 4 条明确规定："各级人民政府应当采取措施，加强教师的思想政治教育和业务培训，改善教师的工作条件和生活条件，保障教师的合法权益，提高教师的社会地位。全社会都应当尊重教师。"1994 年 6 月 14 日，李鹏在全国教育工作会议上作了题为"动员起来，为实施〈中国教育改革和发展纲要〉而努力"的报告，明确提出"要加快教育立法步伐，尽快制定《教育法》《职业教育法》《高等教育法》以及《教师法》的配套法规"。这些法律法规促成了教育法的诞生。1995 年 3 月 18 日，第八届全国人民代表大会第三次会议审议通过了《中华人民共和国教育法》。作为对《教师法》和《教育法》的补充，1995 年 12 月 12 日，国务院发布了《教师资格条例》；12 月 28 日，国家教育委员会发布了《教师资格认定的过渡办法》。至此，我国基础教育的政策基本完善。1996 年 5 月 15 日，第八届全国人民代表大会常务委员会第十九次会议通过了《中华人民共和国职业教育法》，这是第一部专门规范职业教育活动的法律。此后，还发布了相关的一些法规，如 1996 年 12 月发布的《中等职业学校收费管理暂行办法》等。随后，在 1998 年 5 月国家教委发布《普通高等学校招生统一考试管理规则》和一些暂行办法之后，1998 年 8 月 29 日，颁布了《中华人民共和国高等教育法》，从义务教育、职业教育到高等教育，形成基本完善的法律法规。

3. 逐步深化阶段（2000 年至今）

21 世纪，各类教育法规主要依据经济社会发展和人们对教育的需要加以补充和修订，着力解决农村教育、职业教育、民办教育和终身教育问题。2002 年 2 月发布《关于"十五"期间教师教育改革与发展的意见》；2002 年 7 月 7 日，国务院印发《国务院关于深化改革加快发展民族教育的决定》；2002 年 12 月，全国人大常委通过《中华人民共和国民办教育促进法》；2003 年 9 月，国务院发布《关于进一步加强农村教育工作的决定》；2004 年 3 月 5 日，颁布《中华人民共和国民办教育促进法实施条例》；2004 年 3 月，教育部发布《2003～2007 年教育振兴行动计划》；2004 年 5 月 16 日，发布《民办高等学校设置暂行规定》；2004 年 7 月 16 日，发布《成人高等学校设置的暂行规定》；2004 年 9 月，发布《教育行政处罚暂行实施办法》；2005 年 10 月，发布《国务院关于大力发展职业技术教育的决定》；2005 年 6 月 3 日，发布《普通高等学校少数民族预科班、民族班管理办法》；2006 年 6 月，新修订了《中华人民共和国义务教育法》，进一步从法律层面建立起义务教育经费保障机制；2007 年出台的《国务院关于建立健全普通本科高校、高等职业学校和中等职业学校家庭经济困难学生资助政策体系的意见》，就职业教育学生资助政策体系的框架和内容作出具体规定；2007 年教育部发布了《教育部直属师范大学师范生免费教育实施办法（试行）》。教育政策更加完善。

从以上教育政策的制定、完善、深化三阶段的发展可以看出，我国教育政策变迁的规律与走向有以下几点。

（1）义务教育从收费到完全免费，修业年限逐步确定。自《中华人民共和国义务教育法》1986 年 4 月颁布以来，就要求"国家对接受义务教育的学生免收学费"，这里的免费不是全部免费，而是免除学费，杂费和书本费及学生的生活费还是自行解决的。而 1992 年 3 月的《中华人民共和国义务教育实施细则》则明确规定"实施义务教育的学校可以收取杂费"，1996 年 12 月发布的《义务教育学校收费管理暂行办法》规定"接受义务教育的学生免收学费，只缴杂费"。这是最明确的关于只收杂费的规定。2001 年，国家把这个规定改为"两免一补"（免杂费、免书本费、补助寄宿生生活费），加快了义务教育实现全面免费的步伐。2005 年 5 月，《教育部关于进一步推进义务教育均衡发展的若干意见》提出了义务教育全面免费的政策趋向；同年 12 月国务院发布《国务院关于深化农村义务教育经费保障机制改革的通知》，提出从 2006 年开始，全部免除西部地区农村义务教育学杂费；十六届六中全会通过的《中共中央关于构建社会主义和谐社会若干重大问题的决定》提出在保障农村的基础上，逐步在城市实现免除义务教育学杂费；2006 年新修订的《义务教育法》要求"实施义务教育，不收学费、杂费"；2007 年政府工作报告中指出 2007 年要在全国农村全部免除义务教育阶段的学杂费；2008 年的政府工作报告中指出要在全国城乡普遍实行免费义务教育。中央财政加大用于教育的投入。

1980 年《关于小学教育若干问题的决定》就提出要普及初等教育，但当时的学制和条件还不能达到和确定年限。1983 年《关于普及初等教育基本要求的暂行规定》要求修业年限要达到小学毕业程度。1986 年《中华人民共和国义务教育法》的出台，第一次以法律的形式提出义务教育的修业年限为九年。由于农村的经济发展比较落后，全面普及九年义务教育有困难，施行的效果也不好，1995 年《国家教委关于深入推进农村教育综合改革的意见》提出"现阶段温饱问题没有解决，尚不能普及九年义务教育的地区，要努力普及小学教育，特别贫困的地区要首先普及三至四年小学教育"。从 1995 年到 2006 年期间，我国义务教育的年限一直有争论，大多与经济发展有关；到 2006 年，我国经济发展上了一个新台阶，同年 6 月对

《义务教育法》进行了修订，新的《义务教育法》明确规定实行九年义务教育制度，并且是国家强制实施。

（2）职业教育和成人教育的地位逐步升高。职业教育是改革开放以来就一直存在的，但是在1987年以前，我国的职业教育大多面向社会，是职业技术学校自负盈亏的。1987年3月国家教育委员会发布的《普通高等学校招收少数职业技术学校应届毕业生的暂行规定》规定招收比例为应届生的1%，从此打破了职业教育与国民教育的隔阂。1990年中国职业技术教育中心研究所在北京的成立和1996年《中华人民共和国职业教育法》的颁布提升了职业教育的地位，指出："职业教育是国家教育事业的重要组成部分，是促进经济、社会发展和劳动就业的重要途径。"而后，职业教育保持一个相对稳定的发展趋势。随着我国教育发展弊端的暴露，市场经济下需要的职业技术人员越来越多，职业教育成为现代化建设的迫切需要。2002年出台的《国务院关于大力推进职业教育改革与发展的决定》、2004年出台的《教育部等七部门关于进一步加强职业教育工作的若干意见》和2005年出台的《关于大力发展职业教育的决定》等都把职业教育置于经济发展和教育工作的中心位置。1987年6月教育部发布的《国家教育委员会关于改革和发展成人教育的决定》指出成人教育是我国教育的重要组成部分。1993年发布的《中国教育改革和发展纲要》强调："成人教育是传统学校教育向终生教育发展的一种新型教育制度，对不断提高全民族素质，促进经济和社会发展具有重要作用。"虽然没为成人教育制定相关的法律，但是成人教育地位的上升通过一些相关的法规得以体现。

（3）高等教育从"免费—收费—部分免费"、从"分配—自主择业"。1989年以前，我国高等教育基本都免费，部分学校特别是师范教育还有补贴。例如，1987年发布的《关于高等学校毕业生统一分配工作调遣费开支的规定》提出车船费、行李费、旅馆费、旅途伙食费等都报销。1990年发布的《普通高等学校招收自费生暂行规定》就已经能看到未来高等教育的自费趋势了。1993年的《中国教育改革和发展纲要》中指出："改革学生上大学由国家包下来的做法，逐步实行收费制度，高等教育是非义务教育，学生上大学原则上均应缴费。"1998年颁布的《中华人民共和国高等教育法》明确规定高等学校的学生应当按照国家规定缴纳学费。自1999年我国高等学校开始扩招以来，高等教育的毛入学率、招生人数和在校生数都以3

倍甚至 4 倍的速度增长，高等教育学费更是学生全部自理。2007 年 5 月，国务院决定在教育部直属师范大学实行师范生免费。在高等教育扩招前，我国高等教育毕业生都分配工作，随着高等教育的扩招，我国高校毕业分配逐步走向自主选择，1993 年《中国教育改革和发展纲要》明确指出："改革高等学校毕业生'统包统分'和'包当干部'的就业制度，实行少数毕业生由国家安排就业，多数由学生'自主择业'的就业制度。"1998 年，我国《高等教育法》明文规定高等学校为毕业生提供就业指导，而不是分配工作。2007 年出台的免费教育师范生政策要求毕业生必须到国家安排的地方工作，2009 年 1 月《国务院办公厅关于加强普通高等学校毕业生就业工作的通知》又再次提到要加强对高等学校毕业生的就业指导和服务。

（4）民族教育的大力发展。从 1984 年颁布的《中华人民共和国民族区域自治法》谈到民族教育问题，到后来接着颁布的《义务教育法》和《教育法》等都特别提到了民族教育的问题，体现了"中华人民共和国是全国各族人民共同缔造的统一的多民族国家"。除了上述法规外，还有专门为民族教育而制定的相关政策。《中国教育改革和发展纲要》中指出，要重视少数民族教育事业，进一步做好对边远、贫困地区和少数民族教育事业的对口支援。1992 年的《全国民族教育发展与改革指导纲要（试行）》对少数民族的义务教育、双语教育、高等教育等都作了规定。我国的高等教育对少数民族学生也实行择优录取，《中华人民共和国高等教育法》第 8 条规定："国家根据少数民族的特点和需要，帮助和支持少数民族地区发展高等教育事业，为少数民族培养高级专门人才。"2001 年对《民族区域自治法》的修订也大多是关于教育方面的内容，在《中共中央、国务院关于进一步加强民族工作加快少数民族和民族地区经济社会发展的决定》（中发〔2005〕10 号）中关于从 2006 年开始"少数民族高层次骨干人才"研究生的招生的决策等，都体现出国家把民族教育作为我国经济社会发展、构建和谐社会的重要基础和教育工作的战略重点，大力发展民族教育已经成为我国教育政策的重要部分。

（5）教育经费的多元化和教育事业的产业化。改革开放前，教育服务完全由国家负责，经费几乎全部直接或间接来自国家财政，民办教育和私立教育被完全取消。自 20 世纪 80 年代初开始的市场化经济改革不仅造就了中国经济不间断的高速发展以及政府财政能力的不断增强，为增加教育投入提供可能，更为重要的是，市场经济体制的确立和市场经济观念的引入，突破了计划经济时代教育经费单靠国家财政的桎梏，为教育经费多元化筹集模式奠定了理论基础。改革开放以来教育经费的多元化表现为：国家财政拨款是我国教育经费的主要来源，但和政策目标或社会需求相比，仍存在较大的缺口；学杂费成为教育经费的第二大来源，特别是在非义务教育阶段的大学和普通高中；民办教育的复兴或者"全社会共同参与教育事业"为教育事业发展开拓了新的资金来源；社会捐资和集资办学经费比重经历了先上升后下降的趋势。长期以来，教育被看成是一项旨在培养人才、提高国民素质并由国家全额拨款、不进行经济核算的"事业"，这种状况随着市场经济体制的逐步建立而发生了变化。教育产业化的提法最早出现于 20 世纪 90 年代初期，1992 年中共中央和国务院颁发的《关于加快发展第三产业的决定》被视为教育产业化的开始。1999 年中共中央、国务院颁布的《关于深化教育改革，全面推进素质教育的决定》则在肯定民办学校地位的基础上，明确提出发展教育产业，扩大高中阶段和高等教育规模。这是中央政府采纳经济学者提出的以教育消费拉动经济内需从而带动相关产业发展的建议的结果。随后，中国的教育产业迎来了发展的黄金期。但是 2004～2005 年间却又出现了新的态势，教育部公开否定教育产业化，而公共媒体对于教育产业化更是群起而攻之。

（三）教育政策对家庭的影响

1. 文凭社会兴起对家庭的影响

社会学家柯林斯在继承和发展韦伯理论的基础上系统地阐述了"文凭社会"这一概念。[①] 柯林斯认为，学校并不完全是维持文化差异的资产阶级工具和机器，而是地位群体彼此之间为了声誉、声望的竞争和教育文凭的分配。学校系统的膨胀，特别是高等教育系统的发展，反映了地位群体的竞争。教育体制鼓励人们将文凭作为声誉和声望的标志，文凭社会由此形成。由于文凭的获得在人们追求自身利益中已经是成功的，因而教育中所包含的各种文凭和文化资本已经成为获得高收入和更大权力的工作机会，对文凭的追求也变得更加强烈；由于越来越多的人要求得到更多的文凭，膨胀也就不可避免，文凭对于地位群体的身份和工作机会的价值也越来

---

① 柯林斯：《文凭社会：教育与阶层化的历史社会学》，台湾桂冠图书公司，1998。

低，由此可能出现"教育过度"问题。"教育过度"的概念产生于20世纪70年代。第二次世界大战以后，尤其是1960年以来，在第三次科技革命和人力资本理论的推动下，世界各国都加大了对教育的投入，使得教育普遍有了较大的发展，这对经济的发展起了重大的推动和促进作用。尽管科学技术的蓬勃发展和社会进步对教育人口，特别是较高层次人才的需求急速增长，但许多国家却出现了大量的高中毕业生和大学毕业生失业的"反常现象"。①也正是在这种形势下，1976年，一个叫弗里曼（Freeman R.）的美国人写了一本书——《过度教育的美国人》（*The Overeducated American*）。在书中，他把自20世纪70年代以来教育收益率下降的原因归结为教育过度，即教育的供给超过了社会对教育的需求。从此，教育过度一词逐渐为教育经济学界接受并广为流行。

文凭社会的兴起是一把双刃剑，一方面它凸显文凭的价值，从而强调教育的重要性；另一方面，文凭的膨胀使其价值降低。对于家庭而言，投资教育，使家庭成员获得高文凭，无疑会带来收入的增加，但过度教育也会造成家庭负担的加重和收益下降。

中国工业化、城市化以及产业结构调整都要求劳动者具有专门的技能，这个过程一般被看做专业化，专业化是现代社会分工细化的一个后果。文凭和证书往往成为专业化能力的体现，是劳动力市场上的"正式规则"，是寻求身份地位的重要基石。我国教育的经济回报率也确实不断提高。从1981年的2.5%、1987年的2.7%，上升到2000年的6%～7%左右。②根据1999年9月国家统计局城调总队组织的对城市住户基本情况进行的抽样调查数据，不同教育程度的家庭人均收入，随着学历的增高而增长。以上海为例，户主的文化程度为大学及以上的家庭人均收入为1312.54元、大学、专科为1179.01元、中专855.36元、高中为732.24元、初中为617.77元、小学为546.80元、其他为466.28元。若以小学文化的劳动者人均收入为1，则初中、高中、中专、大专、大学及以上各学历的劳动者的家庭人均收入之比为1.13～2.40（见表7.7）。由以上可以看出，家庭成员文化水平的高低对个人的收入的影响十分明显。③

① 曲恒昌、曾晓东：《西方教育经济学研究》，北京师范大学出版社，2000，第328页。
② 陆学艺主编：《当代中国社会阶层研究报告》，社会科学文献出版社，2002，第29～30页。
③ 张文剑、陈复华、陈建平：《关于教育消费的实证研究》，《教育与经济》2000年第3期。

表 7 - 7　上海不同教育程度家庭户与家庭人均收入比较（以小学户为 1）

	本科	专科	中专	高中	初中	小学	其他
家庭户比较	0.55	0.88	0.81	2.26	3.5	1	0.37
人均收入比较	2.40	2.16	1.56	1.34	1.13	1	0.85

在教育的经济回报率不断提高的同时，教育支出也成为家庭支出的重要部分。2007 年我国大陆地区家庭教育支出约占家庭总收入的 5.2%，是美国的 2.1 倍。家庭教育总支出的负担率为 15.23%，说明我国平均每个家庭大约 15% 的收入用于子女教育。其中，子女在高中阶段的家庭，教育负担最重达到了 24%。此外，校内教育支出负担仍是教育总负担最主要的组成部分。然而，在义务教育阶段（小学和初中），校外教育支出的负担已与校内教育支出的负担持平甚至略微高出校内支出。[1]

自 1999 年高校扩大招生规模、提高大学学费收费标准以来，高等教育投资对家庭尤其是贫困家庭的负担有目共睹。然而，自 20 世纪 90 年代中期以来，我国大中专毕业生的初次就业率基本呈下降趋势。2001 年全国高校毕业生平均初次就业率为 70%，在离校时未签约的大学生有 34.5 万，按这一比率计算，在离校时未找到工作的高校毕业生，2003 年为 52.5 万人、2004 年有 69.6 万人、2005 年超过 75 万人。与此同时，由于大学生就业难，一方面，大学毕业生退而求其次，屈身俯就从事以前由较低学历者从事的工作；另一方面，一些找不到工作的毕业生干脆专职考研，从而导致了考研热。1995 年考研人数为 15.5 万、2003 年为 79.9 万、2004 年为 94.5 万、2005 年超过百万，这几年我国研究生的招生规模不断扩大。此外，与考研热相伴的是，硕士研究生的初次就业率和在人才市场上的受欢迎程度也呈现下降趋势。综合多家用人单位的招聘条件可以看到，"硕士学位以上、男性、35 岁以下"是用人单位招聘人才的共同条件。这样下去，硕士、博士失业的现象指日可待。[2]

由于家庭教育支出在多数家庭（尤其是贫困家庭）支出中占据重要位置，因此，在家庭收入既定时，教育负担的增加势必会影响到其他方面的支出。一

① 迟巍、钱晓烨、吴斌珍：《我国城镇居民家庭教育负担研究》，《清华大学教育研究》2012 年第 3 期。
② 陈方红：《论我国教育过度的成因及社会影响》，《现代教育科学》2005 年第 2 期。

般而言，绝大多数家庭会优先安排专业教育的投资支出，但同时会牺牲一定的即期消费，压缩一定的基本生活支出，动用储蓄乃至举借债来从事对专业教育的投资。因此，家庭教育支出很可能会对其他消费支出产生挤出效应。

2. 教育分层扩大对家庭的影响

与大学生越来越多、大学越来越大相伴随的是教育正在出现严重的分层趋势。教育部的数据显示，2004 年全国小学生辍学率平均为 0.59%、初中辍学率平均为 2.49%，部分西部地区的小学辍学率可能达到 2%，甚至还要更高；初中辍学率在 7%，甚至还要更高。这样估计全国辍学学生在230 万左右。全国各大学的贫困学生超过 200 多万，他们捉襟见肘、生活艰难，遭受生理、心理和社会的多重压力。农村地区有 50 万～60 万的民办教师，他们拿着微薄的薪水在条件艰苦的环境下教书育人。李春玲的研究发现，从 1940 年到 2001 年的 60 年间，教育机会快速扩张，平均受教育年限不断上升，但教育机会的平等化则出现两个不同的走向：1950～1970 年，这一阶段教育机会平等化快速推进；1980～1990 年，这一阶段教育机会供量和教育机会不平等同时增加。李春玲更进一步指出，教育体制的精英化、市场化以及教育机会分配不平等的趋势在政策不调整的情况下还会继续，并严重影响农村地区儿童和女性儿童的受教育机会。[1] 刘精明的研究表明，50 多年来，社会成员之间的受教育年限的差距一直都在直线下降，然而城乡之间、地区之间和不同阶层背景之间的差异显著存在。[2]

城乡之间的差距主要体现在受教育水平和受教育机会上。我国农村平均受教育年限为 5.09 年，小学与初中文化程度的人口占总人口的71.94%，高中以上文化程度的人口只占 4.8%，农村文盲率达到 14.25%；城镇平均受教育年限为 7.63 年，高中以上文化程度占 27.82%，城镇文盲率为7.32%。从学龄儿童入学率来看，城市已经接近 100%，但在广大农村，尤其是中西部农村远远落后于全国的平均水平，有的地方还不到 80%。城乡之间的教育经费投入以及办学条件更是不可同日而语。[3] 统计数据显示，

---

① 李春玲：《社会政治变迁与教育机会不平等：家庭背景及制度因素对教育获得的影响（1940～2001）》，《中国社会科学》2003 年第 3 期。

② 刘精明：《国家、射虎阶层与教育：教育获得的社会学研究》，中国人民大学出版社，2005。

③ 张玉林：《分级办学制度下的教育资源分配与城乡教育差距——关于教育机会均等的政治经济学探讨》，《中国农村观察》2003 年第 1 期；《中国城乡教育差距》，《战略与管理》2002 第 6 期。

2002 年全社会的各项教育投资是 5800 多亿元，其中用在城市的占 77%，而城市人口占总人口不到 40%；占总人口 60% 以上的农村人口只获得 23% 的教育投资。①

地区之间的差距在 1985 年实行"分级办学"政策后愈加明显。2004 年，全国 31 个省、自治区、直辖市的生均预算内教育事业经费状况继续呈现很大差异，财政拨款最高的地区比最低者而言，小学、初中、普通高中、职业中学和普通高校分别为 10.2 倍、8.9 倍、7.8 倍、5.6 倍和 8.1 倍。②

不同阶层背景之间的差异表现为许多贫困农村地区儿童入学率很低，很多学生中途辍学，义务教育的普及非常困难。城市贫困家庭的子女受教育机会明显低于富裕家庭。在高等教育层次，由于大学实行收费制度，很多家庭难以负担高额的学费，很多学生无法顺利完成学业。"教育精英化"对农村地区、贫困地区、城市贫困家庭和父母文化水平较低家庭的子女产生不利的影响，马太效应已经十分严重。③

李文利（2006）在全国范围内抽取 18 所本科高校进行问卷调查，结果显示，尽管不同收入群体在私人教育支出方面有明显差别，但主要发生在必需支出项上，20% 最低收入群体与 20% 最高收入群体的必需支出平均约为 8677 元和 11246 元，家庭贡献能力在不同收入组间有巨大差异。20% 高收入组的家庭贡献能力明显超出其他各组，是次高收入组的近 4 倍。④ 由于我国高等教育收费制度是无差异收费制度，这种制度因城乡家庭收入水平不同而形成了高等教育相对成本差异。殷红霞（2006）对陕西高校 1992～2004 年收费标准与城乡家庭收入的比较研究发现，农村家庭高等教育相对成本远远高于城市家庭。这样的教育收费制度使城乡孩子在入学机会、专业选择进而在未来就业、收入水平等方面存在明显的不公平，并对高等教育的公平原则产生了较大冲击。⑤ 家庭占有教育资源的严重不平等造成其子女在接近社会不同生态位上处于不平等地位，这就构成社会合理流动的最大障碍，它在一定程度上维持再生产了特定的阶层结构。

教育分层的原因主要有两方面：第一，政府在教育上的投入不够，导

① 陆学艺：《当代中国社会流动》，社会科学文献出版社，2004。
② 张力：《中国教育存在的问题及发展与改革的教育取向》，中国社会学网。
③ 陆学艺：《当代中国社会流动》，社会科学文献出版社，2004。
④ 李文利：《高等教育私人支出、家庭贡献与资助需求分析》，《教育与经济》2006 年第 1 期。
⑤ 殷红霞：《城乡家庭相对成本视角下的教育公平问题》，《科学》2006 年第 4 期。

致教育经费严重不足。1990 年以来，中国国家财政性教育经费占国民生产总值的比例基本上在 2.50% 左右徘徊，2003 年才占到 3.41%，2004 年又下降到 2.79%，这个数字仍然低于欠发达国家的教育投资比例，处于低收入国家水平，远低于同期世界 4.4% 的平均水平。而占国民生产总值比例很小的教育投入在城乡和区域之间的分配又很不均衡，这必然减少了社会底层的受教育和接受培训的机会，加大了贫困家庭的压力，减少了贫困家庭子女通过教育获得向上流动的机会。第二，学校的赢利冲动，它既与政府投入不足高度相关，又与或明或暗的"教育产业化"观念密切关联，是镶嵌在市场化这一特定脉络上的。数据显示，1980 年政府通过预算内拨款提供了超过 75% 的教育经费，20 年之后，这一比例下降了 21 个百分点。[①] 在中央与地方财政难以提供足够经费的情况下，学费成为学校收入的主要来源。然而，在利益驱动下学校收费在一定程度上处于失范状态。教育收费的负面效应使得中小学乱收费现象严重和大学学费昂贵。学费增长过快已经严重超出了低收入家庭的承受能力，从而严重影响教育机会的平等获得。

二 就业政策与家庭

（一）就业政策及基本内容

就业乃是民生之本。对绝大多数个人和社会而言，就业不仅是主要或唯一的收入来源和重要的谋生手段，而且是社会地位和自尊的基础。就业政策是一种旨在满足就业需求、解决就业问题的集体干预措施。我国的就业政策可以概括为："劳动者自主就业，市场调节就业，政府促进就业。"[②]就业政策可以从以下几个方面来理解。

（1）就业需求包括两个方面：首先是个人的求职需求，想工作的个人可以获得工资水平符合社会标准的工作；其次是企业的招聘，想聘人的企业或单位可以很容易招聘到符合条件的员工。

（2）就业问题的重点是解决失业问题，同时包括公平就业和就业安全。这是劳动部门就业管理的主要内容。

（3）集体干预是指干预的主体一般是政府或机构，而不是个人，而且如果问题得不到解决，可能会带来危害，因而需要制定措施加以制止。国

---

① 中国发展基金研究会：《中国人类发展报告 2005：追求公平的人类发展》，中国对外翻译出版公司，2006，第 46 页。

② 国务院新闻办公室：《中国就业状况与政策》白皮书，2004。

家或政府是通过对劳动力市场的干预来推行其就业政策的。

由于就业政策长期被排斥在社会政策体系之外，将失业看做是经济问题，而不是社会问题，就业措施和服务被看做是经济政策工具，而不是社会政策工具。因此就出现了基于经济视角和基于社会视角的就业政策区分。基于经济政策的就业政策是运用经济手段来调节或影响市场主体（包括供需双方）的行为，促进劳动力市场的发育和完善，这类政策旨在优化劳动力资源的配置，并最终推动经济发展，如维护市场秩序、制定交易规则、促进公平竞争的政策，或者在失业率与通货膨胀率之间、在社会收入水平提高和社会就业岗位之间选择调整的政策等。而基于社会视角的就业政策是运用行政手段来规范或管制市场主体的行为，促进个人工作机会和报酬的最大化，此类政策旨在干预劳动力市场过程及惠及个人，并最终推动社会发展，如公平就业政策、就业安全政策、职业福利政策等。

从各国的实践来看，政府可以采取多种政策来干预劳动市场和提升工作人员的福利，从社会政策视角出发，就业政策包括以下几个方面的内容。

（1）改善劳动力供应方面的政策。劳动力供应包括数量和质量两个方面，政府干预的重点也在这两个方面：一是提高劳动力的素质。典型的政策是职业教育和培训项目，这是增强劳动力就业能力、开发人力资源和促进就业的有效途径。二是加强劳动力和雇主的联系。从劳动力市场的运作过程看，政府不是直接调控数量供应，而是通过拉近雇员与雇主的距离将两者连接起来，主要政策是提供求职和安置帮助，如建立职业介绍中心、再就业中心等。

（2）改善劳动力需求方面的政策。劳动力需求是指企业或雇主在生产过程中所需的员工数量和类型。因此，政府干预策略的重点在于提高雇主雇佣职员的能力和意愿，这包括改善市场并创造就业机会的宏观经济政策、鼓励雇主雇佣就业困难人员的税收减免政策以及预防歧视的政策。一般来说，政府可以采用三种方式来刺激劳动需求的增长，首先是刺激私人市场（如通过减税），不过，此种方式可能偏重于经济视角；其次是直接提供或创造就业岗位，特别是在失业率高企的年代。再次是增加就业困难群体的需求，保障公平的就业机会。政府将通过立法来提高企业或雇主歧视这些群体的成本。这些反歧视立法旨在防止基于种族、性别、民族、宗教和残障状况等的薪资或雇佣歧视。显然，这些政策的提高对那些在劳动力市场上处于弱势的劳动力的需求。最后是防止剥削和提供失业保障的管理政策，主要包括失业保障、职业安全、工资和福利保障。

（二）改革开放后我国的就业政策变迁

自新中国成立到 20 世纪 80 年代，我国一直采用计划经济体制，这是一种全面统一的行政经济。首先，从经济主体看，政府的权力凌驾于企业和个人之上，各级政府直接管理经济，取代了企业和个人的部分经济权利。其次，计划经济的运行机制由三大统一制度构成：统一的资本分配制度、统一的产品调拨制度和统一的劳动就业制度。"充分就业"是计划经济体制下的就业指导思想。为了适应计划经济体制的需要，我国逐步形成了农村人口的自然就业和城市人口的统包统配就业制度。概括起来，计划经济时期实务就业政策有以下几个特征。

（1）劳动政策以指令性劳动计划为基石。表现为国家对劳动力主要是城镇待业①人员，制定统一的指令性计划进行调节。由于不存在劳动力市场，劳动力资源配置难以体现价值规律和竞争规律的要求。企业没有招聘职工的自主权，只能执行国家的招工计划。企业增加新职工，首先得有劳动计划的人员指标，拿不到进人指标便无法招工。

（2）就业政策以统包统配为基本特征。表现为政府直接控制就业岗位，包揽劳动者就业，用行政手段把劳动力资源配置到各个生产部门，劳动者不能自由选择职业和工作岗位。劳动者就业后，他的工资、奖金、津贴和福利由国家而不是由企业制定标准发放，并全部由国家负担。国家还对已就业人员一包到底，实行终身就业保障，使其再无失业之虞。

（3）用工政策以国家固定工为主体。由于国家计划中职工人数指标一直与工资总额控制指标挂钩，企业人员增减直接涉及工资数量的变动，而人员和工资指标均由政府控制，所以企业用工只能坚持国家统一计划、统

---

① 计划经济时期，我国不承认有"失业"，"待业"这个词的提出是源于意识形态的考虑。一般认为，失业现象的根源在于生产关系而不在于生产力，因此社会主义国家不应该出现失业现象，"充分就业"是一个重要目标。但实际上，在落后的生产力条件下，我国确实有大量劳动者没有就业机会，因此"待业"这个词被用来替代"失业"，从而保证就业政策与意识形态的一致性。"下岗"是 20 世纪 90 年代使用频率较高的词，它是改革过程中出现的特殊制度性失业现象，是指实行劳动合同制企业职工因企业的生产、经营状况等原因离开工作岗位，但保持劳动关系而未能实现再就业的现象。从 1994 年起，我国政府正式使用"失业"概念，并公开发布城镇登记失业率和城镇失业登记人数。

一招收、统一分配的形式。企业一旦有用工指标招进职工，这些职工便固定在企业中，既不能辞退他们，又不能让其自由流动，只能进不能出。

20 世纪 70 年代末，就业制度与其他经济体制一起，开始冲破计划经济体制的樊篱。改革开放初期，就业政策从妥善安置十年"文化大革命"结存下来的待业人口入手，由表及里地推进创新，逐步以广开门路形成多元化就业格局，在新增劳动力中确立双向选择关系，全面促使劳动力合理流动，直至剥离企业富余人员。就业政策的这一演进历程，大体包括以下四大步骤①。

（1）外围层次改革的就业政策：通过广开门路形成多渠道、多元化的就业格局。十年"文化大革命"结束后，特别是党的十一届三中全会以来，政府采取大力发展集体企业、加快消费品生产、扩大服务性行业经营范围、广泛组建劳动服务公司、开展多种形式的就业技术培训等有效措施，努力拓宽就业门路。1980 年 8 月 7 日，中共中央转发的全国劳动就业工作会议文件《进一步做好城镇劳动就业工作》率先提出"在国家统筹规划和指导下，实行劳动部门介绍就业、自愿组织起来就业和自谋职业相结合"的方针。这个"三结合"方针的提出，突破了政府统包统配政策单渠道安置劳动力的就业制度，开辟了国有、集体和个体多条就业渠道，逐步形成了多元化的就业政策新景象，开始从外围层次的社会劳动力管理入手改革劳动就业制度。1981 年 10 月 17 日，中共中央和国务院又颁布了《关于广开门路，搞活经济，解决城镇就业问题的若干决定》，指出要通过进一步调整产业结构和所有制结构，在发展经济和各项建设事业的基础上，有计划有步骤地解决就业问题，并提出要运用政策大力引导、鼓励、促进、扶持集体和个体经济的发展。

随着国民经济的发展和就业政策的创新，1977～1981 年，全国城镇共安置 3700 多万人就业，绝大多数地区已将以往郁积的待业人员基本安置完毕，从而卸下了空前沉重的就业包袱。

（2）内圈层次改革的就业政策：通过公开招工在新增劳动力中确立双向选择关系。20 世纪 80 年代初，随着经济体制改革、多种经济成分的出现和发展，特别是在"三结合"就业方针的指导下，敞开了就业门路，拓宽了就业渠道，就业结构呈现出多样化格局。此时，全民企事业单位的用工

---

① 张明龙：《我国就业政策的六十年变迁》，《经济理论与经济管理》2009 年第 10 期。

制度开始发生变化，用人单位有了一定的招工自主权。

1986 年 7 月 12 日，国务院发布《国营企业招用工人暂行规定》，该规定提出，企业招用工人应贯彻执行先培训后就业的原则，面向社会，公开招收，全面考核，择优录用。这一规定把竞争机制引入就业领域，还赋予企业在招工中拥有选择权，为形成劳动者与企业的双向选择关系打下了基础。这一规定还明确废止两种招工办法：一是企业不得以任何形式进行内部招工；二是不再实行退休工人子女顶替，使企业选择新职工有了更大的回旋余地。

与此同时，国务院还发布了《国营企业实行劳动合同制暂行规定》，提出对新招职工普遍实行劳动合同制，首先在新增职工中打破了固定工制度。劳动合同制的推行，改变了原有的用工模式，把劳动就业制度改革从外围层次的社会劳动力管理，进一步推向内圈层次的企业新增劳动力管理。但是，这次用工制度改革仅仅局限于就业增量部分，尚未触及城镇就业存量部分，企业原有职工仍然保持着固定工制度。

（3）核心层次改革的就业政策：通过全员劳动合同制促使劳动力合理流动。20 世纪 50 年代，我国曾实行过劳动合同制。1951 年 5 月 15 日，劳动部公布的《关于各地招聘职工的暂行规定》指出："招聘职工时，雇用者与被雇用者，双方应直接订立劳动契约，须将工资、待遇、工时、试用期以及招往远地者来往路费、安家费等加以规定，并向当地劳动行政机关备案。"后来，随着统包统配政策的形成，逐渐放弃了劳动合同制。

1980 年，劳动合同制在三资企业中恢复。1986 年把它全面推行到全民所有制的新增职工范围。接着，从 1987 年的劳动"优化组合"到 1991 年的破"三铁"，大范围地推动企业原有的固定工制度改革。

1992 年 7 月 23 日颁布的《全民所有制工业企业转换经营机制条例》规定："企业可以实行合同化管理或者全员劳动合同制。"实行全员劳动合同制，合同化管理范围由新增职工扩大到包括原有职工在内的全体就业人员。这样，就业政策创新和就业制度改革又向前跨上了一级大台阶，从内圈层次的企业新增劳动力管理直接深入到核心层次的国家固定工制度。实行全员劳动合同制，消除了企业原有职工与新增职工的用工差别，避免了两种不同用工制度并存带来的弊端，有利于广泛开展劳动者竞争上岗，可以促进劳动者合理流动、优化劳动组合和生产要素资源配置。

（4）硬核层次改革的就业政策：通过劳动计划体制改革剥离企业富余

人员。传统劳动就业制度由指令性计划管理的劳动制度、统包统配的就业制度和固定工模式的用工制度三个链环共同构成，劳动计划体制则把三个链环固化为一体。所以，构成传统劳动就业制度的硬核部分是计划体制。如果说触及国家固定工制度已经到达传统劳动就业制度的核心层次，那么在这个核心层次中起硬核作用的便是劳动计划。劳动、就业和用工政策必须协同创新，劳动、就业和用工制度必须协同改革，才能彻底冲破计划经济的束缚，全面巩固和扩大劳动就业制度的改革成果。在保留原有劳动计划体制的条件下单方面的就业改革，或单方面的用工改革，都将收效甚微。比如，《国营企业招用工人暂行规定》尽管赋予企业一定的招工自主权，但它同时规定，企业招用工人"必须在国家劳动工资计划指标之内"，这样，企业既不能自主决定招工的数量，也不能自主决定招工的时间、地点、条件和方式，招工自主权仅仅表现为在劳动部门分配来的人员中作有限的选择。又如，劳动"优化组合"和破"三铁"，由于没有劳动计划体制改革相配套，不是流于形式，就是半途而废。因此，全面创新就业政策和改革就业制度，要以彻底抛弃传统的计划体制为前提。

1992年，党的十四大把建立社会主义市场经济体制作为经济体制改革的目标，从根本上动摇了传统计划经济体制基础。1993年，党的十四届三中全会决定，培育市场体系的重点是金融市场、劳动力市场、房地产市场、技术市场和信息市场，要把开发利用和合理配置人力资源作为发展劳动力市场的出发点。自此以来，劳动制度改革取得了突破性进展，缩小了劳动工资指令性计划的调节范围，先后在许多领域放弃了计划管理，使其迅速赶上就业制度和用工制度的改革步伐。这样，就业政策创新和劳动就业制度改革终于跃过最后一级台阶，由核心层次的改变固定工身份，继续深入到硬核层次的剥离企业富余人员。

（三）就业政策与家庭

1. 就业形势对家庭的影响

我国经济增长和失业问题的反衬是非常明显的。我国经济已经保持了30多年的高速增长，与之相对应的是，失业问题却越来越严重。2009年全国城镇登记失业率为4.3%，加上农村剩余劳动力，我国需要解决的失业人口多以亿人计，这在世界范围内是绝无仅有的。全球最高的经济增长率伴随着全球最为严重的失业率，这是困扰中国经济发展的一个现实问题。我国的就业形势总体上可以概括为以下几个方面。

（1）劳动力供求总量矛盾仍未缓解，就业结构性矛盾突出。处在工业化、城市化进程中的我国，农村结存了数亿剩余劳动力，非公开性和隐性失业状况严重，伴随着就业结构加剧调整和深化改革，就业压力急剧增加。长期以来，我国保持较高的经济增长，坚持扩大内需的方针，依靠经济扩张带动就业，但现有的经济发展规模和结构布局所容纳的就业岗位有限，因此政府还必须积极调整经济结构，使之与就业结构改善协调推进。目前我国产业结构正处于以工业为主向以服务业为主的结构转型时期，就业结构也随之调整。1990~2003年，农业就业比重由60.1%下降到49.1%，工业稳定在21.6%，服务业由18.5%稳步提高到29.3%。[①] 从1999年至2007年，我国城镇登记失业率分别为3.1%、3.1%、3.6%、4.0%、4.3%、4.2%、4.2%、4.2%、4.0%。这一数字表面上看不算高，但实际上并不准确，也就是说被低估了。因为我国当前采用的是城镇登记失业率统计，只有到当地劳动保障部门登记的符合失业条件的人员才被统计为失业人员，没有登记的不统计为失业人员，而且这个统计数字只针对城镇，并不包括农村剩余劳动力，也不包括进城务工的劳动力。此外，下岗职工也没有被计算在内，因为下岗职工并没有与所在企业解除劳动关系。因此，登记失业率只是从一个侧面反映了失业情况，而很难全面而真实地反映失业状况。也就是说，城镇实际失业率可能要比我们公布的统计数字大，据国内有关研究机构和世界银行专家估计，中国城镇实际失业率大约在8%~10%，全国范围内失业率更高。[②]

（2）城镇就业压力加大和农村富余劳动力向非农领域转移速度加快同时出现。城乡分割的二元经济结构是我国就业问题的总根源。1999~2003年，我国乡村从业人员所占比重由73.3%下降到65.6%，平均每年下降0.6个百分点。但农村人口所占比重仍然较高，农村富余劳动力规模仍在1.5亿以上。当前，我国农村劳动年龄人口每年增长1000万左右，农村劳动力转移任务十分艰巨。如何调整农业和农村经济结构，扩大农业综合开发，深度扩展农村就业空间，加大农村劳动力开发利用力度；发展乡镇企业，逐步消除体制和政策障碍，引导农村富余劳动力合理有序流动，成为摆在我们面前的重要任务之一。

---

① 国家统计局：《2004年中国统计年鉴》，中国统计出版社，2004。
② 贾纪磊：《浅谈我国目前的就业问题及其解决对策》，《哈尔滨学院学报》2009年第4期。

（3）在就业总量矛盾与结构性矛盾交织状态下，就业弱势群体持续扩大。在经济结构调整和深化企业改革中，出现企业减员增加和用人需求萎缩并行的趋势，劳动力市场竞争越来越激烈，结构性就业矛盾突出。由于劳动力供需总量失衡以及结构性矛盾等原因，低素质、高年龄以及高就业期望值的劳动者在劳动力市场竞争中越来越没有竞争能力，呈现出就业弱势群体数量急剧增加的趋势。这种就业弱势群体主要体现为以下几个类别：一是40、50人员（即女40岁以上、男50岁以上）；二是长期下岗、失业者；三是无技能和低技能劳动者；四是女性下岗职工群体。

（4）就业格局发生非稳定性的重大变化，对就业政策和劳动保障管理体制提出新要求。在劳动力供求矛盾日益尖锐的情况下，伴随着经济结构调整和深化改革，我国的就业格局发生重大变化。主要体现为：一是中小企业成为就业的主要渠道，提供了75%的城镇就业机会。二是自谋职业者大量增加，灵活就业成为重要方式。三是流动就业出现新特点，不仅农村劳动力跨区域转移增加，城镇劳动者也加入流动就业大军。这种就业格局的变化对社会具有有利的一面，缓解了就业压力，但是，对劳动者的生活影响是非常深刻的，对多数劳动者来说，这是在劳动力市场强大压力下自求生路的办法。这种变化意味着从稳定就业到不稳定就业、从充分就业到不充分就业的巨大转变，这致使他们生活在现有的制度政策之外，他们之中很多人的收入没有保障、基本权益得不到保证、处于低质量的就业状态，如何使这些群体收入、权益更有保障也是我们面临的问题。

2. 家庭视角的就业政策

就业对家庭的福祉具有直接而重要的影响，就业是家庭收入的基本来源，它对于家庭功能的发挥，儿童抚养、老人赡养及家庭成员需求的满足，家庭稳定都有重要影响。如何帮助困难家庭解决就业问题、采取措施预防失业、为家庭提供社会支持环境是就业政策应该关注的重点。

（1）"零就业家庭"的就业援助。"零就业家庭"是指在法定劳动年龄内，家庭成员具有城镇户口，有就业要求和就业能力的城镇家庭成员中，目前无一人从事有收入劳动（灵活就业人员年平均收入达不到最低工资标准的），仅靠领取下岗职工基本生活保障费、失业保险金或最低生活费维持基本生活的城镇居民家庭。就性质来讲属于失业者或弱势群体，之所以作为特殊范畴并成为社会和政府关注的对象，是因其具有作为社会群体的突出特性。首先是共性。"零就业家庭"的共性特征明显，即家庭成员无一人就业，无收入保障，生活艰苦。其次是重要性。"零就业家庭"是城镇有代表性的困难群体，更需要社会和政府的关注、援助。《中华人民共和国就业促进法》（2007）第56条规定："县级以上地方人民政府采取多种就业形式，拓宽公益性岗位范围，开发就业岗位，确保城市有就业需求的家庭至少有一人实现就业。""零就业家庭"的大量存在已影响到我们的社会稳定与社会发展，成为实现社会公平的重大障碍。

"零就业家庭"现象的产生犹如失业，有其复杂的原因。失业既是宏观经济的主要问题，也有其微观基础，既有社会市场环境的制约，也有个人因素的影响。从本质上讲，失业是市场经济的必然产物，抑或可以说是成熟市场经济正常运行的体现。我国由于市场经济的逐步发展和社会结构的急剧转型，"零就业家庭"的出现是一种必然，是公平的市场优胜劣汰规则的必然结果。尽管此现象体现了市场公平，但市场公平不等于社会公平，市场规则不是社会制度的全部，市场的结果更不应该为社会所全部认可和接受。对被市场抛弃的弱势群体（包括"零就业家庭"），政府应义不容辞地承担起应负的社会责任，这是人类社会制度文明的现代体现，也是市场经济正常运行的前提。

对"零就业家庭"的扶持和援助，应该把握好以下几个方面。

第一，明确"零就业家庭"扶持工作的特殊性。"零就业家庭"工作既具有失业救助的一般性质，同时又可归属于扶贫帮困、社会救济、最低生活保障等不同的社会保障项目，可以说，是一项综合性社会保障事务工作。因此，在制定具体扶助制度和措施时，应充分体现这一特殊性，要注意保持与各社会保障项目及各社会保障制度措施的衔接和统一。对"零就业家庭"的扶助措施应与失业保险制度、社会救济制度及最低生活保障制度相辅相成，减少矛盾与冲突。

第二，注意扶助工作的规范性和可持续性。我国目前的户籍制度尚未实行改革，城市化进程不断加快，劳动力流动不断加强，且劳动力信息不完全，加上问题本身的复杂性，使得"零就业家庭"工作繁杂而琐碎。由于各级政府对问题的性质及重要性认识比较统一，工作中大都部门联动，避免了政出多头，但在具体的工作流程、重点把握、环节操作等诸多方面尚处于摸索和积累经验阶段，这就要求我们的制度设计者一定要注意各项制度措施、各个操作环节设计的可操作性、规范性及可持续性，避免政策遗留问题。

　　第三，适时将扶持政策制度化、法律化。在条件成熟的情况下，应在总结经验的基础上加快制定有关立法，将现行行之有效的"零就业家庭"政策措施上升为法律规范，增强其强制性和约束力。

　　第四，动员全社会力量，多渠道开发就业岗位。对弱势群体的扶持救助，政府应是主要责任主体，但并不是唯一责任主体。一方面，政府提供的帮助毕竟有限，且在某些领域还存在着政府失灵。另一方面，作为人类社会文明的集中体现，社会成员之间的互帮互助也是义不容辞的。因此，在"零就业家庭"工作中，政府在做好建制建章、物质扶持、就业援助等工作的同时，应调动更多的社会力量参与到工作中来，要大力营造关心关爱"零就业家庭"的良好社会氛围，积极倡导扶贫帮困的传统美德，广泛动员各方面的资源帮助"零就业家庭"就业。

　　第五，人性化管理与个性化服务。"零就业家庭"工作难做，特别是就业问题更难于解决，究其原因，在于"零就业家庭"人员缺乏就业主动性、就业信息不畅通、工作岗位与自我工作能力不匹配，以至于"零就业家庭"成员有很多都是长期失业群体。长期失业问题的严重性不仅在于失业率的攀升，更为严重的是，假如一部分劳动者长期失业，就有可能被"边缘化"，难以融入劳动力市场。对这一部分群体，单靠特殊的社会保护和帮扶政策很难奏效。国内外的经验表明，要想让"零就业家庭"成员实现就业，只是简单地给他们介绍工作并不是有效的办法，政府必须提供各种人性化管理与个性化服务才能有效提高"零就业家庭"的就业率。从我国目前的经验看，在消除或避免就业歧视的同时，比较可行的就是将再就业援助制度常规化。

　　第六，要注重人的发展。"授人以鱼不如授人以渔"已是社会保障工作老生常谈的问题。国际上注重人的发展已成为救助弱势群体消除贫困的工作重点，即在援助过程中要充分考虑受助者的自身进步问题，如为其创造受教育的机会、更新其观念、提高其技能、增强其参与社会工作的能力等。对"零就业家庭"来讲，物质援助和岗位提供只能解决一时之需，最根本的是增强其融入社会、适应市场的能力，而这并不是简单的岗前培训所能解决的。政府和社会确实"授人以渔"是重要的一方面，另一方面，被扶助者的观念态度，即参与社会的主观积极性也至关重要。有一些"零就业家庭"成员，抑或悲观不自信，抑或制度依赖，自己放弃机会，从而影响了制度措施的有效性。这也对我们的制度和工作提出了更高的人性化要求，即更加关注其精神领域的需求。①

（2）实施积极的就业政策。由于我国的就业压力难以在短期内得到缓解，降低失业率是一个长期、艰苦的任务，所以，仅仅采取向失业者支付失业保险金、给失去工作的生活困难群体提供最低生活保障的政策是不够的，还需要转变思路，将促进就业作为我国经济社会政策的基本优先目标，转变经济增长是促进就业增长唯一途径的观念，对经济增长与就业的关系重新认识，充分发挥政府在促进就业中的作用，采取向失业者提供免费的公共就业服务和就业培训、对参加培训或再就业的失业人员实行鼓励和补贴等措施促进就业。如果前者被称之为"消极"的就业政策，那么后者就被称之为"积极"的就业政策。具体来讲，可以采取以下一些措施促进就业。

第一，稳定现有在职员工的数量，增加就业与失业的缓冲带。目前很多单位把改革、发展等同于企业减员，其实不然，高科技行业、资本密集型行业或技术密集型行业以及隐性失业较高的行业或单位减少在职职工人数可以提高单位效益，但绝大部分服务性行业或一些劳动密集型行业，提高效益不一定非要采取减员的方式不可。即使目前在职人员的知识结构与行业发展脱节，也可以采取在职培训等后续教育提高员工的业务水平，因此，目前阶段国家劳动和社会保障部门应大力鼓励单位对在职职工进行后续劳动技能教育。同时，各单位建立人才调剂中心，作为单位辞退员工之前的缓冲带，该中心一方面负责对在职员工工作技能的培训工作，另一方面负责单位内部富余人员的调剂工作，一定期限后，如两年仍未重新上岗或不服从工作调剂，可以把这部分人员推向社会，按失业人员对待。

第二，千方百计增加就业机会，提高就业率。从国外经验看，尽管市场经济国家一般利用市场手段作为解决就业问题的主要手段，但政府部门也往往成立专门机构，制定相应政策，为扩大就业创造良好的外部环境。为此，建议我国政府在解决失业问题时采取以下措施：①增加公益性事业和基础性行业的投资。几年来，随着居民的储蓄数量不断增加，金融机构的存贷差也在迅速扩大，1998年为9274亿元、2001年为31302亿元、2002年6月底为340007亿元。存贷差扩大表明现有资源未能得到充分使用，因此，国家应进一步加大投资力度，重点扩大公益性事业和基础性行业的投

---

① 孙彦宝：《零就业家庭工作与构建和谐社会的理论思考》，《经济视角》2008年第11期。

资，这样既有利于短期内增加就业机会，还有利于改善居民生活，同时也为国家长期发展奠定了基础。②逐步放开国家行业垄断的数量，吸引非公有制企业向这些垄断行业或部门投资。目前，制约非公有制企业投资积极性的最主要原因是缺乏好的投资项目，而电信、水电、教育等行业又不允许非公有制企业涉足，建议国家逐步放宽非公有制企业投资领域。③劳动和社会保障部门加强宣传，转变就业观念，鼓励多种形式的用工制度。例如，提供临时性就业机会、实施青年就业实践计划，帮助青年学生在实践中掌握劳动技能，为以后寻找工作打下良好基础。经济效益不好的企业可实行部分工作制，降低工资成本。④兼顾国民经济长期发展和结构升级的需要，大力发展第三产业。在税收、贷款等方面为新办企业提供优惠，政府部门应鼓励科研机构、大专院校等信息机构与企业联合，及时获取国外产业发展的最新信息，为国内企业提供信息帮助。⑤发展非公有制经济成分，在税收、贷款等方面对自主创业给予优惠。

第三，根据产业结构升级需要，对下岗失业人员进行职业教育。①对失业人员进行思想观念教育，抛弃端"铁饭碗"，服务行业地位低，非公有制企业无保障，工作怕脏、怕累等错误思想，重新树立工作岗位不分地位高低的思想。② 根据产业结构调整和升级的需要，责成有关部门负责失业人员的技能培训，为鼓励下岗失业人员参加后续教育，国家应对下岗失业人员提供免费培训，提高其社会适应能力。技能培训应多管齐下，在发挥国家劳动部门作用的基础上，鼓励非公有制经济成分举办各种劳动技能培训班，培训内容应根据社会需要及产业结构今后发展的趋势及时调整，在提高下岗失业人员文化素质的基础上，重点加强实用技术的培训。③根据各地区经济发展情况和劳动力需求状况，及时调整劳动力地区布局。一般来讲，东部地区发展快，劳动力需求量较大，而广大的中西部地区发展缓慢，但人口数量占比重大，就业形势严峻。因此，政府有关部门应根据各地区对劳动力的具体需求，合理调节劳动力地区分布，缓解失业压力。④鼓励高科技产业等新兴产业的发展。尽管这短期内对增加就业作用不大，但高科技行业代表国民经济长期发展的趋势、决定经济长期发展的潜力，同时高科技产业发展还可以对其他配套服务行业的发展起到带动作用，从长远来讲，能提供更多的就业机会。⑤大力发展教育事业。鼓励非公有制经济成分兴办教育事业，短期内可以增加就业机会，从长期看，可以提高国民素质，有助于国民经济的长期发展。⑥大力发展第三产业。以服务行业为代表的第三产业属于劳动密集型行业，同时又符合产业结构升级的方向，因此第三产业的发展短期内对解决失业问题贡献明显，从长远看，对第一、第二产业发展能起到配套作用。

第四，劳动力市场的建立和完善。①建立全国统一的劳动力市场，扩大劳动力市场容量，在全国范围内实现劳动力供求信息互通共享，便于劳动力在行业之间、区域之间流动。②完善劳动力供需信息收集手段，缩短下岗失业人员待业时间。③提供职业技能培训、职工档案托管等服务内容，采取供需见面会、个别职业介绍等方式，促进失业人员再就业。

第五，加速小城镇建设速度。广大农村的隐性失业人员构成失业队伍的主要组成部分，对这部分人员合理引导，既可以提高农村劳动生产率，又可以充分发挥这部分劳动力的作用。建议各地区因地制宜，把当地的乡镇企业集中起来，加速小城镇建设速度，发挥城市规模经济优势，既减少了环境污染，又可以吸纳当地的劳动力。[1]

---

[1]　李永民：《国外就业政策及对我国的启示》，《经济经纬》2004 年第 6 期。

第八章
家庭服务与家庭社会工作

第一节　家庭服务

　　家庭服务是以家庭及其所在社区为服务对象，以满足家庭生活或社区事务对劳务的需求及优化家庭赖以运转的社区环境为目标，对整个家庭运转和家庭发展具有直接、重要的公共影响的服务。也有学者认为家庭服务可以从广义和狭义的角度来理解①。从广义来说，指与家庭成员生活有关的事项；从狭义来讲，主要是指政府为缺乏独立生活能力、需要依赖他人的家庭老人、儿童、残疾人等特殊群体所提供的日常生活看护、照料、护理、康复及教育。无论广义还是狭义，家庭服务都是家庭政策的重要组成部分，也是社会福利的重要组成部分，是一个国家继国民经济保障之后必然着眼、着力的内容。

一　发达国家的家庭服务

　　家庭服务是随着家庭问题的规模和复杂程度不断增加而发展起来的。针对许多国家现有的家庭服务项目各行其是、缺乏有效的合作、不能满足日益增长的家庭需要的状况，国际社会普遍认为需要建立覆盖范围更广、服务功能齐全和对家庭问题反应迅速的家庭服务。

　　在发达国家，越来越多的家庭解体导致更多的儿童不得不接受机构照

----

① 董红亚：《实施与完善家庭服务政策》，《浙江社会科学》2011 年第 5 期。

顾或采取寄养的方法，这已成为政府面临的一个严重问题。在美国，近 10
年来家庭服务的一个重要内容是发展以社区为基础的、保护家庭的服务，
其目的是避免儿童由于家庭破裂或家庭问题而失去家庭的依托，从而确保
儿童能够在社区中生活。虽然美国是市场化程度很高的国家，自由主义、
个人主义意识极为突出，但是，政府在家庭社会服务领域还是承担了制定
法律、提供资金、实施管理等主要职责。同时，在政府承担主要职责的前
提下，具体的服务项目的递送是由各种类型的组织来承担的。具体服务递
送方面的社会化有利于通过不同类型的个人社会服务组织之间的竞争来提
高服务效率，也有利于具体服务项目提供的多样性和灵活性，以便使家庭
服务适应不同家庭的不同需要。也就是说，家庭服务的社会化不等于政府
从家庭服务领域退出，政府不承担必要的责任。首先，以个人、家庭、社
区为对象的服务共同构成了美国的社会服务。以个人为对象的服务主要是
指为儿童、老年人和残疾人提供的服务，如社区青年中心、保护儿童的服
务机构、成人保护服务和长期护理等。以家庭为对象的服务有家庭计划、
婚姻和家庭咨询等。此外，还有各种由社区组织开展的服务，如为社区居
民、外来劳工、新移民、酗酒者和滥用毒品者提供的服务。其次，美国的
个人社会服务是由各种不同类型的专业组织提供的，包括公共机构、私人
非营利性组织、私人营利性组织、自助群体、宗教组织。有些服务是各种
组织都能偶尔参与提供的，而有些服务则只能由某一类组织提供。像日托
这样的服务可能会由以上所有的组织提供；其他服务，如儿童和成人的保
护，只能由公共机构或其他指定机构提供，因为这些机构有法律权利介入
忽视或虐待的案件。承担个人社会服务职能的公共机构依据有关法律建立，
并由联邦、州或地方政府管理。最后，政府是个人社会服务所需资金的主
要提供者。

英国 1989 年颁布的《儿童法》规定，每个地方政府必须建立家庭服务
中心，为儿童、家长、家庭照顾者或任何承担家长责任的人提供"职业、
社会、文化或娱乐活动、疑难解答、指导或咨询或食宿服务"。这些中心应
该能够覆盖范围较广的家庭，而不是只限于有需要的儿童，其服务内容包
括提供社会工作服务和家长技能培训，还有旨在增强家庭功能和保护儿童
的综合性服务，如日托、游戏活动小组、玩具图书馆、职业和技能训练、
婚姻辅导、儿童诊所和校外俱乐部等。家庭服务中心可以同各种各样的机
构合作提供服务，如托儿所、学校或其他儿童活动场所，其服务对象包括

儿童、青少年、成人及老人，服务内容包括心理咨询、技能训练、支持和治疗小组、放学后服务、工作训练、紧急救助和社区工作服务。由于家庭服务中心的性质、目标和方法都不一样，很难对家庭服务中心给出一个准确的定义，但它们一般具有如下一些特点：以整个家庭为服务对象，以增强家庭功能为目标，预防家庭破裂，关注邻里需要，特别是关注那些容易导致儿童失去家庭依托的社会和环境因素。家庭服务中心提供的服务主要有三类：专家服务——其中保护儿童是最重要的内容，服务对象往往是被其他服务机构转介而来的，一般都是针对个人的服务，专业性较强；邻里服务——为有需要的父母和儿童提供一系列服务，其目的是促进社区团结；社区发展服务——鼓励和帮助家庭开展自我服务，其理念是集体行为会改善影响家庭的社会和环境因素。

　　西方发达国家的家庭和儿童服务工作强调补救性工作与预防教育相结合。[①] 当然，补救性工作也涉及预防工作，但补救性预防只是在预防工作的二级和三级层面甚至四阶层面上进行的。理想的服务方法强调增强自信和自我效能、发挥现有家庭优势的服务。然而，因为资源有限，服务的核心必然放在二级和三级层面的预防。有的家庭服务项目是由地方政府直接经营的，有的是由非政府组织经营的。尽管政府通常承担主要的财政支持责任（为儿童和单亲家庭提供福利以及减免税待遇）和通过法律保护儿童的权益，但大多数初级和二级层面的家庭服务和预防项目是由非政府组织提供的，其资金来自政府拨款、收费服务、社会捐款和基金会，而大多数由非政府组织经营的家庭咨询服务是收费服务。

　　常见的家庭服务具有以下特征。

　　（1）以家庭为核心，服务对象包括所有的家庭成员；

　　（2）以社区为基础，服务内容适应社区需要，社区组织和自愿者参与提供服务；

　　（3）以服务对象为导向，服务对象参与整个服务过程和决策；

　　（4）服务计划的设计以增强家庭功能为核心，而不是增加家庭的依赖性；

　　（5）把家庭视为家庭成员、其他家庭、服务组织和社区的资源；

　　（6）早期介入和预防服务可以避免危机干预；

---

　　① 梁祖彬：《家庭服务与儿童福利》，《民政论坛》2001 年第 3 期。

（7）提供无障碍服务，使用者不仅能得到服务，心理上对服务也能够接受；

（8）以准确的需求评估和共同制定的目标为基础，强调为服务对象带来效果；

（9）有效地整合其他相关服务和专业人员。

总之，家庭服务应该以增强家庭功能为目的、以儿童和家庭为核心，大多数家庭服务的核心内容是保护儿童的权益和利益，以"儿童第一"为原则，因为只有先帮助家庭然后才能有效地帮助儿童。幸福、稳定的家庭是儿童成长和营造良好社区环境的基础。因此，家庭服务必须强调预防和早期干预，为此，家庭服务必须在家庭容易出现问题的阶段就能介入。研究证明，如果能够在孩子出生前后开始为家庭提供教育和服务，并持续提供几个月或几年的服务，可以有效地减少儿童虐待现象的发生，并能有效地帮助家庭形成积极的、健康的抚育孩子的行为。

美国的 Head Start 计划是一个为全国的低收入家庭、3～5 岁学龄前儿童提供综合服务的计划。美国大约有 1400 个以社区为基地的非营利组织和学校开办了独特的、有创造性的计划来满足儿童的特殊需要。澳大利亚政府关于加强婚姻和家庭关系的报告显示，婚姻和家庭关系教育涉及以下过渡性的生活事件：婚姻、第一个孩子的出生、离婚和再婚。

澳大利亚政府认为，提供婚前教育是保证婚姻稳定的最基本的因素，因此，所有准备结婚的人都必须接受这项服务。家庭服务必须致力于早期干预，并要在不同组织之间建立合作关系，特别是要与托儿所、学校和医疗机构建立合作关系，这样可以有效地及早发现问题。英国政府正在考虑为年轻人在学校设立一门如何当父母的课程。

美国采取的办法是对家庭进行扫描和评估，以判断某一家庭是否会出现儿童虐待的可能性。家庭扫描用的是"儿童虐待倾向问卷"（Child Abuse Potential Inventory），这是一个经过效度验证的标准化问卷。如果扫描结果显示某一家庭有这一倾向，则会用专门用来评估家庭压力的"kempe 家庭压力问卷"对该家庭进行评估；如果评估结果显示该家庭的倾向性较高，则会为该家庭提供一个自愿参加家访计划的机会，专门针对该家庭的需要提供服务。英国的 Sure Start 计划安排工作人员为每个家庭在孩子出生后的 3 个月内进行家访，工作人员在家访时会对孩子的需求进行评估并且对父母提出建议。早期干预的目的是增强家庭的功能，减少儿童虐待和忽略、儿童成长时期问题和青少年犯罪现象。此外，家庭服务组织也与工作单位开展合作。工作单位通过其职工支持计划，或者直接为职工提供针对家庭功能的服务或者向福利组织购买服务。这些服务包括职工心理咨询、压力管理训练、儿童照顾、吸毒或酗酒治疗。此外，政府鼓励雇主制定有利于家庭生活的政策，如家庭假和弹性工作时间等。[①]

综上所述，各国开展的家庭服务虽然各具特色，但总体上包括经济或实物援助、辅导服务、家务助理、家庭生活教育、家庭暴力受害者的庇护服务、破裂婚姻调解服务、保护儿童服务等。

1. 经济或实物援助

经济或实物援助一般针对贫困家庭，政府或慈善团体会以社会救助的形式为贫困家庭提供现金或实物捐赠，改善贫困家庭的生活条件，使贫困家庭满足最低限度的生活基本需要，如衣、食、住、行等基本项目的开支。

2. 辅导服务

家庭最基本的关系是夫妻关系，夫妻之间相处难免会有摩擦，尤其是当夫妻之间因沟通不足或互相误会，或因工作或作息时间的不协调，又或因各自事业、兴趣的变化出现隔阂，再加上可能因为外界诱惑出现婚外情导致感情破裂等都需要婚姻辅导。在有子女的家庭，两代人之间可能因为生活背景、价值观等不同产生代沟，影响沟通，造成关系紧张，针对这种情况需要做亲子关系辅导。在三代同堂或四代同堂的家庭，关系更为复杂，容易出现各种家庭矛盾，这就需要提供个案辅导，通过专业人员的调解，促进家庭人员之间的沟通，使其相互调适、改善关系。

3. 家务助理

一些家庭有老弱或患病的成员，他们丧失了自我照顾的能力，需要长期照顾，家庭照顾者的负担极重，因此需要社会予以支持，如果是有高龄空巢老人的家庭，或有患病成员的单亲家庭，问题会更严重，需要社会服务机构或社区提供"上门"服务，包括送饭菜、打扫房间卫生、为老人或病患者打扫个人卫生等。另外，为了让康复中的病人实现自立，社会服务单位还要派人到受助人的家庭提供适当的训练，让他们学习掌握有关自我照顾和做家务的技巧。

---

① 梁祖彬：《家庭服务与儿童福利》，《民政论坛》2001年第3期。

4. 家庭生活教育

家庭生活教育是从预防的角度解决家庭问题。家庭生活教育的内容大多围绕促进夫妻关系、父母子女关系等展开。例如，婚前准备教育，它是让正在准备结婚的未婚夫妇，对婚后所面临的适应问题（如生活细节、相互协作料理家务、与姻亲家庭融洽相处、计划生育等）做出适当的心理、知识和技巧上的准备，以免双方在婚后因相互期望不同而又没有事前约定的共同理解而产生摩擦，造成家庭关系不和。

5. 家庭暴力受害者的庇护服务

近年来，家庭暴力问题不断增多，既有配偶之间（尤其是对女性）的暴力，也有针对老人、儿童的暴力，需要对受害人提供服务，如及时的救助、治疗和援助等。为了使受害人不再受到侵害者的滋扰，庇护服务必不可少，庇护所一般建在偏远或地点保密的地方，为受害人提供必要的食宿、心理辅导等。

6. 破裂婚姻调解服务

一些夫妻因婚姻出现裂痕难以缝合，到了分居或离婚阶段，面对的是财产分割、子女照顾和赡养费给付等问题。分居或离婚过程是对当事人和儿童造成巨大精神压力的阶段，为了给离婚当事人提供服务，西方国家出现了"调解服务"，即为离婚程序中的夫妻提供协助，专业社会工作者会通过与当事人的沟通协调、情绪辅导，使当事人在尽量避免双方抗辩式的司法程序和气氛下，坦诚、和平地说出对离婚的各种安排，一方面减少双方在法庭上的冲突和对立以及由此产生的情绪困扰，另一方面减少聘用律师上庭代理的时间，为当事人节省诉讼费用，更为重要的是通过社会工作者的调停，尽量减少过激或非理性的情绪反应，在冷静和平的气氛下考虑婚后的安排和子女探望等问题。

7. 保护儿童服务

现代家庭出现问题最终的受害者往往是儿童，他们往往成为父母或家庭成员纠纷的牺牲者。例如，因父母离异遭到抛弃的儿童，因成人关系不和而遭受家庭暴力的儿童，因父母离世或长期卧床、因家长犯法被判入狱难以照顾自己的弱小儿童，因家境贫困或家庭成员多居住拥挤妨碍其正常成长的儿童等，都需要提供适当的服务。社会福利机构的儿童托管服务或寄养家庭为儿童提供正常的家庭生活环境都是针对上述问题产生的。

二　我国的家庭服务

在我国，相对于家庭政策而言，家庭服务的受重视程度更低。

由政府承担或政府提供资金支持的家庭服务很少，我国还没有类似于英国的家庭服务中心。政府提供服务的机构主要分散在民政、社区、教育、法律、妇联等组织机构内，它们依据所在机构的要求向家庭提供各种有偿或无偿的服务。提供的服务主要有家庭救助、家庭生活服务以及家庭教育与培训等。在政府之外，非政府组织和慈善人士组织了大量的家庭救助，对于弥补政府救助的不足，培育爱人类、爱社会、爱他人、爱自然、爱生命的善良意识和道德精神起着不可替代的作用。改革开放以来，家庭心理辅导纷纷涌现，并逐步朝专业化发展。参与这一领域的有心理学、社会工作、教育学、医学界人士以及一些志愿者，其形式包括热线电话、个案辅导、团体活动以及家庭治疗等。面对社会转型出现的家庭问题，非政府组织及民间社区也开展了各种形式的家庭能力建设项目。

近年来，我国家庭服务更多的是通过市场化的形式实现，即发展家庭服务业。为推动家庭服务业发展，2009 年国务院建立了由人力资源社会保障部牵头组成的发展家庭服务业促进就业部际联席会议制度。国务院在2010 年 9 月 1 日就发展家庭服务业提出五项政策措施；2010 年 9 月 26 日，颁布《国务院办公厅关于发展家庭服务业指导意见》；2011 年，国家"十二五"规划将家庭服务业的发展列入其中，明确提出要鼓励发展家庭服务业。

从家庭服务业发展本身来看，有学者认为，家庭服务业当前存在的问题主要有以下几个。[①]

（1）供不应求的问题在总体上比较突出。经济发展、城镇化的推进和生活方式的转变，引发家庭服务社会化需求的分化和扩大化。而城市家庭服务业的从业人员以外来打工者为主，总体上不能满足需求，农忙季节和春节期间更是如此。以养老服务业为例，到 2009 年，全国 65 岁以上老人已经超过 1.1 亿人，约需养老护理员 1000 万人，但全国养老机构职工才 22 万人。2020 年前我国将处于人口快速老龄化阶段，65 岁及以上老年人口的比重 2020 年将达到 11.4%，2025 年前后中国将进入老龄社会。随着人口

---

① 姜长云：《家庭服务业目前的问题、前景与国际经验》，《中国妇运》2010 年第 12 期。

老龄化的加快推进，我国对养老服务、病患陪护服务甚至社区服务、保姆服务等家庭服务的需求，很可能出现更快速度的扩张。

（2）家庭服务员服务质量低，不能满足需求。由于从业人员严重不足，不少家庭服务员不经培训或稍加培训即直接上岗，更无暇顾及就业后的经常化再培训，导致职业技能低、服务质量差。有些家庭服务员缺乏良好的职业心态、职业道德及同雇主的沟通能力，与雇主互不满意。当前，我国经济社会加速转型，正在不断形成对居民心理适应性的挑战。同时，社会竞争压力加大，消费水平提高，各种精神性疾病、营养性疾病和慢性病增加，不仅会导致对病患陪护、家庭保姆、家庭医生等家庭服务需求的迅速膨胀，还会对家庭服务质量提出更高要求。

（3）规模化、规范化、标准化、品牌化水平不高，发展方式转变较为滞后。目前，我国许多家庭服务业进入门槛低、企业规模小、固定资产少、经营方式较为粗放，甚至"马路市场"上无证照、无住址、"地摊"式经营的家政公司也不鲜见。许多家庭服务企业发展方式落后、专业化程度低，企业之间缺乏分工协作，小而全和服务同质化的问题比较普遍；同时，家庭服务业标准化程度低。

（4）社会保障覆盖面较小，财产损失和意外伤害的风险较大。目前在家庭服务业从业人员中，仅持有下岗失业证的国有企业下岗职工可以享受政府提供的"三金"（养老、失业、医疗等社会保险）补贴。农民工和其他城市无业人员从事家庭服务业，不能享受政府提供的社会保险补贴。多数家庭服务企业由于收费标准低、盈利能力差，也无力为员工缴纳每月几百元的社会保险费。在家庭服务业中，服务对象以老弱病残孕为主，出现财产损失和意外伤害的风险较大。

（5）工资水平和盈利能力较低，融资难的问题比较突出。总体来说，大多数家庭服务业工资水平比较低，有些地方家庭服务员的工资水平接近最低工资标准。工资水平低不仅加重了家庭服务业招工难和人员流失的问题，加剧了家庭服务业职业技能低、服务质量差的问题，而且导致雇主不愿提高服务员的工资，从而形成恶性循环。由于经营规模小、盈利能力差、可供抵押的固定资产少，中小企业融资难的问题在家庭服务业中往往更为严重。

（6）行业性抱怨情绪较浓，自强意识不足。调查发现，家庭服务业行业性的抱怨情绪较浓，对优惠政策的依赖情绪普遍较重。例如，经营者抱怨行业利润低、优惠政策少，抱怨员工脱离公司单干，抱怨优秀员工流失；从业者抱怨收入低、社会地位低、工作时间长，抱怨户主歧视。

当然，我国家庭服务问题，并不仅仅是表现为家庭服务业滞后，不能满足家庭的需要，政府支持不够或政府规划不够也是突出的问题。这表现在政府一度大踏步地从公共服务领域后退，导致教育、医疗、养老和育幼乃至住房等基本社会服务日趋商品化和市场化，而个人和家庭则需承担起这些福利供给的主要职责。与西方相比，2005 年 OECD 国家公共社会支出达到 GDP 的 21%，如果考虑到税收扣除和私人组织福利，社会支出占 GDP 的比重将达到 30%（Adema and Ladaique，2009）；而在我国加大社会支出的情况下，到 2007 年，公共社会支出也只占 GDP 比重的 7.1%，这其中还有相当一部分还是卫生、教育单位行政事业费支出。①

缺乏统一规划、政策支持，其结果是政府体制内与体制外不同机构的工作理念与方法各不相同，各自为政：政府对家庭的服务多是教育、指导、管理，医疗部门则从生物医学角度提供医疗和保健，法律部门从人权角度给予司法权益保护，商家从利润考虑服务项目，社会工作者从家庭角度推动其发展。而且，不同机构之间缺乏联系与沟通，难以实现服务与资源、信息的共享，这种状况既影响服务质量的提高，又使服务的成本加大，资源得不到有效利用。与发达国家的家庭服务相比较，我国开展的家庭服务基本上是补救性质的，服务对象以贫困家庭和困难人群为主，对普通家庭的服务不够，以提供物质帮助、一般服务性为主，支持性帮助和家庭治疗不足，直接服务较多，综合与开发性服务不够。②

第二节　家庭社会工作

一　社会工作介入家庭服务的优势

家庭服务不仅包括一般性的服务，还应该包括专业服务，家庭社会工作是针对家庭开展的专业服务。家庭社会工作是社会工作的理念、方法、技巧在家庭福利领域的具体运用，是指社会工作者通过运用专业的知识和

---

① 张秀兰、方黎明、王文君：《城市家庭福利需求压力和社区福利供给体系建设》，《江苏社会科学》2010 年第 2 期。

② 吕青：《社会工作实务》，华东理工大学出版社，2010，第 168 页。

方法，整合家庭及社会资源，为促进家庭生活、扩大家庭功能而向家庭提供的一系列专业化的社会服务。

社会工作作为一种专业服务方法，在家庭服务的提供及家庭文明的建设等方面具有一定的优势。

1. 社会工作的分析视角有助于对家庭问题的科学判断

社会工作是一种整体取向的专业，在介入家庭服务中往往视家庭为一个整体，以整个家庭甚至家族作为问题的评估重点，并顾及家庭中每一个成员的需求。在帮助家庭中个别成员解决他们个人困难的过程中，不把困难和问题视为个人的问题，而是看做整个家庭、成员互动上的问题，强调从增强家庭的整体社会功能上给予帮助。这种整体化的视角，强调维持家庭整体关系的和谐，有助于我们正确把握家庭内部系统及互动的概念、客观地理解个人及家庭行为、形成对家庭问题的科学判断。

家庭社会工作更加强调整体视角，其工作模式有如下特点。

第一，注意由个人问题而引申家庭的问题。很多情况下，家庭的困难是由家庭的个人问题而引发的。例如，某个家庭成员因失业、患重病或人际关系紧张，而影响整个家庭，使家庭成员表现为无助、沮丧与丧失生活勇气。家庭社会工作要从个人困难、个人问题入手，引领其家庭成员共同面对困扰，增强家庭的适应能力。

第二，从家庭整体的角度去观察个人、理解个人，是家庭社会工作分析和处理问题的角度。家庭的改变会导致个人的转变，而个人的调整也会使家庭功能更健全、家庭更加团结和睦。所以应该以整个家庭作为问题的评估重点，从整个家庭问题的角度分析个人的问题，将解决家庭问题与个人问题联系起来。

2. 社会工作的价值理念有助于现代家庭理念的形成

社会工作以平等、尊重、接纳为基本价值理念，在介入家庭服务中往往遵循基本的价值观：相信每一个家庭成员都期望拥有幸福、美满、和睦的家庭生活，每一个家庭也蕴藏着不可低估的能量和资源；相信家庭拥有解决自身问题的能力及潜能。社会工作者不是代替家庭来做决定，而是协助家庭寻找和获得内外部的资源，激发家庭自身的潜能，最终帮助家庭成员依靠自身力量发展良好的家庭关系，促进家庭成员的成长，维护家庭关系的和睦，最终实现家庭文明。社会工作对平等、尊重、接纳等理念的倡导及亲身示范，有助于启发家庭成员理解及分享这些理念，间接起到引导及教育家庭成员的作用，有助于现代家庭理念的形成。

3. 社会工作的服务方法有助于家庭服务内容的丰富

在西方，社会工作的专业方法在家庭福利领域被广泛运用。家庭社会工作是社会工作体系的重要分支，工作内容涉及婚姻家庭咨询、家庭生活教育、亲子教育、家庭管理服务、心理咨询和辅导等家庭生活的各个方面，并借由专业社会工作者提供的专业支持，协助家庭成员处理夫妻关系、亲子关系、生育、抚养、赡养、家事管理、夫妻生活、结婚、离婚等诸多问题，缓解家庭矛盾、改善家庭关系、增进家庭福利。社会工作的介入，丰富了家庭服务的内容和形式，革新了家庭教育的手段和方法，有助于满足不同家庭的各类需求，提高家庭服务的质量。

家庭社会工作的任务主要有以下几个。

第一，提供物质性服务，协助家庭生活有序运转。家庭物质生活的保障是家庭经济收入，如果家庭遇到灾难，或家庭成员失业、患重大疾病，都会使家庭陷入贫困或降低生活水准。家庭社会工作首先要协助贫困家庭摆脱困境，使家庭的经济保障功能得以建立或恢复。

第二，提供咨询及婚姻辅导援助，开展家庭治疗，增强家庭的应变能力。当家庭遇到离婚、财产、继承等问题以及家庭关系调适、子女教育、婚姻危机等问题时，家庭社会工作要提供咨询、婚姻家庭辅导和家庭治疗，以使家庭成员有足够的讯息应对家庭遇到的问题，也使家庭成员提高解决家庭问题的能力，并通过专业的家庭治疗改善家庭关系、增强家庭的功能。

第三，开展教育与培训，提高家庭整体素质。身处急剧变迁的社会，不断充实新的知识、调整观念，在沟通中保持家庭的和谐与稳定，是每个家庭都应面对的问题。家庭社会工作要向所有家庭开设婚姻、家政、家教等教育与培训，目的在于向家庭传授现代生活观念，以推动家庭的发展。

二　欧美的家庭社会工作

在欧美国家，家庭社会工作始自慈善机构对贫困家庭的救济和服务，后来随着工业化进程带来的城市家庭问题的逐渐增多以及人们对家庭问题研究兴趣的兴起，专门面向家庭的社会福利服务工作开始兴起、发展起来。早在19世纪初，由于工业化大生产引起的"家庭危机"，人们进一步探讨家庭消费、家庭管理的知识和技术，创建了家政学。19世纪40年代有关家政学的著作开始在美国问世，其中阐述了有关家庭预算、子女教育方面的知识；随后，美国在大学中开设了家政学课程，并成立家政学会。1869年英国成立的慈善组织会社和1877年美国成立的慈善组织协会，开始提供较为系统的家庭服务。慈善组织会社或协会提供的"友善访问"（friendly visiting）事实上属于一种家庭服务的访视工作，它被认为是家庭社会工作的前身。

20世纪20年代的经济大萧条导致西方社会普遍性的经济危机和失业问题，许多西方国家相继开展了针对婚姻方面的服务活动。例如，德国于1919年在柏林成立了婚姻与性问题的咨询中心，奥地利也于1922年开展了类似的婚姻服务工作。美国则于1929年成立了纽约社区教会婚姻咨询中心，1930年之后创立了"美国家庭关系协会""美国婚姻家庭咨商员协会"等，这些机构的成员包括社会工作者、精神病医生、心理学家、律师、牧师以及家庭咨询员等。自此之后，家庭服务工作日渐扩展，服务的对象和内容迅速扩大，包括倡导改善工作环境、提高工资、提升医疗品质和居住条件等方面。20世纪五六十年代，美国第39届总统J.卡特为解决虐待、自杀、非婚生子等家庭问题，曾组织力量对家庭问题和振兴家庭的措施进行讨论，家庭服务受到政府和社会的重视。在此基础上，由政府提供的关于家庭方面的服务获得了很大的发展，美国逐步形成了具有系统性和组织性的服务机构、组织和协会，为家庭及其成员提供生理、心理及社会的各项服务。专门面向家庭的专业方法——家庭治疗也发展起来，并形成自己专门的协会团体，发展起一系列较为成熟的理论流派，如结构学派、行为学派、精神动力学派、策略学派、系统学派等。20世纪80年代以前发展起来的学派被称为"现代主义学派"，它们深受系统理论和社会功能理论的影响。80年代以后的学派被称为"后现代主义学派"，受到后现代主义思潮的影响。虽然学派不同，但发展过程中各学派之间互相借鉴，其差别越来越小，而且它们都是以家庭为对象进行的治疗模式，治疗师通过对全家或部分家庭成员的治疗，以其专业技术来协助家庭成员改善家庭关系，建立良性的家庭互动模式，从而从根本上解决整个家庭及其个别成员的问题，促进家庭的良性运转和家庭成员的身心健康。

欧美国家的家庭社会工作内容随时代的变迁和社会需求的不同而变化，但总体来说，包括间接的服务和直接的服务两个部分。

1. 间接的服务

所谓间接的服务，是指不是由家庭福利机构直接提供的服务，而是由家庭福利机构将各种需要帮助的家庭分类和转介到其他机构中得到服务，或将各种家庭服务机构连接为家庭提供综合服务。在间接服务中使用以下两种技术。

（1）分类与转介服务。导致家庭问题的因素很多，包括经济的、社会的、心理的、身体的等，而且这些因素往往是互为因果、连成一体的，很难明确加以区分。家庭面对问题时，首先会反映到家庭福利机构来，由首次与家庭接触的家庭福利机构对家庭反映的问题进行诊断和分类，并转介到相应的各类公立或私立机构接受服务。在这种服务中，家庭福利机构自身并不直接处理解决家庭的问题，而是帮助案主寻找本机构之外的其他社会资源。这样做可以避免家庭遇到综合问题（其实家庭遇到的问题常常是综合的问题）时不知到哪个机构求助，使得案主一旦需要转介服务，就能够及时有效地得到各种服务。

（2）综合与协调服务。家庭作为一个系统的社会单位是由各个子系统组成的，每个子系统都承担各自的功能。家庭的任何一个子系统出现问题，都可能影响其他子系统功能的发挥，因而家庭往往需要多元的援助与支持，家庭福利机构的另一项间接服务就是将各个机构连接起来，为家庭提供综合服务，使不同的机构之间保持密切的联络、协调和合作，及时订立契约，以便更好地为案主提供服务。

2. 直接服务

所谓直接服务，是指家庭福利机构直接针对案主的服务，包括去除导致案主出现困扰、困难的社会的、心理的、生理的条件因素，或者采取预防和治疗措施的服务。直接服务包括开发服务和治疗服务两种。

（1）开发服务。开发服务是指促进家庭成员角色扮演能力和态度的改变，并且为了使家庭成员的角色更容易实行而开发新的社会资源或扩充社会资源。开发的服务内容以社区、小团体和个别家庭为对象来实施。

（2）治疗服务。治疗服务是为了帮助有问题的家庭发挥其正常的功能而协助家庭及其成员调整自己的一种服务。家庭成员遇到的困难往往是由于贫困、失业、疾病、孤独、身体或者精神心理的残障、酗酒、吸毒等外在原因以及夫妻不和、亲子冲突、无知、性偏执等家庭内在缺陷而导致的，家庭治疗理论认为每个家庭成员的行为都是与家庭、与家庭其他成员互动的结果，个人的问题不单单是个人问题，可能与家庭系统有关。所以家庭治疗的对象不只是病人本人，而是通过在家庭成员内部促进谅解，使每个家庭成员了解家庭中病态情感结构，以纠正其共有的心理病态，改善家庭功能，产生治疗性的影响。治疗服务也从社区、小团体、个案三个角度入手来进行。①

三　我国的家庭社会工作

在我国的香港地区，家庭社会工作基本上借鉴欧美国家的家庭社会工作模式和方法，内容也大同小异。香港社会福利署于1958年成立，最早开设的服务就是家庭服务，目标以赈济贫民、保护妇孺及伤残人士为主。目前香港有3万个家庭正在接受家庭辅导服务，其中以家庭成员关系居多，约占40%，之中有25%与婚姻有关；另有30%左右是照顾老弱病残者出现的问题；剩下的30%属于经济、住房、儿童情绪及行为问题。这些服务基本上满足了衣食住行、升学、就业、人际关系等方面的需要。此外，香港近年来还发展了有关家务指导及婚姻调解服务，目的是帮助处理家庭的困难。

我国20世纪二三十年代一些大学里也开设有家政课程，但到50年代被全面取消。此后，面向家庭的服务内容主要是民政部门、单位和居委会等开展的家庭救济、家庭调解和生育服务。改革开放以后，面向家庭的婚前教育、婚姻咨询、心理咨询和辅导、亲子教育、家政服务等慢慢开展起来。近年来，家庭治疗也被引介到国内。可以说，家庭社会工作在大陆方兴未艾、前景远大。

由于我国内地的社会工作教育起步较晚，家庭社会工作更处于相对落后的状况。虽然开展了一些家庭生活服务、面对家庭的教育与培训、家庭救助及家庭心理辅导等，但总体而言，家庭社会工作发展还刚刚起步，面临着一系列的问题。

1. 专业家庭社工人才队伍尚待形成

目前，在家庭社会工作领域，无论是妇联、人口和计划生育部门还是其他系统，都没有形成一支真正专业化、职业化的家庭社会工作者队伍。尽管各地妇联、人口与计划生育委员会等系统与民政局都开始着手加强各级妇联、计生干部的社会工作专业知识培训和面向社会招聘一支具有社会工作资质的专职社会工作者队伍等来加强家庭工作者队伍建设，相关的培训和招聘工作也陆续展开，但由于该领域薪酬待遇偏低、专业人才缺乏、行

---

① 吕青等主编《社会工作实务》，华东理工大学出版社，2010，第164页。

政干预过多等因素的影响，目前在岗的大部分工作人员仍是非专业和半专业人员，专业服务开展不够，社会工作服务的专业品质难以得到有效保证。

2. 专业服务水平尚待提高

从目前情况来看，随着社会工作培训的展开，部分从事家庭工作的人员接受了社会工作基础知识的培训，也开始尝试运用所学的专业知识服务于家庭和儿童，但社会工作价值观从接纳到内化、社会工作专业方法从学习到熟练运用，毕竟需要一个过程。而高校培养的社会工作专业学生进入家庭服务领域的并不多，同时现有的高校社会工作专业教育普遍实施通才教育，并没有家庭社会工作人才的专门培养，仍需要在家庭服务领域的实践中不断提升其专业水平。所以，家庭社会服务多数情况下仍在延续传统的做法，行政色彩较浓，专业水平尚不尽如人意。

3. 家庭社会工作岗位和专业机构比较缺乏

目前，家庭社会工作主要还是依托妇联和人口与计生部门的传统体系，有的城市在社区建立家庭文明建设指导中心、早教指导中心、婚姻咨询中心等，并在这些机构中设置社会工作岗位引入社会工作人才，策划社会工作项目开展专业服务，在探索社会工作专业化、职业化的道路上迈出了重要的一步。但整体来看，家庭社会工作仍处于探索阶段，其岗位体系仍不健全、人才待遇有待提升。另外，有些城市有不少为妇女儿童和家庭服务的机构，但并没有一家专门从事家庭社会工作服务的机构，没能有效地集聚家庭社会工作行业的专业人才，无法开展针对家庭的综合服务。

四　家庭社会工作的切入点

结合我国婚姻家庭问题的现状，社会工作处遇婚姻家庭问题可以从三个方面入手。

1. 妥善处理婚姻家庭裂变

目前，婚姻家庭的破裂已然构成了一大社会问题，这也是时代的特点之一。社会工作者必须应付离婚高潮的到来及其带来的一系列社会问题。具体来说应该做到以下几点：首先，必须教育离婚当事人打破离婚是家庭的灾难或厄运的观念，帮助当事人树立对自己、对家庭秩序恢复能力的信心。同时帮助离婚当事人建立新的准则、角色，使他们清晰地明白新的家庭模式的前景，减低离婚后不知所措的迷茫情绪。其次，应该帮助离婚当事人减慢进程，给孩子们一些时间进行调整，承认并考虑孩子的需要，促使当事人双方建立规则清晰的有限合作协议，保障孩子的情绪与健康成长。再次，让离婚当事人意识到婚姻关系中糟糕的一面，更要记住其美好的一面，同时容许存在一些不清晰的和无法结束的感情，不要沉迷于痛苦之中。让自己完全地接受生活，并将过去融入到现在的生活之中。最后，建立离婚夫妇学校，利用团体社会工作的方法，帮助参加者了解婚姻不同阶段易产生的问题以及离婚后处理的相关事宜。

2. 协调婚姻家庭关系、增强婚姻家庭功能

社会工作在协调婚姻家庭关系、增强婚姻家庭关系的调节功能方面可以采取个案工作和团体工作的方法。就团体工作而言，可以针对各种家庭开设有关夫妻关系、性关系、家政以及家庭的教育与培训，向家庭传授现代生活观念，增强家庭自我的调节功能。在个案工作方面，主要是利用结构家庭治疗法以及联合家庭治疗法的技术，实行家庭的心理辅导，这种咨询服务的形式有热线电话、个案面询、团体及家庭治疗等。

首先，社会工作者要进入家庭。通过与家庭成员日常生活的交谈与相处来把握家庭结构。此时社会工作者不但要"入乡随俗"，还要积极地与家庭成员交往，甚至要适当模仿家庭成员的行为方式，这样主要是为了更容易被家庭成员所接纳。其次，社会工作者要对家庭的形态和结构、家庭系统的弹性、家庭系统的反馈、家庭生活环境、家庭生命周期以及家庭成员的症状与家庭交往方式之间的关系进行评估。最后，社会工作者具体介入家庭进行治疗。这主要通过改变家庭的看法、改变家庭的结构、改变家庭成员的世界观等手段来进行。

3. 进行青少年以及婚前的婚姻家庭辅导

针对青少年以及婚前的婚姻家庭的教育主要集中在婚前学校、家长学校、家政学校以及性知识的教育等。这些教育的目的主要是帮助青少年和即将结婚的夫妻对婚姻家庭以及与之相关的内容有一个比较好的认识，使其把崇高爱情与道德素质结合起来、把夫妻平等相处的观念与行为结合起来、把坚持一夫一妻制与反对重婚结合起来、把做文明人与建立文明家庭结合起来，不断充实新的知识、观念，达到家庭的和谐与稳定。对青少年与未婚夫妇，首先要进行双方应具备的素质的教育，使他们明白现代婚姻家庭需要爱情双方的现代素质，包括思想道德素质、文明素质、心理素质和身体素质。其次，要进行双方和谐健康的夫妻关系的教育，婚姻既然是

男女双方情爱与性爱的结合，就有心理安抚、情感补偿、思想沟通和生活协调的需要。再次，要有现代文明的生活方式的教育，不仅要求夫妻双方注意物质生活消费，更应重视精神生活享受，培养各种生活情趣，建立良好的家庭环境，形成家庭成员互助、共同向上的良好风气。最后，要有有关性知识的教育，要有正确的关于性道德、性心理、性生理、性文化、性犯罪以及性生活评价的知识，树立科学文明的性观念，达到婚姻家庭的和谐与完满。

第九章
中国发展型家庭政策建构

第一节　家庭政策建构的背景

一　经济与社会发展

1. 经济与社会协调发展

发展理论中长期存在两个现象：一是将发展视为经济发展；二是将经济和社会发展分别对待。[①]

1956 年美国经济学家刘易斯（W. A. Lewis）的《经济增长理论》是发展经济学的开山之作，刘易斯将发展视同增长，即"总人口人均产出的增长"。这种观点极具代表性。早期的发展经济学把发展单纯地理解为经济发展，把经济发展又简单地等同于经济增长。由此，将一个国家的工业化程度以及由此产生的工业文明作为社会发展的最高标志，在实践中表现为对国民生产总值和经济高速增长目标的狂热追求。由于这种发展模式不考虑经济增长对环境和生态系统造成的破坏性影响，导致资源的大量消耗和浪费。同时经济增长并不能自动地实现诸如社会平等、消除两极分化等社会目标。单纯、片面的经济增长反而导致人与自然、人与人、人与社会之间的紧张关系。[②]

---

① 张秀兰、徐月宾、梅志里编《中国发展型政策论纲》，中国劳动社会保障出版社，2007，第 57 页。

② 林闽钢著《社会政策——全球本地化视角的研究》，中国劳动社会出版社，2007，第 61 页。

一些后发国家片面追求经济增长不仅没有真正消除贫困、改变落后，还引发了诸如通货膨胀加剧、失业人口增加、经济结构失衡、生态环境破坏等问题的事实也说明片面追求经济增长的战略出现了问题。后发国家提出了基本需求的发展战略，要求改变单纯用人均国民收入作为衡量发展的标准，认为发展必须在教育、农业、人口控制和政府改革等方面都取得进展，使社会具有更大限度的平等。1971 年罗马俱乐部的《增长的极限》一书集中体现了"从单纯的经济增长过渡到全球均衡"的观点，"全球均衡状态的最基本的定义是人口和资本的基本稳定，倾向于增加或减少它们的力量也处于认真加以控制的平衡之中"。①

20 世纪 80 年代，法国经济学家佩鲁（Francois Perroux）在其著作《新发展观》里提出："这种发展观是'整体的'，是指发展需要整体观，既要考虑到作为整体的人的各个方面，又要考虑到他们相互关系中出现问题的多样性；所谓'综合的'，是指各个部门、地区和阶级，要在发展的过程中求得协调一致；所谓'内生的'，则是指充分正确地依靠和利用本国的力量和资源，包括文化价值体系来促进发展。"②

传统的发展理论由于把国民生产总值和人均国民收入的增长幅度作为评价社会发展的首要标准，把增加投资、扩大生产以及科技进步、知识增长等视为社会发展动力，具有物质主义倾向而受到批判。人们开始意识到，要超越狭隘的社会发展评价标准，必须将人的全面发展纳入评价体系中去。1995 年哥本哈根世界峰会以来，把"以人为中心"的内容用《行动纲领》和《宣言》的形式确立下来。20 世纪 90 年代以来，发展理念出现了转变，即从强调经济增长转变为经济、社会、政治和文化的可持续发展。

美国学者沃斯在对过去近 60 年的发展理论和发展观进行梳理之后，提出了将发展视为一个综合协调的社会经济转型过程的理论。③ 他认为发展不纯粹是经济现象，而是涉及整个经济和社会体系的重组和重新定位的多方面的进程，并进一步提出了发展的三个核心价值和三个目标。三个核心价值是：生活必需品，即满足生活基本需求的能力；自尊，即成为一个人；摆脱奴役，即能够选择。三个目标是：增加基本的生存必需品，如粮食、

---

① 梅多斯等：《增长的极限》，李涛、王智勇译，四川人民出版社，1983，第 98 页。
② 弗朗索瓦·佩鲁：《新发展观》，华夏出版社，1987，第 2~3 页。
③ 唐纳德·沃斯：《国际发展理论的演变及其对发展的认识》，经济社会体制比较，2004，第 112 页。

房屋、医疗和保护，并扩大分配范围；除了更高的收入外，还包括提供更多的工作岗位、更好的教育、重视文化和人道主义价值；要使国家和个人摆脱奴役和依赖，扩大他们的经济和社会选择范围。

1998 年诺贝尔经济学奖获得者阿玛蒂亚·森提出"资财"概念，并把它视为一个国家生产财富的能力。同时，他还把增加人的能力作为发展的终极目标。美国博德公司国家竞争力咨询项目负责人迈克尔·费尔班克斯根据阿玛蒂亚·森关于资财的观点，列出了国家的七种资财：①自然资源；②金融资源；③人造资本（建筑物、基本设施）；④体制资本；⑤知识资源；⑥人力资本；⑦文化资本（与创造有关联的态度和价值观）。[①]迈克尔·费尔班克斯所列的七种资财中，前三种属于经济类，后四种属于社会类。

对发展内涵做经济与社会的综合理解是当今国际社会的总趋势，而且，随着发展目标的多元化、发展机制的多元化和多层次化以及全球化的冲击，这一趋势越来越突出。而这一趋势又直接反映在国际组织的价值取向中。近年来，社会发展的问题也已受到联合国等国际组织的重视。从这些组织的一系列文件中可以明显看出，经济发展目标从经济增长转向可持续的收入增长、生产结构的变化、贫困率的下降和就业机会的增加。凡此，都包含了很多社会发展的目标。换而言之，经济发展目标和社会发展目标之间的界限已经越来越模糊了。[②] 将发展注入社会的内涵，认为发展不仅指经济发展，还包含社会发展，是人们对发展理解的进步。

当代中国处在一个社会急剧转型的时期，市场经济的发展与政治体制的改革都在不断完善的过程中。30 多年前开始的改革开放促进了中国社会在经济、政治、文化及民生等多个领域的进步，也带来了一系列体制上的变迁。随着以国有企业为主体的经济体制改革的展开，社会保障体系和单位制开始松动，失业、贫困、收入差距扩大、人口流动和家庭结构变化等一系列社会问题开始涌现，依靠传统的社会保障制度难以解决新出现的问题，从 20 世纪 90 年代开始，政府出台了一系列改善民生、保障公民权利和维护社会稳定与公平的政策。但是，随着市场经济的迅速发展与国家财富的不断增加，城乡之间的差别并未缩小，而且不同社会阶层的社会

---

① 塞缪尔·亨廷顿、劳伦斯·哈里森主编《文化的重要作用——价值观如何影响人类进步》，新华出版社，2002，第 390 页。

② 张秀兰、徐月宾、梅志里编《中国发展型政策论纲》，中国劳动社会保障出版社，2007，第 59 页。

不平等自 20 世纪 90 年代中期以来有日益扩大的趋势，贫富差距加大和
边缘人群生活素质低下难以摆脱贫困导致的社会不公平问题，成为危及
社会安全与稳定的隐患。因此，如何在新时期处理好经济发展与民生问
题、处理好长远发展和短期利益之间的关系成为各级政府必须考虑的重
要问题。

2. 社会政策和经济政策关系的重构

由于长期以来人们认为社会发展外在于经济发展，社会政策一直被认
为是经济政策的附庸，是用来处理经济政策带来的社会问题的，并不被当
做经济战略的一个支撑条件，所以社会政策表现为手段性、附属性和修
补性。[1]

（1）传统对社会政策的理解是社会政策是为了解决在经济增长中的不
平等和社会不公正，这样就把社会政策当做手段而放大了经济增长的目标，
结果经济增长的最终目的是为了增加人类福祉这一点反而模糊了，经济增
长实际上有意无意被当做了发展的最终目标。

（2）社会政策一直被当做经济政策的"侍女"，被认为是经济发展的
稳定器。社会政策总是被当做平衡经济政策中的一些公平和平等的问题，
社会发展被视为经济发展的补充，需要在经济发展的基础上来讨论。这样，
对社会政策的探讨一直是以经济政策作为参照。

（3）人们多数时候将经济政策看做创造财富的手段，而将社会政策视
为为贫困者提供收入保障的再分配机制，是不得已而为之的事情。

在当前，社会发展最明显的特征是协调经济政策和社会政策，把经济
发展和社会发展联系起来。社会政策与经济政策互为因果的关系在实践中
的表现愈加突出，从作为福利服务的社会政策、作为安全网的社会政策，
到作为影响人们生活和生机的一切计划以及相关措施的社会政策。"社会政
策开始超越'由各国政府提供服务'这一狭义的概念，而将更为广泛的国
计民生问题包括在内，尤其是经济、社会和政治力量的国际化和全球人类
福祉带来的一些威胁，由此产生了种种压力，要求人们重新审视如何改变
社会政策从而更有效地应对这些变革。"

由于越来越多的政府与公众已经认识到，市场经济自身是存在缺陷的，

---

① 张秀兰、徐月宾、梅志里编《中国发展型政策论纲》，中国劳动社会保障出版社，2007，
第 63 页；安东尼·哈尔、詹姆斯·梅志里：《发展型社会政策》，罗敏译，社会科学文献
出版社，2006。

完全依赖市场经济的自由发展并不能保证社会公平与平等，甚至会削弱某些社会群体的权利，因此，政府必须一方面坚持抓住经济建设这条主线不放松，另一方面也要通过建立和完善社会政策来实现社会稳定与公正，从而减少社会风险。自2003年以来，我国国家领导人提出了科学发展观与构建和谐社会的重大战略目标，社会政策的制定与实施比以往任何时期都频密，这一方面体现了政府对民生与社会问题的高度重视，另一方面也表现出转型时期中国社会所面临的各种社会风险增加了。因此，在现阶段以及未来很长一段时期内，中国社会政策发展既要符合经济发展和政府行政体制改革的方向，也要符合社会变迁的需要，同时还要考虑到全球化背景下国际形势变化及国家所应做的调整。

二　社会风险与社会发展

20世纪80年代以来，德国社会学家贝克和英国社会学家吉登斯提出了风险社会的理论。他们认为，人类社会正处在从古典工业社会向风险社会转变的过程之中，风险的复杂性、不确定性、不可预见性和迅速扩散性都在日益增强。而且，风险是全球性的——我们已经进入了全球风险社会。社会政策的主要功能是应对社会风险、促进社会再分配和实现社会融合。[1]在现有的风险管理理论中，现代风险的无处不在与抗风险资源的短缺是一对深刻的矛盾。因此，寻找新的抗风险资源就具有重要的意义。构建一个相对完备的社会政策体系，是一个国家或地区市场经济和工业化发展的功能要求和逻辑后果。从功能要求来看，社会政策的出现源自市场经济发展和扩张过程中产生的反向运动。一个完全自我调节、脱嵌于社会的市场经济，其结果将是社会的毁灭；现实中市场经济和工业社会的发展，始终伴随着保护性、干预性社会政策的发展，市场经济的运作依赖于社会政策体系的调节功能。从逻辑后果来看，随着工业化的深入推进，当一个国家或地区的经济发展水平达到一定阶段，必然会产生大量的社会福利需求。对应于社会福利需求的日益增长，国家的社会政策功能相应扩大，并由此带来国家公共福利机构与公共服务供给的大量增长，以及社会支出占GDP和

---

[1]　刘军强：《社会政策发展的动力：20世纪60年代以来的理论发展评述》，《社会学研究》2010年第4期。

整个财政支出比重的逐渐提高。①

　　中国在经历了 30 多年的改革开放和经济的高速增长之后，正处在社会风险增大、社会发展需求凸显的时期，需要重构社会政策。

　　1. 社会老龄化的风险

　　目前我国已进入老龄化社会，并且正处于快速老龄化阶段。根据全国老龄工作委员会办公室 2006 年年底提出的《中国人口老龄化发展趋势预测研究报告》，我国 2001～2020 年是快速老龄化阶段。到 2020 年，我国老年人口将达到 2.48 亿，老龄化水平将达到 17.17%。报告指出，中国人口老龄化的压力已经开始显现，养老保障的负担正日益沉重，为老龄社会服务的需求迅速膨胀，农村老龄问题的压力更大。

　　2.48 亿老龄人口是一个巨型规模的群体，它差不多相当于一个美国的人口。这样巨型的群体，它对各种服务的需求，无论是从总量看还是从内容看，都是空前的。由于我们是在未富先老的情况下跑步进入老龄化社会的，物质的、组织的、制度的、文化的准备都不足，这一社会对我们的挑战，怎么估计都不过分。老龄化社会是扶养比高、劳动人口相对短缺的社会，是各种服务的需求剧增，对家庭、社区的功能以及对伦理要求很高的社会，也是社会问题频生的社会。凡此，均给社会政策提出了巨大的难题，我们必须予以回答。

　　2. 农村空壳化的风险

　　这里的"空壳化"系指农村生产要素的外流导致农村的凋敝。从当前的发展趋势看，我国农村面临的空壳化的危险并没有彻底消除。农村的青壮年劳动力不仅流向城市，农村资金也向城市倒流。在 1.3 亿的流动人口大军中，青壮年占绝对优势。由于"金融城市偏向"和农村在融资方面与城市相比明显处于劣势的原因，从 1994 年以来，每年几乎都有高达 3000 多亿元的资金从农村流向城市，这被称为"金融的城市取向"。与农村生产要素外流相伴而生的是基层社会的碎片化和农村问题的大量出现。常住人口结构呈现畸形，互助纽带断裂，原来守望相助、"老吾老、幼吾幼"、人们搀扶前行的优秀社区文化消失殆尽，在那些成为空壳村庄的农民心中，农村面对的是一种没有未来的前景。空壳化的农村面临着巨大的风险，农

---

　　①　郁兴建：《走向社会政策时代：从发展主义到发展型社会政策体系建设》，《社会科学》2010 年第 7 期。

村对于具有社会保护作用的社会政策存在巨大的需求。目前实施的农村最低生活保障制度、医疗救助、新型农村合作医疗只是它的一个部分，我们还需要在新农村建设中大力加强社会政策供给。

3. 城市新贫困人口生产、再生产的风险

社会学家孙立平这样描述城市病："'城市病'几乎是各个国家在城市化过程中都会遭遇的一个问题。这种城市病的典型特征是：众多的人口拥挤在有限的城市，住房紧张、交通紧张、就业压力大大增加、环境污染严重；社会分化加剧，贫富悬殊扩大，在一些地方形成'贫民区'，甚至出现社会治安的严重恶化。"在问题的清单上，城市的问题还可以加上供水不足、能源紧缺、需求矛盾加剧、秩序混乱、犯罪率高等问题。在过去的10多年间，中国城市以年均10%的速度扩张，城乡二元格局逐渐打破，但是与户籍制度相联系的公共服务体系不能满足需求，进城农民容易成为新的贫困人口，而他们的孩子由于教育服务递送机制的阻隔，又会形成贫困的代际传递。这就是城市新贫困人口的生产、再生产。

4. 新弱势群体不断出现的风险

处于转型期的中国，资源、财富、机会、声誉、贫困、损失、风险都在重新分配，现代化加上社会转型，问题就具有累加的结果，情况就更为纷繁复杂。除了传统的贫困/弱势人口类别外，生态贫困人口、下岗职工、失业人员、进城农民，甚至刚毕业的大学生，都成了弱势群体。变动不居的弱势群体分布对社会政策提出了巨大的挑战，我们需要及时地识别，敏锐地反应。

5. 疾病模式改变的风险

不同社会有不同的疾病模式。在狩猎采集社会，人类死亡原因多为饥饿、意外伤害、传染病和溺婴等；在农业社会，人类靠根茎、蔬菜和谷物充饥，缺乏足够的蛋白质和脂肪，死亡原因多为传染病、地方病和营养不良；到工业社会，人类征服自然的能力大增，动物性食物增加，体力活动减少，紧张刺激频繁，死亡的主要原因转为脑血管病、心脏病和恶性肿瘤，这三类病自20世纪开始日渐增加。当前，我国的情况是，东中西部疾病模式不同，农业社会疾病模式和工业社会疾病模式并存。就工业社会疾病模式而言，由于多数慢性病的特点是患者终生带病，这就大大增加了医疗费用的开支。这样，老龄化与疾病模式改变二者的叠加，导致了社会医疗卫生开支指数型剧增的压力。而如果把因复杂的市场原因和社会原因导致的医疗费用上涨的因素考虑进去，这个压力就更大了。

　　6. 家庭照料能力减弱的风险

　　一方面，随着社会发展，家庭规模越来越小，这意味着家庭福利功能特别是家庭照料能力减弱。而由于长期推行独生子女政策，我国将来可能出现"4（祖辈）—2（父辈）—1（独生子女）"的代际模式，即一个独生子女可能要面对六个受照顾者。这种现象已引起社会的关注。在年轻一代特别是独生子女群体中，日渐淡薄的尊老敬老意识很可能会使未来的老年照料问题更为严重。另一方面，生活方式的现代化和家庭结构的多样化产生了新的社会需求。随着非传统意义上的家庭形态的不断出现，如未婚同居、非婚子女、空巢家庭以及未婚母亲等，新的需求也会应运而生。

三　补缺与适度普惠型社会福利制度

　　1. 改革开放30多年建立的补缺型社会福利

　　改革开放以来，中国的社会福利制度发生了大的变迁：①改革国家—单位—个人的社会福利传输方式，建立现代社会保险制度。②建立了城乡居民最低生活保障制度，建立了消除贫困问题的机制。③改革住房福利制度，建立城市住房公积金制度以及住房救助制度。④政府提供社会福利服务逐步向社会福利多元化转变。⑤改革相关法律法规，出台新的社会福利法律法规：《老年人保障法》《残疾人保障法》《未成年人保护法》等；此外围绕这些法律法规制定一系列的实施办法来保障社会福利服务对象的权益。此外，建立了社会福利机构管理法规、社会福利机构评定标准等行业规范，还建立了社会福利服务领域中主要职业标准，包括社会工作职业水平评价、养老护理员职业标准等。⑥培育了社会工作者等传递社会福利的专门人才。

　　改革开放30多年中国的社会福利制度发生了不少变化，福利制度也有了发展，但基本上还是补缺型社会福利：① ①补缺的特征之一是中国社会福利的国家责任仍然有限：提供社会福利给困难群体而非一般群体，事后解

---

① 威伦斯基和勒博（H. L. Wilensky and C. N. Lebezux）在1958年出版的《工业社会与社会福利：美国工业化在社会福利服务提供和组织方面的影响》一书中提出社会福利类型两分法，即补缺型社会福利和制度型社会福利。补缺型社会福利重视家庭和市场的作用，强调依靠家庭和市场来提供个人所需的福利，只有当家庭和市场的功能失调而难以满足个人需要时，国家（政府）才会承担社会福利提供的责任。而制度型社会福利则重视国家（政府）在社会福利提供中的责任，认为国家（政府）需要建立满足社会成员的福利需要的制度，主张依靠国家（政府）的法规政策体系去保证社会成员所需的社会福利的提供。

决问题而非预防与事后解决相结合；国家的综合国力还不允许建立面向全体社会成员的普惠型社会福利。②补缺的特征之二是中国政府倡导的是重收入保障忽视社会福利服务的原则，倡导的是狭义的而非广义的社会福利。中国较为成功地建立了失业保险、养老保险和医疗保险制度，但忽视对社会福利服务的普惠提供。社会福利服务提供由于种种限制未能满足一般群体的社会需要，这也是补缺型社会福利的特征。③补缺的特征之三是中国是二元的而非城乡统一的社会福利制度。中国虽然已经进入了市场经济时代，城乡劳动力自由流动的壁垒已经被打破，但社会福利资源分配仍然呈现出十分鲜明的城乡分割的二元特征。20%的城市人口占了全国95%的福利资源，而80%的农村人口仅能享有5%的福利资源。社会福利本是减少社会不平等的制度安排，但在中国，它在一定程度上成为保持城乡社会不平等的制度安排，这种社会福利资源分配不平等是补缺型社会福利的典型特征。（4）补缺的特征之四是中国民政福利开支逐年增加，但占国家财政支出比例相当小。1984年中国政府财政支出1701.02亿人民币，民政社会福利支出24.2亿，占1.42%；2007年中国政府财政支出49565.40亿，民政福利支出1215.5亿，在国家财政支出快速增长的同时，民政社会福利支出也有增长。但比较突出的问题是，民政社会福利占国家财政支出的比例仍然很小，仅为2.43%。民政社会福利发展受到财政支出的限制，影响到了中国社会福利的发展。小比例的社会福利开支是补缺型社会福利的典型特征。

2. 适度普惠型福利社会建设的背景

适度普惠型福利社会建设的出现绝非偶然，而是有广阔而深远的政治、经济和社会背景：①新时期的中国政治进入了注重民生的政治制度建设新时期。党的十七大提出"必须在经济发展的基础上，更加注重社会建设，着力保障和改善民生，推进社会体制改革，扩大公共服务，完善社会管理，促进社会公平正义，努力使全体人民学有所教、劳有所得、病有所医、老有所养、住有所居，推动建设和谐社会"。②新时期的中国经济进入了社会主义市场经济和中等发展水平的新时期。中国完成了从计划经济向社会主义市场经济的转型。③新时期的中国社会进入了经济建设和社会建设并重的时期。国家"十二五"规划特别提出社会建设与人民幸福安康息息相关。必须在经济发展的基础上，更加注重社会建设，着力保障和改善民生。④新时期我们面对多种社会风险和问题。上述社会背景使提出具体的适度普惠型社会福利制度构想建设具有突出的现实意义。

3. 适度普惠型福利社会建设的构想

2007 年民政部在对中国福利改革与发展进行规划时，首先提出了"逐步拓展社会福利保障范围，推进社会福利制度由补缺向适度普惠型转变"，可以说在多年经济快速发展和社会福利缓慢发展并存的过程中，国家和社会都认识到社会福利已经不能满足全体社会成员的需要，必须推动从补缺型社会福利转型到普惠型社会福利。我国社会福利转型的目标定位是满足社会成员的福利需要，同时考虑到我国的社会经济发展水平。因此，社会福利普惠是低度普惠和一定程度的中度普惠相结合，从开始实施较低水平的社会福利提供向较高水平发展的特征，因此被称为适度普惠型的社会福利发展模式。适度就是社会福利本土化，适度就是要适合中国社会，适度就是不要重蹈福利国家之覆辙。

建设适度普惠型福利社会的构想是：社会需要将成为中国社会福利制度目标定位最基本的方式，即满足社会成员多元需要；国家是社会福利提供责任的主要承担者，其他多元部门担负着社会福利的次要责任，政府、市场、家庭、社区连接成层次有别、功能互补、相互支持、互为补充的满足社会成员的福利需要、体现中国传统文化价值与现代福利观念的社会福利体系。消除社会成员接受社会福利的身份障碍，社会成员拥有接受社会福利的公民权利，同时也承担帮助他人的社会责任和义务。适度普惠型社会福利将视经济发展与社会福利发展并重、收入保障与服务提供并重。

四　家庭微观利益与国家宏观利益

与改革开放前相比，我国的家庭福利机制发生了很大的变化。但与社会主义市场经济相适应并能够促进整个社会协调发展的新型家庭政策体系还没有建立起来，公共政策缺乏对家庭层面的通盘考虑，家庭微观利益与国家宏观利益还未统筹兼顾，部分政策不利于提高家庭福利或维护家庭稳定。其问题主要表现为以下几个方面。[①]

1. 政策内容过于狭隘

将家庭问题归为社会政策范畴，较少考虑家庭问题的经济后果，导致应对人口家庭福利化经济后果的政策匮乏。

---

① 刘中一：《构建符合我国国情的家庭福利政策体系》，《开放导报》2011 年第 8 期。

2. 政策功能比较单一

我国当前缺乏满足家庭发展性需求的家庭政策。例如，我国家庭政策规范和调整的领域主要局限于弱势家庭，有等同于"家庭救助政策"之嫌。

3. 政策理论指导缺乏

没有显示出政府在支持家庭发展上的主流价值观。例如，对于家庭福利的理念和原则、政府的责任和角色、发展模式、公益性与市场化问题以及国家福利资源的分配及监管问题都缺乏深入的研讨。

4. 政策视野偏重短期

目前仍然没有形成应对支持家庭发展的国家战略，也没有出台家庭福利事业发展的中长期规划。这很可能会导致国家错过应对家庭结构变动挑战的战略机遇期。

5. 政策体系"碎片化"明显

我国家庭政策的城乡地域差异明显，农村家庭福利政策薄弱，不同经济区域间家庭福利政策发展不均衡，中西部欠发达地区的家庭福利政策相对粗疏。

6. 政策保障的政府缺位

几乎所有的政策都侧重于强调家庭或个人的责任和义务，缺乏对个人实现家庭责任的保障与支持。

国家对家庭的影响作用，总的来说可分为直接影响和间接影响两方面。

所谓直接影响，就是国家以家庭为对象直接针对家庭或与家庭密切相关的某些问题所采取的措施和施加的影响。这方面包括：①有关婚姻家庭的立法，如婚姻法、家庭法、亲属法、继承法等。②有关家庭及与家庭密切相关的各项政策，如家庭政策、生育政策、社会福利政策、住房政策以及与家庭关系密切的某些经济政策、税收政策等。③宣传与舆论导向，即国家通过其所掌握的大众传播工具和宣传教育系统，对其国民进行有关婚姻家庭方面的教育，引导国民树立其所倡导的婚姻家庭观念和道德。例如，在中国，通过宣传五好家庭的事迹，为广大家庭正确处理家庭关系树立学习榜样，从而推动了家庭的文明建设。

所谓间接影响，是指国家所采取的某些措施和政策并非是直接针对家庭的，但实施的结果却对家庭产生了影响。这方面包括：工业化城市政策、就业政策、宗教政策、教育政策、对外政策等。这些措施和政策表面上看来并非是直接针对家庭而制定的，但它们对家庭所产生的影响却是不可小视的。

国家对家庭的影响作用，在不同的时代、不同的民族和不同的地区，由于经济发展水平、社会政治制度和文化传统的不同，其情形是不完全一样的。但是，总体而言，国家对家庭变迁的影响程度是随现代化的进展而增强的，这种增强的趋势具有普遍性，适用于不同的国家。之所以出现这种趋势，其原因主要有以下几点：①随着工业化和城市化的进展，家庭的一系列问题仅靠家庭自己已难以解决，在这种情况下，如果社会与家庭相关的支持系统出现障碍，就会导致家庭生活的困难，使家庭出现这样那样的问题。这就要求必须有一个权威性的组织来协调社会与家庭的关系，解决如何在经济、教育和福利等方面给予家庭帮助和支持的问题。这个权威性组织，只能是以社会的总代表自居的国家。②由工业化和城市化而引起的经济社会的迅速变化，对家庭产生着深刻的影响，使家庭出现了许多前所未有的新情况、新问题。例如，离婚率迅速增长、单亲家庭增多、未婚同居和非婚生子女增多、出生率下降、人口老化等，要解决这些问题，绝不是某个部门某个单位靠单独的力量所能胜任的，而需要从社会整体的角度来进行综合的治理。这一角色又只有国家才能担当起来。③随着现代社会的发展，人们对生活质量越来越关心。工业化和城市化一方面带来经济的繁荣和生活水平的提高，另一方面又带来人口的拥挤、环境的污染；人口的频繁流动和人们活动范围的扩大，一方面扩大了人们的交往范围，另一方面又导致了交往的表面化、功利化，人们容易产生孤独感；竞争和快节奏一方面提高了社会经济效率，促进了经济社会的迅速发展，另一方面又导致精神的紧张和压力，造成了一些人的精神失调……要解决这些问题，仅仅靠家庭本身的努力是不够的，需要得到国家的帮助和支持。

第二节　中国发展型家庭政策的构建思路

发展型社会政策的内容涉及社会政策的所有领域，实施它的思路自然也应该涵盖这些领域。下面是针对目前最应该关注的领域提出的思路。①

---

① 张秀兰、徐月宾、梅志里编《中国发展型政策论纲》，中国劳动社会保障出版社，2007，第81~86页。

一　发挥政府的主导作用

发展型家庭政策的一个突出特征是政府在社会福利中发挥着主导的作用。只有政府承担起为社会成员提供社会福利的责任，才能最终建立一种能够使人们的生活随着经济的发展而更有保障的利益机制。社会福利既包括政府直接支出的项目，也包括政府通过间接手段提供的福利。前者是指政府出钱营办的社会项目，如公立教育和医疗机构、社会保险、社会救助或针对老人和孤残儿童的社会福利机构等；后者是指政府通过税收激励以及规制等手段使家庭、企业以及社会组织共同为社会成员提供的收入保障社会服务。随着市场经济秩序的完善和公民社会组织的成熟，通过间接手段提供的福利将越来越多。虽然社会福利有政府直接还是间接提供福利之分，但是政府的主导作用是必须的。政府的主导作用主要表现在以下四个方面。

1. 政府承担社会福利的投资主体角色，即确立其在社会保障的前沿位置，从社会保障的后方走向前台

长期以来，政府在我国的社会保障制度中一直扮演着辅助或最后防线的角色，特别是在教育和医疗服务的提供中过分地依赖市场化。实际上，在诸如教育、医疗等社会服务改革的讨论或实践中，笼统地使用社会化、市场化或产业化等提法不仅不能解决问题，有时甚至会成为政府推卸责任或服务机构谋取私利的依据。正确的做法是，政府必须承担起为社会大众提供充足的和高质量的社会服务的责任，但在提供这些服务的过程中可以在某些环节上有选择地使用市场机制。就社会服务的提供而言，20世纪70年代以来，西方发达国家的新公共管理和私有化改革过程是一个将公共服务的筹资和递送分离的过程，即从政府包揽向"民办公助"转变的过程。就筹资责任来说，在法制和公民组织较为完善的条件下，政府的很多职能或某些职能的某些环节是可以通过购买服务等政府管理工具来由市场组织或一些独立部门完成的，但资金保障的责任在任何时候都不能让其他部门来取代。就如社会福利社会化一样，它只是政府提供服务的方式发生了变化，而不是政府从社会福利责任中退出，政府仍然是资金提供主体，否则，社会福利事业的发展进程将会受到影响。

2. 对慈善和社会捐助行为采取积极的税收激励政策应该也是政府提供社会福利的重要方式

以慈善组织和社会捐赠最发达的国家之一——美国为例，2002年，美

国全年社会捐赠高达 2400 多亿美元，其中 3/4 来自普通大众，其次是企业和基金会。[①] 这些看似由私人捐赠的善款并非完全是"私人的"，而是政府在用一只看不见的手鼓励私人捐赠，即通过减免税收的方式将一部分私人捐款返给捐赠者，因此，在私人捐赠的款物中，有一部分来自政府的补贴。由此可见，社会捐赠或者社会办福利等现象，是政府物质激励和私人意愿相结合的产物。

3. 通过政策规制和财税政策调动和激励企业行使社会责任也是政府的重要责任

改革开放以来，中国社会政策一直以减轻企业（国家）的社会负担、增加家庭和个人责任为主导思想，因此，新的社会保障制度建立在由家庭承担主要社会责任的基础之上。经过 30 多年来的改革实践，企业办社会的包袱基本丢掉了，但同时也失去了其应承担的社会责任。增强企业的社会责任可以借鉴发达国家的经验，企业社会责任的发挥既是经营者出于人力资源管理的目的，也是政府通过规制来实施的结果，如最低工资制度和各种企业社会保险制度等。

4. 在政策设计中增强对家庭的支持作用，帮助家庭行使责任

随着人类生存环境的日益复杂化和家庭面对风险的增多，社会成员在履行家庭责任方面所出现的问题越来越多，政府帮助家庭承担养老育幼的责任显得越来越重要。由于家庭不仅直接影响其成员的生活质量，也影响中国未来经济和社会的发展；家庭既是产生各种社会问题的主要根源之一，也是社会稳定和发展的基础，所以，构建家庭政策要从补救和应急型向积极的、社会投资型政策转变：一方面，政府要通过社会政策将社会资源用于预防和解决家庭问题；另一方面，要帮助家庭增强其适应经济和社会变化的能力。

二 完善家庭政策体系

支持家庭需要将家庭建设纳入决策主流，建立完善支持家庭发展的政策法规体系、工作体系、服务体系和评估体系。

1. 要将家庭作为法律法规和政策的优先事项予以促进

以家庭视角审视、制定和完善相关的法律法规和政策，凡是制定法律

---

① American Association of Fund-raising Counsel, Giving USA 2003（New York：AAfRC）.

法规和政策，必须充分考虑和评估对家庭的影响；同时可在适当时候考虑将散见于《婚姻法》、《妇女权益保障法》和《未成年保护法》中的有关内容整合起来，制定专门的婚姻家庭法，对婚姻家庭强化法律和政策保护。

随着我国经济实力的增强和政府更加关注民生，建议政府改变过去由家庭自身承担主要社会责任的政策理念，树立公民责任和权利相结合、社会福利普惠的新型政策理念，逐步建立和健全具有中国特色的家庭政策体系，实施积极的、发展型的家庭政策，采取一系列帮助家庭履行社会责任的普惠型的政策措施，帮助所有家庭实现良性发展；同时要针对社会转型期，由于人口流动、离异等现象增多，单亲家庭、留守家庭、零就业家庭增多的实际，加大对单亲、留守、零就业、孤残等特困家庭的政策支持和针对性帮扶。

我们可以建立统一的老年服务补贴政策；建立残疾人家庭补助政策；探索构建儿童家庭补贴政策；探索建立免费的家庭服务培训制度。

增设并强化对家庭成员服务行为的政策支持。家庭服务成员，是指在居家环境下负责为需要照护的家庭成员提供生活照料、情感沟通、康复训练和教育的人。无论对被照护者还是对家庭服务成员来说，出台针对家庭成员服务行为的支持政策都十分必要，这些政策措施是新型社会福利体系必不可少的。具体的政策内容可以包括：在经济保障方面，对三代或二代以上均已60岁的同堂家庭给予个人所得税方面的费用扣除，或者给予财政补贴。在原有各种保障的基础上，加大对有高龄老人的贫困家庭的补助金额。在福利服务方面，凡赡养年迈父母的家庭，有优先使用社会服务设施的权利。两代均已60岁以上的家庭，优先进入养老机构。在人力资源的保障方面，鼓励家庭成员进行照料，给予家有80岁以上老人的家庭一定的年假，或者相应的护理补贴。建立家庭社会工作者支持制度，对于养老照护出现困难的家庭，由专业社会工作者给予指导。在宣传教育方面，主要是加强传统道德教育和家庭美德教育，弘扬家庭服务的先进典型，以此创造一个孝敬老人的和谐环境。

2. 要因地制宜，明确家庭事务的管理职能

各级政府建立综合管理家庭事务的部门或家庭政策协调机制，并给予财政支持和人力资源的保证，从而形成自上而下的全国性家庭事务综合管理工作网络。目前，我国政府没有专门负责家庭政策的职能部门，相应的政策分散在民政、人力资源和社会保障、卫生、教育、人口和计划生育、

住房和城乡建设等部委以及总工会、共青团、妇联、残联等群众团体。由于部门各司其职,对于老人、残疾人、儿童的照顾政策不完全一致,这不利于社会福利制度建设。建议设立家庭问题的协调机构,从战略层面讨论研究有关家庭服务,制定政策法规,使家庭服务成为国家行动。

3. 要在城乡社区设立服务家庭的机构

要形成社区、机构和家庭相互联系的服务网络。社区、机构和家庭是支持、落实社会福利政策的三个平台,三者相互联系、有机统一。社区和机构服务功能的清晰和科学定位,对家庭服务系统的完善具有重要作用。机构发展要走出片面追求床位数的误区,发挥骨干作用。社区应拓展服务对象,提供符合居家不同层次需要的老年服务,还要对儿童、病残者以及其他需要帮助的人群提供服务,要建立法律咨询、婚姻咨询、家庭教育、家庭人际关系调适等专业咨询队伍,帮助解决家庭困难,满足各类家庭的不同需求。

4. 要建立系统的关于我国家庭和儿童福祉的数据统计

建立可与国际接轨的家庭幸福测量指标体系,以利于横向和纵向的比较。[①] 关于家庭幸福指标体系的研究成果并不多,徐安琪借鉴国外家庭凝聚力、家庭亲密度和适应性等度量指标,根据中国的国情建构了一个以人为本、定位关系质量的和谐家庭评估体系,并对上海城乡 1200 个家庭的经验资料加以测试、评估和检验,该研究给我们很多启示,相关研究还可以再深入。

三　投资于家庭和儿童

国内外许多研究均证明,家庭是迄今为止最有利于儿童身心健康的场所与微观社会环境,再好的儿童福利机构也不如自然温馨的家庭生活环境,再好的儿童福利工作者也不如父母。实践证明,结构功能良好的家庭既是儿童福利最好的保障,也是整个社会福利的基础。有鉴于此,如何维持家庭机构功能的正常运转,如何确保父母有效履行其扮演的社会角色,如何及时有效地干预各式各样的家庭危机,保护、帮助、拯救家庭功能土崩瓦解处境中的儿童,就成为儿童福利理论研究的核心问题,成为儿童福利政策与服务体系应对的主要问题。

---

① 全国妇联:《建立完善支持家庭发展政策法规体系》,人民网 2010 年 5 月 15 日。

在我国的各种社会政策文献中，家庭是一个很少被提及的概念。然而，我们必须认识到，首先尽管由于社会的变迁以及社会保护资源的不足，中国家庭面临巨大的压力，但它们仍然是满足社会成员保障和发展需要的最重要的社会保护资源。更为重要的是，家庭不仅直接影响其成员的生活质量，也是决定中国未来经济和社会发展的重要因素。可以这样说，家庭是中国社会最有价值的资产，支持家庭、投资儿童就是对中国未来的投资。其次，家庭既是产生各种社会问题的主要根源之一，也是社会稳定和发展的珍贵资源。对于转型期的中国来说，家庭在适应社会变革的过程中面临很多方面的挑战，家庭的保障功能严重削弱，但与世界上其他国家一样，中国的家庭仍然是社会最基本的福利单位，承担着很多基本的社会功能，包括社会化以及为家庭中不能自立的成员提供经济帮助和生活照顾等。在这种情况下，建构以支持家庭、投资儿童为目标的发展型家庭政策，不仅是支持和鼓励家庭成员更好地承担起家庭责任、帮助他们有效地适应经济和社会变化的有效手段，更重要的是，从人的角度看，家庭功能的有效发挥是中国经济转轨和社会转型的核心。归根到底，中国经济和社会发展是无数家庭及其成员从过去相对封闭的计划经济向愈来愈开放的市场经济秩序过渡的过程。可以这样说，广大的家庭及其成员能否有效地适应这一社会变革，在很大程度上不仅关系到计划经济体制解体后带来的社会问题是否能够得到根本和有效的解决，还决定着中国最终是否能够顺利地建立起一个有竞争能力的市场经济秩序。

因此，实施积极的家庭政策，将社会资源用于对家庭和儿童的投资，是中国的社会政策从补救和应急型向积极的、社会投资型政策转变的一个有效手段。政府要通过社会政策将社会资源用于预防、减少或消除那些容易使社会成员陷入困境的因素，保障未成年人的发展需要不会因为家庭经济困难或其他社会因素而受到影响；而更重要的是，要帮助家庭增强其适应经济和社会变化的能力，通过支持家庭来保证儿童的发展需要得到满足。只有这样，才能有效地迎接市场经济和经济全球化的挑战。[1]

四　实施一些普遍性的社会福利

针对老人和儿童实施一些普遍性的社会福利符合适度普惠型福利社会

---

[1]　张秀兰、徐月宾、梅志里编《中国发展型政策论纲》，中国劳动社会保障出版社，2007，第64页。

建设目标。普遍性的社会福利是我国社会政策缺失的表现之一，也是社会政策要为之努力的方向。普遍性社会政策的优越性在于：首先，普遍性福利简单易行，不需要家计调查，可以克服最低生活制度中收入难核查的问题以及是否应该将资产作为审核资格条件的困扰。其次，普遍性社会福利可以使我国的社会政策目标更合理。当前我国的最低生活制度是以保障基本生活为目标的，并不是一种扶贫措施。由于以家庭为救助单位，最低生活保障对象非常庞杂，既包括老人和儿童，也包括近半数有劳动能力的社会成员。但这一制度基本上将同一家庭中的成员一视同仁，对他们采取同样的待遇标准。按照当地的最低生活保障政策设计，对于无劳动能力的成员来说，可能达到了救助的目标；但对于有劳动能力的家庭成员来说，如果只满足于这样的目标则是不能解决问题的。对于这部分人来说，最重要的问题是如何帮助他们保住工作或使失业人员重新回到工作岗位上。政策的目的则应是使其能够重新回到劳动力市场，变成自食其力的公民。救助的目的是让他们将来不需要救助。总之，对这些人不宜用低保的方式"保"起来，而应该通过与就业有关的方法来帮助他们，包括通过财税政策来鼓励企业雇佣这些人员、增加就业服务和培训等。

如果我们能够对老人和儿童实施一些普遍性的福利，不仅可以大幅度地减少低保人群的数量，也可以使这项政策更有针对性。我国的低保人群之所以规模庞大，主要有两个原因：一是包括了一些如老人和儿童等在任何时候都需要帮助的群体；二是将一些有收入的人员如在职职工、下岗、失业和退休的人员等纳入了低保的范围内，这些人因为其收入经过家庭平均变成了低保户。如果我们为老人和儿童设计独立的社会政策，相当一部分职工和享受其他社会保障的人员，如失业、退休和下岗人员，只要能够从这些渠道获得相应的待遇，他们的家庭收入就不会掉入贫困线以下。这样，最后需要低保的人群可能都是失去劳动能力的人，他们才应该是真正需要"保"起来的对象，这才符合低保制度是保障基本生活的性质。同时，我们也可以针对老人和儿童的不同需要制定不同的政策或服务包，使政策更加合理和理性化，如对所有没有退休金收入的城乡老年人实施普遍性的生活救助，救助的内容包括老年补助金和社会服务等，而对儿童采取保证教育和营养等手段。

如果对老年人和儿童采取普遍性的社会福利政策，边缘人群也能够得到一定的帮助，社会救助制度所带来的不公平性也会得到缓解。

第三节　中国发展型家庭政策的构建内容

一　发展型家庭政策体系的对象、主体和目标

1. 发展型家庭政策体系的对象和主体

发展型家庭政策涉及民生问题。民生问题有两个层次，一是经济收入保障的层次，二是包括精神生活在内的生活保障层次。发展型家庭政策需要解决的主要是后者，社会保障政策主要解决的是前者。但是，两者不是割裂的，只有把两者结合起来才能构成完整的民生问题。

家庭政策的主体并非完全是政府，应由政府、社会组织和家庭构成，只有三项主体在互动关系中达到一种协调和平衡的时候，才能够实现真正的社会效应。

第一，政府主体主要是指立法部门以及中央政府、地方政府等决策部门，职能是负责制定家庭法律和政策，统筹规划社会资源，实现社会资源的公正公平分配，缓和社会矛盾，解决民生问题。

第二，社会组织主体是由基层社区、家庭福利团体、家庭福利中介协调机构等组成，它们负责推行政府制定的方针政策，根据社会需求制定调整福利服务计划，并直接参与福利设施运作以及福利服务活动。同时，对居民生活中的福利问题进行调查、管理、指导。

第三，家庭主体是由家庭自身组成。家庭主体的需求变化动向、购买方式决定着政策的制定和福利提供的方式。社会应该充分尊重利用购买者的意愿、需求、利益，为它们提供营利性的、非营利性的、公共性的福利服务。

2. 发展型家庭政策体系的目标

我国发展型家庭政策体系设计的核心思想是：构建和谐家庭，重新为家庭的战略地位科学定位，国家全力支持、维护和保护家庭的社会性功能，将支持、维护和保护家庭纳入中国作为大国崛起的国际战略框架中，奠定坚实的社会基础。[①] 发展型家庭政策体系的目标不是单一的，而是多层次的目标链，其总体目标应当是满足家庭需求、提升家庭能力、增进家庭福利、

---

① 刘继同、左芙蓉：《"和谐社会"处境下和谐家庭建设与中国特色家庭福利政策框架》，《南京社会科学》2011年第6期。

解决家庭问题，促进社会公正、和谐与可持续发展。现实目标是在目前的条件下，政府从"关爱家庭""以人为本"出发，给予家庭更多的支持，通过帮助家庭及其成员提升能力来使家庭有效地履行责任和发挥积极的功能。终极目标应当是促进和实现家庭的全面发展。① 可以将我国发展型家庭政策体系的目标分为以下两个层次。

（1）中长期目标。结合人口政策，加强对弱势家庭的经济扶助，以减轻其家庭照顾的负担，并确保家庭经济稳定；增进各种形态家庭内部的性别平等，落实两性工作平等政策，消除性别歧视的就业障碍；支持各种形态家庭的照顾能力，分担家庭照顾责任，支持照顾老人、儿童、身心障碍者家庭的需求，减轻其照顾负担；预防并协助解决各种形态家庭内部的问题，协助各种形态家庭增进配偶、亲子、亲属间的良性互动。

（2）短期目标。协助低收入家庭有工作能力者参与劳动市场，及早脱贫；研究符合公平正义的个人所得税扣除额及免税额，以保障不同形态家庭的经济安全与公平；鼓励提供员工与家庭友善的工作环境，减轻员工就业与家庭照顾的双重压力；推广与教育两性共同从事家务劳动的价值；建构完整的儿童早期教育系统，特别是协助发展迟缓儿童接受早期治疗；普及小区幼儿园设施及课后照顾服务等，减轻各种形态家庭照顾儿童的负担；增强各种形态家庭的支持网络，协助各种高风险家庭等各种形态家庭自立；建立以小区（或区域）为范围的家庭支持（服务）中心，预防与协助处理各种形态家庭的危机。

二 发展型家庭政策体系的设计原则

1. 积极性原则

家庭福利的价值含义在于强调生活状态的改进，以积极的福利替代消极的救济，以社会投资累积人力资本，以社会公平与团结促进经济稳定成长，以经济成长促进人们家庭生活质量普遍的提升。就我国社会目前阶段而言，政府应保障人民基本生存、发展的各项福利，并鼓励民间协力合作，以公私伙伴关系提供完善的服务。

2. 公益性原则

我国家庭福利服务方式上要坚持无偿、低偿、有偿相结合，使不同层

---

① 刘中一：《构建符合我国国情的家庭福利政策体系》，《开放导报》2011 年第 8 期。

次的对象都能享有相应的福利服务。根据不同类型服务的性质、目的及目标人群，政府要承担主导责任，可以直接提供服务，也可以通过财政补贴或税收优惠等政策鼓励和支持市场或非营利组织提供服务，以使所有家庭都能够承担得起服务费用。

3. 循序性原则

受经济条件的约束，达到社会合意的家庭福利状态需要在可能的条件下进行综合的制度安排和方案设计。我国的家庭福利政策和制度需要分轻重缓急逐步建立。目前，最重要的是以儿童、少年、身心障碍者、老人均能在家庭中受到照顾与保护为优先原则，主动提出因应对策，尤其首要保障弱势家庭的生存发展权利。

4. 整体性原则

政策体系是一个具有纵向结构和横向结构的有机整体，这是政策体系首要的也是最基本的特点。所设计的家庭福利政策元素、单元之间应当具有内在的结构性、逻辑性、层次性和关联性，以形成内容完备、功能完善的家庭福利政策体系。家庭政策体系范围既包括宏观社会环境和政策法规类内容，又包括人口计划生育、婚姻家庭、家庭生活与家庭关系、家庭住房、儿童福利与妇女福利等家庭类政策，还包括支持、维护、保护家庭功能发挥的家庭津贴制度。家庭政策体系建设充分体现以家庭为基础和基本单元的家庭福利制度，将儿童福利、妇女福利、残疾人福利、老年人福利、各类病人福利和家庭福利本身均统一、集中放在家庭政策范围之中，以替代以人群为基础的家庭制度，实现家庭福利服务对象和服务基础统一，发挥家庭福利政策的整体效益和积极预防作用。

5. 全面性原则

家庭福利政策体系不仅包括应急和修补性服务，更要重视预防和早期干预；不仅要为个人提供服务，更要强调针对家庭整体功能的服务；不仅为困境家庭服务，而且要为所有家庭服务；不仅为儿童服务，也要为成年人或家庭照顾者服务。总之，要适度拓展家庭福利覆盖范围，将家庭福利服务对象延伸到所有家庭，并逐步实现城乡统筹、制度统一。

6. 多元性原则

在多元架构中推进家庭福利政策体系设计，应尊重多元文化差异，营造友善包容的社会环境。各项政策应尊重不同民族、婚姻关系、家庭规模、家庭结构所构成的家庭形态及价值观念的差异。政府除应支持家庭发挥生、教、养、卫等功能外，并应积极协助弱势家庭，维护其家庭生活质量。

三　发展型家庭政策体系的具体构想

1. 保障和维护有家庭负担者的体面工作权，减轻其经济压力

改革开放以来，随着社会转型和经济转轨，中国的家庭规模不断缩小，家庭模式呈现多元化，家庭的稳定性降低，生育模式和养老模式都发生显著变化，家庭的总抚养比减少。原本这些因素可能减轻有家庭责任的从业者家庭照顾的负担，但是，劳动力的流动、人口的老龄化、对独生子女期望值的增高和对家庭幸福的追求、家庭照顾的市场化和私人化，以及传统大家庭支持可获得性的降低等，又加重了家庭中的照顾者，特别是女性的负担。[①] 所以如何减轻家庭照顾者的经济压力就是家庭政策首先应该关注的问题。

为家庭特别是那些承担养老和育幼责任的家庭提供经济帮助是发展型家庭政策的重要组成部分。抚育子女或为不能自立的其他家庭成员提供照顾对于任何一个家庭来说都是一件需要花费很多资源的事情，这些资源的短缺往往是影响家庭功能和儿童健康成长的重要因素之一。从我们国家底子薄的现状出发，如果政府能够通过税收政策对这一成本予以承认，不仅是从经济上对家庭责任的有效支持，也是社会公平的体现。例如，可以采取以家庭为单位的个税征收办法，针对不同类型和需要的家庭，将家庭为儿童及其他不能自立的家庭成员提供照顾的成本考虑在内。另外，要在一些基本社会服务领域采取支持性措施，以减低家庭抚育子女的成本，如通过增加育幼、义务教育和医疗等社会服务的投资或有关的制度创新，以支持家庭承担其功能。[②]

政府还应该通过立法消除对有家庭责任的工人的歧视，保障有家庭责任的男女工人追求平等就业机会和平等待遇的基本权利。通过法律法规、集体合同、工作条例、仲裁、法院的判决等多种方式，保障城乡有家庭责任的男女工人享有自由选择职业不被歧视，劳动标准、平等收入和社会保障、休息和假期、职业指导和培训，因家庭负担而缺勤之后重新成为劳动力

---

① 刘伯红、张永英、李亚妮：《从工作与家庭的平衡看公共政策的改革与完善》，《中华女子学院学报》2010 年第 12 期。

② 张秀兰、徐月宾、梅志里编《中国发展型政策论纲》，中国劳动社会保障出版社，2007，第 115 页。

的权利。特别是反对对女工的歧视，《劳动法》应该明确禁止聘用过程的性别歧视，不得以怀孕、生育和家庭责任为由拒收、解雇或轻视她们。

企业和单位同样负有改善有家庭责任的劳动者的工作条件的责任，应努力为男女员工提供工作和照顾家庭的便利。在新的历史条件下，企业应借鉴国际经验，增强企业承担社会责任的意识与能力，尊重和保护劳动者的劳动权利和生活权利，保障劳动者的合理的工作时间和劳动收入，保护劳动者的休息权、休假权和产假权，尽可能为有家庭责任的男女劳动者提供灵活的就业方式和生活及交通便利，以建立平衡和谐的劳资关系，真正激发员工的积极性、提高企业的竞争力、树立企业的形象。在全社会树立"关爱家庭""善待有家庭责任的男女工人""社会性别平等""男女共同承担社会责任和家庭责任"的社会风尚。

2. 完善促进家庭和工作平衡的政策支持

协调工作和家庭的矛盾，为有家庭责任的男女就业者提供就业机会平等和待遇平等的社会环境和条件，以消除劳动力市场的歧视、提高劳动者的就业能力和生活质量，是国际劳工组织1981年《有家庭责任的男女工人机会和待遇平等公约》（第156号）和同名建议书的明确主张，也是国际劳工组织各成员国政府的责任。

改革开放以来，一方面，中国政府始终坚定不移地坚持促进就业的方针和政策，大力促进国民就业；加快建立覆盖城乡居民的社会保障体系，保障人民基本生活；建立三方机制，规范和协调劳动关系，保护劳动者合法权益；鼓励全社会兴办各种服务设施，促进中国托幼和养老事业的迅速发展。所有这些，为城乡男女劳动者协调工作、家庭的矛盾奠定了重要的经济基础，提供了支持和便利。另一方面，研究也显示，政府对为有家庭责任的男女工人提供平等就业机会和平等待遇问题的认识不足，实施基本公共服务的内容没有深入到家庭照顾的层面，在解决工作、家庭冲突中没有承担起应有的责任，传统的性别观念影响了政府有关制度的设计。与经济发展相比，中国的社会发展特别是相关公共服务的发展还存在明显不足。①

向市场经济的转轨，国有、集体企业原有社会服务功能的剥离，使得

---

① 刘伯红、张永英、李亚妮：《从工作与家庭的平衡看公共政策的改革与完善》，《中华女子学院学报》2010年第12期。

企业名正言顺地追求经济效益，而把劳动者的家庭责任看做是与企业无关的个人私事，把公共服务和福利看成社会和市场的事。新型的民营企业、私人企业甚至合资企业，更加以市场和营利为导向，而不顾劳动者基本劳动权利的保障，更遑论家庭责任这类私事。中国以廉价劳动力跻身世界经济舞台，在一定意义上是以劳动者基本劳动权利的让渡和劳动者、特别是女性身负工作和家庭的双重负担为代价的。在无序竞争下，雇主、特别是中小企业雇主在工作场所采取的往往是对有家庭责任的劳动者更为不利的单纯追求经济利益的举措。

完善促进家庭和工作平衡的政策，如前所述，首先，政府应在全社会倡导工作—家庭平衡理念，形成政府、企业、员工"工作—家庭平衡"共享新理念，推动社会变革。要培养更广泛的重视家庭责任的社会价值观，从而使社会政策变革有效。要将企业家庭责任作为一种新的管理哲学来指导企业的工作—家庭平衡的管理实践。要重新界定企业的愿景，把企业的家庭责任纳入企业的发展战略框架中。与此相应，企业应培育新的企业文化，为员工照顾家庭提供支持性组织环境。管理者要从员工的工作家庭关系入手，来优化组织内部员工间的社会关系，最终促使组织和谐的人际关系和员工幸福家庭的形成。只有这样，员工的积极性才能真正被调动起来，从而投高企业的效益。

其次，政府应承担起为有家庭责任的男女就业者缓解工作、家庭矛盾的责任。真正树立"以人为本""关爱家庭"、善待有家庭责任的男女就业者的责任意识，把促进男女就业机会平等和待遇平等作为政府政策的目标，承担起完善家庭政策和推进社会服务的责任，并早日加入国际劳工组织《有家庭责任的男女工人机会和待遇平等公约》（156号公约）。要借鉴其他国家中已经实施的良好的家庭政策，如第四章所述法国的幼儿补贴和产妇带薪休假政策，德国的家庭补贴、税收优惠和父母假政策，欧盟的家庭友好政策及新加坡"家庭为根"的住房政策；又如第七章所述德国抚养子女视同缴费的养老保险政策，美国老年、残障与遗属保险中关于配偶享受保险待遇的规定，设计我国的工作—家庭平衡政策。在社会重视企业家庭责任的价值观缺位的情况下，政府应该为员工的家庭福利承担公共制度供给者角色，具体规定员工为照顾家庭成员的休假制度、岗位安排以及休假期间的健康津贴与薪酬制度、子女入托与入学的补贴以及法律救济路径等相关制度。

最后，政府要鼓励或要求工作单位制定有利于职工行使其家庭责任的工作制度。我们要达成这样的共识：帮助职工实现工作和家庭责任的平衡是企业的社会责任之一；对于企业来说，必须有效地承担社会责任，才能实现共同发展的目标。现实中，家庭的很多需求往往具有偶然性和阶段性，与工作单位的要求经常发生矛盾。实践证明，这些矛盾经常是造成家庭功能弱化和职工工作效率降低的原因之一。政府可以要求工作单位在其工作制度中充分考虑职工的家庭责任，采取弹性工作时间和灵活的家庭责任假期等。这样做不但有助于职工更好地行使其家庭责任，还可以鼓励和引导工作单位将职工视为其资产，从而谋求长远的发展。

3. 在社区建设中，注入家庭政策的概念

社区是连接家庭与社会、家庭与政府的关键环节，解决家庭福利需求与福利供给能力的严重失衡，需要实现家庭福利资源和社区福利资源的整合，依托社区缓解家庭福利提供的压力。

当前，在我国的社区建设中，面向家庭的服务还没有形成明确的政策性概念，自然也没有置于优先性的位置上。实际上，归根到底，社区建设的目的是为家庭及居民提供一个良好的、支持性的社会环境，而稳定和健康的家庭是社区稳定和发挥其功能的基础。可以说，家庭是承接政府诸种功能的基础结构，也是进行社区建设最好的切入点。所以，政府要将建立以社区为依托的、以增强家庭功能和保证儿童发展需要得到满足的家庭服务，将其作为目前社区建设中最重要的内容。

对于城市而言，在社区建设中要注入家庭政策的概念、增强家庭的功能。对于农村而言，同样需要积极支持和发展社区事业，建设家庭支持网络。因为 20 世纪 80 年代以来农民城市化与非农化直接冲击了中国的城乡二元结构，导致了农村家庭结构的变迁，产生了大量分离的核心家庭，其特点是：家庭成员在大部分时间里都处于离散的状态，家庭生命周期结构不同于正常的核心家庭，过早地陷入残缺，真正的夫妻家庭只有在人生的老年阶段才能相对实现。[①] 分离的核心家庭使中国数千年来相对稳定的农村家庭模式正在经历着深刻变化，承传千年的家庭伦理定律被打破，具体表现为夫妻情感冲突及留守女性负担过重及代际冲突等问题。农村分离的核心家庭徒有现代家庭的形式和外壳，并不具备共同生活的本质内容，家庭

---

① 潘鸿雁：《农村分离的核心家庭与社区支持》，《甘肃社会科学》2005 年第 4 期。

成员年复一年处于分离的状态，在日常生活中缺乏面对面的直接互动，仅靠书信、货币和物品来维持联系，家庭内部的关系趋于一种形式化。情感的淡漠与经济上的契约并存，脆弱的婚姻与稳定的家庭同在。亲情疏远、观念冲突带来的农村家庭的疼痛可能会长时期地弥漫在一些家庭中。

工业革命摧毁了以家庭为中心的家庭经济制度，导致工作与家务的分离，家庭内部角色开始分化。夫妻关系亲密，家庭与社区的牵连减少。家庭与社区纽连的削弱本应该通过家庭成员之间更加亲密的情感和关系来加以补偿，不幸的是，许多丈夫为养家糊口而疲于奔命，几乎完全与家庭日常活动相脱离，他们不仅没有给妻子和孩子提供足够的经济支持，而且也没有满足他们的情感需要。因此，社区与家庭纽连的破坏以及传统的大家庭的分裂，使妇女和儿童的处境不断恶化。

因此，重建社区联系，用社区弥补情感的孤寂，从社区获得经济上的支持和援助，减少外出人员的后顾之忧，势在必行。农村社区是分离的核心家庭在空间地域上的沉积点。社区的本质特征是地域共同体，共同的地域使得社区对各个分离的核心家庭成员的各种困难有最直接、最真切的了解。这种了解可以激发村委组织、群体和村民对他们的同情心，并把这种同情心转化为援助的具体行动，如社区养老援助、社区助残援助、社区服务援助等，为他们提供最直接、快捷、便利的支持。而且这种社区的援助具有互动成本低、援助频率高、容易实现援助的互惠性、可以培育特殊的情感和信任等优势。援助内容也多种多样，可以提供货币和物质援助、劳务援助和信息援助、心理和精神援助、关系包容等。对于社区支持的重建，除依靠农村社区本身自下而上的需求拉动之外，最主要的是靠政府自上而下的规划推动。在解决农村分离的核心家庭问题的社区支持网络中，政府应发挥积极的作用。出于对弱势群体的关爱，也出于解决农村社会问题的需要，政府理应承担起支持分离的核心家庭的社会责任，根据农村的实际情况，建立必要的管理机构，制定具体的政策措施，积极支持和发展社区事业，帮助建立家庭互助网，引导创办各种试验性合作社，如生产合作、信贷合作、信用合作等，实现弱势群体的自救，维护和稳定核心家庭。

社区福利的目的是通过对正式或非正式的社区资源进行协调和整合，为那些生活不能达到自立的个人、家庭提供家政、保健、护理以及包括精神文化生活在内的社会性福利服务，使他们像正常人一样，居住在自己的家里、生活在自己的社区就能够获得自己需要的福利服务。为社区居民提供一个自主、自立的生活环境。首先，社区福利需要解决的问题是生活问题，与社会政策需要解决的社会问题有区别。它的任务是通过提供社会性福利服务，使每一个居民都能够达到生活自由、生活自立。这里提到的生活自立并不是以往我们过分强调的经济上的自立，而主要指个人生活和家庭日常生活中出现的妨碍居民不能自主、自立生活的问题。比如，身患半身不遂疾病的老人面临的主要问题是生活不能自理，社区通过提供生活照顾以及康复保健的福利服务，使老人获得精神上和身体上的自立，同时也使其家属从中获得解脱，为他们的家庭创造了自立、自主的活动空间。这些问题是经济保障不能覆盖或者不能圆满解决的。

其次，社区福利需要政府的财政支持和政策支持，但是社区福利服务活动的主体是社区居民，他们既是福利服务的利用者又是福利服务的提供者，社区福利的运作主要依靠志愿者的互助活动、非营利机构的公益性经营活动、福利企业的产业活动等多元体系的协调和参与来完成，政府的作用是政策指导、宏观规划、财政支持等。社区福利实施的过程与实现居民民主自治、社会基层组织改革的进程相辅相成。

再次，社区福利的作用并不限于为需要提供福利服务的老人、儿童、残疾人等弱势群体提供服务，它是通过上述的服务调节个人、家庭与社区的关系，协调社区与国家政府之间的关系，并对社区的福利、医疗、保健等社会资源的整合进行协调。

最后，社区福利是生活社会化、家庭福利社会化过程中产生的社会性需求。社会结构、家庭结构、人口结构的急剧变化，使家庭养老扶幼的基础变得脆弱，家庭纽带变得松散。社区福利需要把这些从家庭内部推向家庭外部的功能接受过来，通过社会性的福利服务来完成，并通过福利性服务的方式把越来越小型化的家庭连接成一个互助网络，将逐渐松散的家庭纽带进一步强固和联结起来。社区福利有稳定家庭生活，协调家庭、邻里关系的作用。①

4. 尽快将保育事业、养老事业和家庭服务事业切实纳入到政府的公共服务范畴，大力发展多种形式的家庭照顾服务

目前，政府已经将义务教育、基本医疗和公共卫生、失业保险、养老保险、最低生活保障、社会救助、公共就业服务等纳入了基本公共服务的

---

① 〔日〕沈洁：《城市社区福利服务体系与运作机制探讨》，《社会福利》2002 年第 2 期。

范畴，政府应进一步将保育和家庭服务纳入基本公共服务的范畴，并向农村和困难群体倾斜。

发展多种形式的公共服务和"关怀经济"，是解决有家庭责任的劳动者工作—家庭矛盾的重要途径，也是拉动中国就业和经济发展的新的增长点。政府应调动市场、企业、公众、社会组织等的积极性和多种资源，引导和规范市场，大力发展和促进多种形式的家庭照顾服务，为城乡有家庭责任的男女工人提供可获得的、人性化的、有质量的、负担得起的家庭照顾服务和便利。

对政府而言，托幼事业是一项社会公益事业。发达国家在此问题上的趋势是强化政府对公共托幼的责任和义务。这种世界性的发展趋势值得引起我国政府的重视。为此，中国政府需要强化自身对公共托幼的责任，而不应该将育儿责任更多地推卸给家庭和市场，让托幼事业走社会化和市场化的道路。从服务家庭、支持妇女发展的角度出发，托幼事业应该保证托幼机构在数量、收费、质量和时间上满足家长的基本需求。在中国目前的社会形势下，托幼政策的基本目标应该是使全体有幼儿的家庭都能相对公平地享受到公共托幼服务，适当减轻这些家庭的托幼费用负担，并加强对弱势群体的政策扶持。

5. 发展社会工作，为家庭提供专业服务

国际劳工组织把社会服务定义为：针对大多数脆弱群体的需求和问题所进行的干预。脆弱群体包括因暴力、贫困、家庭瓦解、身体和精神残疾、年老而受到影响的人，服务项目包括康复、家庭帮助服务、收养服务、照料服务以及由社会工作者或相关职业人员提供的其他支持性服务。从以上定义可以看出，社会服务的对象主要是以具有某种特征（如物质或精神生活困难群体、老年人、残疾人、儿童、吸毒者等）的个人和群体，服务目的主要是满足其生活需要，服务方式主要是由政府或社会力量提供支持性服务和项目，服务性质是社会福利（即非营利性）性质。

社会服务承担的功能可以概括为以下两点。

（1）社会服务强化和修复家庭和个人正在承担的功能和角色。

（2）社会服务提供新的机构渠道和形式来承担家庭、亲属网络和邻里不再履行的社会化、援助、角色确定等功能。

在我国，民政部门是社会服务的主要承担部门，民政工作承担着几十项关系群众基本生活需求和服务的工作，如为特殊群体提供的福利服务；

以社区居民为对象，积极组织开展包括自助、互助和支援服务等在内的社区服务；开展婚姻登记服务、儿童收养登记服务、民间组织登记服务、殡葬服务，倡导开展慈善活动，等等。除民政部门外，人口计生、人力资源社会保障等部门，"工、青、妇"等人民团体和残联、红十字会等组织也都在各自职责范围内，为所对应的服务对象提供相应社会服务，但就提供社会服务的覆盖范围、服务的种类、服务的基础性作用等方面看，民政部门无疑是政府的主要职能部门，起主导作用。

几十年来，民政工作主要运用行政手段进行社会管理和提供社会服务。在保障民众基本生活、发展基层民主、巩固政权基础、调节社会矛盾、维护社会稳定等方面发挥了积极作用。随着我国由计划经济体制向市场经济体制的转变，民政工作面临一系列新情况、新问题。

在民政福利模式下，国家在社会福利提供中的作用非常有限，社会福利资源严重不足，社会福利的内容十分有限，主要包括为孤寡老人、孤儿和残疾人等弱势群体提供的老年人福利、儿童福利、残疾人福利等，社会福利受益对象十分狭窄，主要是鳏寡孤独、城镇"三无"对象、农村"五保户"等。这种补缺型的社会福利制度已经不能适应市场经济条件下社会转型和社会变迁的需要，无法满足广大公众的基本需要。

一个完善的社会福利制度或社会政策体系，既要注重人民的经济需要，也要重视人民的精神需要；既要注重收入维持，也要重视个人福利服务。随着国民经济的发展和人民生活水平的提升，我国社会服务的需求将不断增加，需要社会保障政策作出及时的回应，也需要社会工作介入其中提高社会服务的品质。

社会工作秉承以人为本、助人自助的理念，运用一系列专业的方法面向弱势人群和边缘人群开展直接的服务，并通过预防和解决社会矛盾和问题促进社会的发展。在服务领域，社会工作者往往集微观、中观和宏观服务于一体、寓公共事务管理于公共服务之中。

民政工作和社会工作的本质是相同的。从使命来看，两者是相同的。民政工作是从"以人为本"的价值观出发，遵循"以民为本、为民解困、为民服务"的理念开展工作；社会工作也是从"以人为本"的价值观出发提供服务的。无论是在民政工作中还是在社会工作中，都注意到被服务对象的价值和需要。从服务对象和工作内容上看，两者都是为困难群体以及有服务需要的群体提供服务的。就工作方法来看，两者都以服务为手段开展助人活动。从服务功能上看，两者都有助人的功能。同时，民政工作和社会工作也有着明显的不同。从服务理念看，民政工作代表党和政府依法行政，依法服务；而社会工作则遵循"平等""尊重""接纳""案主自决"等专业理念，更强调和服务对象的平等，使服务对象能够自立自强。从服务内容看，民政部门还有大量的其他社会事务，如民间组织管理、行政区划管理、婚姻登记等社会管理职能；而社会工作就是为服务对象提供专业服务。从服务方式看，现阶段我国的民政工作主要是对不同对象施以不同帮助，而社会工作主要是用专业方法进行服务性的助人。从服务功能看，民政工作多侧重于救济性、保障性功能，而社会工作则多侧重于福利性、服务性功能。

民政工作引入社会工作实际上是一个过程的两个方面：一方面是民政工作的社会工作化，即要把社会工作作为民政业务领域的专业支持，通过在各项民政业务领域引入社会工作的专业理念和服务方法，使民政工作向专业化、职业化、规范化方向发展；另一方面是社会工作专业的本土化，即和我国实际业务相结合，使社会工作从书斋走向实务、走向专业，服务全社会。

民政工作的社会工作化，使民政工作的内涵进一步充实。例如，在社会福利服务领域引入社会工作，可以让我们把更多的精力从服务对象本身的生理需求投入到服务对象的心理、精神需求，从关注服务对象本身到关注其家庭和所在社区。在对生活无着的流浪乞讨人员的临时性救助领域引入社会工作，可以使我们和服务对象由简单的"送回去又跑出来"的循环往复中发现服务对象的真正问题所在，并通过启发个人和协调家庭、社区等综合方法予以彻底解决。

同时，社会工作化的民政工作将使民政工作的外延进一步拓展，扩大了民政工作的范围和服务领域。我们知道，民政工作主要是以物质救助为主、以特殊群体服务为主，属于剩余福利模式，引入社会工作后，可以用社会工作的眼光去观察社会的需要，审视我们提供的服务。所以，民政工作必须进一步拓展服务领域，为所有有需要的个人、家庭、群体、组织、社区提供专业服务。社会工作的引入，客观上还满足了人民生活的需要和构建和谐社会的需要。

人口计生、人力资源社会保障及"工、青、妇"等人民团体和残联提供的服务如同民政工作一样，引入社会工作后同样可以实现各条线工作的社会工作化，使其走向专业化、职业化和规范化；另一方面又可以总结丰富的本土经验，实现社会工作本土化。

社会福利制度作为让全体社会成员共享发展成果的基本制度，已成为社会文明进步的重要标志。在整个社会福利系统中，社会工作是一个重要的实施社会助人的行动系统。社会工作作为社会福利制度设计的重要组成部分，其发展水平在很大程度上体现了社会福利制度的完善程度。当前我国社会福利正处于转型之中，社会福利由政府部门、各种社会服务机构以及家庭和社区共同负担是基本的思路。其中，政府从服务的直接提供者逐渐转变为福利服务的规范者、购买者与仲裁者。而社会成员与社会机构的参与，就是填补政府在福利领域的空间，并通过社会服务机构来整合福利服务资源，提高社会福利的供给效率，满足社会福利需求的变化。在社会转型时期，由于社会经济结构和利益格局的变化，新的社会矛盾和社会问题出现，解决这些困惑和矛盾，除了需要个人努力之外，还需要有社会的帮助。随着社会需求内涵和特点的变化，社会福利需求的内容也出现了许多新的变化，即要求社会福利服务不仅体现在经济和物质层面，还要体现在精神和社会关系层面。因此，社会就需要有一种高层次专业化的福利服务，来缓解压力、调节社会关系、化解社会和家庭矛盾，这也为社会工作介入社会福利带来了契机。

社会工作介入社会福利，能促进社会福利的发展。社会福利的服务对象是全体公民，包括社会保障、教育、医疗、住房、社会工作服务等项目。而社会工作是以利他主义为指导的，以受助者为本，讲求服务精神，不以营利为目的。作为一门助人的专业，社会工作具有其独特的价值理念、工作视角和工作方法。它追求"助人自助"，给予受助者希望和信心，充分调动其主动性、积极性和创造性，达到受助者自助并在自助中得以发展的境界。社会工作的优势视角与赋权取向将受助者视为积极的能动个体，强调扩张受助者的能力和优势，挖掘或激发人们的潜能，有助于个人、团体、家庭以及社区的能力建设，从而实现积极的社会福利。社会工作者通过独特的工作方法来提升受助者的自身能力，唤醒受助者的权利与社会参与意识：一是社会工作者直接为受助者提供服务的方式，通常分为社会个案工作、社会团体工作、社区工作等；二是间接服务的方法，即通过社会工作服务的实施来影响对受助者提供的服务，包括为直接服务提供所需要的各种协助与支持过程。可以说间接服务是社会工作者对受助者进行服务的服务，通常分为社会工作行政、社会工作督导、社会工作咨询、社会工作研究等方法。这些独特的工作方法既可针对单独的个体，又可面向广泛的社区。由于社会工作善于调动协调各相关力量，达到完整性和系统性，因此，这些专业特征使得社会工作在社会福利领域发挥着其他社会机构不能比拟的优势作用。首先是促进社会稳定与社会和谐。社会工作在最一般意义上来说是具体解决社会问题的专业活动，这些问题的解决可以减少因问题激化而可能产生的对社会秩序的冲击，从而有助于社会稳定，而在人际关系、群体关系层面上可以达到社会和谐，帮助人们建构一个可以正常生活的社会环境。其次，有助于促进社会福利制度建设与社会进步。在社会福利制度不健全、政策有漏洞的情况下，社会工作者可以提出完善和制定社会政策的建议，参与和促进合理的社会政策的出台，通过制度建设和修订完善政策来解决和预防问题，减少社会问题的发生，使社会在更加公正的制度框架下运行。社会福利从政策层面上规定了服务对象、标准以及所要达到的目的，但如何实施这一制度和确定具体的服务对象，如何从精神上帮助他们克服生活困难或生理、心理障碍，如何提供福利设施并且帮助人们特别是有困难者使用这些设施，需要社会工作的深入开展。即社会工作将社会福利政策、项目转化为现实的具体的服务过程，是实现社会福利的重要手段与途径，其工作的目标就是实现受助者社会福利的提升。从社会福利的发展历程来看，社会工作的方法可以说是从社会福利提供过程中逐渐发展出来的，并始终存在于特定的社会福利系统内。专业社会工作就是在19世纪末，西方国家为应对工业革命以来出现的大量社会问题而产生的。在19世纪末，随着西方国家工业化和城市化的发展，一些在农业社会不曾有过的社会问题不断出现。面对农民大量涌向城市以及贫穷、犯罪等日趋严重的社会问题，仅靠以前民间和宗教、慈善组织来解决已无济于事，要求政府出面承担社会救助的责任。从1601年英国伊丽莎白女王《济贫法》的颁布和实施，到1788年德国汉堡的救助制度，从1869年英国慈善组织会社开展的民间志愿救助活动，到1884年睦邻组织运动在社区中发挥助贫救困的作用，特别是经过近百年的发展，社会工作和社会福利制度一起成为西方社会缓和社会矛盾、解决社会问题、维护社会稳定、恢复受助对象正常功能的重要调节机制。第二次世界大战前后，福利国家制度建立，西方国家相继通过社会政策或立法确立了专业化与职业化的社会工作制度，并将其作为政府实施社会管理和提供社会服务的重要手段。此后，世界上许多国家和地区也逐步建立了社会工作制度。作为实现社会福利服务的手段的社会工作，由此成为现代社会制度中重要的制度设计。在现代社会中，从事社会工作职业活动的社会工作者又称"助人者"或"社会福利专家"，"社会工作专业的工作处境是社会福利机构"，社会工作者是社会福利服务的传递者。从西方福利发达国家的历史来看，社会福利部门拥有大量具有社会工作专门知识和技能的人员，正是由于有在各种类型的社会福利场所和机构的社会工作者参与，使得社会福利机构所做的事被视为专业性工作。他们通常接受比较难处理的工作，而且许多人被委以管理和督导的职位。他们还担当顾问，帮助指导那些只受过少量培训的社会福利助理人员和辅助工作人员。社会福利制度及服务是社会性问题，需要运用社会化手段来满足，因此社会工作在社会福利服务过程中大有可为。

专业社会工作介入社会服务的准市场机制，是指政府等社会服务供应者与专业社会工作机构之间的关系是社会服务购买者与生产者的关系，并且是缔结服务契约的平等主体；专业社会工作机构以其专业资质开展社会服务项目的竞标，而政府等供应者可在多个社会工作机构、非营利组织甚至企业之间作出选择。同时，社会工作机构也要借鉴市场组织的经验进行绩效管理和项目评估。但是，专业社会工作为社会提供服务又区别于市场机制的社会机制，如以人为本、助人自助的服务理念，以及善用社区资源、推动居民参与、营建居民自助—互助网络等工作方法。此外，由于社会工作自身专业化助人的特点，专业社会工作介入社会服务大体也要经历接案、预估、计划、介入、评估、结案的工作过程，这也有别于提供私人产品的市场服务。社会工作介入助推了准市场机制与社会机制的结合。另外，非营利组织已成为发展社会公共服务的新载体，在社会工作发展较为成熟的西方社会和我国的港台地区，社会工作者从业的机构有的为专门的社会工作机构，有的为其他非营利服务机构，但都是公益性的非营利组织。所以，社会工作的介入还有利于非营利组织的发展。

参考文献

一 专著

马克·赫特尔:《变动中的家庭——跨文化的透视》,宋践、李茹等译,浙江人民出版社,1985。

〔美〕威廉·J.古德(William J. Goode):《家庭》,魏章玲译,社会科学文献出版社,1986。

王跃生著《中国当代家庭结构变动分析——立足于社会变革时代的农村》,中国社会科学出版社,2009。

郑功成著《社会保障学:理念、制度、实践与思辨》,商务印书馆,2000。

安东尼·吉登斯:《第三条道路——社会民主主义的复兴》,郑戈译,北京大学出版社,2000。

张秀兰、徐月宾、梅志里编《中国发展型政策论纲》,中国劳动社会保障出版社,2007。

上海社会科学院妇女委员会、上海社会科学院妇女研究中心编《性别与家庭调研报告》,上海社会科学院出版社,2008。

杨发祥著《低生育社会的来临——中国生育革命与政策抉择》,华东理工大学出版社,2001。

林闽钢著《社会政策——全球本地化视角的研究》,中国劳动社会保障出版社,2007。

安东尼·哈尔、詹姆斯·梅志里:《发展型社会政策》,罗敏译,社会科学文献出版社,2006。

谢秀芬著《家庭与家庭服务——家庭为整体为中心的福利服务之研究》，五南图书出版社，2011。

Neil Gilbert, Paul Terrell 著《社会福利政策导论》，华东理工大学出版社，2003。

张彦、吕青编著《社会保障概论》（第二版），南京大学出版社，2008。

上海科学院家庭研究中心编《中国家庭研究》（第三卷），上海社会科学院出版社，2008。

上海科学院家庭研究中心编《中国家庭研究》（第四卷），上海社会科学院出版社，2009。

上海科学院家庭研究中心编《中国家庭研究》（第五卷），上海社会科学院出版社，2010。

上海科学院家庭研究中心编《中国家庭研究》（第三卷），上海社会科学院出版社，2011。

徐安琪等著《风险社会的家庭压力和社会支持》，社会科学文献出版社，2007。

〔美〕迈克尔·谢诺登著《资产与穷人——一项新的美国福利政策》，商务印书馆，2007。

刘继同著《国家责任与儿童福利》，中国社会出版社，2010。

洪天慧主编《中国和谐家庭建设报告》，社会科学文献出版社，2011。

范斌著《福利社会学》，社会科学文献出版社，2006。

〔美〕内尔·诺丁斯著《始于家庭：关怀与社会政策》，侯晶晶译，教育科学出版社，2006。

〔美〕詹姆斯·米奇利著《社会发展：社会福利视角下的发展观》，苗正民译，上海格致出版社、上海人民出版社，2009。

杨团、林卡主编《当代社会政策研究Ⅵ》，中国劳动社会出版社，2011。

杨善华编著《家庭社会学》，高等教育出版社，2010。

杨团、葛顺道主编《社会政策评论（第一辑）》，社会科学文献出版社，2007。

〔英〕理查德·蒂特马斯著《蒂特马斯社会政策十讲》，江绍康译，吉林出版集团有限责任公司，2011。

邓伟志、徐新著《家庭社会学导论》，上海大学出版社，2006。

〔英〕诺尔曼·金斯伯格著《福利分化》，姚俊、张丽译，浙江人民出版社，2010。

于燕燕主编《中国社区发展报告（2008～2009》，社会科学文献出版社，2009。

左际平、蒋永萍：《社会转型中城镇妇女的工作和家庭》，中国当代出版社，2009。

都阳主编《城乡福利一体化：探索与实践》，社会科学文献出版社，2010。

杜芳琴：《中国妇女与发展——地位、健康、就业》，河南人民出版社，2001。

蒋永萍：《半个世纪的中国妇女发展》，当代中国出版社，2001。

贺天中：《劳动管理体制改革》，中国劳动社会保障出版社，1997。

金一虹主编《世纪之交的中国妇女与发展》，南京大学出版社，1997。

刘建军：《单位中国——社会控制体系重构中的个人、组织与国家》，天津人民出版社，2000。

宋晓梧：《中国社会保障制度改革》，清华大学出版社，2001。

刘国光、王洛林、李京文主编《中国经济前景分析》，社会科学文献出版社，2006。

孙立平：《转型与断裂——改革以来中国社会结构的变迁》，清华大学出版社，2004。

曲恒昌、曾晓东：《西方教育经济学研究》，北京师范大学出版社，2000。

二 论文

陆学艺主编《当代中国社会阶层研究报告》，社会科学文献出版社，2002。

刘精明：《国家、射虎阶层与教育：教育获得的社会学研究》，中国人民大学出版社，2005。

陆学艺：《当代中国社会流动》，社会科学文献出版社，2004。

吕亚军、刘欣：《家庭政策概念的辨析》，《河西学院学报》2009年第6期。

蓝瑛波：《瑞典的家庭政策和妇女就业》，《学海》1999年第3期。

吕亚军：《欧盟家庭友好政策评析》，《内蒙古大学学报（哲学社会科学版）》2009 年第 5 期。

王家宝：《难解的人口难题——论法国的家庭政策》，《社会学研究》1996 年第 5 期。

和建花：《法国家庭政策及其对支持妇女平衡工作家庭的作用》，《妇女研究论丛》2008 年第 11 期。

胡澎：《日本在解决工作与生活冲突上的政策与措施》，《中华女子学院学报》2010 年第 12 期。

张雨露：《家庭—个人与社会的博弈——关于德国家庭现状及目前家庭政策的分析》，《德国研究》2007 年第 1 期。

张敏杰：《德国家庭政策的回顾与探析》，《浙江学刊》2011 年第 3 期。

张浩淼：《德国福利体制的转型与重构》，《经济研究导刊》2010 年第 6 期。

宋卫清、〔德〕丹尼尔·艾乐：《福利国家中的社会经济压力和决策者——德国和意大利家庭政策的比较研究》，《欧洲研究》2008 年第 6 期。

吕亚军：《战后西方发达国家家庭政策的嬗变》，《安庆师范学院学报（社会科学版）》2010 年第 1 期。

吕亚军：《战后西方家庭政策研究综述》，《河北理工大学学报（社会科学版）》2010 年第 9 期。

孟宪范：《家庭：百年来的三次冲击及我们的选择》，《清华大学学报》2008 年第 3 期。

顾辉：《当前家庭面临的挑战与选择》，《学术界》2011 年第 9 期。

蒋月：《中国改革开放三十年婚姻家庭立法的变革与思考》，《浙江学刊》2009 年第 3 期。

吴国平：《我国新时期婚姻家庭立法的回顾与展望》，《海峡法学》2011 年第 6 期。

邬沧萍、苑雅玲：《农村计划生育家庭分享控制人口取得成果的政策研究》，《人口与经济》2004 年第 6 期。

马广博、赵丽江：《基于家庭视角的社会保险制度构建》，《现代经济探讨》2011 年第 11 期。

王海燕：《家庭福利政策的选择——转型期日本社会福利政策调整的圭臬》，《社会保障研究（北京）》2006 年第 2 期。

成海军、陈晓丽:《改革开放以来中国社会福利制度的嬗变》,《当代中国史研究》2011 年第 5 期。

李静、周沛:《人口与家庭福利研究》,《社会科学研究》2011 年第 6 期。

张秀兰、方黎明、王文君:《城市家庭福利需求压力和社区福利供给体系建设》,《江苏社会科学》2010 年第 2 期。

刘继同、左芙蓉:《"和谐社会"处境下和谐家庭建设与中国特色家庭福利政策框架》,《南京社会科学》2011 年第 6 期。

刘中一:《构建符合我国国情的家庭福利政策体系》,《开放导报》2011 年第 8 期。

刘伯红、张永英、李亚妮:《从工作与家庭的平衡看公共政策的改革与完善》,《中华女子学院学报》2010 年第 12 期。

刘中一:《我国现阶段家庭福利政策的选择——基于提高家庭发展能力的思考》,《党政干部学刊》2011 年第 8 期。

王军平:《计划生育家庭福利政策改革思路研究》,《人口学刊》2011 年第 4 期。

许照红:《对当前我国农村养老问题的思考》,《河北科技大学学报(社会科学版)》2006 年第 2 期。

刘军强:《社会政策发展的动力: 20 世纪 60 年代以来的理论发展评述》,《社会学研究》2010 年第 4 期。

郁兴建:《走向社会政策时代: 从发展主义到发展型社会政策体系建设》,《社会科学》2010 年第 7 期。

张秀兰、方黎明、王文君:《城市家庭福利需求压力和社区福利供给体系建设》,《江苏社会科学》2010 年第 2 期。

潘允康:《中国婚姻家庭的社会管理》,《甘肃行政学院学报》2010 年第 1 期。

黄宗智:《中国的现代家庭: 来自经济史和法律史的视角》,《开放时代》2011 年第 5 期。

孙正娟:《专业家庭社会工作: 未来家庭的需求》,《湖北社会科学》2003 年第 4 期。

齐麟:《单身家庭的现状和成因》,《西北人口》2003 年第 1 期。

张敏杰:《中国婚姻家庭问题研究: 一个世纪的回顾》,《社会科学研究》2001 年第 3 期。

李静、周沛:《"人口与家庭福利"研究》,《社会科学研究》2011 年第
6 期。

〔日〕沈洁:《城市社区福利服务体系与运作机制探讨》,《社会福利》
2002 年第 2 期。

徐安琪、张亮:《转型期家庭压力特征和社会网络资源的运用》,《社
会科学研究》2008 年第 2 期。

和建花、蒋永萍:《从支持妇女平衡家庭工作视角看中国托幼政策及现
状》,《学前教育研究》2008 年第 8 期。

成海军、陈晓丽:《改革开放以来中国社会福利制度的嬗变》,《当代
中国史研究》2011 年第 5 期。

徐安琪:《和谐家庭指标体系及其影响机制探讨——上海的经验研究》,
《江苏社会科学》2009 年第 2 期。

袁锦秀:《全球化背景下我国妇女权益的法律保护》,《湖南社会科学》
2010 年第 1 期

韩良良:《女权主义视角下的妇女权益保障》,《郑州大学学报(哲学
社会科学版)》2010 年第 6 期。

汪斌等:《试论我国残疾人权利的法律保护》,《法学评论》1995 年第
1 期。

何艳霞:《制定残疾人权益保障法律法规之我见》,《学术前沿》2011
第 7 期。

王金霞、智学:《教育政策——教育理论与教育实践的桥梁》,《教育
理论与实践》2005 年第 6 期。

李春玲:《社会政治变迁与教育机会不平等:家庭背景及制度因素对教
育获得的影响(1940~2001)》,《中国社会科学》2003 年第 3 期。

迟巍、钱晓烨、吴斌珍:《我国城镇居民家庭教育负担研究》,《清华
大学教育研究》2012 年第 3 期。

陈方红:《论我国教育过度的成因及社会影响》,《现代教育科学》
2005 年第 2 期。

张文剑、陈复华、陈建平:《关于教育消费的实证研究》,《教育与经
济》2000 年第 3 期。

图书在版编目（CIP）数据

家庭政策/吕青，赵向红著.—北京：社会科学文献
出版社，2012.12
ISBN 978 - 7 - 5097 - 3817 - 7

Ⅰ.①家…　Ⅱ.①吕…　②赵…　Ⅲ.①家庭社会学 - 研究
Ⅳ.①C913.11

中国版本图书馆 CIP 数据核字（2012）第 229846 号

家庭政策

著　　者／吕　青　赵向红

出 版 人／谢寿光
出 版 者／社会科学文献出版社
地　　址／北京市西城区北三环中路甲 29 号院 3 号楼华龙大厦
邮政编码／100029

责任部门／社会政法分社（010）59367156　　　　责任编辑／冯　妍　刘德顺
电子信箱／shekebu@ ssap. cn　　　　　　　　　责任校对／史晶晶
项目统筹／童根兴　　　　　　　　　　　　　　责任印制／岳　阳
经　　销／社会科学文献出版社市场营销中心（010）59367081　59367089
读者服务／读者服务中心（010）59367028

印　　装／北京鹏润伟业印刷有限公司
开　　本／787mm×1092mm　1/16　　　　　印　　张／19.75
版　　次／2012 年 12 月第 1 版　　　　　　　字　　数／333 千字
印　　次／2012 年 12 月第 1 次印刷
书　　号／ISBN 978 - 7 - 5097 - 3817 - 7
定　　价／49.00 元